普通高等教育"十三五"规划教材
高等院校经济管理类专业基础课应用型创新系列教材

经济法实用教程

陈新玲　齐　晋　主编

科学出版社
北　京

内 容 简 介

本书分为六编内容：第一编为法律基础（包括法律基本原理）；第二编为民事法律制度（包括民事基本法律制度、物权法律制度、合同法律制度、知识产权法律制度）；第三编为商事法律制度（包括个人独资企业与合伙企业法律制度、公司法律制度、破产法律制度、证券法律制度、支付结算与票据法律制度）；第四编为经济法律制度（包括消费者权益保护法律制度、竞争法律制度）；第五编为社会法律制度（包括劳动合同与社会保险法律制度）；第六编为诉讼法律制度（包括仲裁与民事诉讼法律制度、行政复议与行政诉讼法律制度）。本书充分体现了经济法所特有的理论性、时效性、实用性的特点，并注重与财经类资格考试大纲相结合。

本书适合经济、管理、会计类专业的学生使用，也适合参加财经类资格考试的社会人士参考阅读。

图书在版编目（CIP）数据

经济法实用教程/陈新玲，齐晋主编. —北京：科学出版社，2019.2
（普通高等教育"十三五"规划教材·高等院校经济管理类专业基础课应用型创新系列教材）
ISBN 978-7-03-058969-9

Ⅰ.①经… Ⅱ.①陈… ②齐… Ⅲ.①经济法-中国-高等学校-教材
Ⅳ.①D922.29

中国版本图书馆 CIP 数据核字（2018）第 223011 号

责任编辑：纪晓芬 / 责任校对：王 颖
责任印制：吕春珉 / 封面设计：东方人华平面设计部

科学出版社 出版
北京东黄城根北街 16 号
邮政编码：100717
http://www.sciencep.com

三河市良远印务有限公司印刷
科学出版社发行 各地新华书店经销
*

2019 年 2 月第 一 版 开本：787×1092 1/16
2019 年 2 月第一次印刷 印张：21 1/4
字数：498 000
定价：52.00 元

（如有印装质量问题，我社负责调换〈良远〉）

销售部电话 010-62136230 编辑部电话 010-62135397-2021（HF02）

前　　言

随着我国经济和社会的飞速发展，各行业对复合型经济管理类人才的需求越来越高。近年来，高等院校为适应社会发展对人才的需求，不断地探索和修订人才培养模式。以经济管理类专业为例，许多本科院校以市场需求为导向，立足企业和社会需求，将经济管理类专业的人才培养定位于应用型，力求培养复合型、适应性、多样化的专业人才。为了满足这一需求，我国高等院校经济管理类专业普遍开设了"经济法"课程。"经济法"课程是经济管理类专业的必修课程之一，其开设的目的就是提高学生在今后工作、生活中的法律应用能力，为国家培养懂法律、知经济的复合型经济管理类人才。编者根据社会发展对经济、管理与会计类专业人员岗位能力的需要，遵循培养高等应用型人才的教学规律和要求，以创业创新为背景，以学生创业过程中企业的设立、运行、退出中的法律规制为核心，对本书各章节进行合理的设置与分配。编者围绕创业活动中常见的民商法理论和实践问题，编写本书，注重创业创新能力、实际操作能力的培养，以学生未来"创业"为主线，以"启发式自主学习案例"为引导，以"法律风险防范"为基调，并在每章后以二维码形式设有大量与创新创业相关的练习，结构新颖合理，充分体现了经济法所特有的理论性、时效性、实用性特点，增强了学生学习的兴趣。

本书在内容上基本涵盖了相关资格考试大纲所涉及的方面，为高等院校学生取得相关职业资格证书打下了基础。

本书由陈新玲、齐晋担任主编。编写分工如下：齐晋编写第一、三章；袁忍强编写第二章；陈新玲编写第四、七章；游翔编写第五、八章，以及创业实训项目；张月编写第六、十四、十五章；罗静编写第九、十三章；弓静编写第十章；递云凤编写第十一、十二章。全书由齐晋统稿，陈新玲审定。

编者在编写本书的过程中，参阅了许多国内外学者的著作，借鉴和吸收了他们的研究成果，也得到了业界专家领导的具体指导，在此一并致谢。

虽然编者尽力编写，但是由于能力有限，书中难免存在不当之处，敬请读者批评指正。

编　者
2018 年 5 月

前　言

目　录

第一编　法　律　基　础

第二编　民事法律制度

第三编 商事法律制度

第四编　经济法律制度

第五编　社会法律制度

第六编　诉讼法律制度

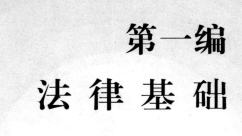

第一编
法律基础

第一章　法律基本原理

第一节　法律基本概念

一、法律的概念及特征

法律是人类社会发展到一定阶段的产物。法律是国家制定或认可，并由国家强制力保障实施，赋予社会关系主体相应权利和义务的社会规范的总称。法律的概念与日常生活用语中的概念不同，它通常具有明确的定义和应用范围。法律的具体特征如下。

（一）法律是国家制定或认可的行为规范

法律是国家制定或认可的行为规范，具有国家意志性。统治阶级意志并不能直接形成法律，只有通过一定的组织和程序，即通过国家制定或认可，才能形成法律。法律具有权威性与统一性。

（二）法律是凭借国家强制力保证实施的行为规范

法律是凭借国家强制力保证实施的行为规范，具有国家强制性。法律的强制性是由国家提供和保证的，因而与一般社会规范的强制性不同。国家强制力以国家的强制机构（如公安部门、法庭、监狱）为后盾，与国家制裁相联系，对违法者采取国家强制措施。

（三）法律是确定人们在社会关系中权利与义务的行为规范

法律是调整人们行为的一种社会规范，具有能为一般人提供一个行为模式、标准的属性。法律所规定的权利、义务影响着人们的行为与动机，实现统治阶级的意志与要求，维持社会秩序。

（四）法律是明确而普遍适用的社会规范

法律是对人们行为所设立的标准，具有明确的内容，能使人们预知自己或者他人一定行为的法律后果。法律对在国家权力管辖和法律调整的范围、期限内的所有社会成员都普遍适用。

二、法律渊源

法律渊源又称法律形式，是指法律的具体表现形态。法律渊源是区分法律规范与其他社会规范的一个重要标志。与英美法律判例法不同，我国主要采用的是成文法形式，具体包括宪法、法律、行政法规、地方性法规、自治法规、行政规章、司法解释及国际条约、协定等。其中，宪法、法律与行政法规在我国法律渊源中分别居于核心和重要的地位。

（一）宪法

宪法是国家的根本大法，是由最高权力机关全国人民代表大会制定的，具有最高的法律效力。宪法规定了国家的基本制度和根本任务、公民的基本权利与义务，是制定其他法律规范的基础。一切法律、行政法规、地方性法规、自治法规、行政规章都不能同宪法相抵触。

（二）法律

法律的效力低于宪法而高于其他法律规范，是由全国人民代表大会及其常务委员会制定、修改的，是国家和社会生活中带有普遍性的社会关系的规范性法律文件。全国人民代表大会及其常务委员会有权就有关问题作出规范性决议或决定，它们与法律具有同等的法律地位与效力。

（三）行政法规

行政法规是由国家最高行政机关国务院依法制定、修改的，有关行政事务管理的规范性文件的总称。行政法规处于低于宪法、法律而高于地方性法规的地位，在我国法律渊源中起到了承上启下的作用。

（四）地方性法规

地方性法规是由省、自治区、直辖市的人民代表大会及其常务委员会根据本行政区域的具体情况和实际需要，在同宪法、法律、行政法规不相抵触的前提下制定的规范性文件。地方性法规是低于宪法、法律、行政法规但又具有不可或缺作用的基础性法规。同时，全国人民代表大会常务委员会有权撤销同宪法、法律、行政法规相抵触的地方性法规。

（五）自治法规

自治法规是由民族自治地方的权力机关所制定的特殊的地方性法律文件，即自治条例和单行条例的总称。自治条例是民族自治地方根据自治权制定的综合性法律文件。单行条例是根据自治权制定的调整某一方面事项的规范性文件。自治条例和单行条例可作为民族自治地方的司法依据。

（六）行政规章

行政规章是有关行政机关依法制定的有关行政管理的规范性文件的总称。它包括部门规章与地方政府规章。部门规章是国务院的组成部分及其直属机构根据法律和国务院行政法规、决定、命令，在本部门权限内所发布的规范性法律文件的总称。部门规章的地位低于宪法、法律、行政法规。地方政府规章是指省、自治区、直辖市和较大市的人民政府，根据法律、行政法规、地方性法规及本行政区域具体行政管理事项所制定的规范性法律文件的总称。地方政府规章除不得与宪法、法律、行政法规相抵触外，还不得与上级和同级地方性法规相抵触。

（七）司法解释

司法解释是最高人民法院、最高人民检察院在总结司法审判经验的基础上发布的指导性文件和法律解释的总称。它包括最高人民法院对审判工作中具体应用法律、法令问题的解释，最高人民检察院对检察工作中具体应用法律、法令问题的解释。

（八）国际条约、协定

国际条约、协定是由两个或两个以上国家或国际组织间缔结的确定其相互关系中权利和义务的各种协议。它不仅包括以条约为名称的协议，也包括国际法主体间形成的宪章、公约、盟约、规约、专约、公报和联合宣言等双边、多边及其他具有条约、协定性质的文件。以上国际条约、协定具有与国内法同等的约束力，也是我国法律渊源之一。

三、法律体系

法律体系是指由一国现行的全部法律规范按照不同的法律部门分类组合而形成的一个呈体系化的有机联系的统一整体。目前，我国的社会法律体系可以划分为宪法及宪法相关法、刑法、民商法、行政法、经济法、社会法、诉讼与非诉讼程序法七个法律部门。因为本书所面向的对象是经管类专业学生和社会人士，所以这里的经济法体系区别于传统法学专业经济法体系。这里涵盖民法、商法等与经济有关的法律制度。本书的法律体系按照传统法学体系进行分类。

（一）宪法及宪法相关法

宪法是我国的根本大法，是国家活动的总章程，规定了国家的根本制度、原则、方针、政策及公民的基本权利和义务等内容。宪法相关法是与宪法相配套、直接保障宪法实施和国家政权运作等方面的法律规范的总和，包括：①有关国家机构的产生、组织、职权和基本工作制度的法律；②有关民族区域自治制度、特别行政区制度、基层群众自治制度的法律；③有关维护国家主权、领土完整和国家安全的法律；④有关保障公民基本政治权利的法律。

（二）刑法

刑法是规定有关犯罪、刑事责任和刑罚的法律规范的总称。刑法与其他门类相比具有广泛性与强制性等特征。广泛性是指其所调整的社会关系极其广泛，即在任何社会关系中只要行为构成犯罪就会受到刑法调整。强制性是绝对的强制性，即在刑法中法律的强制性尤为突出。

（三）民商法

民商法是调整作为平等主体的公民之间、法人之间、公民与法人之间的财产关系和人身关系的法律规范的总和，包括民法和商法。这里财产关系的内容很广，属于横向关系，主要包括财产所有权关系、商品流通关系、遗产继承关系、知识产权关系等。民商法还调整属于民事范围的人身关系，如婚姻关系、名誉权、人格权等。

（四）行政法

行政法是指行政主体在行使行政职权和接受行政法制监督过程中而与行政相对人、行政法监督主体之间发生的各种关系，以及行政主体内部发生的各种关系的法律规范总称。行政法由规范行政主体和行政权设定的行政组织法、规范行政权行使的行政行为法、规范行政权运行程序的行政程序法、规范行政权监督的行政监督法和行政救济法等部分组成。其重心是控制和规范行政权，保护行政相对人的合法权益。

（五）经济法

经济法是调整政府对市场经济活动实行干预、管理、调控所产生的法律关系的法律规范的总称。经济法是在政府干预市场活动过程中逐渐发展起来的一个法律门类，它既与行政法的联系很密切，又与民法、商法的联系很密切。经济法既有调整纵向关系的法律规范，又有调整横向关系的法律规范。经济法是公法，侧重于调整政府平衡、协调经济生活中发生的政府与商事主体间的关系，强调政府与商事主体间责、权、利、效的一致性。

（六）社会法

社会法是规范劳动关系、社会保障、社会福利和特殊群体权益保障方面法律关系的法律规范的总称。社会法是在政府干预社会生活过程中逐渐发展起来的一个法律门类，所调整的是政府与社会之间、社会不同部分之间的法律关系。社会法包括两个方面：一是有关劳动关系、劳动保障和社会保障方面的法律，如《中华人民共和国劳动法》（以下简称《劳动法》）、《中华人民共和国工会法》等。二是有关特殊社会群体权益保障方面的法律，如《中华人民共和国未成年人保护法》《中华人民共和国妇女权益保障法》等。

（七）诉讼与非诉讼程序法

诉讼与非诉讼程序法是规范解决社会纠纷的诉讼活动与非诉讼活动的法律规范的总称。我国已经制定《中华人民共和国刑事诉讼法》、《中华人民共和国民事诉讼法》（以下简称《民事诉讼法》）、《中华人民共和国行政诉讼法》（以下简称《行政诉讼法》），分别对三种诉讼活动进行规范。此外，针对海事诉讼的特殊性，我国制定了《中华人民共和国海事诉讼特别程序法》，作为对民事诉讼法的补充。为了处理国与国之间的犯罪引渡问题，我国制定了《中华人民共和国引渡法》，作为对刑事诉讼法的补充。此外，我国还制定了《中华人民共和国仲裁法》（以下简称《仲裁法》）和《中华人民共和国劳动争议调解仲裁法》等非诉讼程序法。

第二节　法　律　关　系

一、法律关系的概念及特征

人类社会存在着各种各样的社会关系，诸如经济、政治、法律、思想、道德、宗教、家庭、婚姻、友谊等关系。法律关系是根据法律规范产生的，以主体间的权利与义务关系为内容表现的社会关系。根据法律关系反映的物质社会关系不同，形成的法律关系性质也不相同：以调整平等主体之间的财产关系和人身关系而形成的法律关系，称为民事法律关系；以调整婚姻家庭关系而形成的法律关系，称为婚姻家庭法律关系；以调整行政管理关系而形成的法律关系，称为行政法律关系；以调整刑事犯罪与惩罚关系而形成的法律关系，称为刑事法律关系；以调整经济管理与协调关系而形成的法律关系，称为经济法律关系；等等。与其他社会关系相比，法律关系具有以下特征。

（一）法律关系是一种意志关系，属上层建筑范畴

这里的意志是指国家的意志（即统治者的意志）和行为人的意志。法律关系是反映统治者意志和行为人意志而形成的关系，因而不属于经济基础范畴。

（二）法律关系是根据法律规范建立并得到法律保护的社会关系

法律关系是社会关系的一种，但是并非所有的社会关系均属于法律关系，有些社会关系不属于法律关系，如友谊关系、爱情关系等。在法律规范中，关于一个人可以做什么、不得做什么和必须做什么的规定，是国家意志的体现。人们之间一旦依法结成了法律关系，这种关系对各方参加者都有约束力。例如，合同一经订立即具有法律效力，任何一方都无权擅自变更、废止。凡是超越法律关系中权利的界限或者规避义务造成危害后果的，都会受到国家法律的制裁。

（三）法律关系是以权利义务为内容的具体的社会关系

法律关系是具体的权利义务关系，它使法律规范规定的权利义务具体化。法律规范规定的主体权利义务只是一种可能性，是主体能做和应该做的行为，并不是现实的行为；而在法律关系中，主体的权利与义务是一种现实的权利义务。这些权利与义务关系的形成，要以法律所确定的某种现象和事实的产生为前提。例如，如果发生了保险法规所列举的自然灾害，那么肯定引起投保人和保险人之间的保险赔偿权利与义务关系的形成。在法律关系中，参加者所享受的权利与承担的义务，都是法律规定的，都具有法律效力，任何人都不得违反和侵犯。

二、法律关系的构成

一般认为，法律关系由主体、内容、客体三部分组成。

（一）法律关系的主体

法律关系的主体是法律关系的参加者，即在法律关系中一定权利的享有者和一定义务的承担者。享有权利的一方称为权利人，承担义务的一方称为义务人。

1. 法律关系主体的种类

（1）公民（自然人）

这里的公民（自然人）既包括本国公民，也包括居住在一国境内或在境内活动的外国公民和无国籍人。

（2）机构组织（法人）

机构组织（法人）包括机关（立法机关、行政机关和司法机关等）法人、事业单位法人、社会团体法人和企业法人。其他组织则是指不具有法人地位，但是可以以自己名义从事法律活动的主体，如分公司。

（3）非法人组织

非法人组织是不具有法人资格，但是能够依法以自己的名义从事民事活动的组织。非法人组织包括个人独资企业、合伙企业、不具有法人资格的专业服务机构等。

2. 法律关系主体构成的资格

公民和法人要成为法律关系的主体、享有权利和承担义务，必须具备权利能力和行为能力，即具有法律关系主体构成的资格。

（1）权利能力

权利能力是权利主体享有权利和承担义务的资格，它反映了权利主体享有权利和承担义务的可能性。各种具体权利的产生必须以主体的权利能力为前提。在不同的法律关系中对其参加者的要求不同，所需要的权利能力也不同。权利能力既包括一般的权利能力（即民事权利能力），也包括特殊的权利能力（即政治权利能力、劳动权利能力等）。根据《中华人民共和国民法总则》（以下简称《民法总则》）的规定，自然人从出生时起到死亡时止，具有民事权利能力，依法享有民事权利、承担民事义务。自然人的民事权利能力一律平等。

（2）行为能力

行为能力是指权利主体能够通过自己的行为取得权利和承担义务的能力。行为能力必须以权利能力为前提，无权利能力就谈不上行为能力。对自然人来讲，有权利能力不一定有行为能力。根据《民法总则》的规定，自然人分为完全民事行为能力人、限制民事行为能力人和无民事行为能力人。

① 完全民事行为能力人。十八周岁以上的公民是成年人，具有完全民事行为能力，可以独立进行民事活动，是完全民事行为能力人。十六周岁以上不满十八周岁的公民，以自己的劳动收入为主要生活来源的，视为完全民事行为能力人。

② 限制民事行为能力人。八周岁以上的未成年人是限制民事行为能力人，可以进行与他的年龄、智力相适应的民事活动；其他民事活动由他的法定代理人代理，或者征得他的法定代理人的同意。不能完全辨认自己行为的精神病人是限制民事行为能力人，可以进行与他的精神健康状况相适应的民事活动；其他民事活动由他的法定代理人代理，或者征得法定代理人的同意。

③ 无民事行为能力人。不满八周岁的未成年人是无民事行为能力人，由他的法定代理人代理民事活动。不能辨认自己行为的精神病人是无民事行为能力人，由他的法定代理人代理民事活动。

社会组织作为法律关系的主体也应当具有权利能力和行为能力，但是，其权利能力和行为能力不同于自然人。以法人为例，法人的权利能力、行为能力在法人成立时产生，到法人终止时消灭。自然人的行为能力一般通过自身实现，而法人的行为能力则通过法定代表人或者其他代理人实现。

（二）法律关系的内容

权利与义务是法律关系的内容。权利是法律允许权利人为了满足自己的利益可以作为或不作为，或者要求他人为一定行为或不为一定行为，并有他人的法律义务作保证的资格。义务则是法律规定的义务人应该按照权利人要求为一定行为或不为一定行为，以满足权利人的利益。权利与义务具有密切的关系：①没有无义务的权利，也没有无权利的义务；②权利人行使权利依赖于义务人承担义务；③权利的行使有一定的界限，不能滥用权利而损害义务人的利益。

（三）法律关系的客体

法律关系的客体，是指法律关系主体间权利义务所指向的对象。法律关系的客体可以分为以下几大类：①物。法律意义上的物是指法律关系主体支配的、在生产上和生活上所需要的客观实体。它可以是自然物，如森林、土地，也可以是人的劳动创造物，如建筑物、机器。②行为。一定的行为结果可以满足权利人的利益和需要，可以成为法律关系的客体。例如，旅客运输合同的客体是运送旅客的行为。③智力成果。如文学艺术作品、科学著作、科学发明等。④人身利益。它包括人格利益和身份利益，是人格权和身份权的客体，如公民和组织的姓名或名称，公民的肖像、名誉、尊严、人身、人格和身份等。

三、法律事实

法律事实是指法律规范所规定的，能够引起法律后果，即法律关系产生、变更和消灭的客观现象。根据不同的标准，法律事实可以分为两类：法律事件和法律行为。

（一）法律事件

法律事件是指与当事人意志无关，但能够引起法律关系发生、变更和消灭的客观情况。能够导致一定法律关系的产生、变更和消灭的事件有以下几项：①人的出生与死亡。人的出生与死亡能够引起民事主体资格的产生和消灭，也可能导致人格权的产生和继承的开始等。②自然灾害与意外事件。③时间的经过。时间的经过可以引起一些请求权的发生或消灭。

（二）法律行为

法律行为是指人的有意识的活动，包括自然人的活动和法人的活动。因为人们的意志有善意与恶意、合法与违法之分，故其行为也可以分为善意行为、合法行为与恶意行为、违法行为。善意行为、合法行为能引起法律关系的形成、变更和消灭。例如，依法登记结婚的行为，导致婚姻关系的成立。恶意行为、违法行为也能够引起法律关系的形成、变更和消灭。例如，犯罪行为产生刑事法律关系。恶意行为、违法行为也可能引起某些民事法律关系（损害赔偿、继承）的产生或变更。根据人的行为是否属于表意行为可以分为：①法律行为，即以行为人的意思表示为要素的行为。②事实行为，即与表达法律效果、特定精神内容无关的行为，如创作行为、侵权行为等。

第三节　经济法律制度

一、经济法概述

法作为社会的上层建筑，其产生与发展离不开经济基础。早在古代，就存在保护财产权、维护交易等经济关系及国家管理经济的法律规范。在进入市场经济阶段之后，人类调整经济关系的法律制度才得以走向成熟。

在自由竞争市场经济阶段，经济主要通过市场机制进行调节，政府的经济职能受到限制和约束，公共权力对市场的干预受到限制。国家对经济生活采取放任的态度，强调意思自治和契约自由，此时社会经济生活主要依靠民商法。进入垄断资本主义阶段，生产的高度社会化及人类社会的现代化导致了市场失灵，民商法再无力调整社会的经济生活。在这一阶段，市场需求导致社会整体利益和国家干预主义开始出现，经济法作为一个新的、独立的法律部门才最终产生。

1755年，法国著名的空想社会主义者摩莱里在他所著的《自然法典》一书中，首先使用了"经济法"这个定义。1906年，德国学者里特在《世界经济年鉴》中提出，经济法是世界经济的各种法规概况，这被认为是现代经济法术语和学科的起源。从经济法产生的社会经济背景考察，西方国家的经济法，是在从自由资本主义经济过渡到垄断资本主义经济过程中逐步形成的。国家利用经济法对出现的经济危机、市场失灵加以控制。

在我国，随着市场经济的不断发展，在1979年全国人民代表大会和国务院的部分文件中开始使用了"经济法"这一定义。目前，经济法的定义、范畴等在法学界存在较大争议和分歧。本书对此问题不做探讨。经济法现已得到社会的普遍认同，从经济法的产生和发展来看，它实际是社会经济集中和垄断的产物，是国家干预社会经济生活的具体表现。在我国《民法总则》的立法说明中，就民法与经济法、行政法的关系作了如下解释：民法主要调整平等主体间的财产关系，即横向的财产、经济关系。政府对经济的管理，国家和企业之间及企业内部等纵向经济关系或者行政管理关系，不是平等主体之间的经济关系，主要由有关经济法、行政法调整。据此，可以说，经济法是调整国家在管理与协调经济运行过程中发生的经济关系的法律规范的总称。

二、经济法体系

经济法体系是由经济法各个分支法律制度组成的有机联系的统一整体，即调整特定经济关系的规范性文件体系。同经济法的概念一样，对经济法的体系问题，学术界也存在不同的认识。随着部门法界限的逐渐明确，以及各法学学科的不断发展，"经济法"一词已经被特定化并且与民商法相区别，已经由"调整经济的法"或"与经济有关的法"逐步成为以市场规制与宏观调控为调整对象的新经济法学科。

本书受众群体为经济管理专业学生与社会人员，因此这里我们探讨的是"与经济有关的法"的经济法体系，具体如下：①与经济有关的民事法律体系，具体包括民事法律行为与代理制度、物权法律制度、合同法律制度、知识产权法律制度等；②与经济有关的商事法律体系，具体包括个人独资企业法律制度、合伙企业法律制度、公司法律制度、破产法律制度、证券法律制度、票据法律制度等；③与经济有关的经济法律体系，具体包括消费者权益保护法律制度、竞争法律制度等；④与经济有关的社会法律体系，具体包括劳动合同法律制度、社会保障法律制度等；⑤与经济有关的诉讼法律体系，具体包括仲裁法律制度、民事诉讼法律制度、行政复议与行政诉讼法律制度等。

 本章创新创业部分的内容，可通过扫描下方二维码进行相关练习。

法律思考　　　　　实训项目　　　　　案例分析　　　　　相关法规

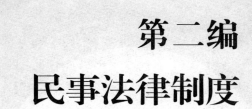

第二编
民事法律制度

第二章　民事基本法律制度

第一节　民事法律行为

一、民事法律行为的概念与特征

民事法律行为是民事主体通过意思表示设立、变更、终止民事法律关系的行为。民事法律行为可以基于双方或者多方的意思表示一致成立，也可以基于单方的意思表示成立。法人组织、非法人组织依照法律或者章程规定的议事方式和表决程序作出决议的，该决议行为成立。民事法律行为可以采用书面形式、口头形式或者其他形式；法律、行政法规规定或者当事人约定采用特定形式的，应当采用特定形式。民事法律行为自成立时生效，但是法律另有规定或者当事人另有约定的除外。其具有以下特征。

（一）以意思表示为要素

意思表示是指行为人将进行法律行为，达到某种预期法律后果的内在意思表现于外的行为。根据《民法总则》的规定，以对话方式作出的意思表示，相对人知道其内容时生效。以非对话方式作出的意思表示，到达相对人时生效。以非对话方式作出的采用数据电文形式的意思表示，相对人指定特定系统接收数据电文的，该数据电文进入该特定系统时生效；未指定特定系统的，相对人知道或者应当知道该数据电文进入其系统时生效。当事人对采用数据电文形式的意思表示的生效时间另有约定的，按照其约定。无相对人的意思表示，表示完成时生效；法律另有规定的，依照其规定。以公告方式作出的意思表示，公告发布时生效。行为人可以明示或者默示作出意思表示。沉默只有在有法律规定、当事人约定或者符合当事人之间的交易习惯时，才可以视为意思表示。行为人可以撤回意思表示。撤回意思表示的通知应当在意思表示到达相对人前或者与意思表示同时到达相对人。有相对人的意思表示的解释，应当按照所使用的词句，结合相关条款、行为的性质和目的、习惯及诚信原则，确定意思表示的含义。无相对人的意思表示的解释，不能完全拘泥于所使用的词句，而应当结合相关条款、行为的性质和目的、习惯及诚信原则，确定行为人的真实意思。

（二）以设立、变更或终止权利义务为目的

以设立、变更或终止权利义务为目的这一特征表明民事法律行为是行为人的自觉自愿行为，而非受胁迫、受欺诈的行为。否则，该行为就达不到行为人的目的。这也是衡量法律行为和法律效果的基本依据，如侵权行为往往会导致一定的法律后果。这一法律后果却是与行为人的预期目的相悖的。

（三）是一种合法行为

民事法律行为是一种合法行为，表明民事法律行为只有在内容和形式上符合法律的要求或者不违背法律的规定，才能得到法律的承认和保护，才能产生行为人预期的法律后果。否则，该行为不仅不会产生行为人预期的法律后果，还会受到法律的制裁。因此，并非所有的民事行为都是民事法律行为。民事行为除包括民事法律行为外，还包括效力待定的民事行为、无效民事行为及可变更可撤销的民事行为。

二、民事法律行为的分类

（一）单方法律行为和多方法律行为

按照法律行为的成立是否需要几个方面的意思表示进行分类，可以分为单方法律行为和多方法律行为。单方法律行为是根据一方当事人的意思表示而成立的法律行为。该法律行为仅有一方当事人的意思表示而无须他方的同意即可发生法律效力，如委托代理的撤销、债务的免除、无权代理的追认等。多方法律行为是两个以上的当事人意思表示一致而成立的法律行为。该法律行为的当事人有两个以上，不仅各自需要进行意思表示，而且意思表示还需一致，如合同行为等。区分单方法律行为与多方法律行为的意义在于法律对两者成立的要求不同。单方法律行为只要求当事人一方作出意思表示即可成立，而多方法律行为则强调行为人意思表示一致或者多数表决才能成立。

（二）有偿法律行为和无偿法律行为

按照法律行为是否存在对待的给付而进行分类，可以分为有偿法律行为和无偿法律行为。有偿法律行为是指当事人互为给付一定代价（包括金钱、财产、劳务）的法律行为，如买方为获得对方的货物而支付价款、承揽人为获得对方的报酬而提供劳务等。无偿法律行为是指一方当事人承担给付一定代价的义务，而他方当事人不承担相应给付义务的法律行为，如赠与行为、无偿委托、无偿消费借贷等。区分有偿法律行为与无偿法律行为的意义在于便于确立当事人权利义务的范围及其责任后果的承担。一般而言，有偿法律行为的义务人的法律责任比无偿法律行为义务人的法律责任要重。

（三）要式法律行为和不要式法律行为

按照法律行为的成立是否需要具备法律规定的形式而进行分类，可以分为要式法律行为和不要式法律行为。要式法律行为是指法律规定必须采取一定的形式或者履行一定的程序才能成立的法律行为。例如，《中华人民共和国合同法》（以下简称《合同法》）第二百七十条规定："建设工程合同应当采用书面形式。"《中华人民共和国企业破产法》（以下简称《企业破产法》）第八条规定："向人民法院提出破产申请，应当提交破产申请书和有关证据。破产申请书应当载明下列事项：（一）申请人、被申请人的基本情况；（二）申请目的；（三）申请的事实和理由；（四）人民法院认为应当载明的其他事项。债务人提出申请的，还应当向人民法院提交财产状况说明、债务清册、债权清册、有关财务会计报告、职工安置预案以及职工工资的支付和社会保险费用的缴纳情况。"不要式的法律行为是指法律不要求采取一定形式，当事人自由选择一种形式即可成立的法律行为；该类法律行为的形式可由当事人协商确定。区分要式法律行为与不要式法律行为的意义在于：不要式法律行为可以由当事人自由选择法律行为的形式；而要式法律行为要求当事人必须采用法定形式，否则法律行为不能成立。

（四）主法律行为和从法律行为

主法律行为是指不需要有其他法律行为的存在就可以独立成立的法律行为。从法律行为是指从属于其他法律行为而存在的法律行为。例如，当事人之间订立一项借贷合同，为保证该合同的履行，又订立一项担保合同。其中，借贷合同是主合同，担保合同为从合同。从法律行为的效力依附于主法律行为：主法律行为不成立，从法律行为则不能成立；主法律行为无效，则从法律行为亦当然不能生效。但是，主法律行为履行完毕，并不必然导致从法律行为的效力的丧失。区分主法律行为和从法律行为的意义在于便于明确主从法律行为的效力关系。从法律行为的存在由主法律行为决定，主法律行为不存在，从法律行为也就不存在。

三、民事法律行为生效要件

民事法律行为生效是指已经成立的民事法律行为因为符合法律规定的有效要件而取得法律认可的效力。民事法律行为的成立是民事法律行为有效的前提，但是，已成立的民事法律行为不一定必然发生法律效力，只有具备一定有效要件的民事法律行为，才能产生预期的法律效果。法律行为的有效要件分为实质有效要件和形式有效要件。

（一）民事法律行为的实质有效要件

民事法律行为的实质有效要件，是指任何一个民事行为能够发生意思表示内容所追求的民事法律效果所应具备的条件。在民法学上，实质有效要件又叫作民事行为的一般生效条件。只有具备了民事法律行为实质有效要件的民事行为才能为法律所承认并产生行为人预期的法律后果。否则，就会因为欠缺实质有效要件而成为无效民事行为或可变更、可撤销民事行为。

1. 行为人具有相应的民事行为能力

只有具有相应的民事行为能力的人才能进行民事法律行为。对于自然人而言，无行为能力人进行的行为不具有法律效力；限制行为能力人只能进行与其能力相当的法律行为；完全行为能力人也只有在其权利能力范围内，才具有相应的行为能力。对于法人来说，只有具有与其权利能力范围相适应的行为能力，其进行的法律行为方才有效。法人的权利能力范围一般以核准登记的生产经营和业务范围为准。

2. 意思表示真实

意思表示真实是指当事人在自愿的基础上作出的意思表示与其内心的真实意愿是一致

的。如果行为人的意思表示是基于胁迫、欺诈的原因而作出的，则不能反映行为人的真实意志，这就不能产生法律上的效力。如果行为人故意作出不真实的意思表示，则该行为人无权主张行为无效；而善意的相对人或第三人，则可根据情况主张行为无效。如果行为人基于某种错误认识而导致意思表示与内在意志不一致，则只有在存在重大错误的情况下，才有权请求人民法院或者仲裁机关予以变更或撤销。

3. 不违反法律规定，不违背公序良俗

不违反法律、行政法规的强制性规定，不违背公序良俗是由法律行为的合法性所决定的。不违反法律是指意思表示的内容不得与法律的强制性或禁止性规定相抵触，也不得滥用法律的授权性或任意性规定达到规避法律强制规范的目的。不违背公序良俗是指法律行为在目的上和效果上不得有损社会经济秩序、社会公共秩序和社会公德，不得损害国家及各类社会组织和个人的利益。

（二）民事法律行为的形式有效要件

民事法律行为的形式有效要件是指行为人的意思表示的形式必须符合法律的规定。《民法总则》第一百三十五条规定："民事法律行为可以采用书面形式、口头形式或者其他形式；法律、行政法规规定或者当事人约定采用特定形式的，应当采用特定形式。"如果行为人进行某项特定的法律行为时，未能采用法律规定的特定形式的，则不能产生法律效力。书面形式有一般书面形式和特殊书面形式。特殊书面形式主要指公证形式、审核批准形式、登记形式、公告形式等。一般而言，一般书面形式优于口头形式，特殊书面形式优于一般书面形式。在实践中，还有一种不通过文字或语言，而以沉默的方式进行意思表示的形式，该形式只有在法律有规定或当事人有约定的情况下才能产生法律效力。

（三）附条件和附期限的法律行为

1. 附条件的法律行为

附条件的法律行为是指在法律行为中指定一定的条件，把该条件的成就（或发生）或不成就（或不发生）作为法律行为效力的发生或终止的根据。法律行为中所附的条件可以是事件，也可以是行为，但是能够作为法律行为所附条件的事实必须具备以下条件：①将来发生的事实，已发生的事实不能作为条件；②不确定的事实，即条件是否必然发生，当事人不能肯定；③当事人任意选择的事实，而非法定的事实；④合法的事实，不得以违法或违背道德的事实作为所附条件；⑤所限制的是法律行为效力的发生或消灭，而不涉及法律行为的内容，即不与行为的内容相矛盾。

2. 附期限的法律行为

附期限的法律行为是指在法律行为中指明一定的期限，把期限的到来作为法律行为生效或终止的依据。期限是必然到来的事实，这与附条件的法律行为所附的条件不同。法律行为所附期限可以是明确的期限，如×年×月×日，也可以是不确定的期限，如"××死

亡之日""果实成熟之时"等。

四、民事行为的法律效力状态

（一）无效民事行为

1. 无效民事行为的概念和种类

无效民事行为是指欠缺法律行为的有效要件，行为人设立、变更和终止权利义务的内容不发生法律效力的行为。根据《民法总则》第一百四十四条、第一百四十六条、第一百五十三条、第一百五十四条的规定，无效民事行为包括以下几种情况：①无民事行为能力人实施的民事法律行为无效。②行为人与相对人以虚假的意思表示实施的民事法律行为无效。以虚假的意思表示隐藏的民事法律行为的效力，依照有关法律规定处理。③违反法律、行政法规的强制性规定的民事法律行为无效，但是该强制性规定不导致该民事法律行为无效的除外。违背公序良俗的民事法律行为无效。④行为人与相对人恶意串通，损害他人合法权益的民事法律行为无效。

2. 无效民事行为的法律后果

无效民事行为从行为开始起就没有法律约束力。其在法律上产生以下法律后果：①恢复原状，即恢复到无效民事行为发生之前的状态，当事人因该行为取得的财产应当返还给受损失的一方。不能返还或者没有必要返还的，应当折价补偿。有过错的一方应当赔偿对方由此所受到的损失。②赔偿损失，即有过错的一方应当赔偿对方因此所受的损失，但如果双方都有过错的，应当各自承担相应的责任。③收归国家或集体所有或返还第三人，即指双方恶意串通、实施的民事行为损害国家、集体或者第三人利益的，应当追缴双方取得的财产，收归国家、集体所有或者返还第三人。④其他制裁。如果行为人因实施无效民事行为而损害国家利益或社会利益的，还可以给予行政处分、罚款，构成犯罪的还要依法追究刑事责任。

3. 部分无效民事行为

部分无效民事行为是指部分无效且不影响其他部分效力的民事行为。部分无效民事行为的无效部分从行为开始即无法律约束力，而其余部分仍对当事人有约束力。《民法总则》第一百五十六条规定："民事法律行为部分无效，不影响其他部分效力的，其他部分仍然有效。"

（二）可撤销民事行为

1. 可撤销民事行为的概念和特征

可撤销民事行为又称相对无效的民事行为，是指依照法律的规定，可以因行为人自愿的撤销行为而自始归于无效的民事行为。

该行为与无效民事行为相比，有以下特征：①在该行为撤销前，其效力已经发生，未经撤销，其效力不消灭。②该行为的效力消灭，以撤销为条件。③该行为的撤销，应由撤销权人提出并实施，其他人不能主张其效力的消灭。④具有撤销该行为权利的人，可以选择撤销该行为，也可以不选择撤销该行为。⑤该行为一经撤销，其效力溯及于行为开始时无效。

2. 可撤销民事行为的种类

可撤销民事行为主要包括：①行为人对行为内容有重大误解的民事行为。这是指民事行为的当事人在作出意思表示时，对涉及行为法律效果的重要事项存在认识上的显著缺陷。该显著缺陷包括对行为的性质、标的物、当事人、价格、数量、包装、运输方式、履行地点、履行期限等存在误解，并且该误解是重大的。②显失公平的民事行为。《民法总则》第一百五十一条规定："一方利用对方处于危困状态、缺乏判断能力等情形，致使民事法律行为成立时显失公平的，受损害方有权请求人民法院或者仲裁机构予以撤销。"之前制定《中华人民共和国民法通则》（以下简称《民法通则》）和《合同法》时，立法者将"暴力行为"分解为"乘人之危"与"显失公平"两个制度，分别设计规范。但经过多年的法治实践两种制度的区分带来的最大问题便是"难以区分"。因此，此次制定《民法总则》，立法专家改变了此前的做法，将"乘人之危"并入"显失公平"之中，并规定了统一的构成要件。第一，双务合同当事人的权利义务明显不对等，违反公平、等价有偿原则。第二，显失公平的事实发生在"合同成立之时"。第三，显失公平的原因是一方当事人利用自己的优势或者利用对方的困境、危难、轻率、急迫、无经验、缺乏判断力或意志力薄弱等不利境地。通观这三个构成要件，《民法总则》中关于显失公平的着眼点不在于权利义务的明显不对等，而在于"意思表示的不自由"。对当事人来讲，其为意思表示时，不能或没有作出有意义的选择。

3. 撤销权的行使

《民法总则》第一百四十七条至第一百五十二条，《合同法》第五十四条、第五十五条规定了可撤销民事行为的类型及撤销权行使的基本规范。根据《民法总则》，撤销民事行为的类型分为以下几种：①一方以欺诈手段，使对方在违背真实意思的情况下实施的民事法律行为。第三人实施欺诈行为，使一方在违背真实意思的情况下实施的民事法律行为，对方知道或者应当知道该欺诈行为的，受欺诈方可请求人民法院或仲裁机构予以撤销。②基于重大误解实施的民事法律行为。③一方或者第三人以胁迫手段，使对方在违背真实意思的情况下实施的民事法律行为，受胁迫方有权请求人民法院或者仲裁机构予以撤销。④一方利用对方处于危困状态、缺乏判断能力等情形，致使民事法律行为成立时显失公平的，受损害方有权请求人民法院或者仲裁机构予以撤销。撤销权只能以起诉或者申请仲裁的方式行使。在诉讼之外以通知方式行使撤销的，不产生撤销的法律效力。除此之外，撤销权的行使还受到双重除斥期间的限制。

4. 撤销权的消灭

《民法总则》规定有下列情形之一的，撤销权消灭：在欺诈、显失公平的可撤销情形下，当事人自知道或者应当知道撤销事由之日起一年内，重大误解的当事人自知道或者应当知道撤销事由之日起三个月内没有行使撤销权的，权利人的撤销权消灭；当事人受胁迫，自胁迫行为终止之日起一年内没有行使撤销权的，撤销权消灭；当事人知道撤销事由后明确表示或者以自己的行为表明放弃撤销权的。同时，当事人自民事法律行为发生之日起五年内没有行使撤销权的，撤销权消灭。

5. 可撤销民事行为的法律后果

如果享有撤销权的当事人未在法定的期间内行使撤销权，则可撤销民事行为视同为法律行为，对当事人具有约束力。如果可撤销的民事行为被依法撤销，则具有与无效民事行为相同的法律后果。

第二节　代理制度

一、代理

（一）代理的概念和特征

1. 代理的概念

代理是指代理人在代理权限内，以被代理人的名义与第三人实施法律行为，由此产生的法律后果直接由被代理人承担的一种法律制度。代理关系的主体包括代理人、被代理人（亦称本人）和第三人（亦称相对人）。代理人是代替被代理人实施法律行为的人；被代理人是代理人替自己实施法律行为的人；第三人是与代理人实施法律行为的人。代理关系包括三种关系：一是被代理人与代理人之间的代理权关系；二是代理人与第三人之间的实施法律行为的关系；三是被代理人与第三人之间的承受代理行为法律后果的关系。

2. 代理的特征

（1）代理人以被代理人的名义实施法律行为

根据《民法总则》的规定，代理人必须以被代理人的名义实施法律行为。非以被代理人的名义而以自己的名义代替他人实施法律行为，不属代理行为，如行纪、寄售等受托处分财产的行为。

（2）代理人直接向第三人进行意思表示

代理行为的目的在于与第三人设立、变更或终止权利义务关系。因此，只有代理人直接向第三人进行意思表示，才能实现代理的目的。这使代理行为与其他委托行为，如代人保管物品等行为区别开来。

（3）代理人在代理权限内独立地进行意思表示

代理人在代理权限内，有权根据情况，独立地进行判断，并进行意思表示。非独立进行意思表示的行为不属代理行为，如传递信息、居间行为等均不属代理行为。

（4）代理行为的法律效果直接归属于被代理人

尽管代理行为是在代理人与第三人之间进行的，但在被代理人与第三人之间设立、变更或终止某种权利义务关系。因此，其法律后果当然也应由被代理人承担。该法律后果既包括对被代理人有利的法律后果，也包括对被代理人不利的法律后果。这使代理行为与无效代理行为、冒名欺诈等行为区别开来。

（二）代理的适用范围

代理适用于民事主体之间设立、变更或终止权利义务的法律行为，也适用于法律行为之外的其他行为，如申请行为、申报行为、诉讼行为等。但是，依照国家法律规定或行为性质必须由本人亲自进行的行为，则不能代理，如遗嘱、婚姻登记、收养子女等。约稿、预约绘画、演出等具有严格人身性质的行为，也不适用代理。被代理人无权进行的行为不能代理。此外，根据法律规定，只有某些民事主体才能代理的行为，他人不得代理，如代理发行证券只能由有证券承销资格的机构进行。违法行为也不得适用于代理。

（三）代理的种类

根据我国《民法总则》的规定，代理可分为委托代理和法定代理。

1. 委托代理

委托代理是基于被代理人的委托而发生的代理。被代理人的委托可以基于授权行为发生，也可依据合伙关系、职务关系等发生。委托代理中的授权行为一般以代理证书（亦称授权委托书）的形式表现。根据《民法总则》第一百六十五条的规定："委托代理授权采用书面形式的，授权委托书应当载明代理人的姓名或者名称、代理事项、权限和期间，并由被代理人签名或者盖章。"

2. 法定代理

法定代理是基于法律的直接规定而发生的代理。法定代理通常适用于被代理人是无行为能力人、限制行为能力人的情况。

二、代理权

（一）代理权概述

代理权是代理制度的核心内容。代理权是代理关系存续的必要条件，是基础性的法律要求。代理关系自代理权产生之时起确立，并随着代理权的消灭而终止。代理权是民事主体取得代理人资格，能以被代理人名义从事代理行为的法律依据。基于代理权的存在，法律才确认代理人所为代理行为的效力，被代理人才承担其法律后果。代理权是代理人的基本权利。代理人行使代理权，既受到法律的认可和保护，也要承担相应的法律责任。代理人不得超越代理权限行使代理权，也不得滥用代理权。

（二）代理权的行使

1. 代理权行使的一般要求

代理人行使代理权必须符合被代理人的利益，不得利用代理权为自己牟取私利，必须

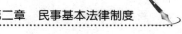

做到勤勉尽责、审慎周到，以实现和保护被代理人的利益。

2. 代理人不得滥用代理权

常见的代理权滥用的情况有以下几种：一是自己代理，即代理他人与自己进行民事活动；二是双方代理，即代理双方当事人进行同一民事行为；三是恶意串通代理，即代理人与第三人恶意串通，损害被代理人的利益。法律禁止代理权的滥用。滥用代理权的行为，视为无效代理，代理人滥用代理权给被代理人及他人造成损害的，必须承担相应的赔偿责任。

三、无权代理

（一）无权代理的概念

无权代理是指没有代理权而以他人名义进行的民事行为。无权代理包括三种情况：一是没有代理权的代理；二是超越代理权的代理；三是代理权终止后而为的代理。《民法总则》第一百七十一条、第一百七十二条对无权代理的内涵和法律后果作了完整而充分的规定。《民法总则》第一百七十一条规定："行为人没有代理权、超越代理权或者代理权终止后，仍然实施代理行为，未经被代理人追认的，对被代理人不发生效力。"相对人可以催告被代理人自收到通知之日起一个月内予以追认。被代理人未作表示的，视为拒绝追认。行为人实施的行为被追认前，善意相对人有撤销的权利。撤销应当以通知的方式作出。行为人实施的行为未被追认的，善意相对人有权请求行为人履行债务或者就其受到的损害请求行为人赔偿，但是赔偿的范围不得超过被代理人追认时相对人所能获得的利益。相对人知道或者应当知道行为人无权代理的，相对人和行为人按照各自的过错承担责任。该规定又被称为是"狭义的无权代理"。第一百七十二条规定："行为人没有代理权、超越代理权或者代理权终止后，仍然实施代理行为，相对人有理由相信行为人有代理权的，代理行为有效。"该规定被称为"表见代理"。一般认为，广义的无权代理，包括狭义的无权代理和表见代理。本书若无特别说明，无权代理即指狭义的无权代理，表见代理则以本名明示之。

（二）狭义的无权代理的概念和特征

狭义的无权代理是指行为人无代理权，并以他人名义实施的且不构成表见代理的情形。狭义的无权代理有三个基本特征：①行为人欠缺代理权，具体可表现为，从来不曾享有代理权、超越代理权、代理权已经终止。②除欠缺代理权外，无权代理人的行为符合代理的基本特征，即存在三方当事人，每两对当事人之间产生一对法律关系。③除欠缺代理权外，该法律行为无其他无效事由。

（三）狭义的无权代理的法律后果

狭义的无权代理的法律后果分为三种，分别规定在《民法总则》第一百七十一条的第二款、第三款、第四款条文中。

1. 追认

被代理人追认的，代理权的效力得到补正，代理行为有效，代理的法律行为的效果归属于被代理人承担。追认的方式，明示和默示均可。同时，相对人享有"催告权"。相对人可以催告被代理人自收到通知之日起一个月内予以追认。被代理人未作追认的，视为拒绝追认。

2. 撤销

"善意相对人"享有撤销权。追认的意思表示到达追认相对人之前，即追认生效之前，善意相对人享有撤销权，一经撤销，无权代理实施的法律行为即归于无效状态。撤销应当以通知的方式作出。

3. 拒绝追认

被代理人拒绝追认或未予以追认的，因无权代理实施的法律行为，其法律后果不能直接归属于被代理人，其法律后果因相对人善意或恶意而有所不同：①善意相对人有权请求无权代理人履行债务或者就其受到的损害请求无权代理人赔偿，但是赔偿的范围不得超过代理行为有效时相对人所能获得的利益。②恶意相对人（相对人知道或应当知道代理人无权代理的）因此遭受的损失，由相对人和代理人按照各自的过错承担责任。

（四）表见代理

表见代理是指代理人实施代理行为时虽无代理权，但因权利外观、善意且无过失的相对人有理由相信代理人拥有代理权，为保护善意相对人的合理信赖，善意相对人有权主张该无权代理发生有权代理效果的法律制度。

表见代理的构成要件包括：①代理人以被代理人名义实施代理行为时，无代理权。②存在使相对人相信代理人享有代理权的事实和理由（也称为权利外观）。③相对人善意且无过失。"善意"是指相对人不知道代理人没有代理权。"无过失"是指相对人尽到了交易上的合理注意义务。④该权利外观的形成可归责于被代理人。

《民法总则》规定，下列情形，权利外观的形成不可归责于被代理人，不成立表见代理：①行为人伪造他人的公章、合同书或者授权委托书等，假冒他人的名义实施民事法律行为的；②被代理人的公章、合同书或者授权委托书等遗失、被盗或者与行为人特定的职务关系已经终止，并且已经以合理方式公告或者通知，相对人应当知悉的。因表见代理订立的合同，对本人即被代理人而言产生有权代理的法律后果，被代理人不享有选择的权利。同时相对人享有选择权，既可以主张有权代理的效果，也可以在被代理人的追认生效之前行使撤销权，撤销无权代理人与本人签订的合同。

表见代理制度是基于交易安全的保护思想，对于无权代理的善意相对人提供积极信赖保护的制度，其目的在于维护人们对于代理制度的信赖，保护善意相对人的交易安全。

四、代理权终止

（一）委托代理的终止

根据《民法总则》的相关规定，有下列情形之一的，委托代理终止：①代理期间届满或者代理事务完成；②被代理人取消委托或者代理人辞去委托；③代理人丧失民事行为能力；④代理人或者被代理人死亡；⑤作为代理人或者被代理人的法人、非法人组织终止。

被代理人死亡后，有下列情形之一的，委托代理人实施的代理行为有效：①代理人不知道并且不应当知道被代理人死亡；②被代理人的继承人予以承认；③授权中明确代理权在代理事务完成时终止；④被代理人死亡前已经实施，为了被代理人的继承人的利益继续代理。作为被代理人的法人、非法人组织终止的，参照前述规定。

（二）法定代理的终止

根据《民法总则》的相关规定，有下列情形之一的，法定代理终止：①被代理人取得或者恢复完全民事行为能力；②代理人丧失民事行为能力；③代理人或者被代理人死亡；④法律规定的其他情形。

第三节　民事责任

一、民事责任的基本理论

民事主体依照法律规定和当事人约定，履行民事义务，承担民事责任。二人以上依法承担按份责任，能够确定责任大小的，各自承担相应的责任；难以确定责任大小的，平均承担责任。二人以上依法承担连带责任的，权利人有权请求部分或者全部连带责任人承担责任。连带责任人的责任份额根据各自责任大小确定；难以确定责任大小的，平均承担责任。实际承担责任超过自己责任份额的连带责任人，有权向其他连带责任人追偿。连带责任，由法律规定或者当事人约定。

承担民事责任的方式主要有以下几种：①停止侵害；②排除妨碍；③消除危险；④返还财产；⑤恢复原状；⑥修理、重作、更换；⑦继续履行；⑧赔偿损失；⑨支付违约金；⑩消除影响、恢复名誉；⑪赔礼道歉。法律规定惩罚性赔偿的，依照其规定。以上承担民事责任的方式，可以单独适用，也可以合并适用。

二、民事责任的承担

根据《民法总则》的相关规定：①因不可抗力不能履行民事义务的，不承担民事责任。不可抗力是指不能预见、不能避免且不能克服的客观情况。②因正当防卫造成损害的，不承担民事责任。正当防卫超过必要的限度，造成不应有的损害的，正当防卫人应当承担适当的民事责任。③因紧急避险造成损害的，由引起险情发生的人承担民事责任。危险由自然原因引起的，紧急避险人不承担民事责任，可以给予适当补偿。紧急避险采取措施不当或者超过必要的限度，造成不应有的损害的，紧急避险人应当承担适当的民事责任。④因保护他人民事权益使自己受到损害的，由侵权人承担民事责任，受益人可以给予适当补偿。没有侵权人、侵权人逃逸或者无力承担民事责任，受害人请求补偿的，受益人应当给予适当补偿。因自愿实施紧急救助行为造成受助人损害的，救助人不承担民事责任。⑤侵害英雄烈士等的姓名、肖像、名誉、荣誉，损害社会公共利益的，应当承担民事责任。⑥因当事人一方的违约行为，损害对方人身权益、财产权益的，受损害方有权选择请求其承担违约责任或者侵权责任。⑦民事主体因同一行为应当承担民事责任、行政责任和刑事责任的，承担行政责任或者刑事责任不影响承担民事责任；民事主体的财产不足以支付的，优先用于承担民事责任。

本章创新创业部分的内容，可通过扫描下方二维码进行相关练习。

法律思考　　　　　实训项目　　　　　案例分析　　　　　相关法规

第三章 物权法律制度

第一节 物权法律制度概述

一、物权法律制度概况

物权是直接支配特定物的财产性权利。物权法是调整因物的归属和利用而产生的民事关系的法律。《中华人民共和国物权法》（以下简称《物权法》）于 2007 年 10 月 1 日正式实施。之前，我国对于物权法律关系的调整主要通过《民法总则》《中华人民共和国土地管理法》《中华人民共和国城市房地产管理法》《中华人民共和国草原法》《中华人民共和国森林法》《中华人民共和国矿产资源法》《中华人民共和国农村土地承包法》等法律来实现。物权法作为民法的重要组成部分，通过确立物权归属和利用的基本规则，规范市场主体因物的归属和利用而产生的财产关系，保障市场主体的权利，维护市场经济秩序，为我国社会主义市场经济服务。因此，维护社会主义市场秩序是物权法的立法目的之一。制定物权法最直接的目的是明确物的归属，发挥物的效用。物权法的作用主要体现在两个方面：定分止争，物尽其用。

二、物的概念与种类

（一）物的概念

物是物权的客体。民法上的物是指人们能够支配的物质实体和自然力。民法上的物具有客观物质性。物必须是客观存在的物质实体或自然力。自身不具质性的财产或财产权利，虽能给权利人带来物质利益，但不是民法上的物，如智力成果。人的活体虽然也是物质实体，但现代立法不允许将人作为客体，但尸体或从活体上分离的物体，如血液、肾脏等，可以作为物。能够被支配的自然力，如电、热、气、磁力等，虽然外表无形，但实际上都有一定质结构或形态，亦是物。民法上的物具有可支配性。例如，宇宙中的恒星虽然也具有客观物质性，但因不具备可支配性而不是民法上的物。

（二）物的种类

按照不同分类标准，对物可以作如下分类。

1. 动产与不动产

动产是能够移动并且不因移动而损害其价值的物，如桌子、电视机等。不动产是指性质上不能移动或虽可移动但移动会损害价值的物，如土地、房屋。区分两者的意义在于：①两者的流通性和范围有区别。不动产中除土地、公路、铁路等为禁止流通物外，其他多为限制流通物，流通物种类很少；动产中大多数是流通物或限制流通物，禁止流通物的比例比较小。②物权变动的法定要件不同。不动产物权的变动，一般以向国家行政主管机关登记为要件；而动产物权的变动，一般以物的交付为要件。③诉讼管辖不同。因不动产发生的纠纷适用专属管辖，即由不动产所在地的人民法院管辖；而因动产发生的纠纷，诉讼管辖的确定较为灵活。

2. 特定物与种类物

特定物是指具有独立特征或被权利人指定而不能以物替代的物，包括独一无二的物和从一类物中指定而特定化的物。前者如一件古董、名人的一幅字画等；后者如从一批机器设备中挑选出来的某一台等。种类物是指以品种、质量、规格或度量衡确定，不需具体指定的物，如级别、价格相等的大米等。区分两者的意义在于：①有些法律关系只能以特定物为客体，如所有权法律关系等；而有些法律关系的对象既可以是特定物也可以是种类物，如买卖法律关系等。②意外灭失时的法律后果不同。特定物在交付前意外灭失的，可免除义务人的交付义务，权利人只能请求赔偿损失；种类物在交付前意外灭失的，由于其有可替代性，故不能免除义务人的交付义务，义务人仍应交付同种类物。

3. 主物与从物

主物是指独立存在，与其他独立物结合使用，并在其中起主要效用的物。在两个独立物结合使用中处于附属地位、起辅助和配合作用的为从物。例如，对于杯子和杯盖，杯子是主物，杯盖是从物。在法律或合同没有相反规定，主物所有权转移时，从物所有权也随之移转。需注意的是，从物一定是独立的物，否则就不是从物。房屋的门、窗，不能脱离房屋而存在，因而不是从物而是物的组成部分。

4. 原物与孳息

原物是指依其自然属性或法律规定产生新物的物，如产子的母畜、带来利息的存款等。孳息是指物或者权益而产生的收益，包括天然孳息和法定孳息。天然孳息是原物根据自然规律产生的物，如幼畜。法定孳息是原物根据法律规定由一定法律关系产生的物，如存款利息、股利、租金等。孳息一定是独立于原物的物，树上的果实、母牛身体里的小牛由于属于物的组成部分，因此不属原物的孳息。

《物权法》规定，天然孳息，由所有权人取得。原物之上既有所有权人，又有用益物权人的，因该物产生的天然孳息由用益物权人取得。当事人另有约定的，按照约定。法定孳息，当事人有约定的，按照约定取得；没有约定或者约定不明确的，按照交易习惯取得。另外，孳息所有权的转移时间，根据《合同法》规定，标的物在交付之前产生的孳息归出卖人所有，交付之后产生的孳息归买受人所有。

三、物权的概念与分类

（一）物权的概念

物权是指权利人依法对特定的物享有直接支配和排他的权利，包括所有权、用益物权和担保物权。物权是和债权对应的一种民事权利，它们共同组成民法最基本的财产权形式。

与债权相比，物权是一种绝对权和"对世权"。权利人以外的任何其他人都负有不得非法干涉和侵害的义务。而债权只是发生在债权人和债务人之间，权利主体和义务主体都是特定的。债权人的请求权只对特定的债务人发生效力，因此被称为对人权。物权具有不容他人侵犯的性质。物权内容是直接支配一定的物并排除他人干涉。直接支配是权利人无须借助他人的行为就能够行使自己的权利。权利人可以依据自己的意志直接依法占有、使用其物，或采取其他支配方式。

（二）物权的分类

1. 所有权与他物权

所有权是指所有人依法可以对物进行占有、使用、收益和处分的权利。所有权是物权中最完整、最充分的权利。他物权是指所有权以外的物权，亦称限制物权、定限物权。他物权是所有权的部分权能与所有者发生分离，由所有权人以外的主体对物享有一定程度的直接支配权。他物权与所有权一样，具有直接支配物并排斥他人干涉的性质。

2. 用益物权和担保物权

根据设立物权的目的不同，传统民法将他物权分为用益物权和担保物权。用益物权是指以物的使用收益为目的的物权，包括建设用地使用权、土地承包经营权、地役权等。担保物权是指以担保债权为目的即以确保债务的履行为目的的物权，包括抵押权、质权、留置权等。两者的区别表现在：①用益物权注重物的使用价值，担保物权注重物的交换价值。②用益物权一般是在不动产上成立的物权。虽然《物权法》为动产用益物权留下了发展的空间，但物权法规定的具体的用益物权只是在不动产上设立。担保物权既可以在不动产上设立，也可以在动产上设立。③用益物权除地役权外，均为主物权。担保物权是从物权，需以主债权的存在为前提。关于担保物权在合同法中具体阐述，本章不再赘述。

3. 动产物权和不动产物权

动产物权是设定在动产之上的物权，如动产所有权、动产质权、留置权等。不动产物权是设定在不动产上的物权，如不动产所有权、土地使用权、不动产抵押权等。用益物权一般存在于不动产之上，担保物权中的抵押权原则上以不动产为客体，但是法律另有规定的除外，质权与留置权则只能以动产为客体，不能设立在不动产上。

四、物权法的基本原则

（一）平等保护原则

平等保护原则是指物权主体在法律地位上是平等的，其享有的所有权和其他物权在受到侵害以后，应当受到法律的平等保护。平等保护原则是民法平等原则在物权法中的具体化。

（二）物权法定原则

物权法定原则是指物权的种类与内容只能由法律来规定，不允许当事人自由创设。由于物权是支配权，具有排他效力、优先效力和追及效力，为了维护交易安全，故适用法定原则。在这里《物权法》第五条所称的法律，不限于《物权法》，包括一切由全国人民代表大会及其常务委员会制定的法律，不包括行政法规与地方性法规，亦不包括司法解释与司法判例。确立物权法定原则的立法理由：①物权具有绝对性，任意创设物权将会妨碍不特定第三人的自由；②整理物权类型，适应社会发展的需要；③促进物尽其用；④物权法定原则可保障完全的合同自由；⑤物权法定有利于物权的公示，确保交易的安全与便捷。

物权法定包括物权种类法定和物权内容法定，具体如下：①物权种类法定，即当事人不得自由创设法律未规定的新种类物权。例如，我国的担保物权只能是抵押权、质权和留置权三种；②物权内容法定，即物权的方式、效力等内容由法律明文规定，当事人不得在物权中自由创设新的内容。例如，法律规定动产质押必须移转占有，当事人创设不转移占有的动产质押就不能产生物权效力。同时，物权的种类和内容虽然法定，但是当事人之间建立物权法律关系可以意定，即当事人可以自己决定是否建立物权法律关系，以及建立何种物权法律关系。

（三）一物一权原则

一物一权原则是指一个所有权的客体仅为一个独立物；一个独立物上只能存在一个所有权；一物的某一部分不能成立单个的所有权，一物只能在整体上成立一个所有权。但一物之上的所有权人可以为多人（如共有）；一物之上只能设定一个所有权，并非一物之上不能设置多个物权，如在一物之上可以有多个抵押权的存在。也就是说，同一物上两个所有权不行；同一物上既有所有权又有抵押权是可以的。

（四）公示、公信原则

1. 公示原则

公示是指物权的权利状态必须通过一定的公示方法向社会公开，使第三人在物权变动时能够知道权利的实际状态，以维护交易安全。《物权法》规定，不动产物权的设立、变更、转让和消灭，应当依照法律规定登记。动产物权的设立和转让，应当依照法律规定交付。可见不动产的权利状态通过登记制度表示，而动产权利状态的变化则通过交付表示（静态的权利状态通过占有表示）。例如，房屋买卖、建设用地使用权的取得和不动产的抵押必须登记，登记生效；动产质权自出质人交付质押财产时设立。在我国对于特殊的动产，如船舶、航空器和机动车等（特定）动产物权的设立、变更、转让和消灭，未经登记，不得对抗善意第三人。同时，不动产权属证书记载的事项，应当与不动产登记簿一致；记载不一致的，以不动产登记簿为准，有证据证明不动产登记簿确有错误的除外。

2. 公信原则

公信是指当物权依据法律规定进行了公示，即使该公示方法表现出来的物权实际存在瑕疵，为保护交易安全，对信赖该公示的物权从事了物权交易的人，法律也承认物权变动的法律效果。《物权法》关于善意取得制度的规定就是公信原则的体现。

第二节　物　权　变　动

一、物权变动的概念与形态

物权变动是指物权的发生、转移、变更和消灭。物权变动是物权法上的一种民事法律效果。和其他民事法律效果一样，物权的变动也是由一定民事法律事实引起的。物权变动主要包括物权的取得、物权的变更和物权的消灭三种形态。

1）物权的取得分为原始取得与继受取得。原始取得是指不以他人的权利及意思为依据，而是依据法律直接取得物权，如因先占、取得时效取得一物的所有权。继受取得是指以他人的权利及意思为依据取得物权，如因买卖、赠与取得一物的所有权。继受取得又可分为创设与移转两种方式。房屋所有人在自己的房屋上为他人设定抵押权就是创设，出卖、赠与则是移转。这两种取得方式的根本区别用一句话来概括就是：原始取得是基于法律的直接规定；而继受取得必须有原始所有人和受领人的意思表示，即双方合意。

2）物权的变更有广义和狭义之分。广义的物权的变更，是指物权的主体、内容或客体的变更。但是严格来讲，物权主体的变更是权利人的更迭，应属物权的取得与丧失。狭义的物权的变更，仅指物权的内容或者客体的变更。

3）物权的消灭，从权利人方面观察，即物权的丧失，可以分为绝对的消灭与相对的消灭。绝对的消灭是指物权本身不存在了，即物权的标的物不仅与其主体相分离，而且他人也未取得其权利，如所有权、抵押权因标的物灭失而消灭，典权因期限届满而消灭。相对的消灭则是指原主体权利的丧失和新主体权利的取得。例如，因出卖、赠与等行为，一方丧失所有权而另一方取得所有权。严格地说，物权的相对消灭并非物权消灭的问题，而应当属于物权的继受取得或主体变更的问题。

二、物权变动的原因

物权变动的原因可分为两大类：一是基于法律行为的物权变动；二是非基于法律行为的物权变动。基于法律行为的物权变动，即根据行为人意志发生法律效果，如买卖、赠与、互易等。一般情况下，动产看交付，不动产看登记。非基于法律行为的物权变动主要包括：①基于事实行为。《物权法》第三十条规定："因合法建造、拆除房屋等事实行为设立或者消灭物权的，自事实行为成就时发生效力。"②基于法律规定。《物权法》第二十九条规定："因继承或者受遗赠取得物权的，自继承或者受遗赠开始时发生效力。"③基于公法行为。《物权法》第二十八条规定："因人民法院、仲裁委员会的法律文书或者人民政府的征收决定等，导致物权设立、变更、转让或者消灭的，自法律文书或者人民政府的征收决定等生效时发生效力。"其中，人民法院、仲裁委员会的法律文书包括判决书、裁定书、裁决书及调解书。

三、物权变动的公示方式

（一）动产的物权变动

1. 动产物权变动交付的法律规定

《物权法》规定，动产物权的设立和转让，自交付时发生效力，法律另有规定的除外。动产物权的类型主要有动产所有权、动产质押权、动产抵押权、留置权等。根据这条规定，动产物权的变动以交付为标准，故当事人虽然就动产所有权移转达成协议，但在未交付标的物以前，所有权并不发生移转。此处"法律另有规定的除外"情形，主要是指动产抵押权的设立等情形。另外，《物权法》规定，船舶、航空器和机动车等贵重动产的物权变更采取登记对抗主义。因此，船舶、航空器和机动车等贵重动产以交付为物权变动的要件，但登记具有对抗效力。因此，当事人交付后没有办理登记，虽取得该贵重动产的物权，但该物权不能对抗善意第三人。

2. 动产物权交付替代

交付是指将物或提取标的物的凭证移转给他人占有的行为。交付通常指现实交付，即直接占有的移转。但以下几种交付方式，发生与现实交付同样的法律效果。具体包括：①简易交付，指动产物权设立和转让前，权利人已经先行占有该动产，无须现实交付，物权在法律行为生效时发生变动效力。例如，受让人已经通过租赁、借用等方式实际占有了动产，双方当事人达成的动产物权变动合意生效，标的物同时完成了交付，受让人取得直接占有。②指示交付，又称返还请求权的让与，是指让与动产物权的时候，如果让与动产由第三人占有，让与人可以将其享有的对第三人的返还请求权让与受让人，以代替现实交付。③占有改定，指动产物权的让与人与受让人之间特别约定，标的物由让与人继续占有，受让人取得对标的物的间接占有以代替标的物的现实交付，并在双方达成物权让与合意时，视为已经交付。占有改定中标的物没有发生任何实际移转，物权变动没有任何可以从外部认知的表征。因此，占有改定在几种观念交付中公示效果较弱。

（二）不动产的物权变动

1. 不动产的物权变动登记的法律规定

《物权法》规定，不动产物权的设立、变更、转让和消灭，经依法登记，发生效力；未经登记，不发生效力，但法律另有规定的除外。房屋买卖、建设用地使用权和不动产的抵押必须登记，登记生效。

土地承包经营权自土地承包经营权合同生效时设立，未经登记，不得对抗善意第三人。地役权自地役权合同生效时设立，未经登记，不得对抗善意第三人。已经登记的宅基地使用权转让或者消灭的，应当及时办理变更登记或者注销登记，宅基地使用权的变动不以登记为生效要件。

因人民法院、仲裁委员会的法律文书，人民政府的征收决定，导致物权设立、变更、转让或者消灭的，自法律文书生效或者人民政府的征收决定生效时发生效力。因继承或者受遗赠取得物权的，自继承或者受遗赠开始时发生效力（获得权利的时候不需要登记，但是转移不动产物权时需要登记）。因合法建造、拆除房屋等事实行为设立和消灭物权的，自事实行为成就时发生效力。

《物权法》规定，依法属于国家所有的自然资源，所有权可以不登记。但如果在自然资源上设定用益物权和担保物权，仍以办理登记为要件。

2. 不动产登记范围

根据《不动产登记暂行条例规定》，国家实行不动产统一登记制度。不动产登记遵循严格管理、稳定连续、方便群众的原则。不动产权利人已经依法享有的不动产权利，不因登记机构和登记程序的改变而受到影响。根据规定，下列不动产权利依照《不动产登记暂行条例规定》的规定办理登记：①集体土地所有权；②房屋等建筑物、构筑物所有权；③森林、林木所有权；④耕地、林地、草地等土地承包经营权；⑤建设用地使用权；⑥宅基地使用权；⑦海域使用权；⑧地役权；⑨抵押权；⑩法律规定需要登记的其他不动产权利。

3. 不动产登记部门

国务院国土资源主管部门负责指导、监督全国不动产登记工作。县级以上地方人民政府应当确定一个部门为本行政区域的不动产登记机构，负责不动产登记工作，并接受上级人民政府不动产登记主管部门的指导、监督。不动产登记由不动产所在地的县级人民政府不动产登记机构办理；直辖市、设区的市人民政府可以确定本级不动产登记机构统一办理所属各区的不动产登记。跨县级行政区域的不动产登记，由所跨县级行政区域的不动产登记机构分别办理。不能分别办理的，由所跨县级行政区域的不动产登记机构协商办理；协商不成的，由共同的上一级人民政府不动产登记主管部门指定办理。国务院确定的重点国有林区的森林、林木和林地，国务院批准项目用海、用岛，中央国家机关使用的国有土地等不动产登记，由国务院国土资源主管部门会同有关部门规定。

4. 不动产登记的程序

申请不动产登记的，申请人应当填写登记申请书，并提交身份证明及相关申请材料。申请材料应当提供原件。因特殊情况不能提供原件的，可以提供复印件，复印件应当与原件保持一致。

处分共有不动产申请登记的，应当经占份额三分之二以上的按份共有人或者全体共同共有人共同申请，但共有人另有约定的除外。按份共有人转让其享有的不动产份额，应当与受让人共同申请转移登记。

无民事行为能力人、限制民事行为能力人申请不动产登记的，应当由其监护人代为申请。监护人代为申请登记的，应当提供监护人与被监护人的身份证或者户口簿、有关监护关系等材料；因处分不动产而申请登记的，还应当提供为被监护人利益的书面保证。父母之外的监护人处分未成年人不动产的，有关监护关系材料可以是人民法院指定监护的法律文书、经过公证的对被监护人享有监护权的材料或者其他材料。

当事人可以委托他人代为申请不动产登记。代理申请不动产登记的，代理人应当向不动产登记机构提供被代理人签字或者盖章的授权委托书。自然人处分不动产，委托代理人申请登记的，应当与代理人共同到不动产登记机构现场签订授权委托书，但授权委托书经公证的除外。境外申请人委托他人办理处分不动产登记的，其授权委托书应当按照国家有关规定办理认证或者公证。

不动产登记机构受理不动产登记申请后，还应当对下列内容进行查验：①申请人、委托代理人身份证明材料及授权委托书与申请主体是否一致；②权属来源材料或者登记原因文件与申请登记的内容是否一致；③不动产界址、空间界限、面积等权籍调查成果是否完备，权属是否清楚、界址是否清晰、面积是否准确；④法律、行政法规规定的完税或者缴费凭证是否齐全。

当事人可以持人民法院、仲裁委员会的生效法律文书或者人民政府的生效决定单方申请不动产登记。有下列情形之一的，不动产登记机构直接办理不动产登记：①人民法院持生效法律文书和协助执行通知书要求不动产登记机构办理登记的；②人民检察院、公安机关依据法律规定持协助查封通知书要求办理查封登记的；③人民政府依法作出征收或者收回不动产权利决定生效后，要求不动产登记机构办理注销登记的；④法律、行政法规规定的其他情形。不动产登记机构认为登记事项存在异议的，应当依法向有关机关提出审查建议。

不动产登记机构应当根据不动产登记簿，填写并核发不动产权属证书或者不动产登记证明。除办理抵押权登记、地役权登记、预告登记、异议登记，向申请人核发不动产登记证明外，不动产登记机构应当依法向权利人核发不动产权属证书。不动产权属证书和不动产登记证明，应当加盖不动产登记机构登记专用章。不动产权属证书和不动产登记证明样式，由国家国土资源部门统一规定。申请共有不动产登记的，不动产登记机构向全体共有人合并发放一本不动产权属证书；共有人申请分别持证的，可以为共有人分别发放不动产权属证书。共有不动产权属证书应当注明共有情况，并列明全体共有人。

5. 不动产物权变动的特殊登记

（1）更正登记

权利人、利害关系人认为不动产登记簿记载的事项有错误的，可以申请更正登记。权利人申请更正登记的，应当提交下列材料：①不动产权属证书；②证实登记确有错误的材料；③其他必要材料。利害关系人申请更正登记的，应当提交利害关系材料、证实不动产登记簿记载错误的材料及其他必要材料。

不动产权利人或者利害关系人申请更正登记，不动产登记机构认为不动产登记簿记载确有错误的，应当予以更正；但在错误登记之后已经办理了涉及不动产权利处分的登记、预告登记和查封登记的除外。不动产权属证书或者不动产登记证明填制错误及不动产登记机构在办理更正登记中，需要更正不动产权属证书或者不动产登记证明内容的，应当书面通知权利人换发，并把换发不动产权属证书或者不动产登记证明的事项记载于登记簿。

不动产登记簿记载无误的，不动产登记机构不予更正，并书面通知申请人。不动产登记机构发现不动产登记簿记载的事项错误的，应当通知当事人在三十个工作日内办理更正登记。当事人逾期不办理的，不动产登记机构应当在公告十五个工作日后，依法予以更正；

但在错误登记之后已经办理了涉及不动产权利处分的登记、预告登记和查封登记的除外。

（2）异议登记

利害关系人认为不动产登记簿记载的事项错误，权利人不同意更正的，利害关系人可以申请异议登记。利害关系人申请异议登记的，应当提交下列材料：①证实对登记的不动产权利有利害关系的材料；②证实不动产登记簿记载的事项错误的材料；③其他必要材料。

不动产登记机构受理异议登记申请的，应当将异议事项记载于不动产登记簿，并向申请人出具异议登记证明。异议登记申请人应当在异议登记之日起十五日内，提交人民法院受理通知书、仲裁委员会受理通知书等提起诉讼、申请仲裁的材料；逾期不提交的，异议登记失效。异议登记失效后，申请人就同一事项以同一理由再次申请异议登记的，不动产登记机构不予受理。

异议登记期间，不动产登记簿上记载的权利人及第三人因处分权利申请登记的，不动产登记机构应当书面告知申请人该权利已经存在异议登记的有关事项。申请人申请继续办理的，应当予以办理，但申请人应当提供知悉异议登记存在并自担风险的书面承诺。

（3）预告登记

当事人签订买卖房屋或者其他不动产物权的协议时，为保障将来实现物权，按照约定可以向登记机关申请预告登记。《物权法》规定，当事人签订买卖房屋或者其他不动产物权的协议，为保障将来实现物权，按照约定可以向登记机构申请预告登记。预告登记后，未经预告登记的权利人同意，处分该不动产的，不发生物权效力。

有下列情形之一的，当事人可以按照约定申请不动产预告登记：①商品房等不动产预售的；②不动产买卖、抵押的；③以预购商品房设定抵押权的；④法律、行政法规规定的其他情形。预告登记生效期间，未经预告登记的权利人书面同意，处分该不动产权利申请登记的，不动产登记机构应当不予办理。预告登记后，债权未消灭且自能够进行相应的不动产登记之日起三个月内，当事人申请不动产登记的，不动产登记机构应当按照预告登记事项办理相应的登记。

第三节 所 有 权

一、所有权概述

（一）所有权的概念与特征

所有权是指所有人依法对自己的财产享有的占有、使用、收益和处分的权利。所有权是完整的物权。所有人对财产享有占有、使用、收益和处分的完整权利，而其他物权只是具有所有权的部分权能。但所有权人享有上述四个方面的权利，并不意味着所有人必须实际行使各项权能，他可以将四项权能中的一项或数项权能分离出去由他人享有并行使，从而更好地实现其意志和利益。所有权是一种绝对权，具有排他性、永久性。所有权因标的物的存在而永久存在，不预定其存续期间。

（二）所有权的分类

在我国，所有权的种类主要有国家所有权、集体所有权和私人所有权等。

1. 国家所有权

国家所有权是国家对国有财产的占有、使用、收益和处分的权利。《物权法》规定，法律规定属于国家所有的财产，属于国家所有即全民所有。国有财产的行使，除法律另有规定的以外，均由国务院代表国家行使所有权。《物权法》规定，国家所有权有最广泛的客体，具体包括：①城市土地、矿藏、水流、海域；②无线电频谱资源；③国防资产；④法律规定属于国家所有的野生动植物资源；⑤森林、山岭、草原、荒地、滩涂等自然资源，但法律规定属于集体所有的除外；⑥法律规定属于国家所有的农村和城市郊区的土地及铁路、公路、电力设施、电信设施和油气管道等基础设施；⑦法律规定属于国家所有的文物。这些财产有的只能作为国家所有权的客体，如①～③项中的财产。根据《物权法》的规定，法律规定专属于国家所有的不动产和动产，任何单位和个人不能取得所有权。

2. 集体所有权

集体所有权是指集体占有、使用、收益和处分其财产的权利。劳动群众集体所有权的客体可以是除法律规定只能属于国家所有权客体以外的其他任何财产。例如，集体可以享有土地、森林、山岭、草原、荒地、滩涂等的所有权，但不包括地下的矿产资源。劳动群众集体所有权的各项权能可以由集体组织自己行使，也可以将其所有权的权能转移给个人行使。《物权法》将集体所有区分为农民集体所有和城镇集体所有，其中农民集体所有的不动产和动产，属于本集体成员集体所有。对集体财产的很多处分，需要由集体成员共同决定。根据《物权法》的规定，集体经济组织、村民委员会或者其负责人作出的决定侵害集体成员合法权益的，受侵害的集体成员可以请求人民法院予以撤销。

3. 私人所有权

私人所有权是自然人依法享有的占有、使用、收益和处分其生产资料和生活资料的权利。《物权法》规定，私人对其合法的收入、房屋、生活用品、生产工具、原材料等不动产和动产享有所有权。合法的储蓄、投资及其收益也受到法律保护。另外，企业、社会团体依法所有的不动产和动产，受法律保护。

二、共有

共有是指某项财产由两个或两个以上的权利主体共同享有所有权。

（一）共有的方式

《物权法》确定的共有方式分为按份共有和共同共有。

1. 按份共有

按份共有，又称分别共有，是指两个或两个以上的共有人按照各自的份额分别对共有财产享有权利和承担义务。按份共有人的权利如下。

1）按份共有人按照预先确定的份额分别对共有财产享有占有、使用和收益的权利。但对共有财产的使用，应由全体共有人协商决定。按份共有人死亡以后，其份额可以作为遗产由继承人继承或受遗赠人获得。

2）按份共有人有权自由处分自己的共有份额，无须取得其他共有人的同意。但是共有人将份额出让给共有人以外的第三人时，其他共有人在同等条件下，有优先购买的权利。

2. 共同共有

共同共有是指两个或两个以上的公民或法人，根据某种共同关系而对某项财产不分份额地共同享有权利并承担义务。共同共有基于共同关系产生，以共同关系的存在为前提。共同关系可以表现为夫妻关系、家庭关系等。共同共有中，共有人对共有财产不分份额地享有权利，对共有财产享有平等的占有和使用的权利。对共有财产的收益，不是按比例分配，而是共同享用。对共有财产的处分，必须征得全体共有人的同意。共同共有关系终止，才能确定各个共有人的份额，分割共有财产。因此较前述按份共有，共同共有人之间具有更密切的利害关系。根据《物权法》规定，共有人对共有的不动产或者动产没有约定为按份共有或者共同共有，或者约定不明确的，除共有人具有家庭关系等外，视为按份共有。

（二）共有的法律特征

1）共有的主体是两个或两个以上的公民或法人。但是多数人共有一物，并非有多个所有权，只是一个所有权由多人共同享有。

2）共有物在共有关系存续期间不能分割，不能由各个共有人分别对某一部分共有物享有所有权。每个共有人的权利属于整个共有财产，因此，共有不是分别所有。

3）在内容方面，共有人对共有物按照各自份额享有权利并承担义务，或者平等地享有权利、承担义务。在处分共有财产时，必须由全体共有人协商，按照法律规定的方式决定。

4）共有法律关系的权利内容原则上只能是所有权。用益物权及担保物权的共有，称为准共有，可以参照共有制度的相关规定。

（三）共有物

1. 共有物的处分

《物权法》规定，处分共有的不动产或者动产及对共有的不动产或者动产作重大修缮的，应当经占份额三分之二以上的按份共有人或者全体共同共有人同意，但共有人之间另有约定的除外。一个或几个共有人未经占份额三分之二以上的按份共有人同意或者其他共同共有人同意，擅自处分共有财产的，其处分行为应当作为效力待定的民事行为处理。如果第三人善意、有偿取得该财产，符合善意取得制度规定的，第三人可以取得该物的所有权。其他共有人的损失，由擅自处分共有财产的人赔偿。可以依据共有人之间的协议，由某个共有人代表或代理全体共有人处分共有财产。

2. 共有物费用的承担

对共有物的管理费用及其他负担，有约定的，按照约定；没有约定或者约定不明确的，按份共有人按照其份额负担，共同共有人共同负担。

3. 共有财产的分割

《物权法》规定，共有人可以协商确定分割方式。达不成协议，共有的不动产或者动产可以分割并且不会因分割减损价值的，应当对实物予以分割；难以分割或者因分割会减损价值的，应当对折价或者拍卖、变卖取得的价款予以分割。共有人分割所得的不动产或者动产有瑕疵的，其他共有人应当分担损失。根据这一规定，对共有财产的分割可以采取几种方式：协议分割、实物分割、变价分割或作价补偿。共有财产分割以后，共有关系消灭。不管是就原物进行分割还是变价分割，各共有人就分得财产取得单独的所有权。但要注意一点，共有财产分割后，一个或者数个原共有人出卖自己分得的财产时，如果出卖的财产与其他原共有人分得的财产属于一个整体或者配套使用，其他原共有人可以主张优先购买权。

（四）共有的对外关系

《物权法》规定，因共有的不动产或者动产产生的债权债务，在对外关系上，共有人享有连带债权、承担连带债务，但法律另有规定或者第三人知道共有人不具有连带债权债务关系的除外。偿还债务超过自己应当承担份额的按份共有人，有权向其他共有人追偿。

三、所有权取得的特别规定

《物权法》就所有权取得的特别规定作了相关规定，主要涉及所有权的原始取得制度。原始取得是指根据法律规定，最初取得财产的所有权或不依赖于原所有人的意志而取得财产的所有权。原始取得的方式有劳动生产、先占、孳息、添附、善意取得、拾得遗失物、发现埋藏物等。

（一）善意取得制度

善意取得制度指动产占有人或者不动产的名义登记人将动产或者不动产不法转让给受让人以后，如果受让人善意取得财产，即可依法取得该财产所有权或其他物权的法律制度。法律规定善意取得制度的目的在于保护占有及登记公信力，保护交易当事人的信赖利益和交易安全，维护交易秩序。

1. 善意取得的构成要件

（1）依"法律行为"转让所有权

善意取得只能在交易中发生，该交易所借助的手段是法律行为（如买卖合同）。其他非因法律行为而发生的物权变动，无论是基于事实行为、公法行为，还是直接基于法律规定而变动，均不存在善意取得的问题。

（2）转让人"无处分权"

如果转让人对于所转让的标的物享有处分权，则适用正常的物权变动规则。善意取得制度旨在解决无权处分行为的有效性问题，因此必须以转让人无处分权为前提。

（3）受让人为"善意"第三人

根据法律规定，是否善意的判断时点以"受让时"为准，如果受让人事后得知转让人无处分权，不影响受让人的善意取得。

（4）以"合理"的价格转让

受让人不仅需要支付对价，而且所支付的对价在市场交易中属于合理的范围。因此，受让人无偿或者以明显不合理的价格取得财产时，不适用善意取得制度。

（5）动产的善意取得以"交付"为要件，不动产则以"登记"为要件

如果双方当事人仅达成合意，但动产尚未交付或者不动产尚未办理产权过户登记，则当事人之间只有债的法律关系，而没有形成物权法律关系，不能发生善意取得的效果。

（6）转让人基于真权利人的意思"合法占有"标的物

基于真权利人的意思而合法占有之物，称为委托物（如承租人基于和出租人之间的租赁合同合法占有租赁物）。相反，非基于真权利人的意思而占有之物，称为脱手物（如遗失物、盗窃物）。因此，善意取得制度适用于委托物，不适用于遗失物、盗窃物。

2. 善意取得的法律效果

（1）直接法律效果

在原权利人与受让人之间，原权利人丧失标的物的所有权，而受让人基于善意取得制度而获得标的物的所有权。在让与人与受让人之间，让与人与受让人基于有偿法律行为而发生债的法律关系，受让人应承担向让与人支付价款的义务，而不能基于让与人无权处分而拒绝支付价款。

（2）间接法律效果

在原权利人和让与人之间，原权利人可以要求让与人承担赔偿责任，也可以要求让与人返还不当得利，但无权要求让与人返还原物。

3. 善意取得的适用范围

《物权法》规定，善意取得的适用范围主要包括：①动产、不动产均可适用善意取得制度，但不动产的善意取得以登记为要件。②对于遗失物、漂流物、隐藏物、埋藏物，由于所有权人可以要求返还标的物，原则上不适用善意取得制度。但是，所有权人超过二年仍没有主张原物返还请求权的，有善意取得制度的适用。③赃物不适用善意取得制度。④善意取得制度不仅适用于所有权，建设用地使用权、抵押权、质权、留置权等他物权也可以善意取得。

（二）动产所有权的特殊取得方式

1. 先占

先占的对象应当是无主物，如果是脱手物（遗失物、赃物）不能以先占主张取得其所有权。无主物主要包括：①天然的无主物；②被抛弃的无主物。

2. 拾得遗失物

遗失物是指他人不慎丧失占有的动产。拾得遗失物，是指发现他人遗失物而予以占有的法律事实。《物权法》规定，拾得遗失物，应当返还权利人。拾得人与权利人之间法律关系的处理规则如下。

1）拾得遗失物，应当返还权利人。拾得人应当及时通知权利人领取，或者送交公安等有关部门。

2）拾得人在返还遗失物时，可以要求支付必要费用，但不得要求支付报酬。但遗失人发布悬赏广告，愿意支付一定报酬的，不得反悔。

3）有关部门收到遗失物，知道权利人的，应当及时通知其领取；不知道的，应当及时发布招领公告。自发出招领公告之日起六个月内无人认领的，遗失物归国家所有。

4）拾得人在遗失物送交有关部门前，有关部门在遗失物被领取前，应当妥善保管遗失物。因故意或者重大过失致使遗失物毁损、灭失的，应当承担民事责任。

5）拾得人拒不返还遗失物，按侵权行为处理。拾得人不得要求支付必要费用，也无权请求权利人按照承诺履行义务。

如果遗失物通过转让为拾得人以外的第三人占有，权利人可以主张以下权利：①权利人有权向无处分权人请求损害赔偿，或者自知道或者应当知道受让人之日起二年内向受让人请求返还原物。②如果受让人通过拍卖或者向具有经营资格的经营者购得该遗失物，权利人请求返还原物时应当支付受让人所付的费用。权利人向受让人支付所付费用后，有权向无处分权人追偿。拾得漂流物、发现埋藏物或者隐藏物的，同样适用拾得遗失物的处理规则。

3. 添附

添附包括附合、混合、加工。其中，附合既可能发生在动产上，也可能发生在不动产上；但混合和加工仅适用于动产。

1）附合是指不同所有人的财产密切结合在一起而形成新的财产，对原物虽然尚能辨明，但无法分离或分离后会大大降低新物的价值，如为墙壁刷墙漆。一般情况下，动产附合于不动产之上，所有权归不动产；动产附合于动产，如果能分主次由主物所有权人取得，如果不能划分主次则共同享有所有权。

2）混合是指不同所有人的动产混杂合并在一起，对原物已经不能识别，且难以分离从而形成新的财产，如牛奶加咖啡。在审判实践中，对混合的处理一般根据原财产价值的大小来决定。混合后的新物一般归原财产价值大的一方所有，原财产价值小的一方可取得与原财产相当的补偿。

3）加工是指一方使用他人的财产加工改造，形成具有更高价值的新财产，如将木条变成木雕。在加工的情况下，加工人已为加工物的形成提供了自己的劳动。在因加工而发生争议时，加工而成的新物一般应归原财产所有人所有；对加工人的加工劳动给予适当补偿，如果加工价值显然大于原材料价值，新财产也可归加工人所有，对原财产所有人可按其财产的价值给予补偿。

第四节　用 益 物 权

一、用益物权的概念与特征

《物权法》规定，用益物权是对他人所有的不动产或者动产，依法享有占有、使用和收益的权利。我国用益物权包括：①土地承包经营权；②建设用地使用权；③宅基地使用权；④地役权；⑤准物权。准物权具体包括海域使用权、探矿权、采矿权、取水权，以及使用水域、滩涂从事养殖、捕捞的权利。

在现代社会，人们日趋注重对物的利用，物权观念开始从"所有"向"利用"转变，因此，用益物权的地位也日渐彰显。与所有权、担保物权相比，用益物权有以下特征：①用益物权以对标的物的使用、收益为主要内容，即注重物的使用价值，并以对物的占有为前提；②用益物权除地役权外均为主物权，担保物权为从物权；③用益物权虽然也可以在动产上设立，但是从用益物权的具体类型来看，用益物权主要以不动产为客体，这主要是便于通过登记公示；④用益物权是直接支配他人的物的权利。用益物权人可以直接支配标的物，不需要他人行为的介入。

二、主要用益物权介绍

（一）土地承包经营权

土地承包经营权是指由公民或集体组织，对国家所有或集体所有的土地、山岭、草原、荒地、滩涂、水面等，依照承包合同的规定而享有的占有、使用和收益的权利。土地承包经营权的承包人原则上是土地所属的集体经济组织的成员，其权利客体是农业用地。

土地承包经营权通过订立承包合同的方式确立。《物权法》规定，土地承包经营权自土地承包权合同生效时设立。《物权法》规定，土地承包经营权的期限因为内容的不同而有不同：耕地的承包期为三十年；草地的承包期为三十年至五十年；林地的承包期为三十年至七十年，特殊林木的林地承包期，经国务院林业行政主管部门批准可以延长。

在土地承包经营期限范围内，承包权人有权根据法律规定，采取转包、互换、转让等方式流转土地承包经营权，流转期限不得超过承包期的剩余期限。如果采取互换、转让方式流转没有办理登记手续的，不得对抗善意第三人。通过招标、拍卖、转让等方式流转土地承包经营权，流转期限不得超过承包期的剩余期限。通过招标、拍卖、公开协商等方式承包荒地等农村土地，依照农村土地承包法等法律和国务院的有关规定，其土地承包经营权可以转让、入股、抵押或者以其他方式流转。在承包期内，承包地被征收的，土地承包经营权人有权依照法律规定获得相应补偿。

（二）建设用地使用权

建设用地使用权是指民事主体对国家所有的土地，依法享有占有、使用和收益的权利，有权利用该土地建造建筑物、构筑物及其附属设施。

建设用地使用权的取得方式有出让、划拨等方式。其中，划拨是无偿取得使用权的方式，因此法律严格限制以划拨方式设置建设用地使用权。《物权法》规定，凡是工业、商业、旅游、娱乐和商品住宅等经营性用地，都应当采取招标、拍卖等公开竞价的方式出让。

建设用地使用权的设立必须向登记机构办理登记，登记是设立、变更、转让、消灭建设用地使用权的生效条件。

权利人取得建设用地的使用权后，除法律另有规定的以外，有权将建设用地使用权转让、互换、出资、赠与或者抵押。在转让、互换、出资或者赠与时，附着于该土地上的建筑物、构筑物及其附属设施一并处分。在建筑物、构筑物及其附属设施转让、互换、出资或者赠与时，该建筑物、构筑物及其附属设施占用范围内的建设用地使用权一并处分。因此，实际上建设用地使用权与附着在上面的建筑物所有权采取"房随地走、地随房走、房地一体"的流转规则。《物权法》规定，住宅建设用地使用权期间届满的，自动续期。

（三）地役权

1. 地役权的概念与特征

地役权是指不动产权利人（包括土地所有人、地上权人及土地的承租人），为了自己利用不动产的方便或者不动产利用价值的提高，通过约定得以利用他人不动产的权利。其中为他人不动产利用提供便利的不动产称为供役地，而享有地役权的不动产称为需役地。可以设立地役权的不动产不局限于土地，还包括建筑物和其他工作物。

与其他用益物权不同，地役权具有从属性和不可分性。地役权的从属性是就地役权与需役地的关系而言的。地役权不得与需役地相分离而单独转让；地役权不得与需役地的所有权或使用权相分离，作为其他权利的标的，如不得单独设定抵押。地役权的不可分性是指地役权存在于需役地和供役地的全部，不能分割为各个部分或仅以一部分而单独存在。即需役地及需役地上的土地承包经营权、建设用地使用权、宅基地使用权部分转让时，转让部分涉及地役权的，受让人同时享有地役权；供役地及供役地上的土地承包经营权、建设用地使用权、宅基地使用权部分转让时，转让部分涉及地役权的，地役权对受让人具有约束力。

2. 地役权的设立

《物权法》规定，地役权自地役权合同生效时设立。当事人要求登记的，可以向登记机构申请地役权登记；未经登记，不得对抗善意第三人。可见，我国对地役权的设定采用的是登记对抗主义。

3. 地役权的期限

地役权的期限由当事人约定，但不得超过土地承包经营权、建设用地使用权等用益物权的剩余期限。

4. 地役权的消灭

地役权人滥用地役权或者约定的付款期间届满后在合理期限内经两次催告未支付费用的,供役地权利人有权解除合同使地役权消灭。

5. 地役权与其他用益物权的关系

土地所有权人享有地役权或者负担地役权的,设立土地承包经营权、宅基地使用权时,该土地承包经营权人、宅基地使用权人继续享有或者负担已设立的地役权。土地上已设立土地承包经营权、建设用地使用权、宅基地使用权的,未经上述用益物权人同意,土地所有权人不得设立地役权。

 本章创新创业部分的内容,可通过扫描下方二维码进行相关练习。

法律思考 实训项目 案例分析 相关法规

第四章 合同法律制度

第一节 合同法律制度概述

一、合同的概念、法律特征与分类

（一）合同的概念

合同又称契约，是指平等主体的自然人、法人、其他组织之间设立、变更、终止民事权利义务关系的协议。传统上，把当事人之间合作完成共同事项，内容相同、方向一致的协议称作合同，如合伙经营、共同研发、设立社团；内容相同、方向相反，具有相对性的买卖协议或借贷协议称作契约（合约）。20 世纪 70 年代前，使用契约的较多，此后一般使用合同，现在合二为一统称合同，契约与合同等同。

（二）合同的法律特征

合同具有以下法律特征：①合同的主体具有平等的法律地位；②合同的主体是自然人、法人、其他组织；③合同是以设立、变更、终止民事权利义务关系为目的的民事法律行为；④合同是当事人意思表示一致而达成的一种协议。

（三）合同的分类

依据不同的标准可以对合同进行不同的分类。

1. 有偿合同与无偿合同

根据当事人之间的权利义务是否互为对价为标准，合同可分为有偿合同和无偿合同。有偿合同是指一方依照合同规定享有权利时，需向对方支付相应的代价的合同，如买卖合同等。无偿合同是指不支付代价即可享有合同权利的合同，如赠与合同、免费运输合同等。

2. 双务合同与单务合同

根据当事人双方是否互付义务为标准，合同可分为双务合同与单务合同。双务合同是指当事人双方互负给付义务，一方的权利和义务即对应为另一方的义务和权利，如买卖合同、租赁合同等。单务合同则表现为权利和义务的分离，一方主要享受权利而另一方承担主要义务或权利与义务之间不存在对应和依赖关系，如赠与合同。

3. 诺成合同与实践合同

根据是否以交付标的物为成立条件，合同可分为诺成合同与实践合同。诺成合同是指当事人意思表示一致即告成立的合同，如买卖合同、运输合同等。实践合同是指除了当事人意思表达一致外，还须交付标的物合同才能成立的合同，如自然人之间的借贷合同、定金合同、没有特殊约定的保管合同等。

法律一般把有偿合同规定为诺成合同，因为双方都负担义务，所以，双方两个诺言取得一致的情况下，有偿合同成立并生效。有偿合同，除经过批准、登记的外，合同成立即生效。无偿合同，因为一方付出财产或者劳务，但没有获得对价，因此，法律把无偿合同规定为实践合同，或者规定为有任意撤销权的诺成合同。意义在于给无偿付出的一方以反悔权，鼓励人们的无偿助人行为。对于实践合同，当事人交付标的物或者开始履行的时候，才开始成立或者生效。对于有任意撤销权的诺成合同，债务人可以在履行义务前随时撤销。例如，赠与合同，在赠与财产交付前，赠与人可以任意通知对方即撤销赠与合同。

4. 要式合同与非要式合同

根据法律或者当事人对合同的形式是否有专门要求为标准，合同可分为要式合同与非要式合同。要式合同是指合同的订立必须具备一定的形式，否则合同不能成立或不产生法律效力。要式合同可以分为绝对要式合同和相对要式合同。绝对要式的"要"字是指要件，不可缺少。例如，支票的格式是中国人民银行规定的，格式不能改变，否则就不能支取现金。法律要求书面形式的合同不等于绝对要式合同。《合同法》第三十六条规定："法律、行政法规规定或者当事人约定采用书面形式订立合同，当事人未采用书面形式但一方已经履行主要义务，对方接受的，该合同成立。"第三十七条规定："采用合同书形式订立合同，在签字或者盖章之前，当事人一方已经履行主要义务，对方接受的，该合同成立。"例如，通过行为，一方履行，另一方受领，这样可以排除法定的书面形式。也就是说，法定的书面形式不是绝对要件。非要式合同又称"不要式合同"，是"要式合同"的对称。不需要采用特定的方式（包括法律规定或当事人约定的书面形式，有关机关核准登记、鉴证、公证或第三人证明等），即可成立的合同。这种合同签订程序简单，只要当事人双方依法就合同的主要条款协商一致，合同即告成立。

5. 有名合同与无名合同

根据法律是否规定了一定的合同名称，合同可分为有名合同与无名合同。有名合同是指法律对合同的名称和内容有明确的规定，如《合同法》分则中列举了买卖合同、赠与合同、借款合同等15种有名合同。无名合同是指法律未对其名称作出明确规定的合同。无名合同适用《合同法》总则的规定，并参照《合同法》分则或其他法律相类似的规定。

6. 主合同与从合同

根据某一合同是否以其他合同的存在为前提而存在，合同可分为主合同与从合同。主合同是无须以其他合同存在为前提即可独立存在的合同。从合同是必须以其他合同的存在为前提才可存在的合同，如保证合同。从合同不能独立存在，所以又称附属合同。主合同的成立与效力影响到从合同的成立与效力。《中华人民共和国担保法》（以下简称《担保法》）规定：主合同无效，从合同也无效，当事人另有约定的除外。也就是说，主合同与从合同具有效力上的从属关系。例如，甲与乙赌博，丙为乙担保。赌博合同是主合同，是无效合同；担保合同是从合同，也随之无效。即使"另有约定"，其本身也有合法与非法之分。

一般情况下，主合同决定从合同的命运，但也有例外。例如，甲和乙约定，甲给乙 5 万元定金，定金交付时，主合同生效，这就是成约定金。成约定金的交付是主合同生效的条件，从合同效力反而决定主合同的效力，因为当事人通过合意使从合同成为主合同的前提。这就是上述《担保法》中"当事人另有约定的除外"的情形。

7. 束己合同和涉他合同

根据合同的履行是否涉及第三人，合同可分为束己合同和涉他合同。束己合同是当事人为自己设立权利义务的合同。涉他合同是当事人为他人设立权利义务的合同。涉他合同又可以分为两种：一是为第三人设定债权的合同。例如，人身保险合同的第三人可以为受益人。二是为第三人设定债务的合同。为第三人设定债务的合同要经第三人同意，否则第三人不承担债务。原理是，当事人可以为自己设定债务，不能为第三人设定债务。第三人代为履行和第三人代为受领的合同，表面上"涉他"，但并未突破合同相对性原则，本质上还是束己合同。

二、合同法

合同法是指调整因合同产生的以权利义务为内容的社会关系的法律规范的总称。1999 年 3 月 15 日第九届全国人民代表大会第二次会议审议通过，1999 年 10 月 1 日起施行的《合同法》是我国合同法律制度方面的基本法律。

（一）合同法的调整范围

合同法调整的是平等主体之间的民事关系。政府的经济管理活动属于行政管理关系，不是民事关系，不适用合同法；企业、单位内部的管理关系不是平等主体间的关系，也不适用合同法。有关婚姻、收养、监护等身份关系的协议不属于合同调整范围。

（二）合同法的基本原则

合同法的基本原则是指合同立法的指导思想及调整民事主体间的合同关系必须遵循的基本方针和准则。《合同法》规定了以下基本原则。

1. 平等原则

合同当事人的法律地位平等，一方不得将自己的意志强加给另一方。在法律上，合同主体不存在高低从属之分，是平等的民事主体。不论主体的经济、社会地位有何差别，其在法律地位上都是平等的，都是平等、独立的合同主体。平等原则是合同法最基本的原则，如果当事人的法律地位不平等，就谈不上自愿、公平、诚信等问题。

2. 自愿原则

当事人依法享有自愿订立合同的权利，任何单位和个人不得非法干预。自愿是贯彻合同活动全过程的基本原则，但自愿的前提是不违反法律、法规的强制性规定和社会公序良俗。

3. 公平原则

当事人应当遵循公平原则确定各方的权利和义务。根据这一原则，合同法要求当事人在订立合同时应当按照公平原则，合理地设定各方的权利和义务；当事人在履行合同的过程中应当正当地履行自己的义务；当事人变更、解除和终止合同关系也不能导致不公平结果的出现。

4. 诚信原则

当事人应当诚实守信，不得有欺诈等恶意行为。当事人在合同的订立、履行、变更、终止及解释的各个环节，都应充分注意和维护双方的利益平衡，以及当事人的利益与社会利益的平衡。

5. 遵守法律、不损害社会公序良俗原则

当事人订立、履行合同，应当遵守法律、行政法规，尊重社会公德，不得扰乱社会经济秩序，损害社会公共利益。

第二节　合同的订立

一、合同订立的形式与内容

合同订立是指两个或两个以上的当事人，依法就合同的主要条款经过协商一致，达成协议的法律行为。合同当事人是需要具备一定民事权利能力和民事行为能力的自然人、法人或者其他组织。同时，当事人也可以依法委托代理人订立合同。

（一）合同订立的形式

合同订立的形式是合同当事人之间明确相互权利和义务的方式，是当事人意思表示一致的外在表现方式。当事人订立合同一般有三种形式：书面形式、口头形式和其他形式。

1）书面形式是指合同书、信件和数据电文（包括电报、电传、传真、电子数据交换和电子邮件）等可以有形地表现所载内容的形式。书面形式明确肯定，有据可查，是当事人普遍采用的一种合同形式。根据《关于审理买卖合同纠纷案件适用法律问题的解释》的规定，当事人之间没有书面合同，送货单、收货单、结算单、发票等也可以被认定为已订立了书面合同。

2）口头形式是指当事人各方就合同内容达成一致口头协议的形式。口头形式直接、简便、迅速，但发生纠纷时难以取证，不易分清责任。对于不及时清结的和较重要的合同不宜采用口头形式。

3）其他形式是指采用除了书面形式、口头形式以外的方式订立合同的形式，即根据当事人的行为或者特定情形推定合同的成立，如推定形式和默示形式。例如，房屋租赁合同，

租赁期满后，出租人未提出让承租人退房，承租人也未表示退房而是继续交房屋租金，出租人仍然接受租金。尽管当事人没有重新签订合同，但是可以依当事人的行为推定合同仍然有效，继续履行。

（二）合同的内容

合同的内容是指合同当事人所确定的各方的权利和义务，主要由合同的条款确定。由于合同的类型和性质不同，合同的主要条款可能有所不同。《合同法》规定，合同的内容由当事人约定，一般应当包括以下条款。

1. 当事人的名称或者姓名和住所

当事人的名称或者姓名和住所是每一份合同必须具备的条款。当事人是自然人的，应当明确规定其姓名和地址；当事人是法人或者其他组织的，应当明确规定其名称和住所及法定代表人或者负责人等。订立合同时，要把各方当事人名称或者姓名和住所记载准确、清楚。

2. 标的

标的是指合同当事人双方权利义务共同指向的对象。标的体现着合同的性质和当事人订立合同的目的，也是产生当事人权利和义务的依据。合同对标的的规定应当清楚明白，准确无误。合同的标的一般包括四类：有形财产、无形财产、劳务、工作成果。

3. 数量

数量是对标的物量的规定，是对标的的计量。数量反映的是合同当事人权利义务的大小和多少。合同的数量要准确，应选择使用当事人共同接受的计量单位、计量方法和计量工具。

4. 质量

质量是指合同标的内在素质和外部形态的综合特征，一般体现在品种、规格、等级和工程项目的标准等方面。合同中必须对质量明确加以规定，国家有强制性标准规定的，必须按照规定的标准执行。如有多种质量标准，应尽可能约定其适用的标准。当事人还可以约定有关质量检验的方法、质量异议的条件等内容。

5. 价款或报酬

价款或报酬是指当事人取得合同标的所付出的货币代价。价款一般是指对提供财产的当事人支付的货币，如买卖合同的货款等。报酬一般是指对提供劳务或工作成果的当事人支付的货币，如运输合同中的运输费等。

6. 履行期限、履行地点和履行方式

履行期限是指当事人履行合同义务的时间界限，如交付标的物、价款或报酬等时间界限。它直接关系到合同义务完成的时间，是确定合同能否按时履行的依据。

履行地点是指当事人一方交付标的，另一方当事人接受标的并支付价款的具体地点。

履行地点关系到履行合同的费用、风险的承担者，是确定所有权是否转移、何时转移、发生纠纷后应由何地法院管辖的依据。

履行方式是指当事人履行合同义务的具体方式和要求。例如，合同标的的交付是一次履行，还是分期分批履行；支付方式是现金，还是支票、本票、汇票等。

7. 违约责任

违约责任是指合同当事人不履行或者不完全履行合同时，依照法律或者合同约定所应承担的法律责任。违约责任是合同具有法律约束力的重要体现，也是保证合同履行的主要条款。当事人可以在合同中明确规定违约责任条款，如约定定金或违约金、赔偿金等。

8. 解决争议的方法

解决争议的方法是指合同当事人对合同的履行发生争议时解决的途径和方式。解决合同争议的方法主要有协商和解、第三人调解、仲裁和民事诉讼。如果当事人意图通过诉讼解决争议，可以不进行约定；若选择仲裁解决方式，则必须约定，还要明确具体的仲裁机构。除法律另有规定外，涉外合同的当事人可以选择解决争议所适用的法律，其可以选择中国法律、其他国家或地区法律。

二、合同订立的程序

《合同法》规定，当事人订立合同，采取要约、承诺的方式。

（一）要约

要约是希望和他人订立合同的意思表示。提出要约的一方称为要约人，接受要约的一方称为受要约人。要约在不同情况下还可以称为发盘、出盘、发价、出价或报价。

1. 要约的条件

《合同法》规定，要约的条件主要包括：①内容具体确定。发出要约的目的在于订立合同，要约人必须是确定的；受要约人一般也是特定的，但在一些场合，要约人也可以向不特定人发出要约，如悬赏广告、图书征订单等。因为要约一经受要约人承诺，合同即告成立，所以，要约内容应当具体明确，应包含合同的主要条款。②表明经受要约人承诺，要约人即受该意思约束。即要约人要明确表明，如果对方接受要约，合同即告成立。

2. 要约邀请

要约邀请是希望他人向自己发出要约的意思表示。要约是一种法律行为，一经对方承诺，合同即告成立。与要约不同，要约邀请处于合同的准备阶段，没有法律约束力。实践中要约与要约邀请很难区别，关键要看其内容是否具体翔实。《合同法》规定，寄送的价目表、拍卖公告、招标公告、招股说明书等都属于要约邀请，商业广告的内容符合要约规定的，视为要约。例如，某商品房销售广告称：现有某小区六层 60 平方米带地下室特价房 10 套，每套 60 万元，广告有效期为 10 天。根据《最高人民法院关于审理商品房买卖合同纠纷案件适用法律若干问题的解释》的相关规定，商品房的销售广告和宣传资料为要约邀请，但是出卖人就商品房开发规划范围内的房屋及相关设施所作的说明和允诺具体确定，并对商品房买卖合同的订立及房屋价格的确定有重大影响的，应当视为要约。该说明和允诺即使未载入商品房买卖合同，亦应当视为合同内容，当事人违反的，应当承担违约责任。

3. 要约的生效时间

要约到达受要约人时生效。我国采取的是"到达生效主义"。采用数据电文形式发出要约，收件人指定特定系统接收数据电文的，该数据电文进入该特定系统的时间，视为要约到达时间；未指定特定系统的，该数据电文进入收件人的任何系统的首次时间，视为要约到达时间；要约到达受要约人并不是指要约一定实际到达受要约人或其代理人手中，要约只要到达受要约人通常的地址、住所或能够控制的地方（如信箱等）即为到达。反之，在要约到达受要约人之前受要约人已经知道其内容，要约也不生效。

4. 要约的撤回、撤销与失效

1）要约的撤回是指要约在发出后、生效前，要约人使要约不发生法律效力的意思表示。由于要约在到达受要约人时才生效，因此，撤回要约的通知应当在要约到达受要约人之前或者与要约同时到达受要约人。

2）要约的撤销是指要约人在要约生效后、受要约人承诺前，使要约丧失法律效力的意思表示。撤销要约的通知应当在受要约人发出承诺通知之前到达受要约人。由于撤销要约可能会给受要约人带来不利的影响，合同法规定了两种不得撤销要约的情形：①要约人确定了承诺期限或者以其他形式明示要约不可撤销；②受要约人有理由认为要约是不可撤销的，并已经为履行合同做了准备工作。

3）要约的失效是指要约丧失法律效力，即要约人和受要约人均不再受要约的约束。根据《合同法》的相关规定，要约失效情形包括：①拒绝要约的通知到达要约人；②要约人依法撤销要约；③承诺期限届满，受要约人未作出承诺；④受要约人对要约的内容作出实质性变更。

（二）承诺

承诺是受要约人同意要约的意思表示。承诺生效时合同成立。

1. 承诺的条件

根据《合同法》的相关规定，承诺的条件主要包括：①承诺必须由受要约人作出，如由代理人作出承诺，则代理人须有合法的委托手续；②承诺必须向要约人作出；③承诺的内容应当和要约的内容一致；④承诺必须在规定的期限内作出。

2. 承诺的方式

承诺应当以通知的方式作出，但根据交易习惯或者要约表明可以通过行为作出承诺的除外。受要约人对要约的内容作出实质性变更的，为新要约。有关合同主要条款的变更，为实质性变更。承诺对要约的内容作出非实质性变更的，除要约人及时表示反对或要约表明承诺不得对要约的内容作出任何变更的以外，该承诺有效，合同的内容以承诺的内容为准。

3. 承诺的期限

承诺应当在要约确定的期限内到达要约人。要约以信件或者电报作出的，承诺期限自信件载明的日期或电报交发之日开始计算。信件未载明日期的，自投寄该信件的邮戳日期开始计算。要约以电话、传真等快速通信方式作出的，承诺期限自要约到达受要约人时开始计算。要约没有确定承诺期限的，承诺应当依照下列规定到达：①要约以对话方式作出的，应当即时作出承诺，但当事人另有约定的除外；②要约以非对话方式作出的，承诺应当在合理期限内到达。受要约人超过承诺期限发出承诺的，除要约人及时通知受要约人该承诺有效的以外，为新要约，即承诺的延迟。受要约人在承诺期限内发出承诺，按照通常情形能够及时到达要约人，但因其他原因承诺到达要约人时超过承诺期限的，除要约人及时通知受要约人因承诺超过期限不接受该承诺的以外，该承诺有效，即承诺的迟到。

4. 承诺的生效

承诺通知到达要约人时生效。承诺不需要通知的，根据交易习惯或者要约的要求作出承诺的行为时生效。采用数据电文形式作出承诺，承诺到达的时间同上述要约到达时间的规定相同。

5. 承诺的撤回

承诺可以撤回。撤回承诺的通知应当在承诺通知到达要约人之前或者与承诺通知同时到达要约人。承诺生效时，合同成立。对已成立的合同，当事人一方无权撤销，只能依法变更、解除。

三、合同成立的时间、地点

（一）合同成立的时间

一般来说，合同谈判成立的过程，就是从要约到新要约，再到新要约，最后到承诺的过程。承诺生效时合同即告成立，当事人于此时开始享有合同权利、承担合同义务。合同成立的具体时间依不同情况而定，具体如下：①当事人采用合同书形式订立合同的，自双方当事人签字或盖章时合同成立。②当事人采用信件、数据电文等形式订立合同的，可以在合同成立之前要求签订确认书，签订确认书时合同成立。③法律、行政法规规定或者当事人约定采用书面形式订立合同，当事人未采用书面形式，但一方已经履行主要义务并且对方接受的，该合同成立；采用合同书形式订立合同，在签字或盖章之前，当事人一方已经履行主要义务并且对方接受的，合同成立，即"事实合同"。④当事人签订要式合同的，以法律、法规规定的特殊形式要求完成的时间为合同成立的时间。

（二）合同成立的地点

承诺生效的地点即为合同的成立地点，具体包括：①采用数据电文形式订立合同的，收件人的主营业地为合同成立的地点，没有主营业地的，其经常居住地为合同成立的地点；②当事人采用合同书、确认书形式订立合同的，双方当事人签字或盖章的地点为合同成立的地点；③合同需要完成特殊的约定或法律形式才能成立的，以完成合同的约定形式或法定形式的地点为合同的成立地点；④当事人对合同的成立地点另有约定的，按照其约定。

四、格式条款

（一）格式条款的概念

格式条款是指当事人为了重复使用而预先拟订，并在订立合同时未与对方协商的条款，如保险合同、电信服务合同等。

（二）格式条款的限制规定

格式条款在订立时未与对方协商，容易造成权利义务的不公平，因此，《合同法》对格式条款的使用从以下三个方面予以限制。

1. 提供格式条款的一方的义务

提供格式条款的一方有提示说明义务，应采取合理的方式提请对方注意免除或限制其责任的条款，按照对方的要求对该条款予以说明。

2. 某些格式条款无效

格式条款无效的情形包括：①提供格式条款的一方免除其责任，加重对方责任，排除对方主要权利的条款无效。②格式条款具有《合同法》第五十二条规定的无效情形，即一方以欺诈、胁迫手段订立合同，损害国家利益；恶意串通，损害国家、集体或第三人的利益；以合法形式掩盖非法目的；损害社会公共利益；违反法律、行政法规的强制性规定等。③格式条款具有《合同法》第五十三条规定的情形时无效，即有造成对方人身伤害的免责条款；有因故意或重大过失造成对方财产损失的免责条款。

3. 对格式条款的解释

对格式条款有两种以上解释的，应当作出不利于提供格式条款一方的解释；格式条款和非格式条款不一致的，应当采用非格式条款。

五、免责条款

免责条款是当事人以协议形式排除或者限制其未来民事责任的合同条款。也就是说，在未来履行合同过程中，出现了这些条款中所列的情况，合同一方当事人将不承担责任。与不可抗力不同，免责条款必须以明示的形式提出，明示的免责条款是合同的组成部分。基于合同自由原则，对双方当事人自愿订立的免责条款，尤其是事后订立的免责条款，法律原则上不加干涉。但是这种约定应当在法律规定的范围内，违反法律规定的免除条款无效。例如，在合同中约定造成对方人身伤害的免责条款、因重大过失造成对方财产损失的免责条款无效。

六、缔约过失责任

缔约过失责任是指当事人在订立合同过程中，因违背诚实信用原则给对方造成损失时所应承担的法律责任。合同谈不成并非均要承担缔约过失责任，只有因违背诚实信用原则致使合同未达成，并且给对方带来损失的，才追究过错方的法律责任。

当事人在订立合同过程中有下列情形之一，给对方造成损失的，应当承担损害赔偿责任：①假借订立合同，恶意进行磋商，如以损害对方利益为目的，故意与其谈判而使其丧失与他人交易的机会；②故意隐瞒与订立合同有关的重要事实或者提供虚假情况；③当事人在订立合同过程中知悉的商业秘密，无论合同是否成立，泄露或不正当地使用的；④其他违背诚实信用的行为，如违背诚实信用原则终止谈判的行为。

缔约过失责任与违约责任存在区别：①两种责任产生的时间不同。缔约过失责任发生在合同成立之前，而违约责任产生于合同生效之后。②适用和范围不同。缔约过失责任适用于合同未成立、合同未生效、合同无效等情况；违约责任适用于生效合同。③赔偿范围不同。缔约过失赔偿的是信赖利益的损失；而违约责任赔偿的是可期待利益的损失。原则上，可期待利益的损失要大于信赖利益的损失。

第三节　合同的效力

一、合同的生效

合同的生效是指合同具备一定的要件后，便产生法律上的效力。当事人均要按合同约定履行义务和行使权利。合同法规定，依法成立的合同，自成立时生效。法律、行政法规规定应当办理批准、登记等手续生效的，依照其规定。

（一）合同的生效要件

合同的生效要件是判断合同是否具有法律约束力的标准。合同生效必须具备三个条件，即行为人具备相应的民事行为能力、意思表示真实及不违反法律和社会公共利益。

1. 行为人具备相应的民事行为能力

合同的当事人应当具备相应的民事行为能力。民事行为能力包括合同行为能力和相应的缔约行为能力。对自然人而言，原则上须有完全行为能力，限制行为能力人和无行为能力人不得亲自签订合同，而应由其法定代理人代为签订。但是，限制民事行为能力人可以独立签订与其年龄、智力相适应的合同；对于非自然人而言，必须是依法定程序成立后才具有订立合同的行为能力，同时，还要具有相应的缔约能力，即必须在法律、行政法规及有关部门授予的权限范围内签订合同。

2. 意思表示真实

订立合同时当事人的行为应当真实地反映其内心的想法，合同是当事人双方意思表示一致的法律行为。

3. 不违反法律和社会公共利益

当事人签订的合同从目的到内容都不能违反法律的强制性规定，不能违背社会公德、扰乱社会公共秩序、损害社会公共利益。

（二）合同生效的方式

一般而言，依法成立的合同，自成立时生效。合同生效具体又分为以下三种情况。

1. 批准、登记生效

法律、行政法规规定应当办理批准或者登记手续的合同，自批准、登记时生效，如房地产抵押合同、专利权质押合同等。

2. 附条件生效（或失效）

当事人可以约定对合同的效力附加一定的条件，包括附生效条件和附解除条件两种情况。附生效条件的合同，自条件成就时生效。附解除条件的合同，自条件成就时失效。当事人为自己的利益不正当地阻止条件成就的，视为条件已成就；不正当地促成条件成就的，视为条件不成就。

3. 附期限生效（或失效）

附期限的合同是指附有将来确定到来的期限作为合同的条款，并在该期限到来时合同的效力发生或终止，包括附生效期限和附终止期限两种情况。附生效期限的合同，自期限届至时生效。附终止期限的合同，自期限届满时失效。

二、效力待定合同

效力待定合同是指合同虽然已经成立，但其效力能否发生尚未确定，法律允许根据情况予以补救的合同。

有下列情况之一的，属于效力待定合同：①限制民事行为能力人订立的合同，经法定代理人追认后，该合同有效。但纯获利益的合同或者与其年龄、智力、精神健康状况相适应而订立的合同，不必经法定代理人追认。②行为人没有代理权、超越代理权或者代理权终止后以被代理人名义订立合同，未经被代理人追认，对被代理人不发生效力，由行为人承担责任。但行为人无权代理订立的合同，相对人有理由相信行为人有代理权的，该代理行为有效。例如，已盖有单位合同专用章的空白合同书管理不善，被他人滥用所签订的合同，合同有效。法人或者其他组织的法定代表人、负责人超越权限订立的合同，除相对人知道或者应当知道其超越权限的以外，该代表行为有效。③无处分权的人处分他人财产，经权利人追认或者无处分权的人订立合同后取得处分权的，该合同有效。

三、可撤销合同

可撤销合同是指因合同当事人订立合同时意思表示不真实，经有撤销权的当事人行使撤销权，使已经生效的合同归于无效合同。

（一）可撤销合同的情形

1. 重大误解合同

因重大误解而订立的合同是指当事人在作出意思表示时，对有关合同的重要事项存在认识上的显著缺陷。例如，误将租赁合同当成买卖合同，将甲产品误认为乙产品等。

2. 显失公平合同

显失公平合同是指当事人一方在紧迫或缺乏经验的情况下订立的明显对自己有重大不利而对对方有利的合同。

3. 欺诈、胁迫、乘人之危签订的合同

一方以欺诈、胁迫的手段或者乘人之危，使对方在违背真实意思的情况下订立的合同，受损害方有权请求人民法院或者仲裁机构变更或者撤销。但一方以欺诈、胁迫的手段而订立的合同，如果损害国家利益，则不属于可变更或可撤销的合同，而是无效合同。

（二）撤销权的行使

对于前两种情形的可撤销合同，当事人任何一方均有权请求变更或撤销合同；对于第三种情形的可撤销合同，只有受损害方当事人才可以行使请求权。当事人请求变更合同的，人民法院或仲裁机构不得撤销。

有下列情形之一的，撤销权消灭：①具有撤销权的当事人自知道或者应当知道自撤销事由之日起一年内没有行使撤销权；②具有撤销权的当事人知道撤销事由后明确表示或者以自己的行为放弃撤销权。

被撤销的合同与无效合同一样，自始没有法律约束力。对因该合同取得的财产，当事人应承担下列民事责任：①返还财产；②折价补偿；③赔偿损失。

四、无效合同

无效合同是指不具有法律约束力和不发生履行效力的合同。无效合同自始没有法律约束力，国家不予承认和保护。

（一）无效合同的情形

根据《合同法》的规定，有下列情形之一的，合同无效：①一方以欺诈、胁迫的手段订立合同，损害国家利益；②恶意串通，损害国家、集体或者第三人利益；③以合法形式

掩盖非法目的；④损害社会公共利益；⑤违反法律、行政法规的强制性规定。

（二）无效合同的法律后果

无效合同自始没有法律约束力。合同部分无效，不影响其他部分效力的，其他部分仍然有效。合同被确认无效后，因该合同取得的财产，应当予以返还；不能返还的或没有必要返还的，应当折价补偿。有过错的一方应当赔偿对方因此所受到的损失，双方都有过错的，应当各自承担相应的责任。当事人恶意串通，损害国家、集体或第三人利益的，因此取得的财产归国家所有或返还集体、第三人。

第四节　合同的履行

一、合同履行的规则

（一）合同内容约定不明确时的履行规则

合同生效后，当事人就质量、价款或报酬、地点等内容没有约定或约定不明确时，可以协议补充。不能达成补充协议时，按照合同有关条款或交易习惯确定。仍不能确定的，适用下列规定：①质量要求不明确的，按照国家标准、行业标准履行；没有国家标准、行业标准的，按照通常标准或符合合同目的的特定标准履行。②价款或报酬不明确的，按照订立合同时履行地的市场价格履行；依法应当执行政府定价或者政府指导价的，按照规定履行。③履行地点不明确且给付货币的，在接受货币一方所在地履行；交付不动产的，在不动产所在地履行；其他标的，在履行义务一方所在地履行。④履行期限不明确的，债务人可以随时履行，债权人也可以随时请求履行，但应当给对方必要的准备时间。⑤履行方式不明确的，按照有利于实现合同目的的方式履行。⑥履行费用的负担不明确的，由履行义务的一方负担。

（二）执行政府定价或政府指导价的合同的履行规则

按政府定价或政府指导价签订的合同，在合同执行过程中遇到国家调价时，按照交付时的价格计价。逾期交付标的物的，遇价格上涨时，按照原价格执行；遇价格下降时，按照新价格执行。逾期提取标的物或逾期付款的，遇价格上涨时，按照新价格执行；遇价格下降时，按照原价格执行。总体来说，按政府定价或政府指导价签订的合同按照"谁违约，执行对谁不利"的价格。

（三）涉及第三人的合同的履行规则

1. 向第三人履行的合同

向第三人履行的合同是指根据双方当事人约定，由债务人向第三人履行债务，从而使第三人直接取得债权的合同。债权人可以约定由债务人向第三人履行债务，债务人未向第三人履行债务或履行债务不符合约定的，应当向债权人承担违约责任。

2. 由第三人履行的合同

合同当事人可以约定由第三人代替债务人履行债务，第三人不履行债务或履行债务不符合约定的，债权人有权追究债务人的违约责任，债务人应当向债权人承担违约责任。对于向第三人履行和由第三人履行，《合同法》严格遵循合同的相对性规则，并不将参与履行的第三人作为合同相对人对待，使其既不承担合同项下的义务，也不享有合同项下的权利。

（四）中止履行、提前履行与部分履行规则

1. 中止履行

债权人分立、合并或者变更住所没有通知债务人，致使履行债务发生困难的，债务人可以中止履行或者将标的物提存。

2. 提前履行

债权人可以拒绝债务人提前履行债务，但提前履行不损害债权人利益的除外。债务人提前履行债务给债权人增加的费用，由债务人负担。需要注意的是，《合同法》规定把提前履行作为借款人的一项权利对待，因此属于提前履行规则的例外。

3. 部分履行

债权人可以拒绝债务人部分履行债务，但部分履行不损害债权人利益的除外。债务人部分履行债务给债权人增加的费用，由债务人负担。

二、抗辩权的行使

抗辩权是指在双务合同中，一方当事人在对方不履行或履行不符合约定时，依法对抗对方要求或否认对方权利主张的权利。《合同法》规定了同时履行抗辩权、后履行抗辩权和不安（先履行）抗辩权。

（一）同时履行抗辩权

同时履行抗辩权是指在双务合同中，当事人互负债务，没有先后履行的顺序时，应当同时履行。一方在对方履行之前有权拒绝其履行要求；一方在对方履行债务不符合约定时，有权拒绝其相应的履行请求。同时履行抗辩权的构成要件主要包括：①当事人基于同一双务合同，互负债务；②当事人双方互负的债务均已届清偿期限；③对方未履行债务或者未提出履行债务；④对方的对待给付是可能履行的。

（二）后履行抗辩权

后履行抗辩权是指合同当事人互负债务，有先后履行顺序，先履行一方未履行的，或者履行债务不符合约定的，后履行一方有权拒绝对方的履行要求。后履行抗辩权的构成要件主要包括：①当事人基于同一双务合同，互负债务；②当事人的履行有先后顺序；③应当先履行的当事人不履行合同或者不适当履行合同；④后履行抗辩权的行使人是履行义务顺序在后的一方当事人。

（三）不安（先履行）抗辩权

不安抗辩权又称先履行抗辩权，是指当事人互负债务，有先后履行顺序，先履行的一方有确切证据证明后履行一方丧失履行债务能力时，在对方没有履行或没有提供担保之前，有权中止合同履行的权利。

根据《合同法》相关规定，应当先履行的当事人，有确切证据证明对方有下列情形之一的，可以中止履行：①对方经营状况严重恶化；②对方有转移财产、抽逃资金，以逃避债务的情形；③对方丧失商业信誉；④对方有丧失或可能丧失履行债务能力的其他情形。

不安抗辩权行使不当，造成对方损失的，先履行一方应承担违约责任。当事人中止履行的，应当及时通知对方。对方提供适当担保时，应当恢复履行。中止履行后，对方在合理期限内未恢复履行能力并且未提供担保的，中止履行的一方可以解除合同。

根据《最高人民法院关于审理买卖合同纠纷案件适用法律问题的解释》的规定，买受人拒绝支付违约金、拒绝赔偿损失或者主张出卖人应当采取减少价款等补救措施的，属于提出抗辩。

三、合同的保全

合同保全是指法律为防止因债务人财产的不当减少而给债权人的债权带来损害，采取的一种保障制度。合同保全的形式主要包括代位权和撤销权两种。

（一）代位权

代位权是指因债务人怠于行使其到期债权，对债权人造成损害的，债权人可以向人民法院请求以自己的名义代位行使债务人的债权的权利，但该债权专属于债务人自身的除外。债权人行使代位权应具备以下条件：①债务人对第三人享有合法债权。②债务人怠于行使其到期债权，对债权人造成损害，即债务人不履行其对债权人的到期债务，又不以诉讼方式或者仲裁方式向其债务人主张其享有的具有金钱给付内容的到期债权，致使债权人的到期债权未能实现。③债务人的债权已到期，已陷于迟延履行。④债务人的债权不是专属于债务人自身的债权。所谓专属于债务人自身的债权，是指基于扶养关系、抚养关系、赡养关系、继承关系产生的给付请求权和劳动报酬、退休金、抚恤金、安置费、人寿保险、人身伤害赔偿请求权等权利。债权人代位权的行使必须通过法院进行，其行使范围以债权人的债权为限。债权人行代位权的费用，由债务人负担。

（二）撤销权

撤销权是指债权人对债务人滥用其处分权而损害债权人债权的行为，可以请求人民法院予以撤销的权利。《合同法》规定，因债务人放弃其到期债权或者无偿转让财产，对债权人造成损害的，债权人可以请求人民法院撤销债务人的行为。

引起撤销权发生的要件是债务人有损害债权人债权的行为发生，主要指债务人以赠与、免除等无偿行为处分债权，包括放弃到期债权、无偿转让财产或以明显不合理的低价转让财产。无偿行为不论第三人善意、恶意取得，均可撤销；有偿转让行为，只有在第三人恶意取得的情况下方可撤销。这里的明显不合理低价的判断标准应当由人民法院根据交易当地一般经营者的判断，并参考交易当时交易地的物价部门指导价或者市场交易价，结合其他相关因素综合考虑予以确认。通常转让价格达不到交易时交易地的指导价或者市场交易价百分之七十的，一般可以视为明显不合理的低价；对转让价格高于当地指导价或者市场交易价百分之三十的，一般可以视为明显不合理的高价。债务人以明显不合理的高价收购他人财产，人民法院可以根据债权人的申请予以撤销。

撤销权自债权人知道或应知道撤销事由之日起一年内行使。自债务人的行为发生之日起五年内没有行使撤销权的，该撤销权消灭。撤销权的行使必须通过诉讼程序。在诉讼中，债权人为原告，债务人为被告，受益人或者受让人为第三人。撤销权的行使范围以债权人的债权为限，债权人行使撤销权的必要费用，由债务人负担。

第五节 合同的担保

一、合同的担保和反担保

（一）合同的担保

合同的担保是指依照法律规定或者当事人约定，为确保合同债权实现而采取的法律措施。合同的担保既可以在主合同中订立担保条款，也可以单独订立书面的担保合同。担保合同是主合同的从合同，主合同无效，担保合同无效。

（二）合同的反担保

根据《担保法》及其他相关法律，第三人为债务人向债权人提供担保时，可以要求债务人提供反担保。这里反担保人可以是债务人，也可以是债务人之外的第三人。反担保方式可以是债务人提供的抵押或者质押，也可以是第三人提供的保证、抵押或者质押。例如，甲向银行借钱，银行要求甲找一名保证人为其担保，甲找到其友丙，丙同意成为保证人，但约定先由甲将其房屋给乙做抵押。此时，如果甲不偿还银行钱，则由乙偿还，乙偿还后可向甲追偿，如未果，则甲的房屋乙亦可优先受偿。

二、担保合同的无效及其法律责任

（一）担保合同的无效

根据《担保法》及其他相关法律，下列担保合同无效：①国家机关和以公益为目的的事业单位、社会团体违反法律规定提供担保的，担保合同无效；②董事、经理违反《中华人民共和国公司法》（以下简称《公司法》）第六十条的规定，以公司资产为本公司的股东或者其他个人债务提供担保的，担保合同无效；③以法律、法规禁止流通的财产或者不可转让的财产设定担保的，担保合同无效。

同时，有下列情形之一的，对外担保合同无效：①未经国家有关主管部门批准或者登记对外担保的；②未经国家有关主管部门批准或者登记，为境外机构向境内债权人提供担保的；③为外商投资企业注册资本、外商投资企业中的外方投资部分的对外债务提供担保的；④无权经营外汇担保业务的金融机构、无外汇收入的非金融性质的企业法人提供外汇担保的；⑤主合同变更或者债权人将对外担保合同项下的权利转让，未经担保人同意和国家有关主管部门批准的，担保人不再承担担保责任，但法律、法规另有规定的除外。

（二）担保合同无效的法律责任

担保合同被确认无效后，债务人、担保人、债权人有过错的，应当根据其过错各自承担相应的民事责任。同时，根据《最高人民法院关于适用〈中华人民共和国担保法〉若干问题的解释》的规定，具体法律责任包括以下几种。

1）主合同有效而担保合同无效，债权人无过错的，担保人与债务人对主合同债权人的经济损失，承担连带赔偿责任；债权人、担保人有过错的，担保人承担民事责任的部分，不应超过债务人不能清偿部分的二分之一。

2）主合同无效而导致担保合同无效，担保人无过错的，担保人不承担民事责任；担保人有过错的，担保人承担民事责任的部分，不应超过债务人不能清偿部分的三分之一。

3）担保人因无效担保合同向债权人承担赔偿责任后，可以向债务人追偿，或者在承担赔偿责任的范围内，要求有过错的反担保人承担赔偿责任。

为了保证债权人利益，主合同解除后，担保人对债务人应当承担的民事责任仍应承担担保责任。但是，担保合同另有约定的除外。同时，法人或者其他组织的法定代表人、负责人超越权限订立的担保合同，除相对人知道或者应当知道其超越权限的以外，该代表行为有效。

三、法定的担保形式

根据《物权法》《担保法》的相关规定，法定的担保形式有保证、抵押、质押、留置和定金五种。其中，保证属于以人为担保的形式；抵押、质押、留置是以物为担保的形式；定金是以金钱为担保的形式。

（一）保证

保证是指第三人为债务人的债务履行作担保，由保证人和债权人约定，当债务人不履行债务时，保证人按照约定履行债务或承担责任的行为。

1. 保证人

《担保法》规定，具有代为清偿债务能力的法人、其他组织或公民，可以作保证人。国家机关，学校、幼儿园、医院等以公益为目的的事业单位、社会团体，企业法人的分支机构、职能部门，不得作保证人。但是，在经国务院批准为使用外国政府或国际经济组织贷款进行转贷的情况下，国家机关可以作保证人；企业法人的分支机构有法人书面授权的，可以在授权范围内提供保证。

根据《最高人民法院关于适用〈中华人民共和国担保法〉若干问题的解释》的规定，不具有完全代偿能力的法人、其他组织或者自然人，以保证人身份订立保证合同后，又以自己没有代偿能力要求免除保证责任的，人民法院不予支持。企业法人的分支机构未经法人书面授权提供保证的，保证合同无效。企业法人的职能部门提供保证的，保证合同无效。

2. 保证的内容和保证的方式

（1）保证的内容

保证的内容应当由保证人与债权人在以书面形式订立的保证合同中确定，保证人与债权人可以就单个主合同分别订立保证合同，也可以协议在最高债权额限度内就一定期间连续发生借款合同或者某项商品交易合同订立一个保证合同。保证合同的内容应当包括被保证的主债权种类、数额，债务人履行债务的期限，保证的方式，保证担保的范围，保证的期间，双方认为需要约定的其他事项。

（2）保证的方式

1）一般保证和连带责任保证。

一般保证也称"补差保证"，是指当事人在合同中约定，债务人不能履行债务时，由保证人承担保证责任的方式。保证人享有先诉抗辩权，即债权人在主合同纠纷未经审判或仲裁，并就债务人财产依法强制执行仍不能履行债务前，对债权人可以拒绝承担保证责任。

连带责任保证的债务人在主合同规定的债务履行期届满没有履行债务的，债权人既可以要求债务人履行债务，也可以要求保证人在其保证范围内承担保证责任。

当事人对保证方式没有约定或约定不明确的，按照连带责任承担保证责任。这两种保证之间最大的区别在于保证人是否享有先诉抗辩权，一般保证的保证人享有先诉抗辩权，连带责任保证的保证人则不享有。根据《最高人民法院关于适用〈中华人民共和国担保法〉若干问题的解释》的规定，"不能清偿"指对债务人的存款、现金、有价证券、成品、半成品、原材料、交通工具等可以执行的动产和其他方便执行的财产执行完毕后，债务仍未能得到清偿的状态。

但有下列情形之一的，保证人不得行使先诉抗辩权：①债务人住所变更，致使债权人要求其履行债务发生重大困难的，如债务人下落不明、移居境外，且无财产可供执行等；②人民法院受理债务人破产案件，中止执行程序的；③保证人以书面形式放弃先诉抗辩权的。

2）单独保证和共同保证。

以保证人的数量为标准划分，保证可以分为单独保证和共同保证。单独保证是指只有一个保证人担保同一债权的保证。共同保证是指数个保证人担保同一债权的保证。按照保证人是否约定各自承担的担保份额，可以将共同保证分为按份共同保证和连带共同保证。按份共同保证是保证人与债权人约定按份额对主债务承担保证义务的共同保证；连带共同保证是各保证人约定均对全部主债务承担保证义务或保证人与债权人之间没有约定所承担保证份额的共同保证。

需要注意的是，连带共同保证的"连带"是保证人之间的连带，而非保证人与主债务人之间的连带，故其被称为连带共同保证，而非连带责任保证。连带共同保证的债务人在主合同规定的债务履行期届满没有履行债务的，债权人可以要求债务人履行债务，也可以要求任何一个保证人承担全部保证责任。已经承担保证责任的保证人，有权向债务人追偿，或者要求承担连带责任的其他保证人清偿其应当承担的份额。

3）人保与物保。

在同一债权上既有人的保证又有物的担保的，属于共同担保。《物权法》规定，被担保的债权既有物的担保又有人的担保的，债务人不履行到期债务或者发生当事人约定的实现担保物权的情形，债权人应当按照约定实现债权；没有约定或者约定不明确，债务人自己提供物的担保的，债权人应当先就该物的担保实现债权；第三人提供物的担保的，债权人可以就物的担保实现债权，也可以要求保证人承担保证责任。提供担保的第三人承担担保责任后，有权向债务人追偿。

基于这条规定，人保与物保共存时，如果债务人不履行债务，则根据下列规则确定当事人的担保责任承担：①根据当事人的约定确定承担责任的顺序。②没有约定或者约定不明的，如果保证人的保证与债务人提供的物的担保并存，则债权人先就债务人的物的担保求偿。人的保证在物的担保不足清偿时承担补充清偿责任。③没有约定或者约定不明的，如果保证与第三人提供的物的担保并存，则债权人可以就物的担保实现债权，也可以要求保证人承担保证责任。根据这条规定，第三人提供物的担保的，人的保证与物的担保居于同一清偿顺序，债权人既可以要求保证人承担保证责任，也可以对担保物行使担保物权。④没有约定或者约定不明的，如果人的保证与第三人提供的物的担保并存，其中一人承担了担保责任，则只能向债务人追偿，不能向另外一个担保人追偿。

3. 保证责任

（1）保证责任的范围

根据《担保法》的规定，保证担保的责任范围包括主债权及利息、违约金、损害赔偿金和实现债权的费用。保证合同对责任范围另有约定的，按照约定执行。当事人对保证担保的范围没有约定或者约定不明确的，保证人应当对全部债务承担责任。

（2）主合同变更与保证责任承担

保证期间，债权人依法将主债权转让给第三人，保证债权同时转让，保证人在原保证担保的范围内对受让人承担保证责任。但是保证人与债权人事先约定仅对特定的债权人承担保证责任或者禁止债权转让的，保证人不再承担保证责任。

保证期间，债权人许可债务人转让债务的，应当取得保证人书面同意，保证人对未经其同意转让的债务部分，不再承担保证责任。

保证期间，债权人与债务人协议变更主合同的，应当取得保证人书面同意，未经保证人同意的主合同变更，减轻债务人的债务的，保证人仍应当对变更后的合同承担保证责任；加重债务人的债务的，保证人对加重的部分不承担保证责任。债权人与债务人对主合同履行期限作了变动，未经保证人书面同意的，保证期间为原合同约定的或者法律规定的期间。债权人与债务人协议变动主合同内容，但并未实际履行的，保证人仍应当承担保证责任。主合同当事人双方协议以新贷偿还旧贷，除保证人知道或者应当知道外，保证人不承担民事责任，但是新贷与旧贷系同一保证人的除外。

（3）人的保证与物的担保并存的保证责任

根据《物权法》的规定，被担保的债权既有物的担保又有人的保证的，债务人不履行到期债务或者发生当事人约定的实现担保物权的情形，债权人应当按照约定实现债权；没有约定或者约定不明确，债务人自己提供物的担保的，债权人应当先就该物的担保实现债权；第三人提供物的担保的，债权人可以就物的担保实现债权，也可以要求保证人承担保证责任。提供担保的第三人承担担保责任后，有权向债务人追偿。

（4）其他情况下的保证责任

第三人向债权人保证监督支付专款专用的，在履行了监督支付专款专用的义务后，不再承担责任。未尽监督义务造成资金流失的，应当对流失的资金承担补充赔偿责任。保证人对债务人的注册资金提供保证的，债务人的实际投资与注册资金不符，或者抽逃转移注册资金的，保证人在注册资金不足或者抽逃转移注册资金的范围内承担连带保证责任。

（5）保证责任的免除

根据《担保法》的规定，有下列情形之一的，保证人不承担民事责任：①主合同当事人双方串通，骗取保证人提供保证的。②主合同债务人采取欺诈、胁迫等手段，使保证人在违背真实意思的情况下提供保证的。但债务人与保证人共同欺骗债权人，订立主合同和保证合同的，债权人可以请求人民法院予以撤销。因此给债权人造成损失的，由保证人与债务人承担连带赔偿责任。

4. 保证的期间

保证的期间为保证责任的存续期间，是债权人向保证人行使追索权的期间。债权人没有在保证期间主张权利的，保证人免除保证责任。"主张权利"的方式在一般保证中表现为对债务人提起诉讼或者申请仲裁，在连带责任保证中表现为向保证人要求承担保证责任。当事人可以在合同中约定保证期间。如果没有约定的，保证期间为六个月。在连带责任保证的情况下，债权人有权自主债务履行期届满之日起六个月内要求保证人承担保证责任；在一般保证情况下，债权人应自主债务履行期届满之日起六个月内对债务人提起诉讼或者申请仲裁。

保证合同约定的保证期间早于或者等于主债务履行期限的，视为没有约定。保证合同约定保证人承担保证责任，直至主债务本息还清时为止等类似内容的，视为约定不明，保证期间为主债务履行期届满之日起两年。当主债务履行期限没有约定或者约定不明时，保证期间自债权人要求债务人履行债务的宽限期届满之次日计算。

5. 保证的诉讼时效

一般保证的债权人在保证期间届满前对债务人提起诉讼或者申请仲裁的，从判决或者裁决生效之日起，开始计算保证合同的诉讼时效。连带责任保证的债权人在保证期间届满前要求保证人承担保证责任的，从债权人要求保证人承担保证责任之日起，开始计算保证合同的诉讼时效。保证人对已经超过诉讼时效期间的债务承担保证责任或者提供保证的，又以超过诉讼时效为由抗辩的，人民法院不予支持。一般保证中，主债务诉讼时效中断，保证债务诉讼时效中断；连带责任保证中，主债务诉讼时效中断，保证债务诉讼时效不中断。一般保证和连带责任保证中，主债务诉讼时效中止的，保证债务的诉讼时效同时中止。保证人对债务人行使追偿权的诉讼时效，自保证人向债权人承担责任之日起开始计算。

（二）抵押

抵押是指以债务人或第三人的特定财产在不转移占有的前提下，将该财产作为债权的担保，当债务人不履行债务时，债权人有权依照法律规定以该财产折价或拍卖、变卖该财产的价款优先受偿。该债务人或第三人为抵押人，债权人为抵押权人，提供担保的财产为抵押物。

1. 抵押的设定

（1）抵押合同

当事人应当采取书面形式订立抵押合同。抵押合同一般包括下列条款：①被担保债权的种类和数额；②债务人履行债务的期限；③抵押财产的名称、数量、质量、状况、所在地、所有权归属或者使用权归属；④担保的范围；⑤当事人认为需要约定的其他事项。抵押权人在债务履行期届满前，不得与抵押人约定债务人不履行到期债务时抵押财产归债权人所有；如果当事人在抵押合同中有这样的条款，该条款无效；该条款的无效不影响抵押合同其他部分内容的效力。债务履行期届满后抵押权人未受清偿时，抵押权人和抵押人可以协议以抵押物折价取得抵押物；但是，损害顺序在后的担保权人和其他债权人利益的，人民法院可以适用有关合同保全的撤销权的规定。

（2）抵押财产

根据《物权法》的规定，债务人或者第三人有权处分的下列财产可以抵押：①建筑物和其他土地附着物；②建设用地使用权；③以招标、拍卖、公开协商等方式取得的荒地等土地承包经营权；④生产设备、原材料、半成品、产品；⑤正在建造的建筑物、船舶、航空器；⑥交通运输工具；⑦法律、行政法规未禁止抵押的其他财产。抵押人可以将上述所列财产一并抵押。

根据《物权法》的规定，下列财产不得抵押：①土地所有权；②耕地、宅基地、自留地、自留山等集体所有的土地使用权，但法律规定可以抵押的除外；③学校、幼儿园、医院等以公益为目的的事业单位、社会团体的教育设施、医疗卫生设施和其他社会公益设施；④所有权、使用权不明或者有争议的财产；⑤依法被查封、扣押、监管的财产；⑥法律、行政法规规定不得抵押的其他财产，如以法定程序确认为违法、违章的建筑物。

（3）抵押登记

1）以不动产抵押的。以建筑物和其他土地附着物，建设用地使用权，以招标、拍卖、公开协商等方式取得的荒地等土地承包经营权，正在建造的建筑物设定抵押的，应当办理抵押物登记，抵押权自登记之日起设立。

2）以其他财产（动产）抵押的。以其他财产（动产）抵押的，登记产生对抗第三人的效力；抵押权自抵押合同生效时起设立，没有登记不能对抗善意第三人。

2. 抵押的效力

（1）抵押物的孳息

债务人不履行到期债务或者发生当事人约定的实现抵押权的情形，致使抵押财产被人民法院依法扣押的，自扣押之日起抵押权人有权收取该抵押财产的天然孳息或者法定孳息。但抵押权人未通知应当清偿法定孳息的义务人的除外。

（2）已存在租赁权的效力

根据《物权法》的规定：①出租在先，抵押在后，原租赁关系不受抵押权的影响。②抵押在先，出租在后，租赁关系不得对抗已登记的抵押权。抵押人未书面告知承租人该财产已抵押的，抵押人对出租抵押物造成承租人的损失承担赔偿责任；抵押人已书面告知承租人该财产已抵押的，抵押权实现造成承租人的损失，由承租人自己承担。

（3）抵押期间抵押物的转让

抵押期间，抵押人经抵押权人同意转让抵押财产的，应当将转让所得价款向抵押权人提前清偿或者提存，转让价款超过债权数额的部分归抵押人所有，不足部分由债务人清偿。抵押期间，抵押人未经抵押权人同意，不得转让抵押财产，但受让人代为清偿债务消灭抵押权的除外。抵押物依法被继承或者赠与的，抵押权不受影响。

（4）抵押权转移及消灭的从属性

抵押权不得与债权分离而单独转让或者作为其他债权的担保。主债权转让的，担保该债权的抵押权一并转让，但法律另有规定或者当事人另有约定的除外。主债权未受全部清偿的，抵押权人可以就抵押物的全部行使其抵押权。主债权被分割或者部分转让的，各债权人可以就其享有的债权份额行使抵押权。主债务被分割或者部分转让的，抵押人仍以其抵押物担保数个债务人履行债务。但是，第三人提供抵押的，债权人许可债务人转让债务未经抵押人书面同意的，抵押人对未经其同意转让的债务，不再承担担保责任。

（5）抵押物价值减少

抵押人的行为足以使抵押财产价值减少的，抵押权人有权要求抵押人停止其行为。抵押财产价值减少的，抵押权人有权要求恢复抵押财产的价值，或者提供与减少的价值相应的担保。抵押人不恢复抵押财产的价值也不提供担保的，抵押权人有权要求债务人提前清偿债务。在抵押物灭失、毁损或者被征用的情况下，抵押权人可以就该抵押物的保险金、赔偿金或者补偿金优先受偿。

3. 抵押权的实现

债务人不履行到期债务或者发生当事人约定的实现抵押权的情形，抵押权人可以与抵押人协议以抵押财产折价或者以拍卖、变卖该抵押财产所得的价款优先受偿。抵押物折价或者拍卖、变卖所得的价款，当事人没有约定的，清偿顺序如下：①实现抵押权的费用；②主债权的利息；③主债权。

同一财产上多个抵押权并存时的清偿顺序：①抵押权已登记的，按照登记的先后顺序清偿；顺序相同的，按照债权比例清偿；②抵押权已登记的先于未登记的受偿；③抵押权未登记的，按照债权比例清偿。抵押权人与抵押人可以协议变更抵押权顺位及被担保的债权数额等内容，但抵押权的变更，未经其他抵押权人书面同意，不得对其他抵押权人产生不利影响。债务人以自己的财产设定抵押，抵押权人放弃该抵押权、抵押权顺位或者变更抵押权的，其他担保人在抵押权人丧失优先受偿权益的范围内免除担保责任，但其他担保人承诺仍然提供担保的除外。

同一财产向两个以上债权人抵押的，顺序在先的抵押权与该财产的所有权归属一人时，该财产的所有权人可以以其抵押权对抗顺序在后的抵押权。顺序在后的抵押权所担保的债权先到期的，抵押权人只能就抵押物价值超出顺序在先的抵押担保债权的部分受偿。顺序在先的抵押权所担保的债权先到期的，抵押权实现后的剩余价款应予提存，留待清偿顺序在后的抵押担保债权。

4. 最高额抵押

最高额抵押是指为担保债务的履行，债务人或者第三人对一定期间内将要连续发生的债权提供担保财产的，债务人不履行到期债务或者发生当事人约定的实现抵押权的情形，抵押权人有权在最高债权额限度内就该担保财产优先受偿。最高额抵押权设立前已经存在的债权，经当事人同意可以转入最高额抵押担保的债权范围。最高额抵押权所担保的债权范围不包括抵押物因财产保全或者执行程序被查封后或债务人、抵押人破产后发生的债权。

抵押权人的债权在下列情况下确定：①约定的债权确定期间届满；②没有约定债权确定期间或者约定不明确，抵押权人或者抵押人自最高额抵押权设立之日起满二年后请求确定债权；③新的债权不可能发生；④抵押财产被查封、扣押；⑤债务人、抵押人被宣告破产或者被撤销；⑥法律规定债权确定的其他情形。

抵押权人实现最高额抵押权时，实际发生的债权余额高于最高限额的，以最高限额为限，超过部分不具有优先受偿的效力；实际发生的债权余额低于最高限额的，以实际发生的债权余额为限对抵押物优先受偿。

5. 浮动抵押

浮动抵押是一种特别抵押，是指抵押人以其现在和将来全部财产为债权提供担保，在行使抵押权之前，该抵押财产可以自由流转经营，在约定或法定事由发生时，其价值才能确定的一种抵押。

经当事人书面协议，企业、个体工商户、农业生产经营者可以将现有的及将有的生产设备、原材料、半成品、产品抵押，债务人不履行到期债务或者发生当事人约定的实现抵押权的情形，债权人有权就实现抵押权时的动产优先受偿；但不得对抗正常经营活动中已支付合理价款并取得抵押财产的买受人。

设定浮动抵押，抵押人应当向抵押人住所地的工商行政管理部门办理登记；抵押权自抵押合同生效时设立；未经登记，不得对抗善意第三人。

抵押财产的确定：①债务履行期届满，债权未实现；②抵押人被宣告破产或者被撤销；③当事人约定的实现抵押权的情形；④严重影响债权实现的其他情形。

（三）质押

质押是指债务人或第三人将为提供担保而移交的财产或权利，当债务人不履行债务时，债权人有权以该财产或权利价值优先受偿。质押包括动产质押和权利质押。

1. 动产质押

（1）动产质押的设定

设定动产质押，出质人和质权人应当以书面形式订立质押合同。质押合同一般包括下列条款：被担保债权的种类和数额；债务人履行债务的期限；质押财产的名称、数量、质量、状况；担保的范围；质押财产交付的时间。质押关系的当事人是质权人和出质人。质押担保的范围包括主债权及利息、违约金、损害赔偿金、质物保管费用和实现质权的费用。质押合同另有约定的，按照约定。

和抵押合同一样，质权人在债务履行期届满前不得与出质人约定债务人不履行到期债务时质押财产归债权人所有。如果违反该规定，则约定的"流质条款"无效，但不影响质押合同其他部分的效力。

出质人和质押人可以协议约定最高额质权。最高额质权除适用《物权法》动产质押的有关规定，还需参照《物权法》最高额抵押权的规定。

（2）动产质押的效力

债务人或者第三人未按质押合同约定的时间移交质物，因此给质权人造成损失的，出质人应当根据其过错承担赔偿责任。

出质人代质权人占有质物的，质押合同不生效；质权人将质物返还于出质人后，以其质权对抗第三人的，人民法院不予支持。因不可归责于质权人的事由而丧失对质物的占有，质权人可以向不当占有人请求停止侵害、恢复原状、返还质物。

出质人以间接占有的财产出质的，质押合同自书面通知送达占有人时视为移交。占有人收到出质通知后，仍接受出质人的指示处分出质财产的，该行为无效。

质押合同中对质押的财产约定不明，或者约定的出质财产与实际移交的财产不一致的，以实际交付占有的财产为准。

质物有隐蔽瑕疵造成质权人其他财产损害的，应由出质人承担赔偿责任。但是，质权人在质物移交时明知质物有瑕疵而予以接受的除外。

债务人以自己的财产出质，质权人放弃该质权的，其他担保人在质权人丧失优先受偿权益的范围内免除担保责任，但其他担保人承诺仍然提供担保的除外。

（3）动产质押当事人的权利

关于质权人的权利，我国相关法律规定：①占有质押物。对质押物的占有，既是质押的成立要件，也是质押额存续要件，质权人有权在债权受清偿前占有质物，并以质押物的全部行使其权利。②收取孳息。质权人有权收取质物所生的孳息。质押合同另有约定的，按照约定。质权人收取的孳息应当先充抵收取孳息的费用。③质权的保全。质押物有损坏或者价值明显减少的可能，足以危害质权人权利的，质权人可以要求出质人提供相应的担保。出质人不提供的，质权人可以拍卖或者变卖质物，并与出质人协议将拍卖或者变卖所得的价款用于提前清偿所担保的债权或者向与出质人约定的第三人提存。④优先受偿。债务人履行债务或者出质人提前清偿所担保的债权的，质权人应当返还质押财产。债务人不履行到期债务或者发生当事人约定的实现质权的情形，质权人可以与出质人协议以质押财产折价，也可以就拍卖、变卖质押财产所得的价款优先受偿。质押财产折价或者变卖的，应当参照市场价格。出质人请求质权人及时行使质权，因质权人怠于行使权利造成损害的，由质权人承担赔偿责任。质押财产折价或者拍卖、变卖后，其价款超过债权数额的部分归出质人所有，不足部分由债务人清偿。在质物灭失、毁损或者被征用的情况下，质权人可以就该质物的保险金、赔偿金或者补偿金优先受偿。质物灭失、毁损或者被征用的情况下，质权所担保的债权未届清偿期的，质权人可以请求人民法院对保险金、赔偿金或补偿金等采取保全措施。⑤转质押。质权人在质权存续期间，为担保自己的债务，经出质人同意，以其所占有的质物为第三人设定质权的，应当在原质权所担保的债权范围之内，超过的部分不具有优先受偿的效力。转质权的效力优于原质权。质权人在质权存续期间，未经出质人同意，为担保自己的债务，在其所占有的质物上为第三人设定质权的无效。质权人对因转质而发生的损害承担赔偿责任。⑥放弃质权。质权人可以放弃质权。债务人以自己的财产出质，质权人放弃该质权的，其他担保人在质权人丧失优先受偿权益的范围内免除担保责任，但其他担保人承诺仍然提供担保的除外。

关于出质人的权利，我国相关法律规定：①返还质押物。质权人不能妥善保管质物可能致使其灭失或者毁损的，出质人可以要求质权人将质物提存，或者要求提前清偿债权而返还质物。将质物提存的，质物提存费用由质权人负担；出质人提前清偿债权的，应当扣除未到期部分的利息。质权人在质权存续期间，未经出质人同意，擅自使用、出租、处分质物，因此给出质人造成损失的，由质权人承担赔偿责任。债务履行期届满债务人履行债务的，或者出质人提前清偿所担保的债权的，出质人有权要求质权人返还质物。②行使质押权。出质人可以请求质权人在债务履行期届满后及时行使质权；质权人不行使的，出质人可以请求人民法院拍卖、变卖质押财产。③行使追偿权。为债务人质押担保的第三人，在质权人实现质权后，有权向债务人追偿。④提出赔偿权。债务履行期届满，出质人请求质权人及时行使质权，因质权人怠于行使权利造成损害的，由质权人承担赔偿责任。质押财产折价或者拍卖、变卖后，其价款超过债权数额的部分归出质人所有，不足部分由债务人清偿。

2. 权利质押

根据《物权法》的规定，可以作为权利质押的权利有：①汇票、支票、本票；②债券、存款单；③仓单、提单；④可以转让的基金份额、股权；⑤可以转让的注册商标专用权、专利权、著作权等知识产权中的财产权；⑥应收账款；⑦法律、行政法规规定可以出质的其他财产权利。

权利质押因为设定质押的权利标的的不同，其生效条件也是不同的。具体包括：①有价证券的质押以汇票、支票、本票、债券、存款单、仓单、提单出质的，当事人应当订立书面合同。质权自权利凭证交付质权人时设立。没有权利凭证的，质权自有关部门办理出质登记时设立。②可以转让的基金份额、股权的质押。根据《物权法》的规定，以基金份额、股权出质的，当事人应当订立书面合同。以基金份额、证券登记结算机构登记的股权出质的，质权自证券登记结算机构办理出质登记时设立；以其他股权出质的，质权自工商行政管理部门办理出质登记时设立。③知识产权的质押。依法可以转让的商标专用权、专利权、著作权中的财产权可以质押，并且这些财产权应当经有关管理部门办理出质登记后，才能使质权生效。④应收账款的质押。根据《物权法》的规定，以应收账款出质的，当事人应当订立书面合同。质权自信贷征信机构办理出质登记时设立。应收账款出质后，不得转让，但经出质人与质权人协商同意的除外。出质人转让应收账款所得的价款，应当向质权人提前清偿债务或者提存。公路桥梁、公路隧道或者公路渡口等不动产收益权实际上就是应收账款的一种。

（四）留置

1. 留置与留置权

留置是指依照《担保法》和其他法律的规定，债权人按照合同约定占有债务人的动产，债务人不按照合同约定的期限履行债务的，债权人有权依法留置该财产，以该财产折价或以拍卖、变卖该财产的价款优先受偿的行为。留置权的设立根据是法律的直接规定，所以又称法定担保物权。留置一般适用于劳务服务性合同，如保管合同、运输合同、承揽合同及法律规定可以留置的其他合同。留置担保的范围包括主债权及利息、违约金、损害赔偿金、留置物保管费用和实现留置权的费用。

留置权是指债权人合法占有债务人的动产，在债务人不履行到期债务时，债权人有权依法留置该财产，并有权就该财产优先受偿的权利。留置权的效力还及于从物、孳息和代位物。根据《物权法》的规定，留置的财产为可分物的，留置物的价值应当相当于债务的金额；留置物为不可分物的，留置权人可以就其留置物的全部行使留置权。

2. 留置权的取得

留置权的取得是基于法律规定，并且当事人没有排除适用。只有在符合法律规定的条件下，债权人才取得留置权。

1）双方必须存在债权债务关系。留置权是担保物权，担保物权存在的意义在于担保债务的履行，保证债权人实现其债权，因此，留置权以债权债务关系的存在为前提。只有债权合法有效存在，才存在债权人行使留置权的问题。

2）债权人依合同合法占有债务人的动产。留置权为基于动产占有而发生的法定担保物权，债权人因为合同约定占有债务人的动产，发生留置权。而且，债权人只有按合同约定占有债务人动产的，才可以成立留置权；债权人非以债权成立的合同为基础占有债务人动产的，不得成立留置权，即债权人因不当得利、无因管理或者侵权行为占有债务人的动产的，不得发生留置权。

3）债权和债权人占有财产之间存在牵连关系，即债权和标的物的占有取得是基于同一合同关系而发生的。正是由于债权和占有取得基于同一合同关系，留置权成为纯粹担保合同债务得以履行的手段。

4）债权已届清偿期而未受清偿。留置权制度的目的在于维护当事人之间的交易公平，担保债权受偿。因此，只有在债权清偿期届满，债务人不履行债务时，留置权人才可以行使留置权。

3. 留置权人的权利与义务

（1）留置权人的权利

1）留置物的占有权。留置权人对留置物有占有的权利，在其债权未受偿前，其可以扣留留置物，拒绝一切返还请求。这是留置权的基本效力。留置权人对留置物的占有权受法律的保护，任何人不得侵害留置权人的占有权。在留置物受到不法侵害时，不论侵害人为何人，留置权人均享有物上请求权，可以请求法院保护。

2）留置物孳息的收取权。留置权人于其占有留置物期间，对于留置物的孳息有收取的权利。留置权人收取留置物的孳息并不直接取得孳息的所有权，而只能以收取的孳息优先受偿。一般来说，留置权人收取的孳息应先充抵收取费用，次充抵利息，最后充抵原债权。

3）对留置物必要的使用权。由于留置权为担保物权，留置权人虽占有留置物，但原则上对留置物进行使用收益。在留置期间，留置权人未经留置物所有人同意擅自使用、出租、处分留置物，因此给留置物所有人造成损失的，由留置权人承担赔偿责任。

4）必要费用的返还请求权。由于留置权人对留置物并无用益权，却有妥善保管的义务，因此留置权人为保管留置物所支出的必要费用，是为物的所有人的利益而支出的，自应向物的所有人请求返还。保管的必要费用是指为留置物的保存及管理上所不可缺的费用，如养护费、维修费等。所支出的费用是否为必要，应依支出当时的客观标准而定，而不能以留置权人的主观认识为标准。

5）就留置物变价优先受偿权。依我国法律的规定，留置权人有优先受偿权，即在一定条件下，留置权人可就留置物变价优先受清偿。

（2）留置权人的义务

1）留置物的保管义务。根据《担保法》的相关规定，留置权人负有妥善保管留置物的义务，因保管不善致使留置物灭失或者毁损的，留置权人应当承担民事责任。留置权人应当妥善保管留置物，如果没有履行妥善保管义务则为保管不善。因此，导致留置物毁损、灭失的，留置权人应承担民事责任。留置权人于占有留置物期间是否尽了必要的注意，其采取的措施是否得当，对留置物的损失是否有过错，应由留置权人负举证责任。留置权人在保管留置物时需债务人予以协助的，其得请求债务人协助。如债务人应留置权人的请求却不予以协助，则对由此而造成的留置物的毁损、灭失，债务人不得向留置权人请求损害赔偿。

2）不得擅自使用、利用留置物的义务。留置权人原则上并无使用留置物的权利，相反留置权人负有不得擅自使用、利用留置物的义务。除为保管上的必要而使用外，留置权人未经债务人同意的，不仅不得自己使用留置物，还不得将留置物出租或提供担保。

3）返还留置物的义务。当留置权所担保的债权消灭时，留置权人有义务将留置物返还于债务人。在债权虽未消灭，但债务人另行提供担保而使留置权消灭时，留置权人也有返还留置物的义务。留置权人违反返还留置物的义务的，构成非法占有，应向债务人或所有人承担民事责任。

4. 留置权的实现与消灭

留置权人与债务人应当约定留置财产后的债务履行期间，没有约定或者约定不明确的，留置权人应当给债务人两个月以上履行债务的期间，但鲜活易腐等不易保管的动产除外。债务人逾期未履行的，留置权人可以与债务人协议以留置财产折价，也可以就拍卖、变卖留置财产所得的价款优先受偿。留置财产折价或者变卖的，应当参照市场价格。留置财产折价或者拍卖、变卖后，其价款超过债权数额的部分归债务人所有，不足部分由债务人清偿。同时，债务人可以请求留置权人在债务履行期限届满后行使留置权。留置权人不行使的，债务人可以请求人民法院拍卖、变卖留置财产。

留置权因下列原因而消灭：①债权消灭的；②债务人另行提供担保并被债权人接受的。

（五）定金

1. 定金的概念及种类

定金是以确保合同的履行为目的，由当事人一方在合同订立前后，合同履行前预先交付给另一方的金钱或者其他代替物的法律制度。根据《担保法》及《最高人民法院关于适用〈中华人民共和国担保法〉若干问题的解释》中有关规定，我国关于定金的性质属于任意性规定，当事人可以自主确定定金的性质。

（1）立约定金

根据《最高人民法院关于适用〈中华人民共和国担保法〉若干问题的解释》，当事人约定以交付定金作为订立主合同担保的，给付定金的一方拒绝订立主合同的，无权要求返还定金；收受定金的一方拒绝订立合同的，应当双倍返还定金。

（2）成约定金

根据《最高人民法院关于适用〈中华人民共和国担保法〉若干问题的解释》，当事人约定以交付定金作为主合同成立或者生效要件的，给付定金的一方未支付定金，但主合同已经履行或者已经履行主要部分的，不影响主合同的成立或者生效。虽然是成约定金，当事人没有履行定金给付义务，但主合同已经履行或者已经履行主要部分的，不影响主合同的成立或者生效。

（3）解约定金

根据《最高人民法院关于适用〈中华人民共和国担保法〉若干问题的解释》，定金交付后，交付定金的一方可以按照合同的约定以丧失定金为代价而解除主合同，收受定金的一方可以双倍返还定金为代价而解除主合同。对解除主合同后责任的处理，适用《合同法》的规定。

（4）违约定金

违约定金设立的目的是保证合同得以履行。在定金给付后，一方应履行债务而未履行的，受定金罚则约束。《担保法》规定的定金原则上属于违约定金。

2. 定金的生效与法律效力

根据《担保法》，定金应当以书面形式约定。当事人在定金合同中应当约定交付定金的期限。定金合同从实际交付定金之日起生效。故定金合同是实践性合同。当事人约定的定金数额不得超过主合同标的额的百分之二十。超过百分之二十的，超过部分无效。因不可抗力、意外事件致使主合同不能履行的，不适用定金罚则。因合同关系以外第三人的过错，致使主合同不能履行的，适用定金罚则。受定金处罚的一方当事人，可以依法向第三人追偿。

在同一合同中，当事人既约定违约金，又约定定金的，在一方违约时，当事人只能选择适用违约金条款或者定金条款，不能要求同时适用两个条款。但是，《最高人民法院关于审理买卖合同纠纷案件适用法律问题的解释》规定，根据买卖合同约定的定金不足以弥补一方违约造成的损失，对方请求赔偿超过定金部分的损失的，人民法院可以并处，但定金和损失赔偿的数额总和不应高于因违约造成的损失。

第六节　合同的变更、转让与终止

一、合同的变更

合同变更仅指合同内容的变更，是指合同成立后未履行或未履行完毕之前，主、客观情况的变化使合同的内容发生变化。合同变更的方式主要有以下三种：①当事人协议变更。合同是由当事人协商一致而订立的，经当事人协商一致，可以变更合同。但法律、行政法规规定变更合同应当办理批准、登记等手续的，应依照其规定办理批准、登记等手续方可变更。当事人对合同变更的内容应作明确约定，变更内容约定不明确的，推定为合同未变更。②法院或仲裁机关裁决变更。因重大误解或显失公平而订立的合同，当事人一方可以向人民法院或仲裁机关申请裁决变更或撤销合同。③基于法律的直接规定变更。遭遇不可抗力导致债务人不能按期履行债务时，债务人可以减少债务数额或延期履行债务。

合同变更后，当事人应当按照变更后的合同履行。合同变更的效力原则上仅对未履行的部分有效，对已履行的部分无溯及力，但法律另有规定或当事人另有约定的除外。因合同的变更而使一方当事人受到经济损失的，受损一方可向另一方当事人要求赔偿损失。

二、合同的转让

合同的转让即合同主体的变更是指当事人将依据合同享有的权利或者承担的义务，全部或部分转让给第三人的行为。合同转让包括合同权利转让、合同义务转移和合同权利义务一并转让三种类型。

（一）合同权利转让

合同权利转让是指不改变合同权利的内容，由债权人将合同权利全部或者部分转让给第三人的行为。一般情况下，当事人有权自主地将合同的权利全部或者部分转让给第三人，但有下列情形之一的除外：①根据合同性质不得转让，如当事人基于信任关系订立的委托合同、雇佣合同、赠与合同等。②按照当事人的约定不得转让。③依照法律规定不得转让，如烟草专卖权、个人收藏的文物等。

此外，合同法规定，债权人转让权利的，应当通知债务人。未经通知，该转让对债务人不发生效力。债权人转让权利的通知不得撤销，但经受让人同意的除外。债权人转让权利的，受让人取得与债权有关的从权利，但该从权利专属于债权人自身的除外。债务人接到债权转让通知后，债务人对让与人的抗辩，可以向受让人主张。债务人接到债权转让通知时，债务人对让与人享有债权，并且债务人的债权先于转让的债权到期或者同时到期的，债务人可以向受让人主张抵销。

（二）合同义务转移

合同义务转移是指在不改变合同义务的前提下，经债权人同意，债务人将合同的义务全部或者部分转移给第三人。债务人将合同的义务全部或者部分转移给第三人，应当经债权人同意，否则，债务人转移合同义务的行为对债权人不发生效力。债务人转移义务的，新债务人可以主张原债务人对债权人的抗辩。新债务人应当承担与主债务有关的从债务，但该从债务专属于原债务人自身的除外。

（三）合同权利义务一并转让

合同权利义务一并转让是指经对方同意，当事人将自己依据合同所享有的权利和义务一并转让给第三人。合同关系的一方当事人将权利和义务一并转让时，除了应当征得另一方当事人的同意外，还应当遵守《合同法》有关转让权利和义务转移的其他规定。当事人订立合同后合并的，由合并后的法人或者其他组织行使合同权利、履行合同义务。当事人订立合同后分立的，除债权人和债务人另有约定的外，由分立的法人或者其他组织对合同的权利和义务享有连带债权，承担连带债务。

三、合同的终止

合同的终止是指某种法律事实的发生，使合同当事人权利义务关系归于消灭，即合同关系消灭。根据《合同法》，有下列情形之一的，合同的权利义务终止：①债务已经按照约定履行；②合同解除；③债务相互抵销；④债务人依法将标的物提存；⑤债权人免除债务；⑥债权债务同归于一人（混同）；⑦法律规定或者当事人约定终止的其他情形。合同的权利义务终止后，当事人应当遵循诚实信用原则，根据交易习惯履行通知、协助、保密等义务。具体规定如下。

（一）合同终止的具体情形

1. 债务已经按照约定履行

债务已经按照约定履行使订立合同的目的已经实现，合同确定的权利义务关系自然消灭，合同因此而终止。这是当事人期望的终止方式。

2. 合同解除

合同解除是指在合同尚未履行完毕之前，双方当事人经协商一致同意提前终止合同关系或者当事人一方基于法定事由行使解除权，提前终止合同关系。合同解除有约定解除和法定解除两种情况。

1）约定解除是指当事人通过行使约定解除权或者当事人协商一致而解除合同。在订立合同时，可以约定当事人一方或双方拥有合同解除权，当解除合同的条件成就时，解除权人可以解除合同。合同生效后，未履行或未完全履行前，当事人也可以协议解除合同。

2）法定解除是指合同成立生效后，当事人根据法律规定解除合同。根据《合同法》的相关规定，有下列情形之一的，当事人可以解除合同：①因不可抗力致使不能实现合同目的；在履行期限届满之前，当事人一方明确表示或者以自己的行为表明不履行主要债务；②当事人一方迟延履行主要债务，经催告后在合理期限内仍未履行；③当事人一方迟延履行债务或者有其他违约行为致使不能实现合同目的；④法律规定的其他情形。

当事人一方主张解除合同的，应当通知对方。合同自通知到达对方时解除。对方有异议的，可以请求人民法院或者仲裁机构确认解除合同的效力。当事人解除合同，法律、行政法规规定应当办理批准、登记等手续的，应依照其规定办理。合同解除后，尚未履行的，终止履行；已经履行的，根据履行情况和合同性质，当事人可以要求恢复原状、采取其他补救措施，并有权要求赔偿损失。

3. 债务相互抵销

抵销是指当事人互负到期债务，又互享债权，以自己的债权充抵对方的债权，使自己的债务与对方的债务在等额内消灭。当事人互负到期债务，该债务的标的物种类、品质相同的，任何一方可以将自己的债务与对方的债务抵销，但依照法律规定或者按照合同性质不得抵销的除外。当事人主张抵销的，应当通知对方。通知自到达对方时生效。抵销不得附条件或者附期限。当事人互负债务，标的物种类、品质不相同的，经双方协商一致，也可以抵销。

4. 债务人依法将标的物提存

提存是指由于债权人的原因，债务人无法向其交付合同标的物而将该标的物交给提存机关，从而消灭合同的制度。

《合同法》规定，当有下列情形之一难以履行债务的，债务人可以将标的物提存：①债权人无正当理由拒绝受领；②债权人下落不明；③债权人死亡未确定继承人或者丧失民事行为能力未确定监护人；④法律规定的其他情形。

标的物提存后，除债权人下落不明的以外，债务人应当及时通知债权人或者债权人的继承人、监护人。标的物提存后，毁损、灭失的风险由债权人承担。提存期间标的物的孳息归债权人所有；提存费用由债权人负担。标的物不适于提存或者提存费用过高的，债务人依法可以拍卖或者变卖标的物，提存所得的价款。债权人领取提存物的权利，自提存之日起五年内不行使而消灭，提存物扣除提存物费用后归国家所有。

5. 债权人免除债务

免除是指债权人放弃部分或全部债权，免除债务人部分或者全部债务的一种单方法律行为。免除应由债权人向债务人作出明确的意思表示。免除债务时，债权的从权利如从属于债权的担保权利、利息权利、违约金请求权等也随之消灭。

6. 债权债务同归于一人（混同）

债权债务同归于一人的，合同的权利义务终止，但涉及第三人利益的除外。例如，当债权为他人质权的标的时，为保护质权人的利益，不得使债权因合并而消灭。

7. 法律规定或者当事人约定终止的其他情形

除了上述合同的权利义务终止的情形，出现了法律规定的终止的其他情形的，合同的权利义务也可以终止。例如，《民法总则》规定，代理人死亡、丧失民事行为能力，作为被代理人或代理人的法人终止，委托代理终止。

合同无效、被撤销或终止的，不影响合同中独立存在的有关解决争议方法的条款的效力，不影响合同中结算和清理条款的效力。

（二）合同终止的法律后果

合同终止的法律后果主要包括：①负债字据的返还。负债字据是债权债务关系的证明，债权人应当在合同关系消灭后，将负债字据返还债务人。②在合同当事人之间发生后合同义务。根据《合同法》的相关规定，合同的权利义务终止后，当事人应当遵循诚实信用原则，根据交易习惯履行通知、协助、保密等义务。③合同中关于解决争议的方法、结算和清理条款的效力。根据《合同法》的相关规定，合同无效、被撤销或者终止的，不影响合同中独立存在的有关解决争议方法的条款的效力。合同的权利义务终止，不影响合同中结算和清理条款的效力。

第七节　违约责任

一、违约责任基本理论

违约责任的成立以有效的合同关系为基础，如果不存在合同关系或者合同无效或被撤销，就无所谓违约责任问题。违约责任又以债务的存在为前提，而且只能在合同当事人之间产生，债务人只向债权人承担违约责任，而不能向合同关系以外的任何其他人承担违约责任；同理，合同关系以外的任何其他人也不对合同当事人承担违约责任。《合同法》规定，当事人一方不履行合同义务或者履行合同义务不符合约定的，应当承担继续履行、采取补救措施、支付违约金或者赔偿损失等违约责任。

二、承担违约责任的主要形式

违约责任也称为违反合同的民事责任，是指合同当事人因违反合同义务所承担的责任。一般来说，违约责任的追究要在合同履行期限届满时才能行使，但在合同生效后履行期限届满前，当事人一方明确表示或以自己的行为表明不履行合同义务的，对方可以在履行期限届满之前要求其承担违约责任。根据《合同法》的规定，违约的当事人承担违约责任的主要形式有以下几种。

（一）继续履行

继续履行，又称实际履行，是指合同一方当事人不履行合同或者履行合同不符合约定的情况下，要求违约方仍然按照合同的约定履行义务的一种承担违约责任的方式。但在下列情况下除外：一是法律上或事实上不能履行，如破产等；二是债务的标的不适于强制履行或者履行费用过高；三是债权人在合理期限内未要求履行。

（二）采取补救措施

《合同法》规定，质量不符合约定的，应当按照当事人的约定承担违约责任。对违约责任没有约定或者约定不明确，依照《合同法》第六十一条的规定仍不能确定的，受损害方根据标的的性质及损失的大小，可以合理选择要求对方承担修理、更换、重作、退货、减少价款或者报酬等违约责任。

（三）赔偿损失

赔偿损失是指合同当事人一方不履行合同或者不适当履行合同给对方造成损失的，应依法或依照合同约定承担赔偿责任。损失赔偿额应当相当于因违约所造成的损失，包括合同履行后可以获得的利益，但不得超过违反合同一方订立合同时预见到或者应当预见到的因违反合同可能造成的损失。

当事人一方违约后，对方应当采取适当措施防止损失的扩大；没有采取适当措施致使损失扩大的，不得就扩大的损失要求赔偿。当事人因防止损失扩大而支出的合理费用，由违约方承担。

（四）支付违约金

违约金是指当事人在合同中约定，一方当事人不履行合同义务或履行合同义务不符合约定时应当根据情况向对方支付一定数额的货币。

当事人可以约定一方违约时应当根据违约情况向对方支付一定数额的违约金，也可以约定因违约产生的损失赔偿额的计算方法。约定的违约金低于造成的损失的，当事人可以请求人民法院或者仲裁机构予以增加；约定的违约金过分高于造成的损失的，当事人可以请求人民法院或者仲裁机构予以适当减少。

（五）定金责任

定金既是一种债的担保形式，又是一种违约责任形式。当事人既约定定金，又约定违约金的，一方违约时，对方可以选择适用违约金或者定金。

三、违约责任的免除

违约责任的免除是指在合同的履行过程中，法律规定的或者当事人约定的免责事由致使当事人不能履行合同义务或者履行合同义务不符合约定的，当事人可以免于承担违约责任。一般来说，在合同订立之后，如果一方当事人没有履行合同或者合同不符合约定，不论是自己的原因，还是第三人的原因，都应当向对方承担违约责任，即我国使用的是无过错责任原因。只有在法定的免责事由或约定的免责事由导致合同不能履行时，才能免责。《合同法》规定了三种免责事由：不可抗力、免责条款和法律的特别规定。

（一）不可抗力

不可抗力是指不能预见、不能避免且不能克服的客观情况。《合同法》规定，因不可抗力不能履行合同的，根据不可抗力的影响，部分或者全部免除责任。但是，当事人迟延履行后发生不可抗力的，不能免除责任。不可抗力包括某些自然现象和某些社会现象（如战争等）。当事人一方因不可抗力不能履行合同的，应当及时通知对方，以减轻可能给对方造成的损失，并应当在合理期限内提供证明。

（二）免责条款

当事人可以在合同中约定，当出现一定的事由或条件时，可免除违约方的违约责任。但免责条款不得违反法律、行政法规的强制性规定。

（三）法律的特别规定

在法律有特别规定的情况下，可以免除当事人的违约责任。例如，承运人对运输过程中货物的毁损、灭失承担损害赔偿责任，但承运人证明货物的毁损、灭失因不可抗力、货物本身的自然性质或者合理损耗及托运人、收货人的过错造成的，不承担损害赔偿责任。

第八节　具体合同

一、买卖合同

买卖合同是出卖人转移标的物的所有权于买受人，买受人支付价款的合同。买卖关系的主体是出卖人和买受人，交付财产取得价款的一方称为出卖人，接受财产支付价款的一方称为买受人。买卖合同是诺成、双务、有偿合同，可以是要式合同，也可以是不要式合同。

（一）买卖合同成立的证明

1. 交货凭证、结算凭证

当事人之间没有书面合同，一方以送货单、收货单、结算单、发票等主张存在买卖合同关系的，人民法院应当结合当事人之间的交易方式、交易习惯及其他相关证据，对买卖合同是否成立作出认定。

2. 债权凭证

对账确认函、债权确认书等函件、凭证没有记载债权人名称，买卖合同当事人一方以此证明存在买卖合同关系的，人民法院应予支持，但有相反证据足以推翻的除外。

（二）预约合同

当事人签订认购书、订购书、预订书、意向书、备忘录等预约合同，约定在将来一定期限内订立买卖合同，一方不履行订立买卖合同的义务，对方请求其承担预约合同违约责任或者要求解除预约合同并主张损害赔偿的，人民法院应予支持。

（三）交付标的物

1. 出卖人的主要义务——交付

交付标的物的方式主要包括：交付标的物；交付提取标的物的单证，并转移标的物所有权的义务；标的物为无须以有形载体交付的电子信息产品，当事人对交付方式约定不明确，且依照法律规定仍不能确定的，买受人收到约定的电子信息产品或者权利凭证即为交付。

出卖人应当按照约定或者交易习惯向买受人交付提取标的物单证以外的有关单证和资料。单证和资料主要包括保险单、保修单、普通发票、增值税专用发票、产品合格证、质量保证书、质量鉴定书、品质检验证书、产品进出口检疫书、原产地证明书、使用说明书、装箱单等。

2. 交付期限

关于交付期限主要包括：出卖人应当按照约定的期限交付标的物；约定交付期间的，出卖人可以在该交付期间内的任何时间交付；没有约定标的物的交付期限或者约定不明确的，按照《合同法》的有关规定仍不能确定的，出卖人可以随时履行，买受人可以随时要求出卖人履行，但应当给对方必要的准备时间。

3. 交付地点

出卖人应当按照约定的地点交付标的物。当事人没有约定交付地点或者约定不明确的，按照《合同法》的有关规定仍不能确定的，适用下列规定：标的物需要运输的，出卖人应当将标的物交付给第一承运人以运交买受人；标的物不需要运输，出卖人和买受人订立合同时知道标的物在某一地点的，出卖人应当在该地点交付标的物，不知道标的物在某一地点的，应当在出卖人订立合同时的营业地交付标的物。

4. 完成交付的证明

出卖人仅以增值税专用发票及税款抵扣资料证明其已履行交付标的物义务，买受人不认可的，出卖人应当提供其他证据证明交付标的物的事实。合同约定或者当事人之间习惯以普通发票作为付款凭证，买受人以普通发票证明已经履行付款义务的，人民法院应予支持，但有相反证据足以推翻的除外。

5. 多交标的物

出卖人多交标的物的，买受人可以接收或者拒绝接收多交的部分。买受人接收多交部分的，按照合同的价格支付价款。买受人拒绝接收多交部分的，应当及时通知出卖人；买受人拒绝接收多交部分标的物的，可以代为保管多交部分标的物；买受人主张出卖人负担代为保管期间的合理费用的，人民法院应予支持；买受人主张出卖人承担代为保管期间非因买受人故意或者重大过失造成的损失的，人民法院应予支持。

（四）标的物所有权的转移

1. 一般规则

标的物为动产的，所有权自标的物交付时起转移；标的物为不动产的，所有权自标的物登记时起转移。标的物在交付之前产生的孳息，归出卖人所有；交付之后产生的孳息，归买受人所有。出卖具有知识产权的计算机软件等标的物的，除法律另有规定或者当事人另有约定的以外，该标的物的知识产权不属于买受人。

2. 普通动产

出卖人就同一普通动产订立多重买卖合同，在买卖合同均有效的情况下，买受人均要求实际履行合同的，应当按照以下情形分别处理：先行受领交付的买受人有权请求确认所有权已经转移；各买受人均未受领交付，先行支付价款的买受人有权请求出卖人履行交付标的物等合同义务；各买受人均未受领交付，也未支付价款，依法成立在先合同的买受人有权请求出卖人履行交付标的物等合同义务。

3. 特殊动产

出卖人就同一船舶、航空器、机动车等特殊动产订立多重买卖合同，在买卖合同均有效的情况下，买受人均要求实际履行合同的，应当按照以下情形分别处理：先行受领交付的买受人有权请求出卖人履行办理所有权转移登记手续等合同义务；各买受人均未受领交付，先行办理所有权转移登记手续的买受人有权请求出卖人履行交付标的物等合同义务；各买受人均未受领交付，也未办理所有权转移登记手续，依法成立在先合同的买受人有权请求出卖人履行交付标的物和办理所有权转移登记手续等合同义务；出卖人将标的物交付给买受人之一，又为其他买受人办理所有权转移登记，已受领交付的买受人有权请求将标的物所有权登记在自己名下。

4. 所有权保留

当事人可以在动产买卖合同中约定，买受人未履行支付价款或者其他义务时，标的物的所有权属于出卖人。当事人约定所有权保留，在标的物所有权转移前，买受人有下列情形之一，对出卖人造成损害，出卖人主张取回标的物的，人民法院应予支持：未按约定支付价款的；未按约定完成特定条件的；将标的物出卖、出质或者作出其他不当处分的。买受人已经支付标的物总价款的百分之七十五以上，出卖人主张取回标的物的，人民法院不予支持。在将标的物出卖、出质或者作出其他不当处分的情形下，第三人已经依法善意取得标的物所有权或者其他物权，出卖人主张取回标的物的，人民法院不予支持。

出卖人取回标的物后，买受人在双方约定的或者出卖人指定的回赎期间内，消除出卖人取回标的物的事由，主张回赎标的物的，人民法院应予支持。

买受人在回赎期间内没有回赎标的物的，出卖人可以另行出卖标的物。出卖人另行出卖标的物的，出卖所得价款依次扣除取回和保管费用、再交易费用、利息、未清偿的价金后仍有剩余的，应返还原买受人；如有不足，出卖人要求原买受人清偿的，人民法院应予支持，但原买受人有证据证明出卖人另行出卖的价格明显低于市场价格的除外。

（五）标的物毁损、灭失风险的承担

标的物毁损、灭失的风险，在标的物交付之前由出卖人承担，交付之后由买受人承担。当事人对风险负担没有约定，标的物为种类物，出卖人未以装运单据、加盖标记、通知买受人等可识别的方式清楚地将标的物特定于买卖合同，买受人主张不负担标的物毁损、灭失的风险的，人民法院应予支持。

因买受人致使标的物不能按照约定的期限交付的，买受人应当自违反约定之日起承担标的物毁损、灭失的风险。出卖人按照约定将标的物置于交付地点，买受人违反约定没有收取的，标的物毁损、灭失的风险自违反约定之日起由买受人承担。

买受人依法拒绝接受标的物或者解除合同的，标的物毁损、灭失的风险由出卖人承担。出卖人出卖交由承运人运输的在途标的物，除当事人另有约定的以外，毁损、灭失的风险自合同成立之日起由买受人承担；在合同成立时知道或者应当知道标的物已经毁损、灭失却未告知买受人，买受人主张出卖人负担标的物毁损、灭失的风险的，人民法院应予支持。

出卖人未按照约定交付有关标的物的单证和资料的，不影响标的物毁损、灭失风险的转移。标的物毁损、灭失的风险由买受人承担的，不影响因出卖人履行债务不符合约定，买受人要求其承担违约责任的权利。

（六）标的物的质量检验

出卖人应当按照约定的质量要求交付标的物；当事人对标的物的质量要求没有约定或者约定不明的，依照《合同法》的有关规定执行。

1. 检验期间

（1）约定检验期间

当事人约定检验期间的，买受人应当在检验期间内将标的物的数量或者质量不符合约定的情形通知出卖人；买受人怠于通知的，视为标的物的数量或者质量符合约定。

（2）没有约定检验期间

当事人对标的物的检验期间未作约定，买受人签收的送货单、确认单等载明标的物数量、型号、规格的，人民法院应当认定买受人已对数量和外观瑕疵进行了检验，但有相反证据足以推翻的除外。当事人没有约定检验期间的，买受人应当在发现或者应当发现标的物的数量或者质量不符合约定的"合理期间内"通知出卖人；买受人在合理期间内未通知或者"自标的物收到之日起两年内"未通知出卖人的，视为标的物的数量或者质量符合约定。

2. 检验标准

出卖人依照买受人的指示向第三人交付标的物，出卖人和买受人之间约定的检验标准与买受人和第三人之间约定的检验标准不一致的，人民法院应当以出卖人和买受人之间约定的检验标准为标的物的检验标准。

3. 质量瑕疵担保责任

合同约定减轻或者免除出卖人对标的物的瑕疵担保责任，但出卖人故意或者因重大过失不告知买受人标的物的瑕疵，出卖人主张依约减轻或者免除瑕疵担保责任的，人民法院不予支持。买受人在缔约时知道或者应当知道标的物质量存在瑕疵，主张出卖人承担瑕疵担保责任的，人民法院不予支持，但买受人在缔约时不知道该瑕疵会导致标的物的基本效用显著降低的除外。

4. 质量保证金

出卖人应当保证标的物的价值或使用效果；买受人依约保留部分价款作为质量保证金，出卖人在质量保证期间未及时解决质量问题而影响标的物的价值或者使用效果，出卖人主张支付该部分价款的，人民法院不予支持。

5. 减价责任

标的物质量不符合约定，买受人有权依法要求减少价款的；当事人有权主张以符合约定的标的物和实际交付的标的物按"交付时"的市场价值计算差价；价款已经支付，买受人主张返还减价后多出部分价款的，人民法院应予支持。

（七）买卖合同的解除规则

因标的物的主物不符合约定而解除合同的，解除合同的效力及于从物。因标的物的从物不符合约定被解除的，解除的效力不及于主物。标的物为数物，其中一物不符合约定的，买受人可以就该物解除合同，但该物与他物分离使标的物的价值显受损害的，当事人可以就数物解除合同。

出卖人分批交付标的物的，出卖人对其中一批标的物不交付或者交付不符合约定，致使该批标的物不能实现合同目的的，买受人可以就该批标的物解除。出卖人不交付其中一批标的物或者交付不符合约定，致使今后其他各批标的物的交付不能实现合同目的的，买受人可以就该批以及今后其他各批标的物解除。买受人如果就其中一批标的物解除，该批标的物与其他各批标的物相互依存的，可以就已经交付和未交付的各批标的物解除。

分期付款的买受人未支付"到期"价款的金额达到全部价款的五分之一的，出卖人可以要求买受人支付全部价款或者解除合同。出卖人解除合同的，可以向买受人要求支付该标的物的使用费。出卖人没有履行或者不当履行从给付义务，致使买受人不能实现合同目的，买受人有权依法单方通知对方解除合同。

（八）试用买卖合同

试用买卖的买受人在试用期内已经支付一部分价款的，应当认定买受人已经同意购买，但合同另有约定的除外。在试用期内，买受人对标的物实施了出卖、出租、设定担保物权等非试用行为的，应当认定买受人同意购买。

不属于试用买卖的情形主要包括：①约定标的物经过试用或者检验符合一定要求时，买受人应当购买标的物；②约定第三人经试验对标的物认可时，买受人应当购买标的物；③约定买受人在一定期间内可以调换标的物；④约定买受人在一定期间内可以退还标的物。

试用买卖的当事人没有约定使用费或者约定不明确，出卖人主张买受人支付使用费的，人民法院不予支持。

二、赠与合同

赠与合同是赠与人将自己的财产无偿给予受赠人，受赠人表示接受赠与的合同。赠与合同是单务、无偿、诺成合同。赠与人必须具备完全行为能力，同时对赠与物享有处分权。在赠与合同中赠与的财产权利可以是物权、债权、知识产权等，也可以是总体财产。赠与合同与买卖合同的相同之处是财产权利的转移。

（一）当事人的权利义务

赠与人的义务主要是依照合同的约定交付并转移赠与物的财产权利给受赠人。赠与合同生效后，赠与人应当按照合同的约定将赠与物交付给受赠人，并将赠与物的权利转移给受赠人。赠与的财产需要办理登记手续的，应当办理相关手续，未办理相关手续的不得对抗善意第三人。

因赠与人故意或者重大过失致使赠与的财产毁损、灭失的，赠与人应当承担损害赔偿责任。赠与的财产有瑕疵的，赠与人不承担责任。但附义务的赠与，赠与的财产有瑕疵的，赠与人在附义务的限度内承担与出卖人相同的责任。受赠人的权利是接受赠与物并取得赠与财产的权利。

（二）赠与的撤销

赠与人在赠与财产的权利转移之前可以撤销赠与。但具有救灾、扶贫等社会公益、道德义务性质的赠与合同或者经过公证的赠与合同，不得撤销。

受赠人有下列情形之一的，赠与人可以撤销赠与：严重侵害赠与人或者赠与人的近亲属；对赠与人有扶养义务而不履行；不履行赠与合同约定的义务；因受赠人的违法行为致使赠与人死亡或者丧失民事行为能力的，赠与人的继承人或者法定代理人可以撤销赠与。

撤销权人撤销赠与的，可以向受赠人要求返还赠与的财产。赠与人的经济状况显著恶化，严重影响其生产经营或者家庭生活的，可以不再履行赠与义务。赠与人的撤销权，自知道或者应当知道撤销原因之日起一年内行使。赠与人的继承人或者法定代理人的撤销权，自知道或者应当知道撤销原因之日起六个月内行使。

三、借款合同

借款合同是借款人向贷款人借款，到期返还借款并支付利息的合同。借款合同的内容包括借款种类、币种、用途、数额、利率、期限和还款方式等条款。订立借款合同时，贷款人可以要求借款人依照《担保法》的规定提供担保。借款合同采用书面形式，但自然人之间借款另有约定的除外。

（一）当事人的权利义务

借款人应当按照约定的期限返还借款。贷款人未按照约定的日期、数额提供借款，造成借款人损失的，应当赔偿损失。贷款人按照约定可以检查、监督借款的使用情况。借款人应当按照约定向贷款人定期提供有关财务会计报表等资料。借款人未按照约定的借款用途使用借款的，贷款人可以停止发放借款、提前收回借款或者解除合同。

（二）借款利息

借款的利息不得预先在本金中扣除。利息预先在本金中扣除的，应当按照实际借款数额返还借款并计算利息。借款人应当按照约定的期限支付利息。对支付利息的期限没有约定或约定不明确的，当事人可以协议补充；不能达成补充协议时，借款期间不满一年的，应当在返还借款时一并支付；借款期间在一年以上的，应当在每届满一年时支付，剩余期间不满一年的，应当在返还借款时一并支付。自然人之间的借款合同对支付利息没有约定或约定不明确的，视为不支付利息；约定支付利息的，借款的利率不得违反国家有关限制借款利率的规定。借款人未按照约定的期限返还借款的，应当按照约定或国家有关规定支付逾期利息。借款人提前偿还借款的，除当事人另有约定的以外，应当按照实际借款的期间计算利息。

（三）民间借贷的相关规定

根据《最高人民法院关于审理民间借贷案件适用法律若干问题的规定》，民间借贷是指自然人、法人、其他组织之间及其相互之间进行资金融通的行为。经金融监管部门批准设立的从事贷款业务的金融机构及其分支机构，因发放贷款等相关金融业务引发的纠纷，不属于民间借贷。

1. 民间借贷案件的受理与管辖

出借人向人民法院起诉时，应当提供借据、收据、欠条等债权凭证及其他能够证明借贷法律关系存在的证据。当事人持有的借据、收据、欠条等债权凭证没有载明债权人，持有债权凭证的当事人提起民间借贷诉讼的，人民法院应予受理。被告对原告的债权人资格提出有事实依据的抗辩，人民法院经审理认为原告不具有债权人资格的，裁定驳回起诉。

借贷双方就合同履行地未约定或者约定不明确，事后未达成补充协议，按照合同有关条款或者交易习惯仍不能确定的，以接受货币一方所在地为合同履行地。

2. 民间借贷的担保

保证人为借款人提供连带责任保证，出借人仅起诉借款人的，人民法院可以不追加保证人为共同被告；出借人仅起诉保证人的，人民法院可以追加借款人为共同被告。保证人为借款人提供一般保证，出借人仅起诉保证人的，人民法院应当追加借款人为共同被告；出借人仅起诉借款人的，人民法院可以不追加保证人为共同被告。

3. 民间借贷合同的生效

《最高人民法院关于审理民间借贷案件适用法律若干问题的规定》第九条规定，具有下列情形之一的，可以视为具备《合同法》第二百一十条关于自然人之间借款合同的生效要件：①以现金支付的，自借款人收到借款时；②以银行转账、网上电子汇款或者通过网络贷款平台等形式支付的，自资金到达借款人账户时；③以票据交付的，自借款人依法取得票据权利时；④出借人将特定资金账户支配权授权给借款人的，自借款人取得对该账户实际支配权时；⑤出借人以与借款人约定的其他方式提供借款并实际履行完成时。

4. 民间借贷合同的效力

法人之间、其他组织之间及它们相互之间为生产、经营需要订立的民间借贷合同，除存在《合同法》第五十二条及《最高人民法院关于审理民间借贷案件适用法律若干问题的规定》第十四条关于无效合同、无效民间借贷合同的情形外，当事人主张民间借贷合同有效的，人民法院应予支持。

法人或者其他组织在本单位内部通过借款形式向职工筹集资金，用于本单位生产、经营，且不存在《合同法》第五十二条及《最高人民法院关于审理民间借贷案件适用法律若干问题的规定》第十四条关于无效合同、无效民间借贷合同的情形，当事人主张民间借贷合同有效的，人民法院应予支持。

借款人或者出借人的借贷行为涉嫌犯罪，或者已经生效的判决认定构成犯罪，当事人提起民事诉讼的，民间借贷合同并不当然无效。人民法院应当根据《合同法》第五十二条及《最高人民法院关于审理民间借贷案件适用法律若干问题的规定》第十四条关于无效合同、无效民间借贷合同的情形，认定民间借贷合同的效力。担保人以借款人或者出借人的借贷行为涉嫌犯罪或者已经生效的判决认定构成犯罪为由，主张不承担民事责任的，人民法院应当依据民间借贷合同与担保合同的效力、当事人的过错程度，依法确定担保人的民事责任。

5. 民间借贷合同的无效

根据《最高人民法院关于审理民间借贷案件适用法律若干问题的规定》第十四条规定，具有下列情形之一的，人民法院应当认定民间借贷合同无效：①套取金融机构信贷资金又高利转贷给借款人，且借款人事先知道或者应当知道的；②以向其他企业借贷或者向本单位职工集资取得的资金又转贷给借款人牟利，且借款人事先知道或者应当知道的；③出借人事先知道或者应当知道借款人借款用于违法犯罪活动仍然提供借款的；④违背社会公序良俗的；⑤其他违反法律、行政法规效力性强制性规定的。

6. 民间借贷与买卖合同混合情形的认定

当事人以签订买卖合同作为民间借贷合同的担保，借款到期后借款人不能还款，出借人请求履行买卖合同的，人民法院应当按照民间借贷法律关系审理，并向当事人释明变更诉讼请求。当事人拒绝变更的，人民法院裁定驳回起诉。按照民间借贷法律关系审理作出的判决生效后，借款人不履行生效判决确定的金钱债务，出借人可以申请拍卖买卖合同标的物，以偿还债务。就拍卖所得的价款与应偿还借款本息之间的差额，借款人或者出借人有权主张返还或补偿。

　　7. 民间借贷的利息、利率、还款

　　借贷双方没有约定利息，出借人主张支付借期内利息的，人民法院不予支持。自然人之间借贷对利息约定不明，出借人主张支付利息的，人民法院不予支持。除自然人之间借贷的外，借贷双方对借贷利息约定不明，出借人主张利息的，人民法院应当结合民间借贷合同的内容，并根据当地或者当事人的交易方式、交易习惯、市场利率等因素确定利息。

　　借贷双方约定的利率未超过年利率的百分之二十四，出借人请求借款人按照约定的利率支付利息的，人民法院应予支持。借贷双方约定的利率超过年利率的百分之三十六，超过部分的利息约定无效。借款人请求出借人返还已支付的超过年利率的百分之三十六部分的利息的，人民法院应予支持。借据、收据、欠条等债权凭证载明的借款金额，一般认定为本金。预先在本金中扣除利息的，人民法院应当将实际出借的金额认定为本金。

　　借贷双方对前期借款本息结算后将利息计入后期借款本金并重新出具债权凭证，如果前期利率没有超过年利率的百分之二十四，重新出具的债权凭证载明的金额可认定为后期借款本金；超过部分的利息不能计入后期借款本金。约定的利率超过年利率的百分之二十四，当事人主张超过部分的利息不能计入后期借款本金的，人民法院应予支持。按前款计算，借款人在借款期间届满后应当支付的本息之和，不能超过最初借款本金与以最初借款本金为基数，以年利率的百分之二十四计算的整个借款期间的利息之和。出借人请求借款人支付超过部分的，人民法院不予支持。

　　借贷双方对逾期利率有约定的，从其约定，但以不超过年利率的百分之二十四为限。未约定逾期利率或者约定不明的，人民法院可以区分不同情况处理：①既未约定借期内的利率，也未约定逾期利率，出借人主张借款人自逾期还款之日起按照年利率百分之六支付资金占用期间利息的，人民法院应予支持；②约定了借期内的利率但未约定逾期利率，出借人主张借款人自逾期还款之日起按照借期内的利率支付资金占用期间利息的，人民法院应予支持。

　　出借人与借款人既约定了逾期利率，又约定了违约金或者其他费用，出借人可以选择主张逾期利息、违约金或者其他费用，也可以一并主张，但总计超过年利率的百分之二十四的部分，人民法院不予支持。没有约定利息但借款人自愿支付，或者超过约定的利率自愿支付利息或违约金，且没有损害国家、集体和第三人利益，借款人又以不当得利为由要求出借人返还的，人民法院不予支持，但借款人要求返还超过年利率的百分之三十六部分的利息除外。

　　借款人可以提前偿还借款，但当事人另有约定的除外。借款人提前偿还借款并主张按照实际借款期间计算利息的，人民法院应予支持。

四、租赁合同

租赁合同是指出租人将租赁物交付给承租人使用、收益，承租人支付租金的合同。租赁合同的内容包括租赁物的名称、数量、用途、租赁期限、租金及其支付期限和方式、租赁物维修等条款。租赁期限不得超过二十年，超过二十年的，超过部分无效。租赁期间届满，当事人可以续订租赁合同，但约定的租赁期限自续订之日起不得超过二十年。租赁期限六个月以上的，应当采用书面形式。未采用书面形式的，都视为不定期租赁，当事人可以随时解除合同，但出租人解除合同应当在合理期限之前通知承租人。

出租人应依照合同约定的时间和方式交付租赁物，并在租赁期间履行租赁物的维修义务，保持租赁物符合约定的用途。承租人应当按照约定的方法或按照租赁物的性质使用租赁物，并应当妥善保管租赁物，因保管不善造成租赁物毁损、灭失的，应当承担损害赔偿责任。

承租人应当按照约定的期限支付租金。承租人无正当理由未支付租金或延期支付租金的，出租人可以要求承租人在合理期限内支付。承租人逾期不支付的，出租人可以解除合同。承租人不得擅自改善和增设他物。承租人经出租人同意，可以对租赁物进行改善和增设他物。承租人未经出租人同意对租赁物进行改善和增设他物的，出租人可以请求承租人恢复原状或赔偿损失。

承租人转租租赁物须经出租人同意。转租期间，承租人与出租人的租赁合同继续有效，第三人不履行对租赁物妥善保管义务造成损失的，由承租人向出租人负赔偿责任。承租人未经同意而转租的，出租人可终止合同。

租赁物在租赁期间发生所有权变动的，不影响租赁合同的效力，即"买卖不破租赁"。租赁期间届满，承租人继续使用租赁物，出租人没有提出异议的，原租赁合同继续有效，但租赁期限为不定期。

五、融资租赁合同

融资租赁合同是出租人根据承租人对出卖人、租赁物的选择，向出卖人购买租赁物，提供给承租人使用，承租人支付租金的合同。融资租赁合同的内容包括租赁物名称、数量、规格、技术性能、检验方法、租赁期限、租金构成及其支付期限和方式、币种、租赁期间届满租赁物的归属等条款。融资租赁合同应当采用书面形式。

出租人根据承租人对出卖人、租赁物的选择订立的买卖合同，出卖人应当按照约定向承租人交付标的物，承租人享有与受领标的物有关的买受人的权利。出租人、出卖人、承租人可以约定，出卖人不履行买卖合同义务的，由承租人行使索赔的权利。承租人行使索赔权利的，出租人应当协助。出租人根据承租人对出卖人、租赁物的选择订立的买卖合同，未经承租人同意，出租人不得变更与承租人有关的合同内容。出租人享有租赁物的所有权。承租人破产的，租赁物不属于破产财产。

融资租赁合同的租金，除当事人另有约定的以外，应当根据购买租赁物的大部分或者全部成本及出租人的合理利润确定。租赁物不符合约定或者不符合使用目的的，出租人不承担责任，但承租人依赖出租人的技能确定租赁物或者出租人干预选择租赁物的除外。出租人应当保证承租人对租赁物的占有和使用。承租人占有租赁物期间，租赁物造成第三人的人身伤害或者财产损害的，出租人不承担责任。承租人应当妥善保管、使用租赁物。承租人应当履行占有租赁物期间的维修义务。

承租人应当按照约定支付租金。承租人经催告后在合理期限内仍不支付租金的，出租人可以要求支付全部租金；也可以解除合同，收回租赁物。当事人约定租赁期间届满租赁物归承租人所有，承租人已经支付大部分租金，但无力支付剩余租金，出租人因此解除合同收回租赁物的，收回的租赁物的价值超过承租人欠付的租金及其他费用的，承租人可以要求部分返还。

出租人和承租人可以约定租赁期间届满租赁物的归属。对租赁物的归属没有约定或者约定不明确，依照法律规定仍不能确定的，租赁物的所有权归出租人。

六、委托合同

委托合同是委托人和受托人约定，由受托人处理委托人事务的合同。委托人可以特别委托受托人处理一项或者数项事务，也可以概括委托受托人处理一切事务。委托人应当预付处理委托事务的费用。受托人为处理委托事务垫付的必要费用，委托人应当偿还该费用及其利息。

（一）受托事务的处理

受托人应当按照委托人的指示处理委托事务。需要变更委托人指示的，应当经委托人同意；因情况紧急，难以和委托人取得联系的，受托人应当妥善处理委托事务，但事后应当将该情况及时报告委托人。受托人应当亲自处理委托事务。经委托人同意，受托人可以转委托。转委托经同意的，委托人可以就委托事务直接指示转委托的第三人，受托人仅就第三人的选任及其对第三人的指示承担责任。转委托未经同意的，受托人应当对转委托的第三人的行为承担责任，但在紧急情况下受托人为维护委托人的利益需要转委托的除外。

受托人应当按照委托人的要求，报告委托事务的处理情况。委托合同终止时，受托人应当报告委托事务的结果。

（二）隐名委托

受托人以自己的名义，在委托人的授权范围内与第三人订立的合同，第三人在订立合同时知道受托人与委托人之间的代理关系的，该合同直接约束委托人和第三人，但有确切证据证明该合同只约束受托人和第三人的除外。

受托人以自己的名义与第三人订立合同时，第三人不知道受托人与委托人之间的代理关系的，受托人因第三人的原因对委托人不履行义务，受托人应当向委托人披露第三人，委托人因此可以行使受托人对第三人的权利，但第三人与受托人订立合同时如果知道该委托人就不会订立合同的除外。

受托人因委托人的原因对第三人不履行义务，受托人应当向第三人披露委托人，第三人因此可以选择受托人或者委托人作为相对人主张其权利，但第三人不得变更选定的相对人。委托人行使受托人对第三人的权利的，第三人可以向委托人主张其对受托人的抗辩。

第三人选定委托人作为其相对人的，委托人可以向第三人主张其对受托人的抗辩，以及受托人对第三人的抗辩。

（三）委托合同的损失赔偿

受托人处理委托事务取得的财产，应当转交给委托人。受托人完成委托事务的，委托人应当向其支付报酬。因不可归责于受托人的事由，委托合同解除或者委托事务不能完成的，委托人应当向受托人支付相应的报酬。当事人另有约定的，按照其约定。

有偿的委托合同，因受托人的过错给委托人造成损失的，委托人可以要求赔偿损失。无偿的委托合同，因受托人的故意或者重大过失给委托人造成损失的，委托人可以要求赔偿损失。受托人超越权限给委托人造成损失的，应当赔偿损失。受托人处理委托事务时，因不可归责于自己的事由受到损失的，可以向委托人要求赔偿损失。委托人经受托人同意，可以在受托人之外委托第三人处理委托事务。因此给受托人造成损失的，受托人可以向委托人要求赔偿损失。两个以上的受托人共同处理委托事务的，对委托人承担连带责任。委托人或者受托人可以随时解除委托合同。因解除合同给对方造成损失的，除不可归责于该当事人的事由以外，应当赔偿损失。

（四）委托合同的终止与继承

委托人或者受托人死亡、丧失民事行为能力或者破产的，委托合同终止，但当事人另有约定或者根据委托事务的性质不宜终止的除外。

委托人死亡、丧失民事行为能力或者破产致使委托合同终止将损害委托人利益的，在委托人的继承人、法定代理人或者清算组织承受委托事务之前，受托人应当继续处理委托事务。受托人死亡、丧失民事行为能力或者破产致使委托合同终止的，受托人的继承人、法定代理人或者清算组织应当及时通知委托人。因委托合同终止将损害委托人利益的，在委托人作出善后处理之前，受托人的继承人、法定代理人或者清算组织应当采取必要措施。

本章创新创业部分的内容，可通过扫描下方二维码进行相关练习。

法律思考　　　　实训项目　　　　案例分析　　　　相关法规

第五章 知识产权法律制度

第一节 知识产权法律制度概述

一、知识产权概述

（一）知识产权的概念

知识产权是指自然人、法人或者其他组织对其智力成果依法享有的专有权利。智力成果是人们在公共物品上添加智力劳动后所取得的私人产品，此私人产品上所附着的智慧专有权利就是知识产权。知识产权在性质上属于私权。

知识产权是一个外来词。19世纪末，国际上成立保护知识产权联合国际局，知识产权概念自此进入国际社会的视野。1967年7月在瑞典斯德哥尔摩签订的《建立世界知识产权组织公约》，以及根据该公约成立的世界知识产权组织是知识产权概念得到国际社会正式承认的标志。在我国，最早使用知识产权概念的法律，是1987年1月1日生效的《民法通则》。该法第五章第三节即为"知识产权"，与财产所有权及与财产所有权有关的权利、债权和人身权并列为四大民事权利。此前，我国法律和法学著作、文章、论文等所使用的概念为智力成果权。我国台湾地区使用的概念则为智慧财产权。

《建立世界知识产权组织公约》和《与贸易有关的知识产权协定》采用不完全列举的方式列出了知识产权的种类。《建立世界知识产权组织公约》第二条中，知识产权包括有关以下项目的权利：①文学、艺术和科学作品；②表演艺术家的表演以及唱片和广播节目；③人类一切活动领域内的发明；④科学发现；⑤工业品外观设计；⑥商标、服务标记以及商业名称和标志；⑦制止不正当竞争；⑧在工业、科学、文学或艺术领域内基于智力活动而产生的一切其他权利。

（二）知识产权的性质

1. 知识产权是民事权利

民事权利的本质是平等主体之间的特定化、种类化的利益。民事权利是由民事法律规范确认的。较选举权和被选举权、劳动权和休息权等公法上的权利而言，知识产权是民事权利在于：①知识产权由民事法律规范所确认。②知识产权是人们对智力成果所享受的利益，包括财产利益和人身利益。③知识产权体现为权利主体一定范围内的行为自由。例如，作者对其作品享有是否公之于众的自由、发明创造者对其发明创造物享有是否就其发明创造申请专利抑或作为商业秘密使用的自由、商标拥有者享有是否申请注册的自由等。④知识产权在性质上是一种法律之力，它不仅使知识产权所有人获得了在法律范围内的行动自由，而且使知识产权所有人凭借此种法律之力可以请求相对人为一定的行为或者不为一定的行为，有权直接支配智力成果，并排斥他人的干涉，当其权利受到他人的不法侵害时有权获得法律的保护。

2. 知识产权是私权

私权是与公权相对应的一个概念。将知识产权定性为私权，是现代社会法律革命和制度变迁的结果。知识产权制度的形成与发展，经历了一个由封建特许权向资本主义财产权制度的嬗变。将知识产权明确定性为一种私权，为解决与贸易有关的知识产权问题奠定了共同的基础，为建立统一的知识产权保护标准铺平了道路。

二、知识产权的特征

知识产权是人们对其智力成果依法享有的专有权利，是一种无形财产权，具有许多与有形财产所有权相同的特征。但是，因为知识产权客体是无形的智力成果，所以知识产权具有许多与有形财产权相异的特征。

1）地域性。依据一个国家（地区）的知识产权法取得的知识产权，一般情况下，其效力仅及于该国或地区，不具有域外效力。该国（地区）就是该知识产权的被保护地。如果智力成果的创作者希望在其他国家或地区就其智力成果获得知识产权保护，就应当依据有关知识产权国际条约、双边（多边）协定或互惠原则，依据相应国家（地区）的知识产权法取得知识产权。否则，其智力成果就不可能受其他国家或地区法律的保护。

2）时间性。依法取得的知识产权只能在法律规定的有效期内受到保护。一旦超过法律规定的有效期，该项知识产权就不再具有私人专属性，随之进入公有领域，成为全人类的共同财产。任何人在不侵犯原知识产权权利人精神利益的前提下，都可以自由使用相应的知识产权成果。

3）独占性。独占性，也称排他性或专有性。除法律另有规定外，未经知识产权权利人许可，任何人不得擅自实施他人的知识产权。

4）法定性。法定性，也称国家授予性。任何一项智力成果能否产生相应的权利，都必须依据有关法律的明确规定。没有法律规定或者法律明确规定不能取得知识产权的智力成果，不能产生相应的知识产权权利。

三、知识产权的客体及其特征

知识产权的客体，就是智力成果，是人们利用其智慧、时间、资金和劳动创作出来的智力成果，如作品、发明创造、商标、商业秘密、集成电路布图设计、植物新品种、计算机软件等。智力成果具有以下特征。

（一）无形性

无形性是知识产权客体的本质特征。它是指作为知识产权客体的智力成果看不见、摸不着，不占有任何物理空间，但能够被人们所感知的客观存在。正如法国著名哲学家萨特所说，"你们可以烧掉找的手稿，但却烧不掉我的作品"。也就是说，作品一经创作完成，就成为永久的存在。如果作品被附着于某一种有形载体（如手稿）上，那么，即使这个载体被烧掉，也不会导致作品的消灭。当然，如果作品的载体被销毁，该作品也可能永远也不再被人所知晓，相应地会影响作品的利用和传播。

因为智力成果具有无形性，所以，它能够被数字化而存储于磁盘、光盘或者计算机硬盘上；能够被人们广泛传播。也正因为智力成果具有无形性，所以智力成果一旦被公之于众，其创作者或者权利人就即刻失去对它的实际管领和控制支配，而只能通过法律制度来保护它。从实践的角度来看，知识产权制度是目前保护智力成果最有效的制度。

（二）智慧性

智力成果是人类智力劳动的结晶，具有智慧性。它决定了知识产权所保护的对象是人们利用其智慧创作出来的成果，而不是自然生长的。因此，任何国家（地区）在构建其知识产权制度时要将其重心放在鼓励人们进行智力创作活动，而不允许对他人已有智力成果进行抄袭、剽窃、盗版、仿制或者复制等。未经知识产权所有人许可，擅自对他人的智力成果进行抄袭、剽窃、盗版、仿制或复制，就是对他人知识产权的侵犯（法律另有规定的除外）。

（三）传承性

后人的智力成果都是利用前人的智力成果或者在前人创作的公共智慧产品之上添加智力劳动所获得的，同时将要成为后来者的创作源泉。智力成果的传承性决定了知识产权保护的时间性。具体而言，在知识产权制度中，垄断性越强的权利，受保护的时间就越短；垄断性越弱的权利，受保护的时间就越长；对人类传承性影响或障碍越弱的权利，所获得的保护时间就越长，有的甚至没有保护期限的限制。例如，对精神权利的保护就不受时间限制，因为精神权利的保护不影响智力成果的传承。

（四）共享性

一般情况下，任何国家（地区）的国民所创作的智力成果都能为全人类所共享，而不仅局限于某个特定的国家（地区）。例如，美国微软公司开发的电脑视窗系统软件、Office办公系统软件等不仅受到美国人的青睐，而且受到了其他国家（地区）人民的喜爱，其原因是它们给人们的生活、工作、学习等带来了便利。也正因为如此，智力成果应当受到国际保护，否则就会产生诸多不公平，自主创新能力比较强的国家（地区）的国民所创作的智力成果就会成为其他国家（地区）的"免费午餐"，造成"搭便车"现象。知识产权的国际保护制度，通过制定成员国保护知识产权的最低标准和应当共同遵守的规则，使其达到基本的公平和平衡。

四、知识产权的内容

事实上，知识产权并不是一项具体的权利，而是一个权利体系的总括标志，它由若干具体权利组成，如工业产权（专利权和商标权）、地理标志权、外观设计权、集成电路布图设计权、商业秘密权等。这些具体权利有自己的权利构成，如专利权包括独占实施权、许可实施权等。但是，抽象为一般的知识产权，作为上述具体权利的上位权利，可以将其具体内容概括为两个方面：①积极权利，是指知识产权所有人依法享有的许可他人实施其智力成果的权利。换言之，任何人未经知识产权所有人许可，不得擅自实施其智力成果，法律另有规定的除外。②消极权利，是指知识产权所有人依法享有的禁止他人未经许可擅自实施其受法律保护的智力成果的权利。换言之，任何人未经知识产权所有人许可擅自实施其受法律保护的智力成果，就构成对知识产权的侵犯，法律另有规定的除外。对此，知识产权所有人依法享有请求侵权行为人停止侵权行为的权利。知识产权的积极权利能够确保知识产权所有人根据自己的意愿充分利用其智力成果，发挥其应有的功能。知识产权的消极权利能够从反面确保知识产权免受他人的不法侵害，从而得到国家法律的救济和保护。

五、知识产权的国际保护

知识产权的国际保护主要通过互惠保护、双边条约保护和国际公约保护三种途径实现。其中，实体性国际公约的保护是最主要的途径。目前，在世界范围内影响最大的三个实体性知识产权公约分别是《保护工业产权巴黎公约》（以下简称《巴黎公约》）、《保护文学艺术作品伯尔尼公约》（以下简称《伯尔尼公约》）、《与贸易有关的知识产权协定》。《巴黎公约》于 1883 年 3 月 20 日在法国首都巴黎缔结，1884 年 7 月 7 日正式生效。其不仅是知识产权领域第一个世界性多边条约，也是成员国最为广泛、影响最大的知识产权公约。我国于 1985 年 3 月 15 日正式成为《巴黎公约》的成员国。《伯尔尼公约》是著作权领域第一个世界性多边国际条约，也是至今影响最大的著作权公约。其于 1886 年 9 月 9 日在瑞士伯尔尼正式签订，1887 年正式生效。我国于 1992 年 10 月 15 日正式成为《伯尔尼公约》的成员国。《与贸易有关的支持产权协定》是关贸总协定乌拉圭回合谈判的 21 个最后文件之一，于 1994 年 4 月 15 日由各国代表签字，并于 1995 年 1 月 1 日起生效，由同时成立的 WTO（World Trade Organization，即世界贸易组织）管理。该协议自 2001 年 12 月 11 日中国正式加入 WTO 时对我国生效。

值得说明的是，《中华人民共和国宪法》（以下简称《宪法》）对于国际条约在国内的适用实践尚无统一明确的规定。首先，在民商事范围内，中国缔结或参加的条约原则上直接并优先适用，但知识产权条约已经转化或需要转化的除外。同时，为了解决 WTO 协议如何在国内适用的问题，最高人民法院于 2002 年在其发布的司法解释《最高人民法院关于审理国际贸易行政案件若干问题的规定》第七条规定："根据行政诉讼法第五十二条第一款及立法法第六十三条第一款和第二款规定，人民法院审理国际贸易行政案件，应当依据中华人民共和国法律、行政法规以及地方立法机关在法定立法权限范围内制定的有关或者影响国际贸易的地方性法规。地方性法规适用于本行政区域内发生的国际贸易行政案件。"

第二节 商 标 权

一、商标的概念及种类

商标是指生产经营者在其商品或服务上使用的，由文字、图形、字母、数字、三维标志和颜色组合和声音等，以及上述要素的组合构成的，具有显著特征、便于识别商品或服务来源的标记。

按照不同的分类标准，从不同角度观察，商标可以有以下几种类型。

（一）商品商标和服务商标

这是根据商标标示对象的不同进行的类型划分。商品商标是指由文字、图形或者其组合构成，使用于商品，用以区别不同经营者所生产或经营的同一或者类似商品的专用标记。商品商标又可分为制造商标、销售商标。服务商标是指由文字、图形或者其组合构成，使用于服务项目，用以区别不同经营者所提供的同类服务项目的专用标记。

（二）集体商标和证明商标

这是根据商标所具有的作用进行的类型划分。集体商标是指由社团、协会或其他合作组织，用以表示联合组织及其成员身份的标志；由其组织成员使用于商品或服务项目上，以便与非成员所提供的商品或服务相区别。证明商标也称地理标志，是指能够证明使用该商标的商品或服务的原产地、原料、制造方法、质量或者其他特定品质的标志，具有象征性产业特征。

（三）驰名商标和普通商标

驰名商标是指为相关公众广为知晓并享有较高声誉的商标。驰名商标的认定应当根据当事人的请求，作为处理涉及商标案件需要认定的事实由工商行政管理部门商标评审委员会或最高人民法院指定的法院进行认定。认定驰名商标应当考虑的因素：相关公众对该商标的知晓程度；该商标使用的持续时间；该商标的任何宣传工作的持续时间、程度和地理范围；该商标作为驰名商标受保护的记录；该商标驰名的其他因素。生产、经营者不得在其商品、包装及容器上使用"驰名商标"的字样，也不得将其用于广告宣传、展览及其他商业活动中。普通商标是指在正常情况下使用未受到特别法律保护的绝大多数商标，是与驰名商标相对应的一种商标。

（四）注册商标和未注册商标

根据商标是否登记注册，可以把商标分为注册商标和未注册商标。注册商标是经主管机关核准注册的商标，未注册商标是指已经在适用但未经核准注册的商标。世界上对商标的保护有两种做法：一是注册保护；二是使用保护。二者的核心区别在于取得商标权的标准不同；但不管是实行注册取得制度的国家，还是在采取使用取得制度的国家，注册商标都受法律保护，只是保护的程度有所不同。在我国，未注册商标中除驰名商标受法律特别保护之外，其他商标使用人不享有法律赋予的商标权，但受到《反不正当竞争法》等的保护。对未注册商标，使用者所享有的权利仍被承认。一般而言，在我国，注册商标受到跨类保护，未注册商标仅受到同类保护。除此之外，商标还有其他标准下的分类，在此不再赘述。

二、商标注册的禁止条件

1）维护我国国家尊严和尊重他国及国际组织，以下内容不得获准注册：①同中华人民共和国的国家名称、国旗、国徽、国歌、军旗、军徽、军歌、勋章相同或近似的，以及同中央国家机关所在地特定地点的名称或者标志性的建筑物的名称、图形相同的；②同外国的国家名称、国旗、国徽、军旗相同或近似的标志；③同政府间国际组织的名称、旗帜、徽记相同或近似的标志；④与表明实施控制、予以保证的官方标志、检验印记相同和近似的标志；⑤同"红十字""红新月"的标志、名称相同或近似的文字、图形。

2）禁止具有不良社会影响的标志作商标的规定，具体包括：①带有民族歧视的文字、图形等标志；②带有欺骗性，容易使公众对商品质量等特点或产地产生误认的标志；③有害于社会主义道德风尚或其他不良影响的标志。

3）禁止关于使用地名作为商标的规定：①县级以上行政区划的地名或者公众知晓的外国地名，不得作为商标，但是，地名具有其他含义的除外；②已经注册的使用地名的商标继续有效，如"青岛啤酒""金华火腿""荣昌洗衣"。

4）禁用三维标志的特殊条件：以三维标志申请注册商标的，如果由商品自身的性质产生的形状、为获得技术效果而需有的商品形状或者是商品具有实质性价值的形状，注册商标专用权人无权禁止他人正当使用。

5）禁止使用他人的驰名商标。《中华人民共和国商标法》（以下简称《商标法》）明确规定禁止以复制、摹仿、翻译的方式使用他人的驰名商标。具体分为两种情况：①复制、摹仿、翻译他人未在中国注册的驰名商标，用于与该驰名商标相同或类似的商品上而容易导致混淆的，不仅申请商标注册的不予注册，也禁止使用；②复制、摹仿、翻译他人已在中国注册的驰名商标，用于与该驰名商标不相同或不相类似的商品上，有误导公众，致使该驰名商标注册权人的利益有受损害之虞的，不仅申请商标注册的不予注册，也禁止使用。

6）不得损害被代理（表）人的商标权益。代理人或者代表人未经授权以自己的名义将被代理人或者代表人的商标进行注册，损害了被代理人或者被代表人的利益，违反了民事代理的基本原则。

7）禁止使用虚假地理标志。地理标志具有标示决定商品特定品质、信誉等特征的自然因素或者人文因素来源于特定地区的功能，如果商标中有虚假的商品地理标志，往往会误导公众，而且对地理标志所表示地区的生产者也不公平。所以，非真实的地理标志当禁止使用。但是，已经善意取得注册的继续有效。例如，湖北某地出产某种品质的香梨，那么该种香梨就不允许获得"库尔勒香梨"的注册商标。商标标识中的"库尔勒"非该品种香梨的产地，易导致公众混淆，同时对真正产自新疆库尔勒的香梨也不公平，因此不予注册且不予使用。

三、商标注册的程序

（一）商标注册的申请

1. 申请人

自然人、法人或者其他组织对其生产、制造、加工、拣选或者经销的商品或提供的服务申请注册商标，既可以自行申请，也可以委托申请。外国人或外国企业在中国申请商标注册和办理其他商标事宜的，我国商标法要求实行委托申请制，应当委托国家认可的具有商标代理资格的组织代理申请，不允许自行申请。

2. 申请要求

我国商标申请要求遵循诚实信用原则，以自愿注册为原则，强制注册为例外。目前，我国只有烟草制品要求强制注册。申请注册商标应当依据规定的商标分类表提出申请。商标注册申请人可以通过一份申请就多个类别的商品申请注册同一商标。商标注册的申请日期以商标局收到申请文件的日期为准。商标注册申请文件可以是传统纸质书面方式，也可以是数据电文形式（视为特殊的书面方式）。申请人自其商标在国外第一次提出注册申请之日起，或在中国政府主办的、承认的国际展览会展出的商品上首次使用的，自该商品展出之日起，在六个月内在中国就相同商品以商标提出注册申请的，依该外国与中国签订的协议或共同参加的国际条约，或者按照相互承认优先权的原则，享有优先权。

（二）商标注册申请的受理

申请人申请商标注册应向商标局提交商标注册申请书，交送商标图样、附送有关证明文件。对申请注册的商标，商标局应当自收到商标注册申请文件之日起九个月内审查完毕，符合商标法有关规定的，予以初步审定公告。在审查过程中，商标局认为商标注册申请内容需要说明或者修正的，可以要求申请人作出说明或者修正。申请人未作出说明或者修正的，不影响商标局作出审查决定。

（三）商标注册的审查

1. 形式审查

形式审查是对申请商标注册的书件、手续是否符合法律规定的审查，主要就申请书的填写是否属实、准确、清晰和有关手续是否完备进行审查。

2. 实质审查

实质审查是对商标是否具备注册条件的审查，包括以下几个方面：①商标是否违背《商标法》禁注禁用条款的审查；②商标是否具备法定的构成要素，是否具有显著特征；③商标是否与他人在同一种或类似商品上注册的商标相混同，是否与申请在先的商标及已撤销、失效并不满一年的注册商标相混同。凡是经过实质审查，认为申请注册的商标符合《商标法》的有关规定并且有显著性的，予以初步审定，并予以公告。

（四）商标注册的异议

初审后的商标，自公告之日起三个月内为异议期，任何人均可针对商标公告禁止性规定的商标申请提出异议；或者由在先权利人或利害关系人就侵犯其权利的申请提出异议。有异议的，商标局应听取异议人、被异议人陈述事实和理由，并据此作出裁定。对商标局的裁定不服者，可以在收到通知之日五日内申请商标评审委员会复审；对复审意见不服的，可以自收到通知之日起三十日内向人民法院提起行政诉讼。

（五）商标权的核准注册

初步审定公告的商标，从公告之日起经过三个月，无异议的；或者虽有异议，但生效裁定异议不成立的，由商标局核准注册，发给商标注册证，并予以公告。商标一经注册，即受法律保护。值得注意的是，商标注册申请人取得商标专用权的日期是自核准注册之日起计算；经裁定异议不成立而核准注册的，应自初审公告三个月期满之日起计算。

四、注册商标权的内容

商标核准注册并经公告后，获得注册商标权，在以下范围内受到法律保护。

（一）注册商标的侵权行为

1. 假冒

假冒是指商标侵权人在同一种商品上使用与他人注册商标相同的商标，可视为商标侵权的行为。注册商标权人有权要求侵权人承担商标侵权责任。

2. 仿冒

仿冒是指商标侵权人在同一种商品上使用与其注册商标近似的商标；或者在类似商品上使用与其注册商标相同或近似的商标，容易导致混淆的行为。注册商标权人有权要求侵权人承担商标侵权责任。

3. 销售假货

销售假货是指销售侵犯他人注册商标专用权生产的商品。值得注意的是，商标侵权只规范销售者的不当行为，而不包括其他的诸如运输者、使用者运输、使用假冒商标商品的行为，即为销售侵犯他人注册商标专用权的商品提供运输服务或者直接使用侵权商标的商品的行为，不构成商标侵权。不管销售者主观是否故意，只要实施了销售侵犯注册商标专用权的商品，就构成此种情况的商标侵权。销售者主观善意，不知道是侵犯注册商标专用权的商品，能证明该商品是自己合法取得并说明提供者的，构成善意侵权，虽然仍然要认定为商标侵权行为，但是可以免于承担损害赔偿责任。

4. 制造销售假冒商标

侵权人伪造、擅自制造他人注册商标标识或者销售伪造、擅自制造的注册商标标志的，构成制造、销售假冒商标的侵权行为。

5. 反向假冒

未经商标注册权人同意，更换其注册商标并将更换过商标后的该商品又投入市场进行销售的，称为反向假冒。反向假冒也是典型的商标侵权行为。

6. 间接侵权

故意为侵犯他人商标专用权行为提供便利条件，帮助他人实施侵犯商标专用权行为的称为间接侵权，又称商标侵权的共犯。这里的"便利条件"是指为侵犯他人商标专用权提供仓储、运输、邮寄、印刷、隐匿、经营场所、网络商品交易平台等行为。构成间接侵权须侵权人在主观上是故意的。

另外，《商标法》还规范以下商标侵权或类商标侵权行为：将与他人注册商标相同或相近似的文字作为企业的字号在相同或者类似商品上突出使用，容易使公众产生误认的行为；将与他人注册商标相同或相近似的文字注册为域名，并且通过该域名进行相关商品交易的电子商务，容易使公众产生误认的行为等。

（二）注册商标侵权的抗辩事由

商标侵权若存在以下抗辩事由，不认定为侵权：①非商标性使用，不构成商标侵权。虽然使用了他人商标中的文字、图形，但并非用于指示商品的特定来源，而是对自己提供的商品本身特征的描述或者用途说明性使用，不构成商标侵权。例如，某汽车维修店使用"上海大众"标识用来说明本维修店的主营业务是修理上海大众的各类车型，就属于非商标性使用的情形，不构成商标侵权。②先用权不构成侵权。商标注册权人申请商标注册前，他人已经在同一种商品或者类似商品上先于商标注册权人使用与注册商标相同或者近似并有一定影响的商标的，注册商标专用权人无权禁止该使用人在原有使用范围内继续使用该商标，但可以要求其附加适当区别标志。③商标权用尽，又称商标权穷竭，商标如经包括商标权所有人和被许可人在内的商标权主体以合法的方式销售或转让，就对该特定商品上的商标权用尽穷竭，他人可以将带有该商标的商品再次销售或者以其他方式提供给公众，包括为此目的在广告宣传中使用该商标，均不构成对注册商标的侵害。

以下三种商标侵权行为虽然认定为商标侵权，但不须承担赔偿责任：第一，注册商标经有权部门核准注册后三年未使用，并且注册商标权人不能证明受到其他损失的，侵权人不承担赔偿责任。第二，销售者不知道是侵犯注册商标专用权的商品，并且能证明该商品是自己合法取得并能说明提供者的，不承担赔偿责任。第三，侵犯未注册的驰名商标，只承担停止侵害、销售侵权复制品等责任，不承担损害赔偿责任。

五、商标使用的管理

2013年修订后的《商标法》第四十八条规定："本法所称商标的使用，是指将商标用于商品、商品包装或者容器以及商品交易文书上，或者将商标用于广告宣传、展览以及其他商业活动中，用于识别商品来源的行为。"因此，商标使用过程中，注册商标的续展、变更、转让和使用许可构成商标使用管理的主要内容，规定在现行《商标法》的第三十九至第四十三条。

（一）注册商标的续展

注册商标的有效期为十年，自核准注册之日起计算。注册商标有效期满，需要继续使用的，商标注册人应当在期满前十二个月内按照规定办理续展手续；在此期间未能办理的，可以给予六个月的宽展期。每次续展注册的有效期为十年，自该商标上一届有效期满次日起计算。期满未办理续展手续的，注销其注册商标。

（二）注册商标的变更

注册商标需要变更注册人的名义、地址或者其他注册事项的，应当提出变更申请。商标注册人在使用注册商标的过程中，自行改变注册商标、注册人名义、地址或者其他注册事项的，由地方工商行政管理部门责令限期改正；期满不改正的，由商标局撤销其注册商标。

（三）注册商标的转让

转让注册商标的，转让人与受让人应当签订注册商标专用权转让协议，并由转让人和受让人共同向商标局提出申请。转让注册商标的，转让人对其在同一种商品上注册的近似的商标，或者在类似商品上注册的相同或近似的商标应当一并转让。受让人应当保证使用该注册商标的商品或服务的质量。对容易导致混淆或其他不良影响的转让，商标局不予核准，书面通知申请人并要求其说明理由。转让注册商标经核准后，予以公告。受让人自公告之日起享有商标专用权。

（四）注册商标的使用许可

让渡注册商标使用权，除进行转让之外，还可以通过签订商标使用许可合同的方式进行。许可他人使用其注册商标的，许可人应当将其商标使用许可报商标局备案，由商标局公告。商标使用许可未经备案不得对抗善意第三人。

六、侵犯注册商标权的法律责任

根据《商标法》规定，注册商标的专用权，以核准注册的商标和核定使用的商品为限。解决商标侵权纠纷，被侵权人可以通过自力救济（协商）、行政程序（请求工商行政管理部门处理）、司法程序（向有管辖权的人民法院起诉）保护自身权利；与此对应，商标侵权人应当承担相应的民事、行政和刑事责任。

（一）行政、民事责任

根据《商标法》规定，工商行政管理部门处理时，认定侵权行为成立的，责令立即停止侵权行为，没收、销毁侵权商品和主要用于制造侵权商品、伪造注册商标标识的工具，违法经营额五万元以上的，可以处违法经营额五倍以下的罚款，没有违法经营额或者违法经营额不足五万元的，可以处二十五万元以下的罚款。对五年内实施两次以上商标侵权行为或者有其他严重情节的，应当从重处罚。销售不知道是侵犯注册商标专用权的商品，能证明该商品是自己合法取得并说明提供者的，由工商行政管理部门责令停止销售。对侵犯商标专用权的赔偿数额的争议，当事人可以请求进行处理的工商行政管理部门调解，也可以依照《民事诉讼法》向人民法院起诉。经工商行政管理部门调解，当事人未达成协议或者调解书生效后不履行的，当事人可以依照《民事诉讼法》向人民法院起诉。

（二）刑事责任

对侵犯注册商标专用权的行为，工商行政管理部门有权依法查处；涉嫌犯罪的，应当及时移送司法机关依法处理。刑事责任是指侵犯他人商标专用权情节严重，构成犯罪的处三年以下有期徒刑或者拘役，并处或单处罚金；对单位判处罚金。

未经商标注册人许可，在同一种商品上使用与其注册商标相同的商标，构成犯罪的，除赔偿被侵权人的损失外，依法追究刑事责任。伪造、擅自制造他人注册商标标识或者销售伪造、擅自制造的注册商标标识，构成犯罪的，除赔偿被侵权人的损失外，依法追究刑事责任。销售明知是假冒注册商标的商品，构成犯罪的，除赔偿被侵权人的损失外，依法追究刑事责任。

第三节 专 利 权

一、专利概述

《中华人民共和国专利法》（以下简称《专利法》）第二条明确规定："本法所称的发明创造是指发明、实用新型和外观设计。发明，是指对产品、方法或者其改进所提出的新的技术方案。实用新型，是指对产品的形状、构造或者其结合所提出的适于实用的新的技术方案。外观设计，是指对产品的形状、图案或者其结合以及色彩与形状、图案的结合所作出的富有美感并适于工业应用的新设计。"因此，《专利法》所保护的专利包括发明、使用新型和外观设计。

二、专利权人

专利权人，也可称为专利权的主体，是指依法享有专利权并承担相应义务的自然人、法人和其他组织。从专利权人的国籍来看，专利权人可以是本国人，也可以是外国人和无国籍人；从专利权人的法律属性而言，专利权人可以是自然人、法人或其他组织；从专利权人的取得来看，专利权人可以是原始主体，也可以是继受主体；从专利权的客体来看，专利权人既可以是发明人或设计人，也可以是职务发明创造的单位；从专利权人的存在阶段来看，申请后批准前称为专利申请人，专利申请批准后称为专利权人。

（一）发明人或设计人

根据《中华人民共和国专利法实施细则》第十三条规定，《专利法》所称发明人或者设计人，是指对发明创造的实质性特点作出创造性贡献的人。在完成发明创造过程中，只负责组织工作的人、为物质技术条件的利用提供方便的人或者从事其他辅助工作的人，不是发明人或者设计人。

所以，应当要特别注意发明人或设计人与专利权人的区别：首先，从自然属性的角度而言，发明人或设计人只能是对发明创造的完成作出实质贡献的自然人，而不可能是法人或其他组织；专利权人则既可以是自然人，也可以是法人或其他组织。其次，从权利主体的角度而言，发明人或设计人不一定是专利权人，专利权人也不一定是发明人或设计人。专利权人是对发明专利、实用新型专利、外观设计专利依法享有独占实施权的主体。

（二）职务发明创造的单位

职务发明创造是指执行本单位的任务或者主要是利用本单位的物质技术条件所完成的发明创造。凡是不能被证明为职务发明创造的，都属于非职务发明创造。

《专利法》及其实施细则对职务发明创造的外延作了明确的界定。属于下列情形之一的，均属于执行本单位的任务所完成的职务发明创造：①在本职工作中作出的发明创造；②履行本单位交付的本职工作之外的任务所作出的发明创造；③退休、调离原单位后或者劳动、人事关系终止后一年内作出的，与其在原单位承担的本职工作或者原单位分配的任务有关的发明创造。凡是属于利用本单位的资金、设备、零部件、原材料或者不对外公开的技术资料等完成的发明创造均属于利用本单位的物质技术条件所完成的发明创造。其中提到的单位包括临时单位。

对于职务发明创造的权利归属，《专利法》及其实施细则均有明确规定。职务发明创造申请专利的权利属于该单位；申请被批准后，该单位为专利权人。利用本单位的物质技术条件所完成的发明创造，单位与发明人或者设计人订有合同，对申请专利的权利和专利权的归属作出约定的，从其约定。非职务发明创造，申请专利的权利属于发明人或者设计人；申请被批准后，该发明人或者设计人为专利权人。对发明人或者设计人的非职务发明创造专利申请，任何单位或者个人不得压制。

（三）外国人、外国企业或外国的其他组织

外国人、外国企业或者外国的其他组织在我国申请和取得专利权，依照有关规定，按以下情况办理。

1）在中国有经常居所或者营业所的外国人、外国企业或外国其他组织在中国申请专利的，根据《巴黎公约》的规定和国际惯例，享有与我国国民同等的待遇。

2）在中国没有经常居所或者营业所的外国人、外国企业或者外国其他组织在中国申请专利的，依照其所属国同中国签订的协议或者共同参加的国际条约，或者依照互惠原则，根据专利法的规定办理。

3）在中国没有经常居所或者营业所的外国人、外国企业或者外国其他组织在中国申请专利和办理其他专利事务的，应当委托依法设立的专利代理机构办理。

另外，《专利法》第八条还规定，两个以上单位或者个人合作完成的发明创造、一个单位或者个人接受其他单位或者个人委托所完成的发明创造，除另有协议的以外，申请专利的权利属于完成或者共同完成的单位或者个人；申请被批准后，申请的单位或者个人为专利权人。

三、授予专利权的条件

（一）发明、实用新型的条件

1. 新颖性

新颖性是指该发明或者实用新型不属于现有技术，也没有任何单位或者个人就同样的发明或者实用新型在申请日以前向国务院专利行政部门提出过申请，并记载在申请日以后公布的专利申请文件或者公告的专利文件中。

一项发明或实用新型如果是现有技术中已经有的，那么它不具有新颖性。在专利侵权纠纷中，被控告侵权人有证据证明自己实施的技术属于现有技术的，不构成侵犯专利权。但是在特定情景下，发明即使公开过，也会因为法律规定而不丧失新颖性。具体包括在中国政府主办或者承认的国际展览会上第一次展出、在规定的学术会议或者技术会议（包括技术鉴定会议）上第一次发表、他人未经申请人同意而泄露其内容的情况等。

2. 创造性

创造性是指同申请日以前的现有技术相比，该发明有突出的实质性特点和显著的进步，该实用新型有实质性特点和进步。

3. 实用性

实用性是指发明或实用新型能够制造或者使用，并且能够产生积极效果。发明与实用新型是否具有实用性，主要从以下两个方面进行衡量：一是可实施性，即必须能够在产业上进行制造或者使用。二是再现性，要求必须具有在规定条件下多次实施的可能性。

（二）外观设计的条件

除具有新颖性、实用性外，外观设计还应具有美观性。外观设计的美观性是指外观设计被使用在产品上时能使人产生一种美感，增加产品对消费者的吸引力。

（三）不授予专利的情形

《专利法》第二十五条明确规定："对下列各项，不授予专利权：（一）科学发现；（二）智力活动的规则和方法；（三）疾病的诊断和治疗方法；（四）动物和植物品种；（五）用原子核变换方法获得的物质；（六）对平面印刷品的图案、色彩或者二者的结合作出的主要起标识作用的设计。对前款第（四）项所列产品的生产方法，可以依照本法规定授予专利权。"

四、申请、授予专利的程序

（一）申请

专利申请应遵守以下几项基本原则。

1. 书面申请原则

专利申请的书面原则是指申请人为获得专利权所需履行的各种法定手续都必须依法以书面形式办理。以口头方式提出专利申请的无效，专利局不予受理。

2. 优先权原则

优先权原则是《巴黎公约》的基本原则之一。依照《巴黎公约》，申请人在任一巴黎公约成员国首次提出正式专利申请后的一定期限内，又在其他巴黎公约成员国就同一内容的发明创造提出专利申请的，可将其首次申请日作为其后续申请的申请日。《专利法》第二十九条明确规定：申请人自发明或者实用新型在外国第一次提出专利申请之日起十二个月内，或者自外观设计在外国第一次提出专利申请之日起六个月内，又在中国就相同主题提出专利申请的，依照该外国同中国签订的协议或者共同参加的国际条约，或者依照相互承认优先权的原则，可以享有优先权。申请人自发明或者实用新型在中国第一次提出专利申请之日起十二个月内，又向国务院专利行政部门就相同主题提出专利申请的，可以享有优先权。

因此，《专利法》第三十条进一步明确规定，申请人要求优先权的，应当在申请的时候提出书面声明，并且在三个月内提交第一次提出的专利申请文件的副本；未提出书面声明或者逾期未提交专利申请文件副本的，视为未要求优先权。

3. 单一性原则

单一性原则是指一件专利申请的内容只能包含一项发明创造，不能将两项或两项以上的发明创造作为一件申请提出。但是，同一申请人同日对同样的发明创造既申请实用新型专利又申请发明专利，先获得的实用新型专利权尚未终止，且申请人声明放弃该实用新型专利权的，可以授予发明专利权。

一件外观设计专利申请应当限于一项外观设计。同一产品两项以上的相似外观设计，或者用于同一类别并且成套出售或者使用的产品的两项以上外观设计，可以作为一件申请提出。一件发明或者实用新型专利申请应当限于一项发明或者实用新型。属于一个总的发明构思的两项以上的发明或者实用新型，可以作为一件申请提出。

4. 先申请原则

两个以上的申请人分别就同样的发明创作申请专利的，专利权授予最先申请的人。两个以上的申请人在同一日分别就同样的发明创造申请专利的，申请人自行协商确定申请人。一般而言，可协商双方作为共同申请人，或一方将申请权让给对方，由对方给以适当补偿。若协商不成，所有申请人的专利申请权都将丧失。专利局收到专利申请文件之日为申请日。

根据《专利法》的规定，专利申请应当提供以下资料：①申请发明或者实用新型专利的，应当提交请求书、说明书及其摘要和权利要求书等文件。请求书应当写明发明或者实用新型的名称，发明人的姓名，申请人姓名或者名称、地址，以及其他事项。说明书应当对发明或者实用新型作出清楚、完整的说明，以所属技术领域的技术人员能够实现为准；必要的时候，应当有附图。摘要应当简要说明发明或者实用新型的技术要点。权利要求书应当以说明书为依据，清楚、简要地限定要求专利保护的范围。依赖遗传资源完成的发明创造，申请人应当在专利申请文件中说明该遗传资源的直接来源和原始来源；申请人无法说明原始来源的，应当陈述理由。②申请外观设计专利的，应当提交请求书、该外观设计的图片或者照片，以及对该外观设计的简要说明等文件。申请人提交的有关图片或者照片应当清楚地显示要求专利保护的产品的外观设计。

专利局收到合格的专利申请后即为受理。

（二）审查

1. 发明专利的审查程序

（1）初步审查和早期公开

国务院专利行政部门收到专利申请后，应当从申请案是否满足《专利法》有关形式方面的要求，是否明显违反法律、社会公德，是否属于《专利法》的保护范围等方面进行审查。经初步审查符合《专利法》要求的，将在申请日起第十八个月后进行公开。国务院专利行政部门可以根据申请人的请求早日公布其申请。

（2）实质审查

申请案自申请日起三年内，申请人均可要求国务院专利行政部门对其申请进行实质审查。国务院专利行政部门对申请内容的新颖性、创造性和实用性进行审查。申请人无正当理由逾期不请求实质审查的，该申请即被视为撤回。当然，国务院专利行政部门认为必要的时候，也可以自行对发明专利申请进行实质审查。

2. 实用新型专利和外观设计专利的审查程序

实用新型专利和外观设计专利的审查程序不进行实质审查。

（三）授予专利权

发明专利申请经实质审查没有发现驳回理由的，由国务院专利行政部门作出授予发明专利权的决定，发给发明专利证书，同时予以登记和公告。发明专利权自公告之日起生效。实用新型和外观设计专利申请经初步审查没有发现驳回理由的，由国务院专利行政部门作出授予实用新型专利权或者外观设计专利权的决定，发给相应的专利证书，同时予以登记和公告。实用新型专利权和外观设计专利权自公告之日起生效。任何人发现已经授权的专利不符合《专利法》的规定时，都可以向专利复审委员会提出无效宣告请求。

（四）复审与诉讼

国务院专利行政部门设立专利复审委员会。专利申请人对国务院专利行政部门驳回申请不服的，可自收到通知之日起三个月内，请求专利复审委员会复审；专利复审委员会复审后，作出决定，并通知专利申请人。对复审决定不服的，可自收到通知之日起三个月内向人民法院提起行政诉讼。

五、专利权的内容

专利权是一种垄断权，是自然人、法人或者其他组织对其发明创造依法享有的专有权利。专利权的本质是一种财产权，原则上不具有人身内容。但是，专利法为发明人或者设计人规定了一项身份权，即发明人或者设计人有在专利文件中写明自己是发明人或者设计人的权利，也称为表明身份的权利。

（一）发明和实用新型专利

任何单位或者个人未经专利权人许可，都不得实施其专利，即不得为生产经营目的制造、使用、许诺销售、销售、进口其专利产品，或者使用其专利方法及使用、许诺销售、销售、进口依照该专利方法直接获得的产品。其中，许诺销售是指以做广告、在商店橱窗中陈列或者在展销会上展出等方式作出销售产品的意思表示。被诉侵权人为私人消费目的的实施发明创造的，不属于生产经营目的。将侵犯发明或者实用新型专利的产品作为零件，制造另一产品的，应当认定为使用行为；销售该另一产品的，属于销售行为。

（二）外观设计专利

任何单位或者个人未经专利权人许可，都不得实施其外观设计专利，即不得为生产经营目的制造、许诺销售、销售、进口其外观设计专利产品。将侵犯外观设计专利权的产品作为零部件，制造另一产品并销售的，应当认定销售行为，但侵犯外观设计专利权的产品在该另一产品中仅具有技术功能的除外。

特别需要注意的是，相较于发明和实用新型专利，外观设计专利的侵权行为中不包括"使用"，即未经专利权人许可，使用外观设计专利的，不构成外观设计专利的侵权。

六、专利权的侵权抗辩事由及保护期限

（一）专利权的侵权抗辩事由

专利权的侵权抗辩事由，又称专利权的合理利用，是指自然人、法人或者其他组织以法律规定的方式实施他人的专利，不须经专利权人许可，不向其支付专利使用费，且不构成专利侵权的制度。《专利法》规定了以下几种合理利用行为。

1. 先用权

在专利申请日前已经制造相同产品、使用相同方法或者已经做好制造、使用的必要准备，并且仅在原有范围内继续制造、使用的，该行为人依法享有的权利就是先用权。

先用权是一项对抗专利侵权诉讼的抗辩权，它只能适用于在受侵害专利的申请日前已经制造相同产品、使用相同方法或者已经做好了制造、使用的必要准备的情形。先用权制度既是对专利权的限制，也是公平原则在专利制度中的体现。先用权制度使无专利权的发明人享有不经专利权人同意继续实施发明创造的特殊权利，使其正当利益受到保护。享有先用权的人称先用权人。《专利法》规定，在专利申请日前已经制造相同产品、使用相同方法或者已经作好制造、使用的必要准备，并且仅在原有范围内继续制造、使用的，不视为侵权行为。也就是说，先用权人利用他人的发明创造专利，不视为侵权行为。

先用权的行使应符合以下条件：①正当途径获得。先用权人必须证明其发明创造是自己研究完成的或者从其他正当途径获得的，而不是从专利权人那里非法获得。②申请日前先使用。先用权人在该项专利的申请日前已经制造相同产品或者使用相同方法，或者已经作好制造、使用的必要准备。③原有范围使用。先用权人只能在原有的范围内继续使用，包括原有的实施方式、实施范围和实施规模，不得自行改变实施方式、扩大实施范围或实施规模。

需要说明的是，先用权不是受专利法保护的独立权利，先用权人只能自己实施发明创造，而不能进行转让或许可他人实施。

2. 科学研究

世界各国的专利法都有类似规定，在不以营利为目的、非商业性的科学研究中利用发明创造专利，不视为专利侵权。这一规定有利于科研机构开展研究，以促进科学技术的不断进步。《专利法》规定，专为科学研究和实验而使用有关专利的，不视为侵犯专利权。适用这一规定时应注意：①"专为科学研究和实验"是指把发明创造专利作为科研和实验的对象，科研和实验工作中涉及的对发明创造的使用不在此列。②对发明创造专利的利用方式仅限于"使用"，包括对专利产品的使用和专利方法的使用，不涉及专利产品的制造、许

诺销售、销售、进口等利用方式。

3. 专利权穷竭

专利权穷竭，也称专利权用尽，或称首次销售原则。它是指合法制造的专利产品被合法投入市场后，其他人对该产品的使用或销售，不再受专利权的约束。具体来说，当合法制造的专利产品合法投放市场后，专利权人就失去了对该产品的后续交易和使用的支配权，其他人可任意转售、批发、零售或使用，无须再得到专利权人的许可。后续转售、批发、零售或使用，不视为专利侵权。需要注意的是，这一规定只适用于合法地投入市场的专利产品，包括专利权人自己制造或许可他人制造并售出的专利产品，也包括先用权人或强制许可受益人投入市场的专利产品。

4. 临时过境

临时过境是指在暂时进入或通过一国领土、领水、领空的外国交通工具上，未经许可而使用该国专利的，不视为侵权。临时过境权是《巴黎公约》规定的一项专利权限制性规定，各成员国必须实行，其目的在于为国际交通自由提供方便。《专利法》规定，临时通过中国领陆、领水、领空的外国运输工具，依其所属国同中国签订的协议或者共同参加的国际公约，或依据互惠原则，为运输工具自身需要而在其装置和设备中使用有关专利的，不视为侵犯专利权。

5. 行政审批

为提供行政审批所需要的信息，制造、使用、进口专利药品或者专利医疗器械的，以及专门为其制造、进口专利药品或者医疗器械的，不视为专利侵权。

6. 合法来源

为生产经营目的使用、销售或许诺销售不知道是未经专利权人许可而制造并售出的专利侵权产品，且举证证明合法来源的，构成侵权，但不承担损害赔偿责任。权利人可请求侵权人停止使用、销售、许诺销售行为，但被诉侵权产品的使用者举证证明其已支付该产品的合理对价的除外。但如果不能证明合法来源，则构成侵权且需要承担损害赔偿责任。

（二）专利权的保护期限

根据《专利法》，发明专利权的期限为二十年，实用新型专利权和外观设计专利权的期限为十年，均自申请日起计算。

七、专利权的保护

（一）全面覆盖原则

发明的保护范围以其权利要求的内容为准，说明书及附图可以用于解释其权利要求。被起诉的侵权技术方案包含与权利要求记载的全部技术特征相同或者等同的技术特征，应认定其落入专利权的保护范围，即构成侵权。

（二）发明专利的临时保护

发明专利申请公布后至专利权授予前使用该发明未支付适当使用费的，专利权人要求支付使用费的诉讼时效为两年（《民法总则》颁布实施后，根据体系解释，该诉讼时效期间应该被解释为三年），自专利权人得知或者应当得知他人使用其发明之日起计算；但是，专利权人于专利权授予日前已经得知或者应当得知的，自专利权授予之日起计算。权利人诉请在发明专利申请公布日至授权公告日期间实施该发明的单位或者个人支付适当费用的，人民法院可以参照有关专利许可使用费合理确定。

（三）专利侵权的法律责任

专利侵权行为发生后，侵权行为人应当依据法律规定，承担相应的法律责任。专利权人或者利害关系人依据《民事诉讼法》的规定提起民事诉讼的，具有专利侵权案件管辖权的人民法院应当受理。

侵权行为人应当承担以下民事责任：①停止侵权。要求侵权行为人立即停止正在实施的专利侵权行为，能够快速地、彻底地阻止侵权行为的继续。②赔偿损失。责令侵权人赔偿因侵权给专利权人造成的损失。③消除影响。自然人、法人或者其他组织的专利权受到侵害的，有权要求侵权人消除影响，以消除由于侵权人所生产的低劣的假冒专利产品给被侵权人所造成的破坏性影响。消除影响应当采用公开的方法，如在报纸上、电视上刊登道歉广告等。

本章创新创业部分的内容，可通过扫描下方二维码进行相关练习。

法律思考　　　　　　实训项目　　　　　　案例分析　　　　　　相关法规

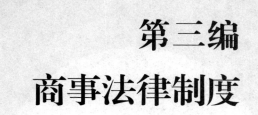

第三编
商事法律制度

第六章　个人独资企业与合伙企业法律制度

第一节　个人独资企业法

一、个人独资企业概述

（一）个人独资企业的概念和特征

个人独资企业是指依法在中国境内设立，由一个自然人投资，财产为投资人个人所有，投资人以其个人财产对企业债务承担无限责任的经营实体。

个人独资企业具有以下特征。

1）个人独资企业是由一个自然人投资的企业，并且自然人仅指中国公民。国家机关授权的机构或者国家授权的部门、企业、事业单位等都不能作为个人独资企业的设立人。法律、行政法规禁止从事营利性活动的人，不得作为投资人申请设立个人独资企业。

2）个人独资企业的投资人对企业的债务承担无限责任。也就是说，当个人独资企业的资产不足以清偿到期债务时，投资人应以自己个人的全部财产用于清偿。投资人在申请企业设立登记时明确以其家庭共有财产作为个人出资的，应当依法以家庭共有财产对企业债务承担无限责任。

3）个人独资企业的内部机构设置简单，经营管理方式灵活。个人独资企业的投资人既是企业的所有者，又是企业的经营者。因此，法律对其内部的设置和经营管理方式的选择不像其他企业那样有严格的规定。

4）个人独资企业是非法人企业。个人独资企业由一个自然人出资，投资人对企业的债务承担无限连带责任。在权利和义务上，企业和个人是融为一体的，企业的责任即是投资人个人的责任，企业的财产即是投资人个人的财产。因此，个人独资企业不具有法人资格，无独立承担民事责任的能力；但它是独立的民事主体，可以以自己的名义从事民事活动。

（二）个人独资企业法的概念

个人独资企业法是调整个人独资企业在组织和活动过程中发生的经济关系的法律规范的总称。个人独资企业法有狭义和广义之分。狭义的个人独资企业法仅指以个人独资企业法命名的单行法律，在我国特指1999年8月30日第九届全国人民代表大会常务委员会第十一次会议通过的于2000年1月1日起实施的《中华人民共和国个人独资企业法》（以下简称《个人独资企业法》）。广义的个人独资企业法，除《个人独资企业法》外，还包括其他所有调整个人独资企业组织和行为的法律规范。

为了规范个人独资企业的行为，保护个人独资企业投资人和债权人的合法权益，维护社会经济秩序，促进社会主义市场经济的发展，根据《宪法》，制定《个人独资企业法》。《个人独资企业》规定了下列基本原则：①依法保护个人独资企业的财产和其他合法权益；

②个人独资企业从事经营活动必须遵守法律、行政法规，遵守诚实信用原则，不得损害社会公共利益；③个人独资企业应当依法履行纳税义务；④个人独资企业应当依法招用职工，个人独资企业职工的合法权益受法律保护。

二、个人独资企业的设立

（一）个人独资企业的设立条件

1. 投资人为一个自然人，且只能是中国公民

个人独资企业的投资人只能是具有中国国籍的自然人，但法律、行政法规禁止从事营业性活动的人，不得作为投资人。也就是说，国家公务员、党的机关干部、警察、检察官、法官、军职人员、商业银行的工作人员不得作为个人独资企业的投资人。

2. 有合法的企业名称

个人独资企业的名称应当符合国家关于企业名称登记管理的有关规定，企业名称应与其责任形式及从事的营业相符合，名称中不得使用"有限""有限责任""公司"字样，可以使用"厂""店""部""中心""工作室"等字样。

3. 有投资人申报的出资

由于出资者和企业在法律人格上并不区分，投资者承担无限责任。《个人独资企业法》对设立个人独资企业的出资数额未作限制。投资者设立个人独资企业可以用货币出资，也可以用实物、土地使用权、知识产权或者其他财产权利出资。采取实物、土地使用权、知识产权或者其他财产权利出资的，应将其折算成货币数额。投资人申报的出资额应当与企业的生产经营规模相适应。投资人可以个人财产作为出资，也可以家庭共有财产作为出资。以家庭共有财产作为出资的投资人应当在设立（变更）登记申请书上予以注明。

4. 有固定的生产经营场所和必要的生产经营条件

生产经营场所是个人独资企业作为经营实体从事生产经营活动的所在地，也是据以确定其住所的主要因素。个人独资企业以其主要办事机构所在地为住所。从事临时经营、季节性经营、流动经营和没有固定门面的摆摊经营，不得登记为个人独资企业。

5. 有必要的从业人员

个人独资企业要有与其生产经营范围、规模相适应的必要从业人员。

（二）个人独资企业的设立程序

1. 提出申请

《个人独资企业法》规定，申请设立个人独资企业，应当由投资人或者其委托的代理人向个人独资企业所在地的登记机关提出设立申请。投资人申请设立登记，应当向登记机关

提交下列文件：①投资人签署的个人独资企业设立申请书。个人独资企业投资人以个人财产出资或者以其家庭共有财产作为个人出资的，应当在设立申请书上予以明确。②投资人身份证明。投资人身份证明主要是身份证和其他有关证明材料。③企业住所证明和生产经营场所使用证明等文件，如土地使用证明、房屋产权证或租赁合同等。委托代理人申请设立登记的，应当提交投资人的委托书和代理人的身份证明或者资格证明。从事法律、行政法规规定的必须报经有关部门审批的业务的，应当提交有关部门的批准文件。

2. 工商登记

登记机关应当在收到设立申请文件之日起十五日内，对符合《个人独资企业法》规定条件的，予以登记，发给营业执照；对不符合规定条件的，不予登记，并发给企业登记驳回通知书，说明理由。个人独资企业的营业执照是非法人资格的营业执照。

个人独资企业的营业执照签发日期，为个人独资企业成立日期。在营业执照领到之前，投资人不得以个人独资企业名义从事经营活动。个人独资企业存续期间登记事项发生变更的，应当在作出变更决定之日起的十五日内依法向登记机关申请办理变更登记。

（三）个人独资企业分支机构的设立

个人独资企业设立分支机构，应当由投资人或者其委托的代理人向分支机构所在地的登记机关提出申请登记，领取营业执照。核准登记后，应将登记情况报该分支机构隶属的个人独资企业的登记机关备案，分支机构的民事责任由设立该分支机构的个人独资企业承担。

三、个人独资企业投资人及事务管理

（一）个人独资企业投资人

个人独资企业投资人对本企业的财产依法享有所有权，其有关权利可以依法进行转让和继承。企业的财产不论是投资人的原始投入还是经营所得，均归投资人所有。个人独资企业以其财产清偿债务，当个人独资企业财产不足清偿债务时，投资人应以其个人的其他财产予以清偿。个人独资企业投资人在申请企业设立登记时明确以其家庭共有财产作为出资的，应依法以家庭共有财产对企业债务承担无限责任。

（二）个人独资企业的事务管理

1. 个人独资企业事务管理的内容

《个人独资企业法》规定，个人独资企业事务管理的主要内容有以下几个方面：①财务会计事务，即个人独资企业应当依法设置会计账簿，进行会计核算；②用工事务，即个人独资企业招用职工的，应当依法与职工签订劳动合同，保障职工的劳动安全，按时、足额发放职工工资，禁止雇佣童工；③社会保险事务，即个人独资企业应当按照国家规定参加社会保险，为职工缴纳五种社会保险费，即养老保险、医疗保险、失业保险、工伤保险、企业职工生育保险。

2. 个人独资企业事务管理的方式

个人独资企业的投资人可以自行管理企业，也可以委托或聘用其他具有民事行为能力的人管理企业。

投资人委托或聘用他人管理个人独资企业事务的，应与受托人或被聘用的人员签订书面合同。合同应明确委托的具体内容、授予的权利范围、受托人或者被聘用人员应履行的义务、报酬和责任等。但是，投资人对受托人或者被聘用的人员职权的限制，不得对抗善意第三人。个人独资企业投资人与受托人或者被聘用人员之间有关权利义务的限制只对受托人或者被聘用人员有效，对善意第三人并无约束力，受托人或者被聘用的人员超出投资人的限制与善意第三人的有关业务交往应当有效。所谓第三人，是指受托人或被聘用人员以外与企业发生经济业务关系的人。所谓善意第三人，是指在有关经济业务事项交往中，没有与受托人或者被聘用的人员串通，故意损害投资人利益的第三人。

3. 受托人或被聘用人员的义务

受托人或者被聘用人员应当履行诚信、勤勉义务，按照与投资人签订的书面合同负责个人独资企业的事务管理。

《个人独资企业法》规定，投资人委托或者聘用的管理个人独资企业事务的人员不得从事下列行为：①利用职务上的便利，索取或者收受贿赂；②利用职务或者工作上的便利侵占企业财产；③挪用企业的资金归个人使用或者借贷给他人；④擅自将企业资金以个人名义或者以他人名义开立账户储存；⑤擅自以企业财产提供担保；⑥未经投资人同意，从事与本企业相竞争的业务；⑦未经投资人同意，同本企业订立合同或者进行交易；⑧未经投资人同意，擅自将企业商标或者其他知识产权转让给他人使用；⑨泄露本企业的商业秘密；⑩法律、行政法规禁止的其他行为。

四、个人独资企业的权利与义务

（一）个人独资企业的权利

按照《个人独资企业法》的明确规定，个人独资企业存续期间享有下列权利：①财产所有权。个人独资企业的投资人对本企业的财产依法享有所有权，其有关权利可以依法进行转让或继承。②依法申请贷款。个人独资企业可以依法申请贷款，用于企业的生产经营。③依法取得土地使用权。个人独资企业拥有根据《中华人民共和国土地管理法》等法律法规的规定取得土地使用权的权利。④拒绝摊派权。任何单位和个人不得违反法律、行政法规的规定，以任何方式强制个人独资企业提供财力、物力、人力；对于违法强制提供财力、物力、人力的行为，个人独资企业有权拒绝。⑤法律、行政法规规定的其他权利。

（二）个人独资企业的义务

按照《个人独资企业法》的明确规定，个人独资企业存续期间需履行以下义务：①个人独资企业从事经营活动必须遵守法律、行政法规，遵守诚实信用原则，不得损害社会公共利益；②依法履行纳税义务；③依法设置会计账簿，进行会计核算；④依法保障职工合法权益。个人独资企业招用职工的，应当依法与职工签订劳动合同，保障职工的劳动安全，按时、足额发放职工工资。同时，个人独资企业应当按照国家规定参加社会保险，为职工缴纳社会保险费。

五、个人独资企业的解散和清算

（一）个人独资企业的解散

个人独资企业的解散是指个人独资企业作为商事组织的经营实体资格的消灭。根据《个人独资企业法》的规定，个人独资企业出现下列情形之一时，应当解散：①投资人决定解散；②投资人死亡或者被宣告死亡，无继承人或者继承人决定放弃继承；③被依法吊销营业执照；④法律、行政法规规定的其他情形。

（二）个人独资企业的清算

个人独资企业的清算是终结个人独资企业的法律关系、消灭个人独资企业作为商事组织的经营实体资格的程序。根据《个人独资企业法》的规定，个人独资企业解散时，应当进行清算，收回债权，清偿债务。具体内容包括以下几个方面。

1. 确定清算人

个人独资企业解散以后，由投资人自行清算或债权人申请人民法院指定清算人进行清算。

2. 通知和公告债权人

投资人自行清算的，应当在清算前十五日内书面通知债权人，无法通知的，应当予以公告。债权人应当在接到通知之日起三十日内，未接到通知的应当自公告之日起六十日内，向投资人申报其债权。

3. 财产清偿顺序

个人独资企业解散的，财产应当按照下列顺序清偿：①所欠职工工资和社会保险费用；②所欠税款；③其他债务。个人独资企业的财产不足以清偿债务的，投资人应当以其个人的其他财产予以清偿。

4. 清算期间对投资人的要求

清算期间，个人独资企业不得开展与清算目的无关的经营活动。在按法律规定的财产清偿顺序清偿债务前，投资人不得转移、隐匿财产。

5. 投资人的持续偿债责任

个人独资企业解散后，原投资人对个人独资企业存续期间的债务仍应承担偿还责任，但债权人在五年内未向债务人提出偿债请求的，该责任消灭。

6. 注销登记

个人独资企业清算结束后，投资人或债权人申请人民法院指定的清算人应当编制清算报告，并于清算结束之日起十五日内到原登记机关办理注销登记。经登记机关注销登记，个人独资企业终止，并应当缴回营业执照。

第二节　合伙企业法

一、合伙企业与合伙企业法

（一）合伙企业的概念及分类

合伙是指两个以上的人为了实现共同的目的，相互约定共同出资、共同经营、共享收益、共担风险的自愿联合。在我国，合伙企业是指自然人、法人和非法人组织依照《中华人民共和国合伙企业法》（以下简称《合伙企业法》）在中国境内设立的合伙企业。

合伙企业分为普通合伙企业和有限合伙企业两种。普通合伙企业是指由普通合伙人组成的，合伙人对合伙企业债务承担无限连带责任的合伙组织。《合伙企业法》对普通合伙人承担责任的形式有特别规定的，从其规定。有限合伙企业，通常是指由有限合伙人和普通合伙人共同组成的，普通合伙人对合伙企业债务承担无限连带责任，有限合伙人以其认缴的出资额为限对合伙企业债务承担责任的合伙组织。

（二）合伙企业法的概念与适用范围

1. 合伙企业法的概念

合伙企业法是指调整在合伙企业的设立、组织、活动和解散的过程中发生的经济关系的法律规范的总称。一方面，合伙企业法是国家实现其组织和管理经济职能的法律手段之一；另一方面，合伙企业法是合伙企业的组织法和活动法，是合伙企业的设立、合伙企业事务的执行及合伙企业开展经营活动的法律依据。

合伙企业法有狭义和广义之分。狭义的合伙企业法是指1997年2月23日第八届全国人民代表大会常务委员会第二十四次会议通过的、2006年8月27日第十届全国人民代表大会常务委员会第二十三次会议修订的《合伙企业法》，该法分为六章，共一百零九条。广义的合伙企业法是指国家立法机关或者其他权力机关依法制定的、调整合伙企业合伙关系的各种法律规范的总称。《合伙企业法》的颁布与实施，对于规范合伙企业的行为，保护合伙企业及其合伙人、债权人的合法权益，维护社会经济秩序，完善企业法制建设，促进社会主义市场经济的发展具有十分重要的意义。

2. 合伙企业法的适用范围

在理解和掌握我国《合伙企业法》的使用范围时，需要注意以下两个问题。

1）合伙制的非企业专业服务机构的法律适用问题。《合伙企业法》规定，非企业专业服务机构依据有关法律采取合伙制的，其合伙人承担责任的形式可以适用《合伙企业法》关于特殊的普通合伙企业合伙人承担责任的规定。非企业专业服务机构是指不采取企业形式成立的、不以营利为目的、以自己的专业知识提供特定咨询等方面服务的组织，如律师事务所、会计师事务所等专业服务机构。

2）外国企业或个人在中国设立合伙企业的管理问题。《合伙企业法》规定，外国企业或者个人在中国境内设立合伙企业的管理办法由国务院规定。《合伙企业法》没有禁止外国企业或者个人在中国境内设立合伙企业，但外国企业或者个人应当遵守《合伙企业法》及其他有关法律、行政法规的规定，符合有关外商投资的产业政策，以及其管理办法需要国务院作出具体的规定。

二、普通合伙企业

（一）普通合伙企业的概念及特点

普通合伙企业是指由普通合伙人组成，合伙人对合伙企业债务承担无限连带责任的一种合伙企业。普通合伙企业具有以下特点。

1）普通合伙企业由普通合伙人组成。普通合伙人是指在合伙企业中对合伙企业的债务依法承担无限连带责任的自然人、法人和其他组织。《合伙企业法》规定，国有独资公司、国有企业、上市公司，以及公益性的事业单位、社会团体不得成为普通合伙人。

2）合伙人对合伙企业债务依法承担无限连带责任，法律另有规定的除外。无限连带责任包括两个方面：一是连带责任，即所有的合伙人对合伙企业的债务都有责任向债权人偿还，不管自己在合伙协议中所确定的承担比例。一个合伙人不能清偿对外债务的，其他合伙人有清偿的责任。但是，当某一合伙人偿还合伙企业的债务超过自己所应承担的数额时，有权向其他合伙人追偿。二是无限责任，即所有的合伙人不仅以自己投入合伙企业的资金和合伙企业的其他资金对债权人承担清偿责任，而且在不够清偿时还要以合伙人自己所有的财产对债权人承担清偿责任。

3）在特殊情况下，合伙人可以不承担无限连带责任。按照《合伙企业法》中关于"特殊的普通合伙企业"的规定，在这种特殊的普通合伙企业中，对合伙人本人执业行为中因故意或者重大过失引起的合伙企业债务，其他合伙人以其在合伙企业中的财产份额为限承担责任；执业行为中因故意或者重大过失引起合伙企业债务的合伙人，应当承担无限连带责任；对合伙人本人执业行为中非故意或者重大过失引起的合伙企业的债务和合伙企业的其他债务，全体合伙人承担无限连带责任。对合伙人执业行为中因故意或者重大过失引起的企业债务，以合伙企业财产对外承担责任后，该合伙人应当按照合伙协议的约定对合伙企业造成的损失承担赔偿责任。

（二）普通合伙企业设立的条件

1. 有两个以上的合伙人

至少有两个合伙人是合伙企业得以成立必须具备的人的要素。对于合伙企业合伙人数的最高限额，《合伙企业法》未作规定，完全由设立人根据所设企业的具体情况决定。关于合伙人的资格，《合伙企业法》作了以下限定：①合伙人可以是自然人，也可以是法人或者其他组织。合伙人为自然人的，应当为具有完全民事行为能力的人。②国有独资公司、国有企业、上市公司及公益性的事业单位、社会团体不得成为普通合伙人。

2. 有书面的合伙协议

合伙协议是指由各合伙人通过协商，共同决定相互间的权利义务，达成的具有法律约束力的协议。无论对于合伙人还是对于合伙企业，合伙协议都是非常重要的法律文件。合伙协议应当依法由全体合伙人协商一致，以书面形式订立。合伙协议经全体合伙人签名、盖章后生效。合伙人依照合伙协议享有权利，履行义务。订立合伙协议，设立合伙企业，应当遵循自愿、平等、公平、诚信原则。

合伙协议应当载明下列事项：①合伙企业的名称和主要经营场所的地点；②合伙目的和合伙企业的经营范围；③合伙人的姓名或者名称、住所；④合伙人的出资方式、数额和缴付期限；⑤利润分配、亏损分担方式；⑥合伙事务的执行；⑦入伙与退伙；⑧争议解决办法；⑨合伙企业的解散与清算；⑩违约责任等。经全体合伙人一致同意，可以修改或补充合伙协议，合伙协议另有约定的除外。合伙协议未约定或者约定不明确的事项，由合伙人协商决定；协商不成的，依照《合伙企业法》和其他有关法律、行政法规的规定处理。合伙人违反合伙协议的，应当依法承担违约责任。

3. 有合伙人认缴或者实际缴付的出资

合伙人的出资是合伙企业得以成立的物的要素。合伙协议生效后，合伙人应当按照合伙协议的规定缴纳出资。合伙企业由各合伙人认缴或者实际缴付出资，合伙人可以实际一次性缴付出资，也可以"认缴"的形式分期出资。《合伙企业法》还规定，合伙人可以用货币、实物、知识产权、土地使用权或者其他财产权利出资，也可以用劳务出资。合伙人以实物、知识产权、土地使用权或者其他财产权利出资，需要评估作价的，可以由全体合伙人协商确定，也可以由全体合伙人委托法定评估机构评估。合伙人以劳务出资的，其评估办法由全体合伙人协商确定，并在合伙协议中载明。合伙人应当按照合伙协议约定的出资方式、数额和缴付期限，履行出资义务。以非货币财产出资的，依照法律、行政法规的规定，需要办理财产权转移手续的，应当依法办理。

4. 有合伙企业的名称和生产经营场所

作为企业的文字符号，企业的名称应当真实地表现企业的组织形式特征。就合伙企业而言，其名称不仅应当与其他合伙企业区别开来，而且应当与公司企业和独资企业区别开来。因此，合伙企业的名称应当与其责任形式及所从事的营业相符合。合伙企业在其名称中应标明"普通合伙"或者"特殊普通合伙"字样，合伙企业的名称必须和"合伙"联系起来，名称中必须有"合伙"二字。

合伙企业要进行生产经营活动，就必须有自己的经营场所，经营场所是保证正常生产经营活动的进行、维系合伙组织的重要条件。同时，合伙企业拥有经营场所会便于其他市场主体同其进行正常的业务往来，更便于执法机关依法对其进行监督管理。

此外，普通合伙企业的设立还应遵循法律、行政法规规定的其他条件。

（三）合伙企业的设立程序

1. 申请人向企业登记机关提交相关文件

申请设立合伙企业，应当向企业登记机关提交全体合伙人签署的设立登记申请书、合伙协议书、合伙人身份证明、全体合伙人指定的代表或者共同委托代理人的委托书、全体合伙人对各合伙人认缴或者实际缴付出资的确认书、经营场所证明和其他法定的证明等文件。合伙企业的经营范围中有属于法律、行政法规规定在登记前须经批准的项目的，该项经营业务依法经过批准，并在登记时提交批准文件。合伙协议约定或者全体合伙人决定，委托一个或者数个合伙人执行合伙事务的，还应当提交全体合伙人的委托书。

2. 企业登记机关核发营业执照

申请人提交的登记申请材料齐全、符合法定形式，企业登记机关能够当场登记的，应予以当场登记，发给营业执照；除以上情形外，企业登记机关应当自受理申请之日起二十日内，作出是否登记的决定。予以登记的，发给营业执照；不予登记的，应当给予书面答复，并说明理由。

合伙企业的营业执照签发日期，为合伙企业的成立日期。合伙企业领取营业执照前，合伙人不得以合伙企业的名义从事合伙业务。

合伙企业设立分支机构，应当向分支机构所在地的企业登记机关申请登记，领取营业执照。违反规定，未领取营业执照，而以合伙企业或者合伙企业分支机构名义从事合伙业务的，由企业登记机关责令停止，处以五千元以上五万元以下的罚款。提交虚假文件或者采取其他欺骗手段，取得合伙企业登记的，由企业登记机关责令改正，处以五千元以上五万元以下的罚款；情节严重的，撤销企业登记，并处以五万元以上二十万元以下的罚款。

合伙企业登记事项发生变更的，执行合伙事务的合伙人应当自作出变更决定或者发生变更事由之日起十五日内，向企业登记机关申请办理变更登记。合伙企业登记事项发生变更时，未按照《合伙企业法》规定办理变更登记的，由企业登记机关责令限期登记；逾期不登记的，处以二千元以上二万元以下的罚款。合伙企业登记事项发生变更，执行合伙事务的合伙人未按期申请办理变更登记的，应当赔偿由此给合伙企业、其他合伙人或者善意第三人造成的损失。

（四）合伙企业财产

1. 合伙企业财产的构成

根据《合伙企业法》的规定，合伙人的出资、以合伙企业名义取得的收益和依法取得的其他财产，均为合伙企业的财产。由此可见，合伙企业财产由三部分构成：第一部分是合伙人的出资，即构成合伙企业的原始财产。需要注意的是，合伙企业的原始财产是全体合伙人"认缴"的财产，而非各合伙人"实际缴纳"的财产。第二部分则是以合伙企业名义取得的收益，即合伙人以合伙企业的名义从事经营活动的营业性收入，主要包括合伙企业的公共积累资金、未分配的盈余、合伙企业债权、合伙企业取得的工业产权和非专利技术等财产权利。第三部分是依法取得的其他财产，即根据法律、行政法规等的规定合法取得的其他财产。

2. 合伙企业财产的分割、转让及出质

（1）合伙企业财产的分割

除法律另有规定外，合伙人在合伙企业清算前，不得请求分割合伙企业的财产；但是，《合伙企业法》另有规定的除外。合伙人在合伙企业清算前私自转移或者处分合伙企业财产的，合伙企业不得以此对抗善意第三人。

合伙企业的财产由合伙人依约定或者依规定管理和使用，任何合伙人都无权在合伙企业清算前私自转移和处分合伙企业的财产。当合伙人违背约定或者规定，擅自出让其无权处分的合伙企业财产时，《合伙企业法》的规定是保护善意第三人。

（2）合伙企业财产的转让

合伙企业财产的转让是指合伙人将自己在合伙企业中的财产份额部分或者全部转让给他人的法律行为。《合伙企业法》对普通合伙企业财产的转让作了以下限制性规定。

1）合伙人之间转让在合伙企业中的全部或者部分财产份额时，应当通知其他合伙人。合伙人财产份额的内部转让是指合伙人将其在合伙企业中的全部或者部分财产份额转让给其他合伙人的行为。合伙人财产份额的内部转让因不涉及合伙人以外的人参加，合伙企业存续的基础没有发生实质性变更，因此不需要经过其他合伙人的一致同意，只需要通知其他合伙人即可发生法律效力。

2）除合伙协议另有约定外，合伙人向合伙以外的人转让其在合伙企业中的全部或者部分财产份额时，须经其他合伙人一致同意。合伙人财产份额的外部转让是指合伙人将其在合伙企业中的全部或者部分财产份额转让给合伙人以外的第三人的行为。合伙人财产份额的外部转让，只有经其他合伙人一致同意，才表明其他合伙人同意与受让人共同维持原合伙企业，合伙企业才能继续存续下去。

3）合伙人向合伙人以外的人转让其在合伙企业中的财产份额的，在同等条件下，其他合伙人有优先购买权；但是，合伙协议另有约定的除外。优先购买权是指在合伙人转让其财产份额时，在多数人接受转让的情况下，其他合伙人基于同等条件可优先于其他非合伙人购买的权利。这一规定的目的在于维护合伙企业现有合伙人的利益，维护合伙企业在现有基础上的稳定。

合伙人以外的人依法受让合伙人在合伙企业中的财产份额的，经修改合伙协议即成为合伙企业的合伙人，依照《合伙企业法》和修改后的合伙协议享有权利，履行义务。

（3）合伙企业财产的出质

合伙人财产份额的出质，是指合伙人将其在合伙企业中的财产份额作为质押物，用来担保债权人债权实现的行为。《合伙企业法》规定，合伙人以其在合伙企业中的财产份额出质的，须经其他合伙人一致同意；未经其他合伙人一致同意，其行为无效，由此给善意第三人造成损失的，由行为人依法承担赔偿责任。

（五）合伙事务执行

1. 合伙事务的执行方式

根据《合伙企业法》的规定，可供选择的合伙企业事务执行的具体方式以下两种：①全体合伙人共同执行合伙事务。根据《合伙企业法》的规定和合伙协议的约定，合伙人共同执行合伙事务的，各个合伙人都直接参与经营，合伙企业的事务由全体合伙人共同决定，对外代表合伙企业并相互监督。②委托一个或数个合伙人执行合伙事务。按照合伙协议的约定或者全体合伙人决定，可以委托一个或者数个合伙人执行合伙事务，作为合伙人的法人、其他组织执行合伙事务的，由其委派的代表执行。委托一个或者数个合伙人执行合伙事务的，其他合伙人不再执行合伙企业事务，受委托的合伙人对外代表合伙企业。

不执行合伙事务的合伙人有权监督执行事务的合伙人执行合伙事务的情况。受委托执行合伙事务的合伙人不按照合伙协议或者全体合伙人的决定执行事务的，其他合伙人可以决定撤销该委托。

由一个或者数个合伙人执行合伙事务的，执行合伙事务的合伙人应当定期向其他合伙人报告事务执行情况及合伙企业的经营状况和财务状况。其执行合伙事务所产生的收益归合伙企业，所产生的费用和亏损由合伙企业承担。合伙人为了解合伙企业的经营状况和财务状况，有权查阅合伙企业会计账簿等财务资料。

合伙人分别执行合伙事务的，执行事务合伙人可以对其他合伙人执行的事务提出异议。提出异议时，其他执行事务的合伙人应当暂停该项事务的执行。不具有事务执行权的合伙人，擅自执行合伙企业的事务，给合伙企业或者其他合伙人造成损失的，依法承担赔偿责任。

2. 应当经全体合伙人一致同意的事项

并非所有的合伙事务都可以委托给部分合伙人决定，《合伙企业法》规定，除合伙协议另有约定外，合伙企业的下列事项应当经全体合伙人一致同意：①改变合伙企业的名称；②改变合伙企业的经营范围、主要经营场所的地点；③处分合伙企业的不动产；④转让或者处分合伙企业的知识产权和其他财产权利；⑤以合伙企业名义为他人提供担保；⑥聘任合伙人以外的人担任合伙企业的经营管理人员。

3. 合伙人在执行合伙事务中的权利和义务

合伙人在执行合伙事务中的权利主要有以下几项：①合伙人对执行合伙事务享有同等的权利；②执行合伙事务的合伙人对外代表合伙企业；③不参加执行事务的合伙人有权监督执行事务的合伙人执行合伙事务的情况；④各合伙人有权查阅合伙企业的账簿和其他有关文件；⑤合伙人有提出异议权和撤销委托执行事务权。

合伙人在执行合伙事务中的义务主要有以下几项：①合伙事务执行人向不参加执行事务的合伙人报告企业经营状况和财务状况；②合伙人不得自营或者同他人合作经营与本合伙企业相竞争的业务；③除合伙协议另有约定或者经全体合伙人一致同意外，合伙人不得同本合伙企业进行交易；④合伙人不得从事损害本合伙企业利益的活动。合伙人违反本法规定或者合伙协议的约定，从事与本合伙企业相竞争的业务或者与本合伙企业进行交易，该收益归合伙企业所有；给合伙企业或者其他合伙人造成损失的，依法承担赔偿责任。合伙人执行合伙事务，将应当归合伙企业的利益据为己有的，或者采取其他手段侵占合伙企业财产的，应当将该利益和财产退还合伙企业；给合伙企业或者其他合伙人造成损失的，依法承担赔偿责任。

4. 非合伙人参与经营管理

根据《合伙企业法》的规定，除合伙协议另有规定外，经全体合伙人一致同意，可以聘任合伙人以外的人担任合伙企业的经营管理人员。被聘任的经营管理人员，仅是合伙企业的经营管理人员，不是合伙企业的合伙人，因而不具有合伙人的资格。

被聘任的合伙企业的经营管理人员应当在合伙企业授权范围内履行职务；被聘任的合伙企业的经营管理人员，超越合伙企业授权范围履行职务，或者在履行职务过程中因故意或者重大过失给合伙企业造成损失的，依法承担赔偿责任。

合伙企业从业人员利用职务上的便利，将应当归合伙企业的利益据为己有的，或者采取其他手段侵占合伙企业财产的，应当将该利益和财产退还合伙企业；给合伙企业或者其他合伙人造成损失的，依法承担赔偿责任。

5. 合伙企业的决议表决

合伙人对合伙企业有关事项作出决议，按照合伙协议约定的表决办法办理。合伙协议未约定或者约定不明确的，合伙人可以采用一人一票并经全体合伙人过半数通过的表决办法。《合伙企业法》对合伙企业的表决办法另有规定的，从其规定。这一规定确定了合伙事务执行决议的三种办法：①由合伙协议对决议办法作出约定。②实行合伙人一人一票并经全体合伙人过半数通过的表决办法。此办法的适用前提是合伙协议未约定或者约定不明确。③依照《合伙企业法》的规定作出决议。

6. 合伙企业的损益分配

合伙损益分配包括合伙企业的利润分配与亏损分担两个方面。对合伙企业的损益分配，《合伙企业法》作了原则性规定，主要内容有以下几项：①合伙企业的利润分配、亏损分担，按照合伙协议的约定办理。②合伙协议未约定或者约定不明确的，由合伙人协商决定；协商不成的，由合伙人按照实缴出资比例分配、分担；无法确定出资比例的，由合伙人平均分配、分担。③合伙协议不得约定将全部利润分配给部分合伙人或者由部分合伙人承担全部亏损。

（六）合伙企业与第三人的关系

合伙企业与第三人关系，是指合伙企业的外部关系，即合伙企业与合伙企业以外的第三人的关系。

1. 合伙企业对外代表权的效力

在处理合伙企业与善意第三人的关系时，应当遵循自愿、公平和诚实信用的原则。合伙企业对合伙人执行合伙事务及对外代表合伙企业权利的限制，不得对抗善意第三人。

2. 合伙企业与其债权人的关系

合伙企业对其债务，应先以全部财产进行清偿。合伙企业的债务是指在合伙企业存续期间产生的债务。合伙企业不能清偿到期债务的，各普通合伙人承担无限连带清偿责任。合伙人由于承担无限连带责任，清偿数额超过规定的其亏损分担比例的，有权向其他合伙人追偿。合伙企业的亏损分担，按照合伙协议的约定办理；合伙协议未约定或者约定不明确的，由普通合伙人协商决定；协商不成的，由合伙人按其实缴出资比例分担；无法确定出资比例的，由普通合伙人平均分担清偿责任。

3. 合伙企业与合伙人个人的债权人之间的关系

合伙人发生与合伙企业无关的债务，相关债权人不得以其债权抵销其对合伙企业的债务；也不得代位行使合伙人在合伙企业中的权利。

合伙人的自有财产不足清偿其与合伙企业无关的债务的，该合伙人可以以其从合伙企业中分取的收益用于清偿；债权人也可以依法请求人民法院强制执行该合伙人在合伙企业中的财产份额用于清偿。

人民法院强制执行合伙人的财产份额时应当通知全体合伙人，对该合伙人的财产份额其他合伙人有优先购买权；其他合伙人未购买，又不同意将该财产份额转让给他人的，应依法为该合伙人办理退伙结算，或者办理削减该合伙人相应财产份额的结算。

（七）合伙企业的入伙、退伙

1. 入伙

入伙是指在合伙企业存续期间，非合伙人申请加入合伙企业并被合伙企业接纳，从而取得合伙人身份的法律行为。

（1）入伙的条件和程序

根据《合伙企业法》的规定，新合伙人入伙，除合伙协议另有约定外，应当经全体合伙人一致同意，并依法订立书面入伙协议。订立入伙协议时，原合伙人应当向新合伙人如实告知原合伙企业的经营状况和财务状况。合伙企业登记事项因入伙、合伙协议修改等发生变更或者需要重新登记的，应当于作出变更决定或者发生变更事由之日起十五日内，向企业登记机关办理变更登记。

（2）新合伙人的权利和责任

新合伙人入伙后，即取得合伙人身份。《合伙企业法》规定，入伙的新合伙人与原合伙人享有同等权利，承担同等责任。新入伙的普通合伙人对入伙前合伙企业的债务承担无限连带责任。入伙协议另有约定的，内部从其约定。

2. 退伙

（1）退伙的概念和形式

退伙是指在合伙企业存续期间，合伙人退出合伙企业，丧失合伙人资格的法律事实或法律行为。根据《合伙企业法》的规定，基于退伙的原因不同，退伙可以分为自愿退伙、法定退伙、除名退伙。

1）自愿退伙，又称声明退伙，是指合伙人基于自愿的意思表示而退伙。根据《合伙企业法》的规定，自愿退伙可以分为协议退伙和通知退伙两种类型。

协议退伙，是指退伙人与其他合伙人就退伙问题通过协商达成一致意见，从而使退伙人的合伙人资格归于消灭的事实。根据《合伙企业法》的规定，合伙协议约定合伙期限的，在合伙企业存续期间，有下列情形之一的，合伙人可以退伙：①合伙协议约定的退伙事由出现；②经全体合伙人一致同意；③发生合伙人难以继续参加合伙的事由；④其他合伙人严重违反合伙协议约定的义务。合伙协议未约定合伙期限的，合伙人在不给合伙企业事务执行造成不利影响的情况下，可以退伙，但应当提前三十日通知其他合伙人。合伙人不符合以上两种自愿退伙条件退伙的，应当赔偿由此给合伙企业造成的损失。

2）法定退伙，是指基于法律的直接规定而发生的退伙。即在合伙企业存续期间，一旦某个合伙人的行为符合法律规定的条件或者出现了法律规定的某种特殊情况，该合伙人自然丧失合伙人资格而退出合伙。法定退伙是非基于合伙人的主观意愿产生的，所以又称为非自愿退伙或当然退伙。根据《合伙企业法》的规定，合伙人有下列情形之一的，当然退伙：①作为合伙人的自然人死亡或者被依法宣告死亡；②个人丧失偿债能力；③作为合伙人的法人或者其他组织依法被吊销营业执照、责令关闭撤销，或者被宣告破产；④法律规定或者合伙协议约定合伙人必须具有相关资格而丧失该资格；⑤合伙人在合伙企业中的全部财产份额被人民法院强制执行。

此外，合伙人被依法认定为无民事行为能力人或者限制民事行为能力人的，经其他合伙人一致同意，可以依法转为有限合伙人，普通合伙企业依法转为有限合伙企业。其他合伙人未能一致同意的，该无民事行为能力或者限制民事行为能力的合伙人退伙。当发生上述情形时，当然退伙以退伙事由实际发生之日为退伙生效日。

3）除名退伙，又称开除退伙，是指在合伙企业存续期间，当某一合伙人出现法定事由或者合伙协议约定的事由时，其他合伙人一致同意将该合伙人开除出合伙企业，而使其丧失合伙人资格。根据《合伙企业法》的规定，合伙人有下列情形之一的，经其他合伙人一致同意，可以决议将其除名：①未履行出资义务；②因故意或者重大过失给合伙企业造成损失；③执行合伙事务时有不正当行为；④发生合伙协议约定的事由。对合伙人的除名决议应当书面通知被除名人。被除名人接到除名通知之日，除名生效，被除名人退伙。被除名人对除名决议有异议的，可以自接到除名通知之日起三十日内，向人民法院起诉。

（2）退伙的法律后果

退伙的法律后果是指退伙时退伙人在合伙企业中的财产份额和民事责任的归属变动。退伙的法律后果分为两类情况：一是财产继承；二是退伙结算。

1）财产继承。合伙人死亡或者被依法宣告死亡的，对该合伙人在合伙企业中的财产份额享有合法继承权的继承人，按照合伙协议的约定或者经全体合伙人一致同意，从继承开始之日起，取得该合伙企业的合伙人资格。

有下列情形之一的，合伙企业应当向合伙人的继承人退还被继承合伙人的财产份额：①继承人不愿意成为合伙人；②法律规定或者合伙协议约定合伙人必须具有相关资格，而该继承人未取得该资格；③合伙协议约定不能成为合伙人的其他情形。

合伙人的继承人为无民事行为能力人或者限制民事行为能力人的，经全体合伙人一致同意，可以依法成为有限合伙人，普通合伙企业依法转为有限合伙企业。全体合伙人未能一致同意的，合伙企业应当将被继承合伙人的财产份额退还该继承人。

2）退伙结算。除合伙人死亡或者被依法宣告死亡的情形外，《合伙企业法》对退伙结算作了以下规定：①合伙人退伙，其他合伙人应当与该退伙人按照退伙时的合伙企业的财产状况进行结算，退还退伙人的财产份额。退伙人对合伙企业造成的损失负有赔偿责任的，相应扣减其应当赔偿的数额。退伙时有未了结的合伙企业事务的，待该事务了结后进行结算。②退伙人在合伙企业中财产份额的退还办法，由合伙协议约定或者由全体合伙人决定，可以退还货币，也可以退还实物。③退伙人对基于其退伙前的原因发生的合伙企业债务，承担无限连带责任。④合伙人退伙时，合伙企业财产少于合伙企业债务的，如果合伙协议约定亏损分担办法，则退伙人应当按照合伙协议的约定分担亏损，如果合伙协议未约定或者约定不明确，则由合伙人协商确定；协商不成的，由合伙人按照实缴出资比例分担；无法确定出资比例的，退伙人应当与其他合伙人平均分担亏损。

合伙人退伙以后，并不能解除对于合伙企业既往债务的连带责任。根据《合伙企业法》的规定，退伙人对基于其退伙前的原因发生的合伙企业债务，承担无限连带责任。

（八）特殊的普通合伙企业

1. 特殊的普通合伙企业的概念

特殊的普通合伙企业，是指在中国境内设立的，以专业知识和专门技能为客户提供有偿服务的专业机构性质的合伙公司。《合伙企业法》规定，以专业知识和专门技能为客户提供有偿服务的专业服务机构，可以设立为特殊的普通合伙企业。例如，合伙开办的会计师事务所、律师事务所等。特殊的普通合伙企业名称中应当标明"特殊普通合伙"字样。

2. 特殊的普通合伙企业的责任形式

（1）责任承担

特殊的普通合伙企业对其债务的承担形式有以下几种：①有限责任与无限连带责任相结合，即一个合伙人或者数个合伙人在执业活动中因故意或者重大过失造成的合伙企业债务的，应当承担无限责任或者无限连带责任，其他合伙人以其在合伙企业中的财产份额为限承担责任；②无限连带责任，即合伙人在执业活动中非因故意或者重大过失造成的合伙企业债务及合伙企业的其他债务，由全体合伙人承担无限连带责任。重大过失是指明知道可能造成损失而轻率地作为或者不作为。这种责任形式的前提是，合伙人在执业过程中不存在重大过错，即既没有故意，也不存在重大过失。

（2）责任追偿

合伙人执业活动中因故意或者重大过失造成的合伙企业债务，以合伙企业财产对外承担责任后，该合伙人应当按照合伙协议的约定对合伙企业造成的损失承担赔偿责任。

（3）特殊的普通合伙企业的执业风险防范

特殊的普通合伙企业应当建立执业风险基金、办理职业保险。执业风险基金用于偿付合伙人执业活动造成的债务。执业风险基金应当单独立户管理，具体管理办法由国务院规定。

三、有限合伙企业

（一）有限合伙企业的概念及法律适用

1. 有限合伙企业的概念

有限合伙企业是指由有限合伙人和普通合伙人共同组成，普通合伙人对合伙企业债务承担无限连带责任，有限合伙企业以其认缴的出资额为限对合伙企业债务承担责任的合伙组织。

有限合伙企业与普通合伙企业相比较，具有以下显著特征：①合伙人类型不同。有限合伙企业必须包括有限合伙人和普通合伙人两部分。②合伙事务执行人不同。有限合伙人不执行合伙事务，由普通合伙人从事具体的经营管理。③风险承担不同。有限合伙人以其各自的出资额为限承担有限责任，普通合伙人之间承担无限连带责任。

2. 有限合伙企业的法律适用

《合伙企业法》规定了两种类型的企业，即普通合伙企业和有限合伙企业。在法律适用中，凡是《合伙企业法》中对有限合伙企业有特殊规定的，应当适用有关特殊规定；无特殊规定的，适用有关普通合伙企业及其合伙人的一般规定。

（二）有限合伙企业设立的特殊规定

1. 有限合伙企业人数

有限合伙企业由两个以上五十个以下的合伙人设立。有限合伙企业至少应当有一个普通合伙人。按照规定，自然人、法人和其他组织可以依照法律规定设立有限合伙企业，但国有独资公司、国有企业、上市公司及公益性事业单位、社会团体不得成为有限合伙企业的普通合伙人。

有限合伙企业存续期间，有限合伙人的人数可能发生变化。无论如何变化，有限合伙企业中都必须包括有限合伙人和普通合伙人两部分，否则，有限合伙企业应当进行组织形式变化。《合伙企业法》规定，有限合伙企业仅剩有限合伙人的，应当解散；有限合伙企业仅剩普通合伙人的，应当转为普通合伙企业。

2. 有限合伙企业名称

《合伙企业法》规定，有限合伙企业名称中应当标明"有限合伙"字样。按照企业名称登记管理的有关规定，企业名称中应当含有企业的组织形式。为了便于社会公众及交易相对人对有限合伙企业的了解，有限合伙企业名称中应当标明"有限合伙"字样，而不能标明"普通合伙""特殊普通合伙""有限公司""有限责任公司"等字样。

3. 有限合伙企业合伙协议

有限合伙企业合伙协议是有限合伙企业生产经营的重要法律文件。有限合伙企业合伙协议除符合普通合伙企业合伙协议的规定外，还应当载明下列事项：①普通合伙人和有限合伙人的姓名或者名称、住所；②执行事务合伙人应具备的条件和选择程序；③执行事务合伙人权限与违约处理办法；④执行事务合伙人的除名条件和更换程序；⑤有限合伙人入伙、退伙的条件、程序及相关责任；⑥有限合伙人和普通合伙人相互转变程序。

4. 有限合伙人出资

有限合伙人可以用货币、实物、知识产权、土地使用权或者其他财产权利作价出资，其评估作价办法与普通合伙企业相同。有限合伙人不得以劳务出资。

有限合伙人应当按照合伙协议的约定按期足额缴纳出资；未按期足额缴纳的，应当承担补缴义务，并对其他合伙人承担违约责任。有限合伙企业登记事项中应当载明有限合伙人的姓名或者名称及认缴的出资数额。

（三）有限合伙企业事务执行的特殊规定

1. 有限合伙企业事务执行人

有限合伙企业由普通合伙人执行合伙事务，对外代表合伙企业。执行事务合伙人可以要求在合伙协议中确定执行事务的报酬及报酬提取方式。如合伙协议约定由数个普通合伙人执行合伙事务，则数个普通合伙人均为合伙事务执行人；如合伙协议无约定，则全体普通合伙人为合伙事务的共同执行人。执行事务合伙人较不执行事务合伙人对有限合伙企业要多付出劳动，因此，执行事务合伙人可以就执行事务的劳动付出要求企业支付报酬。对于报酬的支付方式及其数额，应由合伙协议规定或全体合伙人讨论决定。

2. 禁止有限合伙人执行合伙事务

有限合伙人不执行合伙事务，不得对外代表有限合伙企业。有限合伙人的下列行为，不视为执行合伙事务：①参与决定普通合伙人入伙、退伙；②对企业的经营管理提出建议；③参与选择承办有限合伙企业审计业务的会计师事务所；④获取经审计的有限合伙企业财务会计报告；⑤对涉及自身利益的情况，查阅有限合伙企业财务会计账簿等财务资料；⑥在有限合伙企业中的利益受到侵害时，向有责任的合伙人主张权利或者提起诉讼；⑦执行事务合伙人怠于行使权利时，督促其行使权利或者为了本企业的利益以自己的名义提起诉讼；⑧依法为本企业提供担保。

第三人有理由相信有限合伙人为普通合伙人并与其交易的，该有限合伙人对该笔交易承担与普通合伙人同样的责任；有限合伙人未经授权以有限合伙企业名义与他人进行交易，给有限合伙企业或者其他合伙人造成损失的，该有限合伙人应当承担赔偿责任。

3. 有限合伙人权利

有限合伙人可以同本有限合伙企业进行交易；但是，合伙协议另有约定的除外。

4. 有限合伙企业利润分配

有限合伙企业不得将全部利润分配给部分合伙人；但是，合伙协议另有约定的除外。

（四）有限合伙企业的财产出质与转让的特殊规定

1. 有限合伙人财产份额出质

有限合伙人可以将其在有限合伙企业中的财产份额出质；但是，合伙协议另有约定的除外。有限合伙人将其在有限合伙企业中的财产份额出质，是指有限合伙人以其在合伙企业中的财产份额对外进行权利质押。

2. 有限合伙人财产份额转让

有限合伙人可以按照合伙协议的约定向合伙人以外的人转让其在有限合伙企业中的财产份额，但应当提前三十日通知其他合伙人。有限合伙企业中普通合伙人财产份额的转让办法与普通合伙企业相同。有限合伙人对外转让其在有限合伙企业中的财产份额时，有限合伙企业的其他合伙人享有优先购买权。

（五）有限合伙人自身债务清偿的特殊规定

有限合伙人的自有财产不足清偿其与合伙企业无关的债务的，该合伙人可以以其从有限合伙企业中分取的收益用于清偿；债权人也可以依法请求人民法院强制执行该合伙人在有限合伙企业中的财产份额用于清偿。人民法院强制执行有限合伙人的财产份额时，应当通知全体合伙人。在同等条件下，其他合伙人有优先购买权。

（六）有限合伙企业入伙与退伙的特殊规定

1. 入伙

新入伙的有限合伙人对入伙前有限合伙企业的债务，以其认缴的出资额为限承担责任。需要注意的是，在普通合伙企业中，新入伙的普通合伙人对入伙前合伙企业的债务承担连带责任；而在有限合伙企业中，新入伙的有限合伙人对入伙前有限合伙企业的债务，以其认缴的出资额为限承担责任。

2. 退伙

（1）有限合伙人当然退伙

有限合伙人有下列情形之一的，当然退伙：①作为合伙人的自然人死亡或者依法被宣告死亡；②作为合伙人的法人或者其他组织依法被吊销营业执照、责令关闭撤销，或者被宣告破产；③法律规定或者合伙协议约定合伙人必须具有相关资格而丧失该资格；④合伙人在合伙企业中的全部财产份额被人民法院强制执行。

（2）有限合伙人丧失民事行为能力的处理

作为有限合伙人的自然人在有限合伙企业存续期间丧失民事行为能力的，其他合伙人不得因此要求其退伙。

（3）有限合伙人继承人的权利

作为有限合伙人的自然人死亡、被依法宣告死亡或者作为有限合伙人的法人及其他组织终止时，其继承人或者权利承受人可以依法取得该有限合伙人在有限合伙企业中的资格。

（4）有限合伙人退伙后的责任承担

有限合伙人退伙后，对基于其退伙前的原因发生的有限合伙企业债务，以其退伙时从有限合伙企业中取回的财产承担责任。

（七）有限合伙人性质转变的特殊规定

除合伙协议另有约定外，普通合伙人转变为有限合伙人，或者有限合伙人转变为普通合伙人，应当经全体合伙人一致同意。有限合伙人转变为普通合伙人的，对其作为有限合伙人期间有限合伙企业发生的债务承担无限连带责任。普通合伙人转变为有限合伙人的，对其作为普通合伙人期间合伙企业发生的债务承担无限连带责任。

四、合伙企业的解散与清算

（一）合伙企业的解散

合伙企业的解散是指已经依法设立的合伙企业，因合伙协议事由或者法定事由的出现而停止企业的对外积极活动，开始企业的清算，处理未了结事务并使企业消灭（注销）的法律行为。合伙企业有下列情形之一的，应当解散：①合伙期限届满，合伙人决定不再经营；②合伙协议约定的解散事由出现；③全体合伙人决定解散；④合伙人已不具备法定人数满三十天；⑤合伙协议约定的合伙目的已经实现或者无法实现；⑥依法被吊销营业执照、责令关闭或者被撤销；⑦法律、行政法规规定的其他原因。

（二）合伙企业的清算

合伙企业的清算是指合伙企业解散宣告后，为了终结合伙企业现存的各种法律关系，依法清理合伙企业债权债务的法律行为。合伙企业宣告解散后的清算程序有以下规定。

1. 确定清算人

合伙企业解散应当由清算人进行清算。所以，合伙企业应当依法确定清算人。清算人由全体合伙人担任，经全体合伙人过半数同意，可以自合伙企业解散事由出现之日起十五日内指定一个或者数个合伙人，或者委托第三人担任清算人。自合伙企业解散事由出现之日起十五日内未确定清算人的，合伙人或者其他利害关系人可以申请人民法院指定清算人。

2. 通知和公告债权人

合伙企业解散应当通知和公告债权人。清算程序事关债权人的切身利益，通知和公告债权人使其应有的权利能够得到维护。《合伙企业法》规定，清算人自被确定之日起十日内将合伙企业解散事项通知债权人，并于六十日内在报纸上公告。债权人应当自接到通知书之日起三十日内，未接到通知书的自公告之日起四十五日内，向清算人申报债权。债权人申报债权，应当说明债权的有关事项，并提供证明材料。清算人应当对债权进行登记。

3. 执行清算事务

清算人在清算期间执行下列事务：①清理合伙企业财产，分别编制资产负债表和财产清单；②处理与清算有关的合伙企业未了结事务；③清缴所欠税款；④清理债权、债务；⑤处理合伙企业清偿债务后的剩余财产；⑥代表合伙企业参加诉讼或者仲裁活动。

清算人执行清算事务，牟取非法收入或者侵占合伙企业财产的，应当将该收入和侵占的财产退还合伙企业；给合伙企业或者其他合伙人造成损失的，依法承担赔偿责任。清算人隐匿、转移合伙企业财产，对资产负债表或者财产清单进行虚伪记载，或者在未清偿债务前分配财产，损害债权人利益的，依法承担赔偿责任。

清算期间，合伙企业存续，但不得开展与清算无关的经营活动。

4. 分配财产

合伙企业财产在支付清算费用后，应按下列顺序清偿：①支付职工工资；②支付社会保险费用、法定补偿金；③缴纳所欠税款；④清偿债务。

合伙企业的财产按上述顺序清偿后仍有剩余的，由各合伙人按照合伙协议的约定分配剩余财产；合伙协议未约定或者约定不明确的，由合伙人协商决定；协商不成的，由合伙人按照实缴出资比例分配；无法确定出资比例的，由合伙人平均分配。合伙企业清算时，其全部财产不足清偿其债务的，对不足的部分，由普通合伙人按照合伙协议的约定，用其在合伙企业出资以外的自有财产承担清偿责任；合伙协议未约定或者约定不明确的，由普通合伙人协商决定；协商不成的，由普通合伙人按照实缴出资比例分担；无法确定出资比例的，由普通合伙人平均分担。普通合伙人由于承担无限连带责任，所清偿数额超过其应当承担的数额时，有权向其他普通合伙人追偿。

5. 办理注销登记

合伙企业注销登记是合伙企业解散、消灭其主体资格的法定程序。清算结束，清算人应当编制清算报告，经全体合伙人签名、盖章后，在十五日内向企业登记机关报送清算报告，申请办理合伙企业注销登记。清算人未按照规定向企业登记机关报送清算报告，或者报送清算报告隐瞒重要事实，或者有重大遗漏的，由企业登记机关责令改正。由此产生的费用和损失，由清算人承担和赔偿。

合伙企业注销后，原普通合伙人对合伙企业存续期间的债务仍应承担无限连带责任。需要特别注意的是，合伙企业不能清偿到期债务的，债权人可以依法向人民法院提出破产清算申请，也可以要求普通合伙人清偿。合伙企业依法被宣告破产的，普通合伙人对合伙企业债务仍应承担无限连带责任。

　本章创新创业部分的内容，可通过扫描下方二维码进行相关练习。

　法律思考　　　　实训项目　　　　案例分析　　　　相关法规

第七章 公司法律制度

第一节 公司法概述

一、公司的概念与种类

（一）公司的概念

公司是指依法设立的，以营利为目的的，由股东投资形成的企业法人。我国的公司包括有限责任公司和股份有限公司。公司具有以下特征。

1. 依法设立

公司必须依法定条件、法定程序设立。一方面，公司设立条件、组织机构、活动原则等要合法；另一方面，公司设立要经过法定程序，进行工商登记。

2. 以营利为目的

任何投资者投资设立公司的目的都是获取利润。营利目的不仅要求公司本身为获取利润而活动，而且要求公司有盈利时应当分配给股东。

3. 具有法人资格

法人是指依法成立的，具有民事权利能力和民事行为能力，能够依法独立承担民事责任的组织。公司是企业法人，能够独立承担责任，即股东以其出资额或所持股份为限对公司债务承担有限责任，公司以其全部财产为限对其债务承担责任。

（二）公司的种类

1. 有限责任公司和股份有限公司

有限责任公司是指由五十个以下股东出资设立的，股东以其认缴的出资额为限对公司承担责任，公司以其全部财产对公司的债务承担责任的公司。

股份有限公司是指公司全部资本划分为等额股份，股东以其认购的股份为限对公司承担责任，公司以其全部财产对公司债务承担责任的公司。

2. 母公司和子公司

在不同的公司之间基于股权而存在控制与依附关系时，因持有其他公司股权而处于控制地位的是母公司，因其股权被持有而处于依附地位的是子公司。母子公司之间虽然存在控制与被控制的组织关系，但是他们都具有法人资格，都能够以自己的名义独立对外承担责任。

3. 总公司与分公司

分公司是与总公司或本公司相对应的一个概念。许多大型企业的业务分布于全国各地甚至许多国家，直接从事这些业务的是公司所设置的分支机构或附属机构，这些分支机构或附属机构就是分公司。而公司本身则称为总公司或本公司。

虽然同子公司与母公司的关系有些类似，但分公司的法律地位与子公司完全不同，它没有独立的法律地位。

分公司是总公司下属的直接从事业务经营活动的分支机构或附属机构。虽然分公司有"公司"字样，但它不是真正意义上的公司。因为分公司不具有企业法人资格，不具有独立的法律地位，不独立承担民事责任。

二、公司法的概念

公司法是规定公司法律地位，调整公司组织关系，规范公司在设立、变更与终止过程中组织行为的法律规范的总称。公司法有狭义与广义之分。狭义的公司法仅指专门调整公司问题的法律，即《公司法》；广义的公司法是指国家关于公司的设立、组织与活动的各种法律、法规和规章的总称。本章重点介绍狭义的公司法。

1993年12月29日第八届全国人民代表大会常务委员会第五次会议通过了《公司法》，并分别于1999年进行第一次修正、2004年进行第二次修正、2005年进行修订、2013年进行第三次修正，2018年10月26日进行第四次修正。

三、公司法人财产权与股东权利

（一）公司法人财产权

公司作为企业法人享有法人财产权，即公司拥有依法对股东投资形成的财产行使占有、使用、受益、处分的权利。公司的财产虽然源于股东，但股东一旦将财产投入公司，便丧失了对该财产的直接支配的权利，只享有公司的股权，由公司享有对该财产的支配权利。为保护公司财产及股东的权益，公司法对公司法人财产权的行使作了以下限制性规定。

1. 对外担保

公司向他人提供担保，按照公司章程的规定由董事会或者股东会、股东大会决议；公司章程对投资或者担保的总额及单项投资或者担保的数额有限额规定的，不得超过规定的限额。公司为公司股东或者实际控制人提供担保的，必须经股东会或者股东大会决议。接受担保的股东或者受实际控制人支配的股东，不得参加上述规定事项的表决。该项表决由出席会议的其他股东所持表决权过半数通过。

2. 对外投资

公司可以向其他企业投资，除法律另有规定外，公司不得成为对所投资企业的债务承担连带责任的出资人。公司向其他企业投资，按照公司章程的规定由董事会或者股东会、股东大会决议。

（二）公司股东权利

1. 表决权

有限责任公司股东会会议由股东按照出资比例行使表决权，但公司章程另有规定的除外。公司持有的本公司股份没有表决权。公司为股东或者实际控制人提供担保的，必须经股东（大）会决议，"接受担保的股东或者受实际控制人支配的股东"不得参加表决。

根据《最高人民法院关于适用〈中华人民共和国公司法〉若干问题的规定（四）》，与股东会或者股东大会、董事会决议内容有利害关系的公司股东、董事、监事、公司职员，可以请求确认股东会或者股东大会、董事会决议无效。提起股东会或者股东大会、董事会决议撤销起诉的原告，应在会议决议形成并至起诉时持续具有公司股东身份。原告起诉时应提交公司股东名册和公司登记机关登记、公司发行的记名股票及无记名股票，或者在证券交易场所开立的证券账户，证明其股东身份。原告提交其他书面文件证明其股东身份且公司予以认可的，人民法院应允许其以股东身份起诉。公司有证据证明原告已经不具有公司股东身份的，人民法院应裁定驳回起诉。

原告起诉请求确认股东会或者股东大会、董事会决议无效或者请求撤销上述会议决议案件，应当列公司为被告，对决议涉及的相对利害关系人，可以列为共同被告或者第三人。公司其他股东以与原告相同理由请求参加诉讼的，应当列为共同原告。但申请参加撤销上述会议决议案件的公司其他股东，提交申请的时间不符合《公司法》第二十二条第二款规定或者未持续具有公司股东身份的，人民法院应不予准许。

原告起诉请求认定股东会或者股东大会、董事会决议无效或者撤销案件，原告主张事由符合下列情形之一的，人民法院应认定相关决议文件无效或者伪造的相关内容无效：①决议内容违反法律、行政法规强制性规定；②公司未召集会议或者召集了会议但未进行表决或者表决人数未达到法定多数即形成了决议文件；③公司虽然召集了会议，但会议决议与会议记录不符，且公司不能证明会议记录内容存在错误；④会议决议的股东或者董事签名属于伪造或者其他伪造会议或会议决议的情形。

原告股东以未收到开会通知而对会议的召开不知情为由起诉请求认定股东会、股东大会决议无效或者请求撤销股东会、股东大会决议的，人民法院应当受理。公司未履行通知义务召集的股东会、股东大会形成的决议，人民法院应认定无效；公司虽未履行通知义务，但原告股东参加了会议或者参加了投票表决，原告起诉时间符合《公司法》第二十二条第二款规定的，人民法院应判决撤销股东会或者股东大会决议；公司有证据证明已经向原告股东履行了通知义务，且通知方法符合法律及股东与公司事先约定的，人民法院应裁定驳回起诉；公司向原告股东履行了通知义务，但股东会、股东大会决议存在其他无效情形或者符合可撤销条件的，人民法院应认定股东会、股东大会决议无效或者撤销股东会、股东大会决议。

原告起诉请求撤销股东会或者股东大会、董事会决议案件，公司有证据证明存在下列情形之一的，人民法院应驳回原告的诉讼请求：①股东会或者股东大会、董事会形成决议后，原告股东又作出明确的意思表示，同意相关会议决议内容；②股东会或者股东大会、董事会形成决议后，原告股东又有明确的自主行为，接受了相关会议决议内容；③公司股东会或者股东大会、董事会又形成了新的决议，变更了原告起诉涉及的相关内容；④原告股东的起诉不符合法律规定的其他情形。

人民法院审理确认股东会或者股东大会、董事会决议无效或者撤销上述决议案件，原告可以申请人民法院通知被告或者第三人中止执行决议涉及的相关内容，被告或者第三人有权要求原告提供相应担保。人民法院经审查确认原告中止执行会议决议的理由成立时，应通知被告或者第三人公司中止执行相关决议；被告或者第三人请求原告就此提供相应担保，但原告不能提供的，人民法院应通知驳回原告申请。人民法院审理确认股东会或者股东大会、董事会决议无效或者撤销上述决议案件时，公司请求原告提供担保并主张赔偿的，应提供相应证据。人民法院裁定不予受理、驳回起诉或者判决驳回诉讼请求，且公司因无效或者撤销起诉形成财产损失的，人民法院可同时判决原告或担保人在担保的范围内予以赔偿。人民法院判决股东会或者股东大会、董事会决议无效或者撤销上述决议时，该决议自始没有法律约束力，但公司依据该决议设立的对外法律关系，不当然失去法律效力。当事人因股东会或者股东大会、董事会决议设立的其他法律关系发生争议时，可以请求与决议无效或者撤销起诉案件合并审理，也可以另行提起诉讼。

2. 股利分配请求权

有限责任公司的股东按照实缴的出资比例分取红利；但是，全体股东可以事先约定不按照出资比例分取红利。股份有限公司按照股东持有的股份比例分配，但股份有限公司章程规定不按持股比例分配的除外。

根据《最高人民法院关于适用〈中华人民共和国公司法〉若干问题的规定（四）》，原告请求分配公司利润纠纷案件，应当列公司为被告。他人以相同理由请求参加诉讼的，应当列为共同原告；公司其他股东不同意分配利润的，可以第三人身份参加诉讼。股东请求分配利润的，应提交载明具体分配方案的股东会或者股东大会决议。股东会或者股东大会决议合法有效的，人民法院应判令公司在一定期限内根据股东会或者股东大会决议确定的数额向公司股东支付红利。公司抗辩主张没有税后利润可供分配的，应当提供证据证明。公司主张成立的，应驳回原告诉讼请求。有限责任公司虽未召开股东会，但公司章程明确规定了具体分配方案，且公司符合法律和公司章程规定的分配利润条件，股东起诉请求公司依照公司章程向股东分配红利的，人民法院应予以支持。有限责任公司小股东请求分配利润并提供证据证明公司有盈利但长期不分配，且大股东利用其控制地位、滥用多数表决权、压榨小股东利益的，人民法院应判决公司依照公司法或者公司章程的规定分配利润。人民法院审理股东与公司之间利润分配纠纷案件的判决、裁定，对未参加诉讼的股东同样发生法律效力。人民法院驳回原告诉讼请求后，未参加诉讼的股东以相同理由又提起诉讼的，人民法院应不予受理；人民法院作出公司分配利润的判决后，依法或者依公司章程规定属于判决涉及参加分配范围的股东，无论是否参加诉讼，均有权持人民法院生效判决申请强制执行。

3. 新股优先认购权

有限责任公司新增资本时，股东有权优先按照实缴的出资比例认缴出资；但是，全体股东可以事先约定不按照出资比例优先认缴出资。根据《最高人民法院关于适用〈中华人民共和国公司法〉若干问题的规定（四）》，股东或者公司以外的他人起诉请求认购公司新增资本、确认其为公司股东的，人民法院应当受理。请求认购公司新增资本纠纷案件，应当列公司为被告。原告起诉认购公司新增资本符合下列条件的，人民法院应判令公司向公司登记机关办理相应的变更登记，确认原告享有公司股权：①公司股东会或者股东大会关于增加公司注册资本的决议合法有效；②公司股东会、股东大会决议新增资本总额已经全部安排认缴；③新增资本已经向公司缴纳并经依法设立的验资机构验资；④有限责任公司原告股东主张认缴的份额符合公司法的规定；⑤公司为原告颁发的认股书、缴款凭证或者与原告签订的认购合同真实、合法、有效；⑥股份有限公司增加注册资本依法需要报经国务院证券监督管理机构核准的，已经核准。原告起诉符合前述第①、②、④、⑤、⑥项规定的条件，但公司拒绝接收约定的出资或者接收出资后未安排验资的，人民法院可以根据原告的申请，安排接收出资并委托验资机构验资。验资机构出具验资证明的，人民法院应判令公司接收出资并按原告认缴的出资比例办理相应的公司变更登记手续。

原告起诉认购股份有限公司新增资本符合前述规定第①、②、③、⑤项的规定，但公司增加注册资本依法应报经国务院证券监督管理机构核准，而公司拒绝或者故意拖延办理相关手续的，人民法院可以判令公司在一定期限内依法向国务院证券监督管理机构提出增加注册资本的申请，并在获得核准后向公司登记机关办理相应的公司变更登记手续。人民法院判令股份有限公司向国务院证券监督管理机构提出增加注册资本申请的，在未获得核准之前，该判决书不得作为公司登记机关变更注册资本登记的依据。

有限责任公司新增股本时，股东经股东会同意将其按照实缴出资比例确定的认缴份额转由公司股东以外的人认缴，其他股东主张优先认缴的，人民法院不予支持。

4. 知情权

有限责任公司股东有权查阅、复制公司章程、股东会会议记录、董事会会议决议、监事会会议决议和财务会计报告。股东可以要求查阅公司会计账簿。股东要求查阅公司会计账簿的，应当向公司提出书面请求，说明目的。公司有合理依据认为股东查阅会计账簿有不正当目的，可能损害公司合法利益的，可以拒绝提供查阅，并应当自股东提出书面请求之日起十五日内书面答复股东并说明理由。公司拒绝提供查阅的，股东可以请求人民法院要求公司提供查阅。

股份有限公司股东有权查阅公司章程、股东名册、公司债券存根、股东大会会议记录、董事会会议决议、监事会会议决议、财务会计报告。

根据《最高人民法院关于适用〈中华人民共和国公司法〉若干问题的规定（四）》，原告起诉请求查阅其具有公司股东身份之前或者之后的公司档案材料的，人民法院应予以受理。原告起诉时应当依照《最高人民法院关于适用〈中华人民共和国公司法〉若干问题的规定（四）》第二条提供证据证明其股东身份，公司有证据证明原告起诉时或者在诉讼中已经不具有公司股东身份的，人民法院应驳回起诉。有限责任公司股东起诉请求查阅公司会计账簿及与之相关的原始凭证等会计资料，公司不能提供证据证明股东查阅目的不正当的，人民法院应裁定由公司提供给股东查阅。股东起诉请求查阅公司档案材料范围符合《公司法》或者公司章程及《最高人民法院关于适用〈中华人民共和国公司法〉若干问题的规定（四）》的，人民法院应裁定在确定的时间、在公司住所地或者原告股东与公司另行协商确定的地点由公司提供有关档案材料供股东查阅。股东请求查阅范围不符合公司法或者公司章程及《最高人民法院关于适用〈中华人民共和国公司法〉若干问题的规定（四）》的，人民法院应裁定驳回起诉。对前述的裁定，当事人不得提起上诉。

人民法院审理股东知情权纠纷案件时，股东请求委托他人查阅公司有关档案材料的，应说明理由并征得公司同意。公司不同意股东委托的他人查阅时，人民法院可以根据公司或者股东的申请指定专业人员查阅，专业人员查阅后向股东出具查阅报告。股东拒绝人民法院指定的，人民法院应通知驳回股东委托他人查阅的申请。人民法院指定他人查阅产生的委托费用，由股东负担，股东应在指定人开始工作之前与其协商确定具体数额及支付方法。股东应承担查阅或者复制公司相关档案材料发生的合理费用，股东拒绝承担相关费用的，人民法院应驳回起诉。公司以股东行使知情权后泄露公司商业秘密、给公司造成损失为由起诉股东请求赔偿的，人民法院应当受理。公司诉讼请求成立的，人民法院应判令股东承担赔偿责任。公司未依法或者公司章程规定建立相关档案材料、公司建立的相关档案材料虚假或者丢失，股东起诉请求公司依法或者依公司章程重新建立并提供给股东查阅的，人民法院应当受理。公司具备依法或者公司章程规定建立相关档案材料条件的，人民法院应裁定公司在一定期限内建立相关的档案材料，并在公司住所地或者双方另行协商确定的地点提供给股东查阅。公司不具备依法或者依公司章程建立相关档案材料条件，股东主张公司相关人员承担民事赔偿责任的，应另行提起诉讼。

5. 异议股东股份收买请求权

有限责任公司出现下列三种情形之一的，对股东会决议投反对票的股东，可以请求公司按照合理价格收购其股权：①公司连续五年不向股东分配利润，而公司该五年连续盈利，并且符合法律规定的分配利润条件的；②公司合并、分立、转让主要财产的；③公司章程规定的营业期限届满或者章程规定的其他解散事由出现，股东会会议通过决议修改章程使公司存续的。

股份有限公司异议股东股份收买请求权仅限于股东大会作出的公司合并、分立决议持有异议。自股东会会议决议通过之日起六十日内，股东与公司不能达成股权收购协议的，股东可以自股东会会议决议通过之日起九十日内向人民法院提起诉讼，要求公司回购股权。为保护股东权益，《公司法》规定，公司股东会或者股东大会、董事会的决议内容违反法律、行政法规的无效。股东会或者股东大会、董事会的会议召集程序、表决方式违反法律、行政法规或者公司章程，或者决议内容违反公司章程的，股东可以自决议作出之日起六十日内，请求人民法院撤销。公司股东滥用公司法人独立地位和股东有限责任，逃避债务，严重损害公司债权人利益的，应当对公司债务承担连带责任。

四、公司的登记管理

公司登记是国家赋予公司法人资格与企业经营资格，并对公司的设立、变更、终止加以规范、公示的一种行政行为。设立公司，应当依法向登记机关申请设立登记。法律、行政法规规定必须报经审核批准的，应当在公司登记前依法办理批准手续。公司经公司登记机关依法登记，领取企业法人营业执照，方取得企业法人资格。未经公司登记机关登记的，不得以公司名义从事经营活动。

（一）登记管辖

国家工商行政管理总局[①]负责下列公司的登记：①国务院国有资产监督管理机构履行出资人职责的公司，以及该公司投资设立并持有百分之五十以上股份的公司；②外商投资的公司；③依照法律、行政法规或者国务院决定的规定，应当由国家工商行政管理总局登记的公司；④国家工商行政管理总局规定应当由其登记的其他公司。

省、自治区、直辖市工商行政管理局负责本辖区内下列公司的登记：①省、自治区、直辖市人民政府国有资产监督管理机构履行出资人职责的公司，以及该公司投资设立并持有百分之五十以上股份的公司；②省、自治区、直辖市工商行政管理局规定由其登记的自然人投资设立的公司；③依照法律、行政法规或者国务院决定的规定，应当由省、自治区、直辖市工商行政管理局登记的公司；④国家工商行政管理总局授权登记的其他公司。

设区的市（地区）工商行政管理局、县工商行政管理局，以及直辖市的工商行政管理分局、设区的市工商行政管理局的区分局，负责本辖区内下列公司的登记：①国家工商行政管理总局及省、自治区、直辖市工商管理局负责登记公司以外的其他公司；②国家工商行政管理总局和省、自治区、直辖市工商行政管理局授权登记的公司。但是，其中的股份有限公司由设区的市（地区）工商行政管理局负责登记。

（二）登记事项

公司的登记事项应当符合法律、行政法规的规定。不符合法律、行政法规规定的，公司登记机关不予登记。公司的登记事项包括以下几个方面。

1）名称。公司名称应当符合国家有关规定。公司只能使用一个名称。有限责任公司必须在公司名称中注明"有限责任"或"有限"字样；股份有限公司必须在公司名称中注明"股份有限"或"股份"字样。经公司登记机关核准登记的公司名称受法律保护。

2）住所。公司的住所是公司主要办事机构所在地。经公司登记机关登记的公司的住所只能有一个。公司的住所应当在其公司登记机关辖区内。

3）法定代表人姓名。根据《公司法》的相关规定，公司的法定代表人依照公司章程规定，由董事长、执行董事或者经理担任，并依法登记。

4）注册资本。公司的注册资本应当以人民币表示，法律、行政法规另有规定的除外。股东的出资方式应当符合《公司法》第二十七条的规定，但股东不得以劳务、信用、自然人姓名、商誉、特许经营权或者设定担保的财产等作价出资。

5）公司类型。公司类型包括有限责任公司和股份有限公司。一人有限责任公司应当在

---

① 2018年3月，中共中央印发了《深化党和国家机构改革方案》。该方案指出，组建国家市场监督管理总局，不再设立国有重点大型企业监事会。

公司登记中注明自然人独资或者法人独资，并在公司营业执照中载明。

6）经营范围。公司的经营范围由公司章程规定，并依法登记。公司的经营范围用语应当参照国民经济行业分类标准。

7）营业期限。根据《公司法》的相关规定，营业期限依照公司章程规定。

8）有限责任公司股东或者股份有限公司发起人的姓名或者名称。

（三）设立登记

1. 公司名称预先核准

设立公司应当申请名称预先核准。法律、行政法规或者国务院决定规定设立公司必须报经批准，或者公司经营范围中属于法律、行政法规或者国务院决定规定在登记前须经批准的项目的，应当在报送批准前办理公司名称预先核准，并以公司登记机关核准的公司名称报送批准。设立有限责任公司，应当由全体股东指定的代表或者共同委托的代理人向公司登记机关申请名称预先核准；设立股份有限公司，应当由全体发起人指定的代表或者共同委托的代理人向公司登记机关申请名称预先核准。

申请名称预先核准，应当提交下列文件：①有限责任公司的全体股东或者股份有限公司的全体发起人签署的公司名称预先核准申请书；②全体股东或者发起人指定代表或者共同委托代理人的证明；③国家工商行政管理总局规定要求提交的其他文件。

预先核准的公司名称保留期为六个月。预先核准的公司名称在保留期内，不得用于经营活动，不得转让。

2. 公司的设立登记

（1）有限责任公司的设立登记

设立有限责任公司，应当由全体股东指定的代表或者共同委托的代理人向公司登记机关申请设立登记。设立国有独资公司，应当由国务院或者地方人民政府授权的本级人民政府国有资产监督管理机构作为申请人，申请设立登记。法律、行政法规或者国务院决定规定设立有限责任公司必须报经批准的，应当自批准之日起九十日内向公司登记机关申请设立登记；逾期申请设立登记的，申请人应当报批准机关确认原批准文件的效力或者另行报批。

申请设立有限责任公司，应当向公司登记机关提交下列文件：①公司法定代表人签署的设立登记申请书；②全体股东指定代表或者共同委托代理人的证明；③公司章程；④股东的主体资格证明或者自然人身份证明；⑤载明公司董事、监事、经理的姓名、住所的文件，以及有关委派、选举或者聘用的证明；⑥公司法定代表人任职文件和身份证明；⑦企业名称预先核准通知书；⑧公司住所证明；⑨国家工商行政管理总局规定要求提交的其他文件。法律、行政法规或者国务院决定规定设立有限责任公司必须报经批准的，还应当提交有关批准文件。

（2）股份有限公司的设立登记

设立股份有限公司，应当由董事会向公司登记机关申请设立登记。以募集方式设立股份有限公司的，应当于创立大会结束后三十日内向公司登记机关申请设立登记。

申请设立股份有限公司，应当向公司登记机关提交下列文件：①公司法定代表人签署的设立登记申请书；②董事会指定代表或者共同委托代理人的证明；③公司章程；④发起人的主体资格证明或者自然人身份证明；⑤载明公司董事、监事、经理的姓名、住所的文件，以及有关委派、选举或者聘用的证明；⑥公司法定代表人任职文件和身份证明；⑦企业名称预先核准通知书；⑧公司住所证明；⑨国家工商行政管理总局规定要求提交的其他文件。以募集方式设立股份有限公司的，还应当提交创立大会的会议记录以及依法设立的验资机构出具的验资证明；以募集方式设立股份有限公司公开发行股票的，还应当提交国务院证券监督管理机构的核准文件。法律、行政法规或者国务院决定规定设立股份有限公司必须报经批准的，还应当提交有关批准文件。

（四）变更登记

公司变更登记事项，应当向原公司登记机关申请变更登记。未经变更登记，公司不得擅自改变登记事项。

1. 变更登记需提交的文件

公司申请变更登记，应当向公司登记机关提交下列文件：①公司法定代表人签署的变更登记申请书；②依照《公司法》作出的变更决议或者决定；③国家工商行政管理总局规定要求提交的其他文件。

公司变更登记事项涉及修改公司章程的，应当提交由公司法定代表人签署的修改后的公司章程或者公司章程修正案。变更登记事项依照法律、行政法规或者国务院决定规定在登记前须经批准的，还应当向公司登记机关提交有关批准文件。

2. 变更登记事项及要求

1）公司变更名称的，应当自变更决议或者决定作出之日起三十日内申请变更登记。

2）公司变更住所的，应当在迁入新住所前申请变更登记，并提交新住所使用证明。公司变更住所跨公司登记机关辖区的，应当在迁入新住所前向迁入地公司登记机关申请变更登记；迁入地公司登记机关受理的，由原公司登记机关将公司登记档案移送迁入地公司登记机关。

3）公司变更法定代表人的，应当自变更决议或者决定作出之日起三十日内申请变更登记。

4）公司增加注册资本的，应当自变更决议或者决定作出之日起三十日内申请变更登记。公司减少注册资本的，应当自公告之日起四十五日后申请变更登记，并应当提交公司在报纸上登载公司减少注册资本公告的有关证明和公司债务清偿或者债务担保情况的说明。

5）公司变更经营范围的，应当自变更决议或者决定作出之日起三十日内申请变更登记；变更经营范围涉及法律、行政法规或者国务院决定规定在登记前须经批准的项目的，应当自国家有关部门批准之日起三十日内申请变更登记。

公司的经营范围中属于法律、行政法规或者国务院决定规定须经批准的项目被吊销、撤销许可证或者其他批准文件，或者许可证、其他批准文件有效期届满的，应当自吊销、撤销许可证、其他批准文件或者许可证、其他批准文件有效期届满之日起三十日内申请变更登记或者依照相关规定办理注销登记。

6）公司变更类型的，应当按照拟变更的公司类型的设立条件，在规定的期限内向公司登记机关申请变更登记，并提交有关文件。

7）有限责任公司变更股东的，应当自变更之日起三十日内申请变更登记，并应当提交新股东的主体资格证明或者自然人身份证明。有限责任公司的自然人股东死亡后，其合法继承人继承股东资格的，公司应当依照前款规定申请变更登记。有限责任公司的股东或者股份有限公司的发起人改变姓名或者名称的，应当自改变姓名或者名称之日起三十日内申请变更登记。

8）公司登记事项变更涉及分公司登记事项变更的，应当自公司变更登记之日起三十日内申请分公司变更登记。公司章程修改未涉及登记事项的，公司应当将修改后的公司章程或者公司章程修正案送原公司登记机关备案。公司董事、监事、经理发生变动的，应当向原公司登记机关备案。

9）因合并、分立而存续的公司，其登记事项发生变化的，应当申请变更登记；因合并、分立而解散的公司，应当申请注销登记；因合并、分立而新设立的公司，应当申请设立登记。公司合并、分立的，应当自公告之日起四十五日后申请登记，提交合并协议和合并、分立决议或者决定，以及公司在报纸上登载公司合并、分立公告的有关证明和债务清偿或者债务担保情况的说明。法律、行政法规或者国务院决定规定公司合并、分立必须报经批准的，还应当提交有关批准文件。

（五）注销登记

公司申请注销登记，应当提交下列文件：①公司清算组负责人签署的注销登记申请书；②人民法院的破产裁定、解散裁判文书，公司依照《公司法》作出的决议或者决定，行政机关责令关闭或者公司被撤销的文件；③股东会、股东大会、一人有限责任公司的股东、外商投资的公司董事会或者人民法院、公司批准机关备案、确认的清算报告；④企业法人营业执照；⑤法律、行政法规规定应当提交的其他文件。国有独资公司申请注销登记，还应当提交国有资产监督管理机构的决定，其中，国务院确定的重要的国有独资公司，还应当提交本级人民政府的批准文件。有分公司的公司申请注销登记，还应当提交分公司的注销登记证明。经公司登记机关注销登记，公司终止。

（六）分公司登记

分公司是指公司在其住所以外设立的从事经营活动的机构。分公司不具有企业法人资格，其民事责任由公司承担。设立分公司的，应当向分公司所在地的公司登记机关申请登记。分公司的登记事项包括：名称、营业场所、负责人、经营范围。分公司的名称应当符合国家有关规定。分公司的经营范围不得超出公司的经营范围。公司设立分公司的，应当自决定作出之日起三十日内向分公司所在地的公司登记机关申请登记；法律、行政法规或者国务院决定规定必须报经有关部门批准的，应当自批准之日起三十日内向公司登记机关申请登记。

设立分公司，应当向公司登记机关提交下列文件：①公司法定代表人签署的设立分公司的登记申请书；②公司章程及加盖公司印章的企业法人营业执照复印件；③营业场所使用证明；④分公司负责人任职文件和身份证明；⑤国家工商行政管理总局规定要求提交的其他文件。法律、行政法规或者国务院决定规定设立分公司必须报经批准，或者分公司经营范围中属于法律、行政法规或者国务院决定规定在登记前须经批准的项目的，还应当提交有关批准文件。分公司的公司登记机关准予登记的，发给《营业执照……
司登记之日起三十日内，持分公司的营业执照到公司登记机关办理备案。分公……
事项的，应当向公司登记机关申请变更登记。

申请变更登记的，应当提交公司法定代表人签署的变更登记申请书。变更名称、经营范围的，应当提交加盖公司印章的企业法人营业执照复印件，分公司经营范围中属于法律、行政法规或者国务院决定规定在登记前须经批准的项目的，还应当提交有关批准文件。变更营业场所的，应当提交新的营业场所使用证明。变更负责人的，应当提交公司的任免文件及其身份证明。

公司登记机关准予变更登记的，换发营业执照。分公司被公司撤销、依法责令关闭、吊销营业执照的，公司应当自决定作出之日起三十日内向该分公司的公司登记机关申请注销登记。申请注销登记应当提交公司法定代表人签署的注销登记申请书和分公司的营业执照。公司登记机关准予注销登记后，应当收缴分公司的营业执照。

（七）年度报告公示、证照和档案管理

公司应当于每年1月1日至6月30日，通过企业信用信息公示系统向公司登记机关报送上一年度年度报告，并向社会公示。年度报告公示的内容及监督检查办法由国务院制定。

企业法人营业执照、营业执照分为正本和副本，正本和副本具有同等法律效力。国家推行电子营业执照。电子营业执照与纸质营业执照具有同等法律效力。企业法人营业执照正本或者营业执照正本应当置于公司住所或者分公司营业场所的醒目位置。公司可以根据业务需要向公司登记机关申请核发营业执照若干副本。

任何单位和个人不得伪造、涂改、出租、出借、转让营业执照。营业执照遗失或者毁坏的，公司应当在公司登记机关指定的报刊上声明作废，申请补领。公司登记机关依法作出变更登记、注销登记、撤销变更登记决定，公司拒不缴回或者无法缴回营业执照的，由公司登记机关公告营业执照作废。公司登记机关对需要认定的营业执照，可以临时扣留，扣留期限不得超过十天。借阅、抄录、携带、复制公司登记档案资料的，应当按照规定的权限和程序办理。任何单位和个人不得修改、涂抹、标注、损毁公司登记档案资料。营业执照正本、副本样式，电子营业执照标准及公司登记的有关重要文书格式或者表式，由国家工商行政管理总局统一制定。

第二节　有限责任公司

一、有限责任公司的设立

（一）公司设立的条件

1. 股东符合法定人数

有限责任公司由五十个以下股东出资设立。股东可以是自然人，也可以是法人或者其他经济组织。有限责任公司股东人数没有下限规定，允许设立一人有限责任公司和国有独资公司。

2. 有符合公司章程规定的全体股东认缴的出资额

有限责任公司的注册资本为在公司登记机关登记的全体股东认缴的出资额。法律、行政法规及国务院决定对有限责任公司注册资本实缴、注册资本最低限额另有规定的，从其规定。

有限责任公司的股东可以用货币出资，也可以用实物、知识产权、土地使用权等可以用货币估价并可依法转让的非货币财产作价出资，但是，股东不得以劳务、信用、自然人姓名、商誉、特许经营权或者设定担保的财产等作价出资。

出资人以非货币财产出资，未依法评估作价，公司、其他股东或者公司债权人请求认定出资人未履行出资义务的，人民法院应当委托具有合法资格的评估机构对该财产评估作价。评估确定的价额显著低于公司章程所定价额的，人民法院应当认定出资人未依法全面履行出资义务。

3. 股东共同制定公司章程

有限责任公司的章程由股东共同制定，股东应当在公司章程上签名、盖章。公司章程对公司、股东、董事、监事、高级管理人员具有约束力。高级管理人员是指公司的经理、副经理、财务负责人、上市公司董事会秘书和公司章程规定的其他人员。

有限责任公司章程应当载明下列事项：①公司名称和住所；②公司经营范围；③公司注册资本；④股东的姓名或者名称；⑤股东的出资方式、出资额和出资时间；⑥公司的机构及其产生办法、职权、议事规则；⑦公司法定代表人；⑧股东会认为需要规定的其他事项。

4. 有公司名称，建立符合有限责任公司要求的组织机构

公司只能使用一个名称。有限责任公司必须在公司的名称中标明"有限责任公司"或者"有限公司"的字样。公司应当设立符合有限责任公司要求的组织机构，即股东会、董事会或执行董事、监事会或监事。

5. 有公司住所

任何公司都必须有其固定的住所，不允许设立无住所的公司。公司以其主要办事机构所在地为住所。公司的住所只能有一个。

（二）公司设立的程序

1. 订立公司章程

股东设立有限责任公司，必须先订立公司章程，将要设立的公司基本情况及各方面的权利义务加以明确规定。

2. 股东缴纳出资

股东应当按期缴纳公司章程中规定的各自所认缴的出资额。股东以货币出资的，应当将货币出资足额存入有限责任公司在银行开设的账户。以非货币出资的，应当依法办理财产权的转移手续。股东不按照规定缴纳出资的，除应当足额缴纳外，还应当向已按期足额缴纳出资的股东承担违约责任。

3. 申请设立登记

股东按照章程规定缴纳出资后，由全体股东指定的代表或者共同委托的代理人向公司登记机关报送公司登记处申请书、公司章程等文件，申请设立登记。公司经核准登记后，领取公司营业执照。

有限责任公司在登记注册后，应向股东签发出资证明书。出资证明书由公司盖章，并且在上面必须载明下列事项：①公司名称；②公司成立日期；③公司注册资本；④股东的姓名或者名称、缴纳的出资额和出资日期；⑤出资证明书的编号和核发日期。

公司成立后，股东不得抽逃出资。

（三）关于出资形式的其他规定

1. 出资人以划拨的土地使用权或者设定权利负担（如设定了抵押担保）的土地使用权出资

公司、其他股东或者公司债权人主张认定该出资人未履行出资义务的，人民法院应当责令当事人在指定的合理期间内办理土地变更手续或者解除权利负担；逾期未办理或者未解除的，人民法院应当认定出资人未依法全面履行出资义务。

2. 出资人以房屋、土地使用权或者需要办理权属登记的知识产权等财产出资

（1）已经交付公司使用但未办理权属变更手续

公司、其他股东或者公司债权人主张认定出资人未履行出资义务的，人民法院应当责令当事人在指定的合理期间内办理权属变更手续；在指定的期间内办理了权属变更手续的，人民法院应当认定其已经履行了出资义务；出资人主张自其实际交付财产给公司使用时享有相应股东权利的，人民法院应予支持。

（2）已经办理权属变更手续但未交付给公司使用

公司或者其他股东主张其向公司交付，并在实际交付之前不享有相应股东权利的，人民法院应予支持。

3. 以贪污、受贿、侵占、挪用等违法犯罪所得的货币出资

以贪污、受贿、侵占、挪用等违法犯罪所得的货币出资后取得股权的，对违法犯罪行为予以追究、处罚时，应当采取拍卖或者变卖的方式处置其股权。这一规定防止将出资的财产直接从公司抽出，将出资财产所形成的股权折价补偿受害人损失，以维持公司资本、维护公司债权人利益。

出资人以不享有处分权的财产出资，当事人之间对于出资行为效力产生争议的，人民法院可以参照《物权法》第一百零六条（善意取得制度）的规定予以认定。这就是说，出资人用自己并不享有处分权的财产进行出资时，该出资行为的效力不宜一概予以否认，只

要公司取得该财产符合《物权法》第一百零六条规定的善意取得条件，该财产就可以最终为公司所有。这有利于维持公司资本，从而保障交易相对人的利益。

（四）名义股东与实际出资人

实践中，由于各种原因，公司相关文件记名的股东（名义股东）与真正投资人（实际出资人）不是同一个人，二者经常就股权及投资收益的归属发生争议。《最高人民法院关于适用〈中华人民共和国公司法〉若干问题的规定（三）》就名义股东与实际出资人的问题作出明确规定。

1. 名义股东与实际出资人之间的内部约定效力问题

有限责任公司的实际出资人与名义出资人订立合同，约定由实际出资人出资并享有投资权益，以名义出资人为名义股东，实际出资人与名义股东对该合同效力发生争议的，如无《合同法》第五十二条（合同无效的界定）规定的情形，人民法院应当认定该合同有效。这就是说，当名义股东与实际出资人约定由名义股东出面行使股权，但由实际出资人享受投资权益时，这属于双方之间的自由约定，根据缔约自由的精神，如无其他违法情形，该约定应当有效，实际出资人可依照合同约定向名义股东主张相关权益。基于这一精神，在实际出资人与名义股东就出资约定合法的情况下，二者因投资权益的归属发生争议，实际出资人以其实际履行了出资义务为由向名义股东主张权利的，人民法院应予支持。名义股东以公司股东名册记载、公司登记机关登记为由否认实际出资人权利的，人民法院不予支持。

2. 实际出资人请求公司变更股东

实际出资人请求公司变更股东、签发出资证明书、记载于股东名册、记载于公司章程并办理公司登记机关登记等，此时实际出资人的要求已经突破了双方合同的范围，实际出资人将从公司外部进入公司内部，成为公司的成员。此种情况下，应当参照《公司法》第七十二条（股东向股东以外的人转让股权）的规定。根据《最高人民法院关于适用〈中华人民共和国公司法〉若干问题的规定（三）》，如果实际出资人未经公司其他股东半数以上同意，请求公司变更股东、签发出资证明书、记载于股东名册、记载于公司章程并办理公司登记机关登记的，人民法院不予支持。

3. 名义股东擅自处分股权

名义股东将登记于其名下的股权转让、质押或者以其他方式处分，实际出资人以其对于股权享有实际权利为由，请求认定处分股权行为无效的，人民法院可以参照《物权法》第一百零六条（善意取得制度）的规定处理。这就是说，只要受让方构成善意取得，交易的股权可以最终为其所有。但是，名义股东处分股权造成实际出资人损失，实际出资人请求名义股东承担赔偿责任的，人民法院应予支持。

4. 名义股东对公司的债权人责任

公司债权人以登记于公司登记机关的股东未履行出资义务为由，请求其对公司债务不能清偿的部分在未出资本息范围内承担补充赔偿责任，股东以其仅为名义股东而非实际出资人为由进行抗辩的，人民法院不予支持。但是，名义股东在承担相应的赔偿责任后，向实际出资人追偿的，人民法院应予支持。

5. 冒用他人名义出资

冒用他人名义出资并将该他人作为股东在公司登记机关登记的，冒名登记行为人应当承担相应责任；公司、其他股东或者公司债权人以未履行出资义务为由，请求被冒名登记为股东的承担补足出资责任或者对公司债务不能清偿部分的赔偿责任的，人民法院不予支持。

（五）未尽出资义务的法律后果

1. 在公司内部

（1）全面履行

股东未履行或者未全面履行出资义务，"公司或者其他股东"请求其向公司依法全面履行出资义务的，人民法院应予支持。

（2）违约责任

股东未履行或者未全面履行出资义务，除应当向公司足额缴纳外，还应当向"已按期足额缴纳出资"的股东承担违约责任；该违约责任除出资部分外，还包括未出资的利息。

（3）股东权利

股东未履行或者未全面履行出资义务，公司根据公司章程或者股东会决议对其利润分配请求权、新股优先认购权、剩余财产分配请求权等股东权利作出相应的合理限制，该股东请求认定该限制无效的，人民法院不予支持。

（4）股东资格

股东未履行出资义务（不包括未全面履行），经公司催告，在合理期间内仍未缴纳，公司以股东会决议解除该股东的股东资格，该股东请求确认该解除行为无效的，人民法院不予支持。

2. 对债权人

（1）未尽出资义务的股东

公司债权人请求未履行或者未全面履行出资义务的股东在未出资本息范围内对公司债务不能清偿的部分承担补充赔偿责任的，人民法院应予支持。未履行或者未全面履行出资义务的股东已经承担上述责任，其他债权人提出相同请求的，人民法院不予支持。

（2）发起人

股东在公司设立时未履行或者未全面履行出资义务，发起人与被告股东承担连带责任。但是，公司的发起人承担责任后，可以向被告股东追偿。

（3）董事、高级管理人员

股东在公司增资时未履行或者未全面履行出资义务，原告请求未尽《公司法》规定的义务而使出资未缴足的董事、高级管理人员承担相应责任的，人民法院应予支持。董事、高级管理人员承担责任后，可以向被告股东追偿。

3. 未尽出资义务股东诉讼时效抗辩

股东未履行或者未全面履行出资义务，公司或者其他股东请求其向公司全面履行出资义务，被告股东以诉讼时效为由进行抗辩的，人民法院不予支持。公司债权人的债权未过诉讼时效期间，其依照规定请求未履行或者未全面履行出资义务的股东承担赔偿责任，被告股东以出资义务超过诉讼时效期间为由进行抗辩的，人民法院不予支持。

（六）公司设立阶段的合同责任

在公司设立过程中，发起人承担公司筹办事务，需要对外订立合同，那么，该合同责任是由公司承担，还是由发起人承担？《最高人民法院关于适用〈中华人民共和国公司法〉若干问题的规定（三）》对此专门作了明确规定。

发起人为设立公司以"自己"名义对外签订合同，对相对人而言，合同中载明的主体是发起人，所以原则上应当由发起人承担合同责任。但是，公司成立后，对以发起人名义订立的合同予以确认，或者已经实际享有合同权利或者履行合同义务，合同相对人请求公司承担合同责任的，人民法院应予支持。

发起人以设立中的"公司"名义对外签订合同，公司成立后合同相对人请求公司承担合同责任的，人民法院应予支持。但是，公司成立后有证据证明发起人是为自己利益而签订该合同，且合同相对人对此是明知的，该合同责任不应当由成立后的公司承担，而应由发起人承担。如果合同相对人不知道发起人是为自己利益而订立合同，即为善意，则仍由公司承担合同责任。

（七）设立公司失败的责任承担

公司不能成立时，发起人对设立行为所产生的债务和费用负连带责任。部分发起人（对外）承担（连带）责任后，请求其他发起人分担的，人民法院应当判令其他发起人按照约定的责任承担比例分担责任；没有约定责任承担比例的，按照约定的出资比例分担责任；没有约定出资比例的，按照均等份额分担责任。因部分发起人的过错导致公司未成立，其他发起人主张其承担设立行为所产生的费用和债务的，人民法院应当根据过错情况，确定过错一方的责任范围。在公司设立过程中，发起人的过失致使公司利益受到损害的，应当对公司承担赔偿责任。发起人因履行公司设立职责造成他人损害，公司成立后受害人请求公司承担侵权赔偿责任的，人民法院应予支持；公司未成立，受害人请求全体发起人承担连带赔偿责任的，人民法院应予支持。公司或者无过错的发起人承担赔偿责任后，可以向有过错的发起人追偿。

二、有限责任公司的组织机构

（一）股东会

1. 股东会的性质和职权

有限责任公司股东会由全体股东组成。股东会是公司的权力机构。但一人有限责任公司和国有独资公司不设股东会。有限责任公司的股东会行使下列职权：①决定公司的经营方针和投资计划；②选举和更换非由职工代表担任的董事、监事，决定有关董事、监事的报酬事项；③审议批准董事会的报告；④审议批准监事会或者监事的报告；⑤审议批准公司的年度财务预算方案、决算方案；⑥审议批准公司的利润分配方案和弥补亏损方案；⑦对公司增加或者减少注册资本作出决议；⑧对发行公司债券作出决议；⑨对公司合并、分立、解散、清算或者变更公司形式作出决议；⑩修改公司章程；⑪公司章程规定的其他职权。对上列事项股东以书面形式一致表示同意的，可以不召开股东会会议，直接作出决定，并由全体股东在决定文件上签名、盖章。

2. 股东会的形式

股东会会议分为定期会议和临时会议。定期会议依照公司章程的规定按时召开。临时会议是在公司章程规定的会议时间以外召开的会议。有权提议召开临时会议的人员有代表十分之一以上表决权的股东、三分之一以上的董事、监事会或者不设监事会的公司的监事。

3. 股东会的召开

首次股东会会议由出资最多的股东召集和主持，依照法律规定行使职权。以后的股东会会议，设立董事会的，由董事会召集、董事长主持；公司不设董事会的，股东会会议由执行董事召集和主持。董事长不能或者不履行职务的，由副董事长主持；副董事长不能或者不履行职务的，由半数以上董事共同推举一名董事主持。董事会或执行董事不能履行或者不履行召集职责的，由监事会或不设监事会的公司的监事负责召集和主持；监事会或者监事不召集和主持的，代表十分之一以上表决权的股东可以自行召集和主持。召开股东会会议，应当于会议召开十五日前通知全体股东；但公司章程另有规定或者全体股东另有约定的除外。股东会应当对所议事项的决定作成会议记录，并且出席会议的股东应当在会议记录上签名。

4. 股东会的决议

股东会会议上股东按照出资比例行使表决权，但公司章程另有规定的除外。股东会的议事方式和表决权，除《公司法》有规定的以外，由公司章程来规定。股东会会议作出修改公司章程、增加或者减少注册资本的决议，以及公司合并、分立、解散或者变更公司形式的决议，心须经代表三分之二以上表决权的股东通过。

（二）董事会（执行董事）和总经理

1. 董事会的组成

董事会是公司股东会的执行机构，对股东会负责。有限责任公司设董事会，其成员为三至十三人，两个以上的国有企业或者两个以上的其他国有投资主体投资设立的有限责任公司，其董事会成员中应当有公司职工代表；其他有限责任公司董事会成员中可以有公司职工代表。董事会中的职工代表由公司职工通过职工代表大会、职工大会或者其他形式民主选举产生。董事会设董事长一人，可以设副董事长。董事长、副董事长的产生办法由公司章程规定。股东人数较少或者规模较小的有限责任公司，可以不设董事会，而设一名执行董事。

董事任期由公司章程规定，但董事每届任期不得超过三年。董事任期届满，连选可以连任。董事任期届满未及时改选，或者董事在任期内辞职导致董事会成员低于法定人数的情况下，在改选出的董事就任前，原董事仍应当依照法律、行政法规和公司章程的规定，履行董事职务。

2. 董事会的职权

董事会行使下列职权：①召集股东会会议，并向股东会报告工作；②执行股东会的决议；③决定公司的经营计划和投资方案；④制订公司的年度财务预算方案、决算方案；⑤制订公司的利润分配方案和弥补亏损方案；⑥制订公司增加或者减少注册资本及发行公司债券的方案；⑦制订公司合并、分立、解散或者变更公司形式的方案；⑧决定公司内部管理机构的设置；⑨决定聘任或者解聘公司经理及其报酬事项，并根据经理的提名决定聘任或者解聘公司副经理、财务负责人及其报酬事项；⑩制定公司的基本管理制度；⑪公司章程规定的其他职权。

3. 董事会的决议

董事会会议由董事长召集和主持；董事长不能履行职务或者不履行职务的，由副董事长召集和主持；副董事长不能履行职务或者不履行职务的，由半数以上董事共同推举一名董事召集和主持。董事会的议事方式和表决程序，除《公司法》有规定的外，由公司章程规定。董事会决议的表决，实行一人一票。董事会应当对所议事项的决定作成会议记录，出席会议的董事应当在会议记录上签名。

4. 经理

有限责任公司可以设经理，由董事会决定聘任或解聘。经理对董事会负责，行使下列职权：①主持公司的生产经营管理工作，组织实施董事会决议；②组织实施公司的年度经营计划和投资方案；③拟订公司内部管理机构设置方案；④拟订公司的基本管理制度；⑤制定公司的具体规章；⑥提请聘任或者解聘公司的副经理、财务负责人；⑦决定聘任或者解聘除应由董事会决定聘任或者解聘以外的负责管理人员；⑧董事会授予的其他职权。公司章程对经理职权另有规定的，按照其规定。

（三）监事会

1. 监事会的组成

有限责任公司设监事会，其成员不得少于三人。股东人数较少或者规模较小的有限责任公司，可以设一至二名监事，不设监事会。监事会应当包括股东代表和适当比例的公司职工代表，其中职工代表的比例不得低于三分之一，具体比例由公司章程规定。监事会中的职工代表由公司职工通过职工代表大会、职工大会或者其他形式的民主选举产生。董事、高级管理人员不得兼任监事。监事会设主席一人，由全体监事过半数选举产生。监事会主席召集和主持监事会会议；监事会主席不能履行职务或者不履行职务的，由半数以上监事共同推举一名监事召集和主持监事会会议。监事的任期每届为三年。监事任期届满，连选可以连任。监事任期届满未及时改选，或者监事在任期内辞职导致监事会成员低于法定人数的情形下，在改选出的监事就任前，原监事仍应当依照法律、行政法规和公司章程的规定，履行监事职务。

2. 监事会的职权

监事会、不设监事会的公司的监事行使下列职权：①检查公司财务；②对董事、高级管理人员执行公司职务的行为进行监督，对违反法律、行政法规、公司章程或者股东会决议的董事、高级管理人员提出罢免的建议；③当董事、高级管理人员的行为损害公司的利益时，要求董事、高级管理人员予以纠正；④提议召开临时股东会会议，在董事会不履行规定的召集和主持股东会会议职责时召集和主持股东会会议；⑤向股东会会议提出提案；⑥依照《公司法》，对董事、高级管理人员提起诉讼；⑦公司章程规定的其他职权。

3. 监事会的决议

监事会每年度至少召开一次会议，监事可以提议召开临时监事会会议。监事会的议事方式和表决程序，除《公司法》有规定的外，由公司章程规定。监事会决议应当经半数以上监事通过。监事会应当对所议事项的决定作成会议记录，出席会议的监事应当在会议记录上签名。

三、一人有限责任公司的特别规定

一人有限责任公司是指只有一个自然人股东或者一个法人股东的有限责任公司。它是有限责任公司的一种特殊表现形式。一个自然人只能投资设立一个一人有限责任公司。该一人有限责任公司不能投资设立新的一人有限责任公司。一人有限责任公司应当在公司登记中注明自然人独资或者法人独资，并在公司营业执照中载明。一人有限责任公司不设股东会。股东作出决定公司的经营方针和投资计划时，应当采取书面形式，并由股东签名后置备于公司。一人有限责任公司的股东不能证明公司财产独立于股东自己的财产的，应当对公司债务承担连带责任。

四、国有独资公司的特别规定

国有独资公司是指国家单独出资、由国务院或者地方人民政府授权本级人民政府国有资产监督管理机构履行出资人职责的有限责任公司。国有独资公司章程由国有资产监督管理机构制定，或者由董事会制定报国有资产监督管理机构批准。

国有独资公司不设股东会，由国有资产监督管理机构行使股东会职权。国有资产监督管理机构可以授权公司董事会行使股东会的部分职权，决定公司的重大事项，但公司的合并、分立、解散、增加或者减少注册资本和发行公司债券，都必须由国有资产监督管理机构决定。其中，重要的国有独资公司合并、分立、解散、申请破产的，应当由国有资产监督管理机构审核后报本级人民政府批准。

国有独资公司设董事会，董事每届任期不得超过三年。董事会成员中应当有公司职工代表。董事会成员由国有资产监督管理机构委派；但是，董事会成员中的职工代表由公司职工代表大会选举产生。董事会设董事长一人，可以设副董事长。董事长、副董事长由国有资产监督管理机构从董事会成员中指定。国有独资公司设经理，由董事会聘任或者解聘。经国有资产监督管理机构同意，董事会成员可以兼任经理。国有独资公司的董事长、副董事长、董事、高级管理人员，未经国有资产监督管理机构同意，不得在其他有限责任公司、股份有限公司或者其他经济组织兼职。国有独资公司监事会成员不得少于五人，其中职工代表的比例不得低于三分之一，具体比例由公司章程规定。监事会成员由国有资产监督管理机构委派。但是，监事会成员中的职工代表由公司职工代表大会选举产生。监事会主席由国有资产监督管理机构从监事会成员中指定。

五、有限责任公司的股权转让

（一）股权的自愿转让

有限责任公司的股东之间可以相互转让其全部或者部分股权。

股东向股东以外的人转让股权时，应当经其他股东过半数同意。股东应就其股权转让事项书面通知其他股东，并征求其同意，其他股东自接到书面通知之日起满三十日未答复的，视为同意转让。其他股东半数以上不同意转让的，不同意的股东应当购买该转让的股权；不购买的，视为同意转让。经股东同意转让的股权，在同等条件下，其他股东有优先购买权。两个以上的股东都要行使优先认购权的，协商解决；协商不成的，按照转让时的股份比例行使优先认购权。

（二）股权的强制转让

股权的强制转让，是指人民法院依照民事诉讼法等法律规定的执行程序，强制执行生效的法律文书时，以拍卖、变卖或者其他方式转让有限责任公司股东的股权。

人民法院依照法律规定的强制执行程序转让股东的股权时，应当通知公司及全体股东，其他股东在同等条件下有优先购买权。其他股东自人民法院通知之日起满二十日不行使优先购买权的，视为放弃优先购买权。

（三）出资证明书的更替

有限责任公司股东转让股权后，公司应当注销原股东的出资证明书，向新股东签发出资证明书，并相应修改公司章程和股东名册中有关股东及其出资额的记载。对公司章程的该项修改不需再由股东会表决。

第三节 股份有限公司

一、股份有限公司的设立

（一）股份有限公司设立的方式

股份有限公司既可以采取发起设立的方式，也可以采取募集设立的方式。发起设立是指由发起人认购公司应发行的全部股份而设立股份有限公司的方式。募集设立是指由发起人认购公司应发行股份的一部分，其余股份向社会公开募集或者向特定对象募集而设立股份有限公司的方式。

（二）股份有限公司设立的条件

1. 发起人符合法定人数

设立股份有限公司，应当有二人以上二百人以下的发起人，其中须有半数以上的发起人在中国境内有住所。股份有限公司的发起人承担公司筹办事务。发起人应当签订发起人协议，明确各自在公司设立过程中的权利和义务。

股份有限公司的股东与发起人是两个不同的概念。发起人是指依法筹办公司设立事务的人。在公司设立阶段，由于公司尚未成立，股份尚未发行，无所谓股份有限公司的股东。在股份有限公司设立登记后，公司发起人因缴纳股款并经公司登记，自然成为股份有限公司的股东。股东与发起人是股份有限公司设立两个阶段上的不同概念，二者的责任也不同。股东负有限责任，而发起人在公司设立失败时，承担连带责任。

股份有限公司的发起人应当承担下列责任：①公司不能成立时，对设立行为所产生的债务和费用负连带责任；②公司不能成立时，对认股人已缴纳的股款，负返还股款并加算银行同期存款利息的连带责任；③在公司设立过程中，发起人的过失致使公司利益受到损害的，应当对公司承担赔偿责任。

2. 有符合公司章程规定的全体发起人认购的股本总额或募集的实收的股本总额

股份有限公司采取发起设立方式设立的，注册资本为在公司登记机关登记的全体发起人认购的股本总额。在发起人认购的股份缴足前，不得向他人募集股份。股份有限公司采取募集设立方式设立的，注册资本为在公司登记机关登记的实收股本总额。法律、行政法规及国务院决定对股份有限公司注册资本实缴、注册资本最低限额另有规定的，从其规定。以发起设立方式设立股份有限公司的，发起人应当书面认足公司章程规定其认购的股份，并按照公司章程规定缴纳出资。以非货币财产出资的，应当依法办理其财产权的转移手续。发起人不依照法律规定缴纳出资的，应当按照发起人协议承担违约责任。发起人认足公司章程规定的出资后，应当选举董事会和监事会，由董事会向公司登记机关报送公司章程，以及法律、行政法规规定的其他文件，申请设立登记。

3. 股份发行、筹办事项符合法律规定

发起人为设立股份有限公司而发行股份时，以及在进行其他筹办事项时，必须符合法律规定的条件和程序。例如，向社会公开募集股份，应当报国务院证券监督管理机构核准，并公告招股说明书、认股书等。

4. 发起人制定公司章程，采用募集设立方式设立的经创立大会通过

对于以发起设立方式设立的股份有限公司，由全体发起人制定公司章程；对于募集设立方式设立的股份有限公司，发起人制定章程，还应当经创立大会通过。股份有限公司章程应当载明下列事项：①公司名称和住所；②公司经营范围；③公司设立方式；④公司股份总数、每股金额和注册资本；⑤发起人的姓名或者名称、认购的股份数、出资方式和出资时间；⑥董事会的组成、职权和议事规则；⑦公司法定代表人；⑧监事会的组成、职权和议事规则；⑨公司利润分配办法；⑩公司的解散事由与清算办法；⑪公司的通知和公告办法；⑫股东大会会议认为需要规定的其他事项。

5. 有公司名称，建立符合股份有限公司要求的组织机构

公司的名称是公司的标志。公司设立自己的名称时，必须符合法律、行政法规的规定，并应当经过公司登记管理机关进行预先核准登记。公司应当设立符合有限责任公司要求的组织机构，即股东会、董事会或者执行董事、监事会或者监事等。

6. 有公司住所

设立公司必须有住所。没有住所的公司，不得设立。公司以其主要办事机构所在地为住所。

（三）股份有限公司的设立程序

1. 发起设立的方式

发起设立方式的程序：①发起人书面认购公司章程规定的股份。②缴纳出资。按照公司章程规定缴纳出资。③选举董事会和监事会。④申请设立登记。由董事会向公司登记机关申请设立登记。

2. 募集设立的方式

募集设立方式的程序：①发起人认购股份。发起人认购的股份不得少于公司股份总数的百分之三十五；法律另有规定的除外。②向社会公开募集股份。发起人向社会公开募集股份，必须公告招股说明书，并制作认股书。招股说明书应当附有发起人制定的公司章程，并载明下列事项：发起人认购的股份数；每股的票面金额和发行价格；无记名股票的发行总数；募集资金的用途；认股人的权利、义务；本次募股的起止期限及逾期未募足时认股人可以撤回所认股份的说明。认股书应当由认股人填写认购股数、金额、住所，并签名、盖章。认股人按照所认购股数缴纳股款。发起人向社会公开募集股份，应当由依法设立的证券公司承销，签订承销协议。发起人向社会公开募集股份，应当同银行签订代收股款协议。代收股款的银行应当按照协议代收和保存股款，向缴纳股款的认股人出具收款单据，并负有向有关部门出具收款证明的义务。

股份有限公司的认股人未按期缴纳所认购股份的股款，经公司发起人催缴后在合理期间内仍未缴纳，公司发起人对该股份另行募集的，人民法院应当认定该募集行为有效。认股人延期缴纳股款给公司造成损失，公司请求该认股人承担赔偿责任的，人民法院应予支持。

3. 召开创立大会

发行股份的股款缴足后，必须经依法设立的验资机构出具证明。发起人应当自股款缴

足后三十日内主持召开公司创立大会。创立大会成员由发起人、认股人组成。发起人应当在创立大会召开十五日前将会议日期通知各认股人或者予以公告。创立大会应有代表股份总数过半数的发起人、认股人出席，方可举行。

发行的股份超过招股说明书规定的截止期限尚未募足的，或者发行股份的股款缴足后，发起人在三十日内未召开创立大会的，认股人可以按照所缴纳股款并加算银行同期存款利息，要求发起人返还。

创立大会行使下列职权：①审议发起人关于公司筹办情况的报告；②通过公司章程；③选举董事会成员；④选举监事会成员；⑤对公司的设立费用进行审核；⑥对发起人用于抵作股款的财产的作价进行审该；⑦发生不可抗拒力或者经营条件发生重大变化直接影响公司设立的，可以作出不设立公司的决议，作出此项决议时，必须经出席会议的认股人所持表决权过半数通过。

4. 申请设立登记

董事会应于创立大会结束之日起三十日内，向公司登记机关申请设立。股份有限公司成立后，发起人未按照公司章程的规定缴足出资的，应当补缴；其他发起人承担连带责任。股份有限公司成立后，发现作为设立公司出资的非货币财产的实际价额显著低于公司章程所定价额的，应当由交付该出资的发起人补足其差额；其他发起人承担连带责任。发起人、认股人缴纳股款或者交付抵作股款的出资后，除未按期募足股份、发起人未按期召开创立大会或者创立大会决议不设立公司的情形外，不得抽回其股本。有限责任公司变更为股份有限公司时，折合的实收股本总额不得高于公司净资产额。有限责任公司变更为股份有限公司，为增加资本公开发行股份时，应当依法办理。

（四）股份有限公司发起人承担的责任

公司因故未成立，债权人请求全体或者部分发起人对设立公司行为所产生的费用和债务承担连带清偿责任的，人民法院应予支持。部分发起人依照前款规定承担责任后，请求其他发起人分担的，人民法院应当判令其他发起人按照约定的责任承担比例分担责任；没有约定责任承担比例的，按照约定的出资比例分担责任；没有约定出资比例的，按照均等份额分担责任。因部分发起人的过错导致公司未成立，其他发起人主张其承担设立行为所产生的费用和债务的，人民法院应当根据过错情况，确定过错一方的责任范围。

发起人因履行公司设立职责造成他人损害，公司成立后受害人请求公司承担侵权赔偿责任的，人民法院应予支持；公司未成立，受害人请求全体发起人承担连带赔偿责任的，人民法院应予支持。公司或者无过错的发起人承担赔偿责任后，可以向有过错的发起人追偿。发起人为设立公司以自己名义对外签订合同，合同相对人请求该发起人承担合同责任的，人民法院应予支持。公司成立后对前款规定的合同予以确认，或者已经实际享有合同权利或者履行合同义务，合同相对人请求公司承担合同责任的，人民法院应予支持。发起人以设立中公司名义对外签订合同，公司成立后合同相对人请求公司承担合同责任的，人民法院应予支持。公司成立后有证据证明发起人利用设立中公司的名义为自己的利益与相对人签订合同，公司以此为由主张不承担合同责任的，人民法院应予支持，但相对人为善意的除外。

二、股份有限公司的组织机构

股份有限公司的组织机构由三部分组成：股东大会、董事会及经理、监事会。上市公司还可增设独立董事和董事会秘书。

（一）股东大会

股份有限公司股东大会由全体股东组成。股东大会是公司的权力机构。

1. 股东大会的职权

根据《公司法》及中国证券监督管理委员会（以下简称中国证监会）发布的《上市公司章程指引》的规定，股东大会行使下列职权：①决定公司的经营方针和投资计划；②选举和更换非由职工代表担任的董事、监事，决定有关董事、监事的报酬事项；③审议批准董事会的报告；④审议批准监事会报告；⑤审议批准公司的年度财务预算方案、决算方案；⑥审议批准公司的利润分配方案和弥补亏损方案；⑦对公司增加或者减少注册资本作出决议；⑧对发行公司债券作出决议；⑨对公司合并、分立、解散、清算或者变更公司形式作出决议；⑩修改本章程；⑪对公司聘用、解聘会计师事务所作出决议；⑫审议批准对外担保事项；⑬审议公司在一年内购买、出售重大资产超过公司最近一期经审计总资产百分之三十的事项；⑭审议批准变更募集资金用途事项；⑮审议股权激励计划；⑯审议法律、行政法规、部门规章或相关规定应当由股东大会决定的其他事项。同时，上述股东大会的职权不得通过授权的形式由董事会或其他机构和个人代为行使。

公司下列对外担保行为，须经股东大会审议通过：①本公司及本公司控股子公司的对外担保总额，达到或超过最近一期经审计净资产的百分之五十以后提供的任何担保；②公司的对外担保总额，达到或超过最近一期经审计总资产的百分之三十以后提供的任何担保；③为资产负债率超过百分之七十的担保对象提供的担保；④单笔担保额超过最近一期经审计净资产百分之十的担保；⑤对股东、实际控制人及其关联方提供的担保。

2. 股东大会的形式

股份有限公司的股东大会分为股东年会和临时股东大会两种。股东大会应当每年召开一次年会。发生下列情形之一的，应当在两个月内召开临时股东大会：①董事会人数不足《公司法》规定人数或者公司章程所定人数的三分之二时；②公司未弥补的亏损达实收股本总额三分之一时；③单独或者合计持有公司百分之十以上股份的股东请求时；④董事会认为必要时；⑤监事会提议召开时；⑥公司章程规定的其他情形。

3. 股东大会会议的召开

股东大会会议由董事会召集，董事长主持；董事长不能履行职务或者不履行职务的，由副董事长主持；副董事长不能履行职务或者不履行职务的，由半数以上董事共同推举一名主持。董事会不能履行或者不履行召集股东大会会议职责的，监事会应当及时召集和主持；监事会不召集和主持的，连续九十日以上单独或者合计持有公司百分之十以上股份的股东可以自行召集和主持。

召开股东大会会议，应当将会议召开的时间、地点和审议的事项于会议召开二十日前通知各股东；临时股东大会应当于会议召开十五日前通知各股东；发行无记名股票的，应当于会议召开三十日前公告会议召开的时间、地点和审议事项。

单独或者合计持有公司百分之三以上的股份的股东，可以在股东大会召开十日前提出临时提案并书面提交董事会；董事会应当在收到提案后二日内通知其他股东，并将该临时提案提交股东大会审议。临时提案的内容应当属于股东大会职权范围，并有明确议题和具体决议事项。

无记名股票持有人出席股东大会会议的，应当于会议召开五日前至股东大会闭会时将股票交存于公司。

4. 股东大会的决议

股东出席股东大会会议，所持每一股份有一表决权。但是，公司持有的本公司股份没有表决权。股东大会作出决议，必须经出席会议的股东所持表决权过半数通过。但是，股东大会作出修改公司章程、增加或者减少注册资本的决议，以及公司合并、分立、解散或者变更公司形式的决议，必须经出席会议的股东所持表决权的三分之二以上通过。

股东大会选举董事、监事，可以依照公司章程的规定或者股东大会的决议，实行累积投票制。累积投票制是指股东大会选举董事或者监事时，每一股份拥有与应选董事或者监事人数相同的表决权，股东拥有的表决权可以集中使用。股东可以委托代理人出席股东大会会议，代理人应当向公司提交股东授权委托书，并在授权范围内行使表决权。股东大会应当将所议事项的决定作成会议记录，主持人、出席会议的董事应当在会议记录上签名。会议记录应当与出席股东的签名册及代理出席的委托书一并保存。

（二）董事会及经理

1. 董事会

（1）董事会的组成

董事会是股东大会的执行机构，对股东大会负责。董事会由五至十九人组成。董事会成员中可以有公司职工代表。董事会中的职工代表由公司职工通过职工代表大会、职工大会或者其他形式民主选举产生。董事任期由公司章程规定，但每届任期不得超过三年。董事任期届满，连选可以连任。董事任期届满未及时改选，或者董事在任期内辞职导致董事会成员低于法定人数的，在改选出的董事就任前，原董事仍应当依照法律、行政法规和公司章程的规定，履行董事职务。股份有限公司董事会的职权，适用有限责任公司董事会职权的规定。

股份有限公司董事会设董事长一人，可以设副董事长。董事长和副董事长由董事会以全体董事的过半数选举产生。董事长召集和主持董事会会议，检查董事会决议的实施情况。副董事长协助董事长工作，董事长不能履行职务或者不履行职务的，由副董事长履行职务；

副董事长不能履行职务或者不履行职务的，由半数以上董事共同推举一名董事履行职务。

（2）董事会的召开

董事会每年度至少召开两次会议，每次会议应当于会议召开前十日通知全体董事和监事。代表十分之一以上表决权的股东、三分之一以上董事或者监事会，可以提议召开董事会临时会议。董事长应当自接到提议之日起十日内，召集和主持董事会会议。董事会召开临时会议，可以另定召集董事会的通知方式和通知时限。

（3）董事会的决议

董事会会议，应当由董事本人出席；董事本人因故不能出席，可以书面委托其他董事代为出席，委托书中应载明授权范围。董事会应当将会议所议事项的决定作成会议记录，出席会议的董事应当在会议记录上签名。董事应当对董事会的决议承担责任。董事会的决议违反法律、行政法规或者公司章程、股东大会决议，致使公司遭受严重损失的，参与决议的董事对公司负责任。但经证明在表决时曾表明异议并记载于会议记录的，该董事可以免除责任。董事会会议应有半数的董事出席方可举行。董事会作出决议，必须经全体董事的过半数通过。董事会决议的表决实行一人一票。

2. 经理

股份有限公司设经理，由董事会决定聘任或者解聘。公司董事会可以决定由董事会成员兼任经理。经理对董事会负责，行使下列职权：①主持公司的生产经营管理工作，组织实施董事会决议；②组织实施公司年度经营计划和投资方案；③拟订公司内部管理机构设置方案；④拟订公司的基本管理制度；⑤制定公司的具体规章；⑥提请聘任或者解聘公司副经理、财务负责人；⑦决定聘任或者解聘除应由董事会决定聘任或者解聘以外的负责管理人员；⑧董事会授予的其他职权。经理列席董事会会议。同时，公司应当根据自身情况，在章程中制定符合公司实际要求的经理的职权和具体实施办法。

（三）监事会

股份有限公司设监事会，其成员不得少于三人。董事、高级管理人员不得兼任监事。监事会应当包括股东代表和适当比例的公司职工代表，其中职工代表的比例不得低于三分之一，具体比例由公司章程规定。监事会设主席一人，可以设副主席。监事会主席和副主席由全体监事过半数选举产生。监事会主席召集和主持监事会会议；监事会主席不能履行职务或者不履行职务的，由监事会副主席召集和主持监事会会议；监事会副主席不能履行职务或者不履行职务的，由半数以上监事共同推举一名监事召集和主持监事会会议。

监事的任期每届为三年。监事任期届满，连选可以连任。股份有限公司监事会的职权适用于有限责任公司监事会职权的规定。监事会每六个月至少召开一次会议。监事可以提议召开临时监事会会议。监事会的议事方式和表决程序，除《公司法》有规定的外，由公司章程规定。监事会决议应当经半数以上监事通过。监事会应当将所议事项的决定作成会议记录，出席会议的监事应当在会议记录上签名。

（四）上市公司组织机构的特别规定

上市公司是指股票在证券交易所上市交易的股份有限公司。

上市公司设董事会秘书，负责公司股东大会和董事会会议的筹备、文件保管及公司股东资料的管理，办理信息披露事务等事宜。

上市公司在一年内购买、出售重大资产或者担保金额超过公司资产总额百分之三十的，应当由股东大会作出决议，并经出席会议的股东所持表决权的三分之二以上通过。

上市公司董事与董事会会议决议事项所涉及的企业有关联关系的，不得对该项决议行使表决权，也不得代理其他董事行使表决权。该董事会会议由过半数的无关联关系董事出席即可举行，董事会会议所作决议须经无关联关系董事过半数通过。出席董事会的无关联关系董事人数不足三人的，应将该事项提交上市公司股东大会审议。

（五）上市公司独立董事制度

上市公司独立董事是指不在公司担任除董事外的其他职务，并与其所受聘的上市公司及其主要股东不存在可能妨碍其进行独立客观判断的关系的董事。独立董事原则上最多在五家上市公司兼任独立董事，并确保有足够的时间和精力有效地履行独立董事的职责。上市公司聘任适当人员担任独立董事，其中至少包括一名会计专业人士（是指具有高级职称或注册会计师资格的人士）。

1. 担任独立董事的基本条件

担任独立董事应当符合下列基本条件：①根据法律、行政法规及其他有关规定，具备担任上市公司董事的资格；②具有《关于在上市公司建立独立董事制度的指导意见》所要求的独立性；③具备上市公司运作的基本知识，熟悉相关法律、行政法规、规章及规则；④具有五年以上法律、经济或者其他履行独立董事职责所必需的工作经验；⑤公司章程规定的其他条件。

2. 不得担任独立董事的情形

下列人员不得担任独立董事：①在上市公司或者其附属企业任职的人员及其直系亲属（是指配偶、父母、子女等）、主要社会关系（是指兄弟姐妹、岳父母、儿媳女婿、兄弟姐妹的配偶、配偶的兄弟姐妹等）；②直接或间接持有上市公司已发行股份百分之一以上或者是上市公司前十名股东中的自然人股东及其直系亲属；③在直接或间接持有上市公司已发行股份百分之五以上的股东单位或者在上市公司前五名股东单位任职的人员及其直系亲属；④最近一年内曾经具有前三项所列举情形的人员；⑤为上市公司或者其附属企业提供财务、法律、咨询等服务的人员；⑥公司章程规定的其他人员；⑦中国证监会认定的其他人员。

3. 上市公司独立董事的特别职权

上市公司独立董事的特别职权：①重大关联交易（指上市公司拟与关联人达成的总额高于三百万元或高于上市公司最近经审计净资产值的百分之五的关联交易）应由独立董事认可后，提交董事会讨论；独立董事作出判断前，可以聘请中介机构出具独立财务顾问报告，作为其判断的依据。②向董事会提议聘用或解聘会计师事务所。③向董事会提请召开临时股东大会。④提议召开董事会。⑤独立聘请外部审计机构和咨询机构。⑥可以在股东大会召开前公开向股东征集投票权。独立董事行使上述职权应当取得全体独立董事的二分之一以上同意。如上述提议未被采纳或上述职权不能正常行使，上市公司应将有关情况予以披露。上市公司董事会下设薪酬委员会、审计委员会、提名委员会等的，独立董事应当在委员会成员中占有二分之一以上的比例。

独立董事除履行上述职责外，还应当对以下事项向董事会或股东大会发表独立意见：①提名、任免董事；②聘任或解聘高级管理人员；③公司董事、高级管理人员的薪酬；④上市公司的股东、实际控制人及其关联企业对上市公司现有或新发生的总额高于三百万元或高于上市公司最近经审计净资产值的百分之五的借款或其他资金往来，以及公司是否采取有效措施回收欠款；⑤独立董事认为可能损害中小股东权益的事项；⑥公司章程规定的其他事项。独立董事应当就上述事项发表以下几类意见之一：同意；保留意见及其理由；反对意见及其理由；无法发表意见及其障碍。如有关事项属于需要披露的事项，上市公司应当将独立董事的意见予以公告，独立董事出现意见分歧无法达成一致时，董事会应将各独立董事的意见分别披露。

三、股份发行和转让

股份是指按相等金额或相同比例，平均划分公司资本的基本计量单位，是公司资本的最小划分单位。股份的表现形式是股票。股票是公司签发的证明股东所持股份的凭证。

（一）股份发行

1. 股份发行的原则

我国股份有限公司股份的发行实行公开、公平、公正的原则；同股同权，同股同利。即同次发行同种股票，每股的发行条件和价格应当相同；任何单位或者个人所认购的股份，每股应当支付相同价款。

2. 股票发行价格

股票发行价格可以按票面金额，也可以超过票面金额，但不得低于票面金额。即股票可以平价和溢价发行，但不能折价发行。公司发行的股票，可以为记名股票，也可以为无记名股票。公司向发起人、法人发行的股票，应当为记名股票，并应当记载该发起人、法人的名称或者姓名，不得另立户名或者以代表人姓名记名。在股份有限公司成立后，即向股东正式交付股票。公司成立之前不能向任何股东交付股票。

（二）股份转让

股份的转让是指股份有限公司股份所有人依法将其持有的股份让与他人的行为。一般而言，股份有限公司的股份可以自由转让，但是股份的自由转让不是绝对的。

（1）对发起人转让股份的限制

根据《公司法》的规定，发起人持有的本公司股份，自公司成立之日起一年内不得转让。公司公开发行股份前已发行的股份，自公司股票在证券交易所上市交易之日起一年内不得转让。

（2）对公司董事、监事、高级管理人员转让股份的限制

根据《公司法》的规定，公司董事、监事、高级管理人员应当向公司申报所持有的本公司的股份及其变动情况，所持本公司股份自公司股票上市交易之日起一年内不得转让。在任职期间每年转让的股份不得超过其所持有本公司股份总数的百分之二十五；上述人员离职后半年内，不得转让其所持有的本公司股份。公司章程可以对公司董事、监事、高级管理人员转让其所持有的本公司股份作出其他限制性规定。

上市公司董事、监事和高级管理人员在任职期间，每年通过集中竞价、大宗交易、协议转让等方式转让的股份不得超过其所持本公司股份总数的百分之二十五，因司法强制执行、继承、遗赠、依法分割财产等导致股份变动的除外。上市公司董事、监事和高级管理人员所持股份不超过一千股的，可一次全部转让，不受前款转让比例的限制。

上市公司董事、监事、高级管理人员在下列期间不得买卖本公司股票：①上市公司定期报告公告前三十日内；②上市公司业绩预告、业绩快报公告前十日内；③自可能对本公司股票交易价格产生重大影响的重大事项发生之日或在决策过程中，至依法披露后二个交易日内；④证券交易所规定的其他期间。

（3）对公司收购自身股票的限制

根据《公司法》的规定，公司不得收购本公司股份。但是，有下列情形之一的除外：①减少公司注册资本；②与持有本公司股份的其他公司合并；③将股份用于员工持股计划或者股权激励；④股东因对股东大会作出的公司合并、分立决议持异议，要求公司收购其股份；⑤将股份用于转换上市公司发行的可转换为股票的公司债券；⑥上市公司为维护公司价值及股东权益所必需。

公司因上述第①项、第②项规定的情形收购本公司股份的，应当经股东大会决议；公司因上述第③项、第⑤项、第⑥项规定的情形收购本公司股份的，可以依照公司章程的规定或者股东大会的授权，经三分之二以上董事出席的董事会会议决议。

公司依照上述规定收购本公司股份后，属于第①项情形的，应当自收购之日起十日内注销；属于第②项、第④项情形的，应当在六个月内转让或者注销；属于第③项、第⑤项、第⑥项情形的，公司合计持有的本公司股份数不得超过本公司已发行股份总额的百分之十，并应当在三年内转让或者注销。

上市公司收购本公司股份的，应当依照《中华人民共和国证券法》的规定履行信息披露义务。上市公司因上述第③项、第⑤项、第⑥项规定的情形收购本公司股份的，应当通过公开的集中交易方式进行。

（4）对公司股票质押的限制

根据《公司法》的规定，公司不得接受本公司的股票作为质押权的标的。

记名股票被盗、遗失或者灭失，股东可以依照《民事诉讼法》规定的公示催告程序，请求人民法院宣告该股票失效。人民法院宣告该股票失效后，股东可以向公司申请补发股票。公示催告的期间，由人民法院根据情况决定，但不得少于六十日。

第四节　公司董事、监事、高级管理人员的任职资格和义务及股东诉讼

一、公司董事、监事、高级管理人员的任职资格和义务

（一）公司董事、监事、高级管理人员的任职资格

公司董事、监事、高级管理人员处于公司的重要地位并且具有法定职权，为保障其正确履行职责，《公司法》对其任职资格作了必要的限制。

有下列情形之一的，不得担任公司的董事、监事、高级管理人员：①无民事行为能力或者限制民事行为能力；②因贪污、贿赂、侵占财产、挪用财产或者破坏社会主义市场经济秩序，被判处刑罚，执行期满未逾五年，或者因犯罪被剥夺政治权利，执行期满未逾五年；③担任破产清算的公司、企业的董事或者厂长、经理，对该公司、企业的破产负有个人责任的，自该公司、企业破产清算完结之日起未逾三年；④担任因违法被吊销营业执照、责令关闭的公司、企业的法定代表人，并负有个人责任的，自该公司、企业被吊销营业执照之日起未逾三年；⑤个人所负数额较大的债务到期未清偿。公司违反前款规定选举、委派董事、监事或者聘任高级管理人员的，该选举、委派或者聘任无效。董事、监事、高级管理人员在任职期间出现上述情形的，公司应当解除其职务。

（二）公司董事、监事、高级管理人员的义务

公司董事、监事、高级管理人员应当遵守法律、行政法规和公司章程，对公司负有忠实义务和勤勉义务，不得利用职权收受贿赂或者取得其他非法收入，不得侵占公司的财产。

《公司法》规定，公司董事、高级管理人员不得有下列行为：①挪用公司资金；②将公司资金以其个人名义或者以其他个人名义开立账户存储；③违反公司章程的规定，未经股东会、股东大会或者董事会同意，将公司资金借贷给他人或者以公司财产为他人提供担保；④违反公司章程的规定或者未经股东会、股东大会同意，与本公司订立合同或者进行交易；⑤未经股东会或者股东大会同意，利用职务便利为自己或者他人谋取属于公司的商业机会，自营或者为他人经营与所任职公司同类的业务；⑥接受他人与公司交易的佣金为己有；⑦擅自披露公司秘密；⑧违反对公司忠实义务的其他行为。公司董事、高级管理人员违反上述规定所得的收入应当归公司所有。

二、股东诉讼

（一）股东代表诉讼

股东代表诉讼，也称股东间接诉讼，是指当董事、监事、高级管理人员或者他人的违反法律、行政法规或者公司章程的行为给公司造成损失，公司拒绝或者怠于向该违法行为人请求损害赔偿时，具备法定资格的股东有权代表其他股东，代替公司提起诉讼，请求违

法行为人赔偿公司损失的行为。股东代表诉讼是为了保护公司利益和股东整体利益，而不仅是为了个别股东的利益。

根据侵权人身份的不同与具体情况的不同，提起股东代表诉讼有以下几种程序。

1. 公司董事、监事、高级管理人员的行为给公司造成损失时股东代表公司提起诉讼的程序

《公司法》规定，公司董事、监事、高级管理人员执行公司职务时违反法律、行政法规或者公司章程的规定，给公司造成损失的，应当承担赔偿责任。为了确保责任者真正承担相应的赔偿责任，《公司法》对股东代表诉讼作了如下规定。

1）公司董事、高级管理人员执行公司职务时违反法律、行政法规或者公司章程的规定的，股东通过监事会或者监事提起诉讼。公司董事、高级管理人员执行公司职务时违反法律、行政法规或者公司章程的规定，给公司造成损失的，有限责任公司的股东、股份有限公司连续一百八十日以上单独或者合计持有公司百分之一以上股份的股东，可以书面请求监事会或者不设监事会的有限责任公司的监事向人民法院提起诉讼。一百八十日以上连续持股期间，应为股东向人民法院提起诉讼时已期满的持股时间；规定的合计持有公司百分之一以上股份，是指两个以上股东持股份额的合计。

2）监事执行公司职务时违反法律、行政法规或者公司章程的规定的，股东通过董事会或者董事提起诉讼。监事执行公司职务时违反法律、行政法规或者公司章程的规定，给公司造成损失的，有限责任公司的股东、股份有限公司连续一百八十日以上单独或者合计持有公司百分之一以上股份的股东，可以书面请求董事会或者不设董事会的有限责任公司的执行董事向人民法院提起诉讼。

3）股东直接提起诉讼。监事会、不设监事会的有限责任公司的监事，或者董事会、执行董事，收到有限责任公司的股东、股份有限公司连续一百八十日以上单独或者合计持有公司百分之一以上股份的股东的书面请求后，拒绝提起诉讼，或者自收到请求之日起三十日内未提起诉讼，或者情况紧急、不立即提起诉讼将会使公司利益受到难以弥补的损害的，有限责任公司的股东、股份有限公司连续一百八十日以上单独或者合计持有公司百分之一以上股份的股东，有权为了公司的利益，以个人的名义直接向人民法院提起诉讼。

2. 其他人的行为给公司造成损失时股东提起诉讼的程序

公司董事、监事、高级管理人员以外的其他人侵犯公司合法权益，给公司造成损失的，有限责任公司的股东、股份有限公司连续一百八十日以上单独或者合计持有公司百分之一以上股份的股东，可以通过监事会或者监事、董事会或者董事向人民法院提起诉讼，或者直接向人民法院提起诉讼。提起诉讼的具体程序，依照上述股东对公司董事、监事、高级管理人员给公司造成损失的行为提起诉讼的程序进行。

根据《最高人民法院关于适用〈中华人民共和国公司法〉若干问题的规定（四）》，股东代表诉讼案件，由公司住所地人民法院管辖。股东依据公司法的规定提起的股东代表诉讼案件，主张公司董事、高级管理人员给公司造成损失应承担赔偿责任的，应列公司董事、高级管理人员为被告；主张他人侵犯公司合法权益的，应列他人为被告；主张公司董事、高级管理人员与他人共同侵犯公司合法权益的，应列公司董事、高级管理人员与他人为共同被告。

人民法院受理股东代表诉讼案件后，应通知公司以第三人身份参加诉讼。被告反诉的，应列公司为反诉被告，但公司的诉讼权利由原告股东行使。公司以与股东代表诉讼相同事实和理由重新起诉的，人民法院应不予受理。

人民法院审理股东代表诉讼案件后，公司其他股东以与原告股东相同的事实和请求申请参加诉讼的，应予以准许。已经进行的诉讼程序，对参加诉讼的公司其他股东发生法律效力。公司董事会、监事会或者不设董事会、监事会的公司董事、监事依据公司法的规定提起诉讼的案件，董事会、监事会为原告的，应提交公司董事会或者监事会决议及董事会或者监事会为公司现任组织机构的书面证明材料；董事、监事为原告的，应提交公司任命其为董事、监事的书面证明材料和个人身份证明。董事会或者监事会参加诉讼的，应由董事长或者监事会主席或者其授权的董事、监事代表董事会行使诉讼权利。

人民法院审理股东代表诉讼案件后，公司董事、监事或者高级管理人员在答辩期间内提供证据证明原告可能存在恶意诉讼情形，并请求原告提供诉讼费用担保并予以赔偿的，人民法院应予准许。诉讼费用担保的具体数额应相当于被告董事、监事或者高级管理人员参加诉讼可能发生的合理费用。人民法院判决原告股东败诉的，应同时判决原告提供的诉讼费用担保向被告董事、监事或者高级管理人员支付。

人民法院审理股东代表诉讼案件，当事人达成的调解协议，应经公司股东会或者股东大会决议通过或者经全体股东同意。

原告提起的股东代表诉讼，其诉讼请求成立的，人民法院应当判令被告直接向公司承担民事责任，并可依据原告股东的请求，判令公司对于原告参加诉讼支付的合理费用予以补偿。

人民法院判决公司董事、监事或者高级管理人员及他人向公司履行义务的判决生效后，公司及持股时间和比例符合公司法规定的公司股东，有权依据民事诉讼法的规定向人民法院申请强制执行。

人民法院对股东代表诉讼案件作出的判决生效后，公司可以申请再审，持股时间和比例符合公司法的规定的公司股东，有权代表公司利益以自己的名义申请再审。

（二）股东直接诉讼

股东直接诉讼是指股东对董事、高级管理人员违反规定损害股东利益的行为提起的诉讼。《公司法》规定，公司董事、高级管理人员违反法律、行政法规或者公司章程的规定，损害股东利益的，股东可以依法直接向人民法院提起诉讼。

有限责任公司的股东、股份有限公司连续一百八十日以上单独或者合计持有公司百分之一以上股份的股东，才有权为了公司的利益，以个人的名义直接向人民法院提起诉讼。

第五节　公司债券发行与转让

一、公司债券

公司债券是指公司依照法定程序发行、约定在一定期限还本付息的有价证券。

公司债券按照是否记名，可以分为记名公司债券和无记名公司债券。记名公司债券是指在公司债券上记载债权人姓名或名称的债券。无记名公司债券是指在公司债券上不记载债权人姓名或名称的债券。

公司债券按是否可转换为股票，可以分为可转换公司债券与不可转换公司债券。可转换公司债券是指可以转换成公司股票的公司债券。可转换公司债券在发行时规定了转换为公司股票的条件与办法，当条件具备时，债券持有人拥有将公司债券转换为公司股票的选择权。不可转换公司债券是指不能转换为公司股票的公司债券。凡在发行时未作转换约定的，均为不可转换公司债券。

二、公司债券的发行

公开发行公司债券，应当符合下列条件：①股份有限公司的净资产不低于三千万元，有限责任公司的净资产不低于六千万元；②累计债券余额不超过公司净资产的百分之四十；③最近三年平均可分配利润足以支付公司债券一年的利息；④筹集的资金投向符合国家产业政策；⑤债券的利率不超过国务院限定的利率水平；⑥国务院规定的其他条件。

公开发行公司债券筹集的资金，必须用于核准的用途，不得用于弥补亏损和非生产性支出。上市公司发行可转换为股票的公司债券，除应当符合上述条件外，还应当符合关于公开发行股票的条件，并报国务院证券监督管理机构核准。

有下列情形之一的，不得再次公开发行公司债券：前一次公开发行的债券尚未募足；对已发行的公司债券或者其他债务有违约或者延迟支付本息的事实，仍处于继续状态；违反规定，改变公开发行公司债券所募资金的用途。

有限责任公司、股份有限公司发行公司债券，应由股东会、股东大会作出决议，并报国务院授权的部门或者国务院证券监督管理机构核准。审批机关受理发行申请文件之日起三个月内，依法作出核准或者不予核准的决定。经核准后，公司应当公告公司债券募集办法。

三、公司债券的转让

公司债券可以转让，转让价格由转让人与受让人约定。公司债券在证券交易所上市交易的，按照证券交易所的交易规则转让。

公司债券种类不同，转让方式不同。记名公司债券的转让，由债券持有人以背书方式或者法律、行政法规规定的其他方式转让；转让后由公司将受让人的姓名或者名称及住所记载于公司债券存根簿。无记名公司债券的转让，由债券持有人将该债券交付给受让人后即发生转让的效力。

第六节 公司财务、会计

一、公司财务、会计的基本要求

公司应依照法律、行政法规和国务院财政部门的规定，建立本公司的财务、会计制度。

公司应在每一会计年度终了时编制公司财务会计报告，并依法经会计师事务所审计。

股份有限公司的财务会计报告应在召开股东大会的二十日以前置备于本公司，供股东查阅。有限责任公司应按公司章程规定的期限，将公司财务会计报告及时送交公司的各个股东。

公司聘用、解聘承办公司审计业务的会计师事务所，依照公司章程的规定，由股东会、股东大会或者董事会决定。

公司除法定的会计账簿外，不得另立会计账簿；对公司资产，不得以任何个人名义开立账户存储。

二、公司利润分配

（一）利润

利润是指公司在一定会计期间从事生产经营活动的财务成果。公司应按照下列顺序进行利润分配：①弥补以前年度的亏损，但不得超过税法规定的弥补期（五年）；②按税法规定缴纳企业所得税；③法定公积金不足弥补以前年度亏损的，利润用于弥补亏损；④提取法定公积金；⑤提取任意公积金；⑥向股东分配利润。

公司弥补亏损和提取公积金后所余税后利润，有限责任公司按照股东实缴的出资比例分取红利，但全体股东约定不按照出资比例分取红利的情况除外。股份有限公司按照股东持有的股份比例分配，但股份有限公司章程规定不按持股比例分配的除外。

股东会、股东大会或者董事会违反上述规定，在公司弥补亏损和提取法定公积金之前向股东分配利润的，股东必须将违反规定分配的利润退还公司。公司持有的本公司股份不得分配利润。

（二）公积金的提取与使用

公积金分为盈余公积金和资本公积金两类。

盈余公积金是从公司税后利润中提取的，又分为法定盈余公积金和任意盈余公积金。法定盈余公积金按照税后利润的百分之十提取，当公司法定公积金累计额已达注册资本的百分之五十以上时，可以不再提取。任意盈余公积金根据公司章程规定或者股东会的决议提取。

股份有限公司以超过股票票面金额的发行价格发行股份所得的溢价款及国务院财政部门规定列入资本公积金的其他收入，应当列为公司资本公积金。公司的公积金用于弥补公司的亏损、扩大公司生产经营或者转为增加公司资本。但是，法定公积金转为资本时，所留存的该项公积金不得少于转增前公司注册资本的百分之二十五。资本公积金不得用于弥补公司的亏损。

第七节　公司合并、分立、解散和清算

一、公司合并与分立

（一）公司的合并

公司的合并是指两个或者两个以上的公司依照法定程序变为一个公司的行为。

1. 公司合并的形式

公司合并的形式有吸收合并和新设合并两种。吸收合并是指一个公司吸收其他公司加入本公司，被吸收的公司解散；新设合并是指两个以上公司合并设立一个新的公司，合并各方解散。

2. 公司合并的程序

（1）签订合并协议

公司合并时应当由合并各方签订合并协议。合并协议应当包括以下主要内容：①合并各方的名称、住所；②合并后存续公司的名称、住所；③合并各方的债权债务的处理办法；④合并各方的资产状况及处理办法；⑤合并后公司因合并而增资所发行的股份总额、种类和数量；⑥合并各方认为需要载明的其他内容。

（2）编制资产负债表

资产负债表是反映公司资产及负债状况、股东权益的公司要的会计报表。编制资产负债表及财产清单，以表明公司在合并时的资产、负债及各种权益等财务状况和经营状况。

（3）作出合并决议

公司的最高权力机关依法作出合并决议。例如，有限责任公司股东会在对公司合并作出决议时，必须由代表三分之二以上表决权的股东通过。股份有限公司的股东大会在对公司合并作出决议时，必须由出席会议的持三分之二以上表决权的股东通过。

（4）通知债权人

公司应当自作出合并决议之日起十日内通知债权人，并于三十日内在报纸上公告。债权人自接到通知书之日起三十日内，未接到通知书的自公告之日起四十五日内，可以要求公司清偿债务或者提供相应的担保。

（5）依法进行工商变更登记

公司合并后，登记事项发生变更的，应当依法向公司登记机关办理变更登记；公司解散的，应当依法办理公司注销登记；设立新公司的，应当依法办理公司设立登记。

3. 债权、债务的处理

公司合并时合并各方的债权、债务，应当由合并后存续的公司或者新设的公司承继。

（二）公司的分立

公司分立是指一个公司依照法定程序分立为两个以上公司的行为。公司分立的形式有两种：一是公司以其部分财产和业务另设立一个新的公司，原公司存续；二是公司以全部财产分别归入两个以上的新设立的公司，原公司解散。公司分立程序同公司合并程序。公司分立前的债务由分立后的公司承担连带责任。但是，公司在分立前与债权人就债务清偿达成的书面协议另有约定的除外。

二、公司注册资本的减少和增加

公司增加或者减少注册资本，应当依法向公司登记机关办理变更登记。

（一）注册资本的减少

公司需要减少注册资本时，必须编制资产负债表及财产清单。公司应当自作出减少注册资本决议之日起十日内通知债权人，并于三十日内在报纸上公告。债权人自接到通知书之日起三十日内，未接到通知书的自公告之日起四十五日内，有权要求公司清偿债务或者提供相应的担保。

（二）注册资本的增加

有限责任公司增加注册资本时，股东认缴新增资本的出资依照《公司法》设立有限责任公司缴纳出资的有关规定执行。股份有限公司为增加注册资本发行新股时，股东认购新股依照《公司法》设立股份有限公司缴纳股款的有关规定执行。

三、公司解散和清算

（一）公司的解散

公司有下列情形的，应当解散：①公司章程规定的营业期限届满或者公司章程规定的其他解散事由出现时；②股东会或者股东大会决议解散时；③因公司合并或分立需要解散的；④依法被吊销营业执照、责令关闭或者被撤销的；⑤人民法院依法予以解散的。《公司法》规定，公司经营管理发生严重困难，继续存续会使股东利益受到重大损失，通过其他途径不能解决的，持有公司全部股东表决权百分之十以上的股东，可以请求人民法院解散公司。

根据 2008 年 5 月最高人民法院颁布的《最高人民法院关于适用〈中华人民共和国公司法〉若干问题的规定（二）》，单独或者合计持有公司全部股东表决权百分之十以上的股东，以下列事由之一提起解散公司诉讼，并符合《公司法》有关规定的，人民法院应予受理：① 公司持续两年以上无法召开股东会或者股东大会，公司经营管理发生严重困难的；②股东表决时无法达到法定或者公司章程规定的比例，持续两年以上不能作出有效的股东会或者股东大会决议，公司经营管理发生严重困难的；③公司董事长期冲突，且无法通过股东会或者股东大会解决，公司经营管理发生严重困难的；④经营管理发生其他严重困难，公司继续存续会使股东利益受到重大损失的。

股东以知情权、利润分配请求权等权益受到损害，或者公司亏损、财产不足以偿还全部债务，以及公司被吊销企业法人营业执照未进行清算等为由，提起解散公司诉讼的，人民法院不予受理。股东提起解散公司诉讼应当以公司为被告。经人民法院调解公司收购原告股份的，公司应当自调解书生效之日起六个月内将股份转让或者注销。股份转让或者注销之前，原告不得以公司收购其股份为由对抗公司债权人。公司被依法宣告破产的，依照有关企业破产的法律制度实施破产清算。

（二）公司的清算

1. 成立清算组

公司应当在解散事由出现之日起十五日内成立清算组（合并或分立解散除外），进行清算。有下列情形之一，债权人申请人民法院指定清算组进行清算的，人民法院应予受理：①公司解散，逾期不成立清算组进行清算的；②虽然成立清算组但故意拖延清算的；③违法清算可能严重损害债权人或者股东利益的。具有上述情形，而债权人未提起清算申请，公司股东申请人民法院指定清算组对公司进行清算的，人民法院应予受理。

人民法院受理公司清算案件时，应当及时指定有关人员组成清算组。清算组成员可以从下列人员或者机构中产生：①公司股东、董事、监事、高级管理人员；②依法设立的律师事务所、会计师事务所、破产清算事务所等社会中介机构；③依法设立的律师事务所、会计师事务所、破产清算事务所等社会中介机构中具备相关专业知识并取得执业资格的人员。

人民法院指定的清算组成员有下列情形之一的，人民法院可以根据债权人、股东的申请，或者依职权更换清算组成员：①有违反法律或者行政法规的行为；②丧失执业能力或者民事行为能力；③有严重损害公司或者债权人利益的行为。

2. 清算组的职权

清算组在清算期间行使下列职权：①清理公司财产，分别编制资产负债表和财产清单；②通知、公告债权人；③处理与清算有关的公司未了结的业务；④清缴所欠税款及清算过程中产生的税款；⑤清理债权、债务；⑥处理公司清偿债务后的剩余财产；⑦代表公司参与民事诉讼活动。

清算组成员应当忠于职守，依法履行清算义务。清算组成员不得利用职权收受贿赂或者取得其他非法收入，不得侵占公司财产。因故意或者重大过失给公司或者债权人造成损失的，清算组成员应当承担赔偿责任。

3. 清算程序

（1）通知债权人

清算组自成立之日起十日内将公司解散事宜书面通知全体已知债权人，并根据公司规模和营业地域范围于六十日内，在全国或者公司注册登记地省级有影响的报纸上进行公告。

（2）登记债权

债权人应当自接到通知书之日起三十日内，未接到通知书的自公告之日起四十五日内，向清算组申报其债权。债权人申报债权，应当说明债权的有关事项，并提供证明材料。清算组应当对债权进行登记。在申报债权期间，清算组不得对债权人进行清偿。清算组未按照规定履行通知和公告义务，导致债权人未及时申报债权而未获清偿，债权人主张清算组成员对因此造成的损失承担赔偿责任的，人民法院应依法应予支持。公司清算时，债权人对清算组核定的债权有异议的，可以要求清算组重新核定。清算组不予重新核定，或者债权人对重新核定的债权仍有异议，债权人以公司为被告向人民法院提起诉讼请求确认的，人民法院应予受理。

债权人在规定的期限内未申报债权，在公司清算程序终结前补充申报的，清算组应予登记。债权人补充申报的债权，可以在公司尚未分配财产中依法清偿。公司尚未分配财产不能全额清偿，债权人主张股东以其在剩余财产分配中已经取得的财产予以清偿的，人民法院应予支持；但债权人因重大过错未在规定期限内申报债权的除外。公司清算程序终结是指清算报告经股东会、股东大会或者人民法院确认完毕。债权人或者清算组，以公司尚未分配财产和股东在剩余财产分配中已经取得的财产不能全额清偿补充申报的债权为由，向人民法院提出破产清算申请的，人民法院不予受理。

（3）清理公司财产，制订清算方案

清算组应对公司财产进行清理，编制资产负债表和财产清单，制订清算方案，并报股东会、股东大会或者人民法院确认。若清算中发现公司财产不足清偿债务，应当依法向人民法院申请宣告破产。公司经人民法院裁定宣告破产后，清算组应当将清算事务移交给人民法院。

人民法院指定的清算组在清理公司财产、编制资产负债表和财产清单时，发现公司财产不足清偿债务的，可以与债权人协商制作有关债务清偿方案。债务清偿方案经全体债权人确认且不损害其他利害关系人利益的，人民法院可依清算组的申请裁定予以认可。清算组依据该清偿方案清偿债务后，应当向人民法院申请裁定终结清算程序。债权人对债务清偿方案不予确认或者人民法院不予认可的，清算组应当依法向人民法院申请宣告破产。

公司解散时，股东尚未缴纳的出资均应作为清算财产。股东尚未缴纳的出资，包括到期应缴未缴的出资，以及依照《公司法》规定分期缴纳尚未届满缴纳期限的出资。公司财产不足以清偿债务时，债权人主张未缴出资股东，以及公司设立时的其他股东或者发起人在未缴出资范围内对公司债务承担连带清偿责任的，人民法院应依法予以支持。公司自行清算的，清算方案应当报股东会或者股东大会决议确认；人民法院组织清算的，清算方案应当报人民法院确认。未经确认的清算方案，清算组不得执行。清算组成员从事清算事务时，违反法律、行政法规或者公司章程给公司或者债权人造成损失，公司或者债权人主张其承担赔偿责任的，人民法院应依法予以支持。

（4）清偿债务

公司财产在拨付清算费用后，按下列顺序清偿：职工的工资、劳动保险费用和法定补偿金；缴纳所欠税款；清偿公司债务。清偿债务后公司的剩余财产，有限责任公司按股东的出资比例进行分配，股份有限公司按股东所持股份比例进行分配。

（5）公告公司终止

公司清算结束后，清算组应制作清算报告，报股东会、股东大会或者人民法院确认，并报送公司登记机关，申请注销公司登记，公告公司终止。人民法院组织清算的，清算组应当自成立之日起六个月内清算完毕。因特殊情况无法在六个月内完成清算的，清算组应当向人民法院申请延长。

第八节　违反公司法的法律责任

一、公司登记中登记机关的法律责任

公司登记机关对不符合法律规定条件的登记申请予以登记，或者对符合法律规定条件的登记申请不予登记的，对直接负责的主管人员和其他直接责任人员，依法给予行政处分。公司登记机关的上级部门强令公司登记机关对不符合法律规定条件的登记申请予以登记，或者对符合法律规定条件的登记申请不予登记的，或者对违法登记进行包庇的，对直接负责的主管人员和其他直接责任人员依法给予行政处分。

二、公司登记中公司的法律责任

（一）发起人、股东的法律责任

虚报注册资本、提交虚假材料或者采取其他欺诈手段隐瞒重要事实取得公司登记的，由公司登记机关责令改正，对虚报注册资本的公司，处以虚报注册资本金额百分之五以上百分之十五以下的罚款；对提交虚假材料或者采取其他欺诈手段隐瞒重要事实的公司，处以五万元以上五十万元以下的罚款；情节严重的，撤销公司登记或者吊销营业执照。

公司的发起人、股东虚假出资，未交付或者未按期交付作为出资的货币或者非货币财产的，由公司登记机关责令改正，处以虚假出资金额百分之五以上百分之十五以下的罚款。

公司的发起人、股东在公司成立后，抽逃其出资的，由公司登记机关责令改正，处以所抽逃出资金额百分之五以上百分之十五以下的罚款。

（二）登记过程中的法律责任

未依法登记为有限责任公司或者股份有限公司而冒用有限责任公司或者股份有限公司名义的，或者未依法登记为有限责任公司或者股份有限公司的分公司而冒用有限责任公司或者股份有限公司的分公司名义的，由公司登记机关责令改正或者予以取缔，可以并处十万元以下的罚款。

公司成立后无正当理由超过六个月未开业的，或者开业后自行停业连续六个月以上的，可以由公司登记机关吊销营业执照。

公司登记事项发生变更时，未依照法律规定办理有关变更登记的，由公司登记机关责令限期登记；逾期不登记的，处以一万元以上十万元以下的罚款。

外国公司违反法律规定，擅自在中国境内设立分支机构的，由公司登记机关责令改正或者关闭，可以并处五万元以上二十万元以下的罚款。

利用公司名义从事危害国家安全、社会公共利益的严重违法行为的，吊销营业执照。

（三）公司运行中的法律责任

公司违反规定，在法定的会计账簿以外另立会计账簿的，由县级以上人民政府财政部门责令改正，处以五万元以上五十万元以下的罚款。公司在依法向有关主管部门提供的财务会计报告等材料上作虚假记载或者隐瞒重要事实的，由有关主管部门对直接负责的主管人员和其他直接责任人员处以三万元以上三十万元以下的罚款。

公司不依照法律规定提取法定公积金的，由县级以上人民政府财政部门责令如数补足应当提取的金额，可以对公司处以二十万元以下的罚款。公司在合并、分立、减少注册资本或者进行清算时，不依照法律规定通知或者公告债权人的，由公司登记机关责令改正，对公司处以一万元以上十万元以下的罚款。

公司在进行清算时，隐匿财产、对资产负债表或者财产清单作虚假记载或者在未清偿债务前分配公司财产的，由公司登记机关责令改正，对公司处以隐匿财产或者未清偿债务前分配公司财产金额百分之五以上百分之十以下的罚款；对直接负责的主管人员和其他直接责任人员处以一万元以上十万元以下的罚款。

（四）公司清算期间的法律责任

公司在清算期间开展与清算无关的经营活动的，由公司登记机关予以警告，没收违法所得。清算组不依照本法规定向公司登记机关报送清算报告，或者报送清算报告隐瞒重要事实或者有重大遗漏的，由公司登记机关责令改正。清算组成员利用职权徇私舞弊、谋取非法收入或者侵占公司财产的，由公司登记机关责令退还公司财产，没收违法所得，并可以处以违法所得一倍以上五倍以下的罚款。

三、其他法律责任

承担资产评估、验资或者验证的机构提供虚假材料的，由公司登记机关没收违法所得，处以违法所得一倍以上五倍以下的罚款，并可以由有关主管部门依法责令该机构停业、吊销直接责任人员的资格证书、吊销营业执照。

承担资产评估、验资或者验证的机构因过失提供有重大遗漏的报告的，由公司登记机关责令改正；情节较重的，处以所得收入一倍以上五倍以下的罚款，并可以由有关主管部门依法责令该机构停业、吊销直接责任人员的资格证书、吊销营业执照。

承担资产评估、验资或者验证的机构因其出具的评估结果、验资或者验证证明不实，给公司债权人造成损失的，除能够证明自己没有过错的外，在其评估或者证明不实的金额范围内承担赔偿责任。

违反《公司法》的规定，应当承担民事赔偿责任和缴纳罚款、罚金的，其财产不足以支付时，先承担民事赔偿责任。违反《公司法》的规定，构成犯罪的，依法追究刑事责任。

本章创新创业部分的内容，可通过扫描下方二维码进行相关练习。

法律思考　　　　　实训项目　　　　　案例分析　　　　　相关法规

第八章　破产法律制度

第一节　企业破产法概述

破产是与债务人不能清偿到期债务的财务困境相关联的一个概念。法律意义上的破产是指当债务人出现破产原因时，对债务人实施的挽救性程序及就债务人的总财产实行的概括性清算程序的统称。狭义的破产仅指破产清算程序。广义的破产则是指破产法律制度，不仅包括破产清算制度，而且包括以挽救债务人、避免其破产为主要目的的重整、和解等程序。

一、破产法律制度的构成

与破产的含义相一致，破产法亦有广义和狭义之分。狭义的破产法特指破产法典，如我国于 2006 年 8 月 27 日通过、2007 年 6 月 1 日起施行的《企业破产法》，同时还包括与之配套的《最高人民法院关于适用〈中华人民共和国企业破产法〉若干问题的规定（一）》《最高人民法院关于适用〈中华人民共和国企业破产法〉若干问题的规定（二）》《最高人民法院关于审理企业破产案件若干问题的规定》。广义的破产法还包括其他与破产有关的法律、法规、行政规章、司法解释及散见于其他立法中的调整破产关系的法律规范，如《物权法》《合同法》《中华人民共和国商业银行法》《公司法》《合伙企业法》等立法中有关破产的规定。现代意义上的破产法包括破产清算制度与挽救债务人的和解程序和重整程序两个方面的法律制度。

二、《企业破产法》的立法目的

《企业破产法》是为规范企业破产程序，公平清理债权债务，保护债权人和债务人的合法权益，维护社会主义市场经济秩序而制定的。根据认识程度和认识角度的不同，对企业破产法的立法目的可以进行多角度的观察。

（一）债权人利益的终极保护

破产制度的产生首先源于债权公正保护的终极理念。债权债务关系作为现代社会中一类重要的社会关系和经济关系，具有法律意义上的债的一般特征，如相对性、平等性、特定性等。其中，平等性意味着当债务人出现资不抵债及不能清偿债务的情况后，每个债权人都可能面临着与其他债权人的冲突和竞争，这就必然使正常的债权保护机制减弱和失灵。在债务人财产不足以清偿全部债务的场合，进行合理的制度设计以保证每一个正当债权人都得到平等清偿就成为企业破产法律制度设计的首要出发点。从这个意义上讲，这也是《企业破产法》在进行制度设计时禁止个人清偿的原因所在。

（二）债务人经营的必要挽救

破产程序与个别清偿相比，其优势还体现在对债务人的挽救和救济方面。具体表现在：

①债务人不能清偿到期债务时，债务人自己可自愿提出破产申请，从个别诉讼和执行的烦琐中解脱出来，免去债务实现方面相应的时间和费用；②在破产程序进行过程中，债务人还可与债权人达成和解，从中享受到部分债务的免除、分期或延期偿还债务，进而避免最终破产清算的好处；③破产重整程序可以在债务人企业出现不能清偿的危险时就及早开始挽救程序，并且允许债务人出现经营或者财务危机时就主动寻求破产保护和挽救，避免"病入膏肓"之后破产清算程序的被迫运用。

（三）健康的财务危机处理机制和有序的市场主体退出机制

就社会经济而言，完备的破产预防制度可以对出现"病变"的企业及早进行诊断和治疗；破产清算程序，可以通过对破产债务及时、合理的清理，消除破产状态下债务的恶性膨胀，避免连锁破产；破产法律制度通过对经营水平低下企业的淘汰，有助于合理调整产业和产品结构，实现资源的优化配置和合理利用，使企业在符合整个社会经济合理发展的基础上，实现更高层次的竞争，进而促进整个社会生产力水平的提高；破产法律制度还可以通过对破产企业的处理，敦促社会一般企业增强危机意识、改善经营状况、避免和减少破产现象的发生。

第二节　破　产　程　序

一、破产原因

破产原因是适用破产程序所依据的特定法律事实。它是法院进行破产宣告所依据的特定事实状态。按照现行法律，它也是破产案件受理的实质条件，其特点包括：①它必须是实际存在的事实状态；②它必须是符合法律规定的事实状态。《企业破产法》规定的破产原因有以下两个。

（一）企业法人不能清偿到期债务，并且资产不足以清偿全部债务

不能清偿到期债务，又称资金链断裂。其基本含义是债务人已全面停止偿付到期债务，而且没有充足的现金流量偿付正常营业过程中到期的现有债务。无力偿债的认定，不以债权人已经提出清偿请求为必要条件。

下列情形同时存在的，人民法院应当认定债务人不能清偿到期债务：①债权债务关系依法成立；②债务履行期限已经届满；③债务人未完全清偿债务。

资产不足以清偿全部债务，又称资不抵债或资产负债表标准，主要是指企业法人的资产负债表上，所有者权益为负数，即全部资产之和小于全部负债之和。这一标准的依据是，资不抵债即表明遇到财务困难。但是，这一标准依赖于受债务人控制的财务资料，因此，采用资产负债表标准有一定的局限性。

（二）企业法人不能清偿到期债务，并且明显缺乏清偿能力

存在下列情形之一的，人民法院应当认定其明显缺乏清偿能力：①因资金严重不足或

者财产不能变现等，无法清偿债务。例如，土地使用权等无形的财产性权利、厂房等固定资产属于不易变现的财产。②法定代表人下落不明且无其他人员负责管理财产，无法清偿债务。③经人民法院强制执行，无法清偿债务。此时意味着债务人的任何一个债权人经法院强制执行均未获完全清偿，其他每一个债权人都可以提出破产申请。④长期亏损且扭亏无望，无法清偿债务。⑤导致债务人丧失清偿能力的其他情形。

二、破产申请

（一）提出破产申请的当事人

根据法律的规定，债务人发生破产原因，可以向人民法院提出重整、和解或者破产清算申请。债务人不能清偿到期债务，债权人可以向人民法院提出对债务人进行重整或者破产清算的申请，但不能提出和解申请。企业法人已解散但未清算或者未清算完毕，资产不足以清偿债务的，依法负有清算责任的人应当向人民法院申请破产清算。

没有物权担保的债权人和对破产人的特定财产享有担保权的债权人（以下称担保债权人）都享有破产申请权。在司法实践中，债务人破产时，担保债权人通常可从担保物上直接获得优先清偿，这种有财产担保的债权被称为别除权。它是一种优先受偿权，由破产财产中的特定财产单独优先受偿。它不是一种独立的权利，而是担保物权在破产清算程序中的不同称呼。别除权以担保权为基础权利，包括抵押、质押和留置三种形式。别除权标的物属于债务人财产。别除权人不参加集体清偿程序，别除权行使时须进行债权申报并获得确认。

（二）破产申请书

向人民法院提出破产申请的，应当提交破产申请书和有关证据。破产申请书应当载明申请人、被申请人的基本情况、申请目的、申请的事实和理由、人民法院认为应当载明的其他事项。债务人提出申请的，还应当向人民法院提交财产状况说明、债务清册、债权清册、有关财务会计报告、职工安置预案及职工工资的支付和社会保险费用的缴纳情况。人民法院受理破产申请前，申请人可以请求撤回申请。

三、破产申请的受理

（一）破产受理的程序

债权人提出破产申请的，人民法院应当自收到申请之日起五日内通知债务人。债务人对申请有异议的，应当自收到人民法院的通知之日起七日内向人民法院提出。人民法院应当自异议期满之日起十日内裁定是否受理。债务人未提出异议的，人民法院应当自收到破产申请之日起十五日内裁定是否受理。有特殊情况需要延长裁定受理期限的，经上一级人民法院批准，可以延长十五日。

人民法院受理破产申请的，应当自裁定作出之日起五日内送达申请人。债权人提出申请的，人民法院应当自裁定作出之日起五日内送达债务人。债务人应当自裁定送达之日起十五日内，向人民法院提交财产状况说明、债务清册、债权清册、有关财务会计报告及职工工资的支付和社会保险费用的缴纳情况。

人民法院裁定不受理破产申请的,应当自裁定作出之日起五日内送达申请人并说明理由。申请人对裁定不服的,可以自裁定送达之日起十日内向上一级人民法院提起上诉。人民法院受理破产申请后至破产宣告前,经审查发现债务人不符合《企业破产法》关于的破产原因,可以裁定驳回申请。申请人对裁定不服的,可以自裁定送达之日起十日内向上一级人民法院提起上诉。

(二)破产受理的法律后果

人民法院裁定受理破产申请的,应当同时指定管理人。人民法院应当自裁定受理破产申请之日起二十五日内通知已知债权人,并予以公告。通知和公告应当载明下列事项:①申请人、被申请人的名称或者姓名;②人民法院受理破产申请的时间;③申报债权的期限、地点和注意事项;④管理人的名称或者姓名及其处理事务的地址;⑤债务人的债务人或者财产持有人应当向管理人清偿债务或者交付财产的要求;⑥第一次债权人会议召开的时间和地点;⑦人民法院认为应当通知和公告的其他事项。

人民法院受理破产申请后,债务人对个别债权人的债务清偿无效。人民法院受理破产申请后,债务人的债务人或者财产持有人应当向管理人清偿债务或者交付财产。债务人的债务人或者财产持有人故意不向管理人清偿债务或交付财产,使债权人受到损失的,不免除其清偿债务或者交付财产的义务。

人民法院受理破产申请后,管理人对破产申请受理前成立而债务人和对方当事人均未履行完毕的合同有权决定解除或者继续履行,并通知对方当事人。管理人自破产申请受理之日起二个月内未通知对方当事人,或者自收到对方当事人催告之日起三十日内未答复的,视为解除合同。管理人决定继续履行合同的,对方当事人应当履行。但是,对方当事人有权要求管理人提供担保。管理人不提供担保的,视为解除合同。人民法院受理破产申请后,有关债务人财产的保全措施应当解除,执行程序应当中止。人民法院受理破产申请后,已经开始而尚未终结的有关债务人的民事诉讼或者仲裁应当中止;在管理人接管债务人的财产后,该诉讼或者仲裁继续进行。人民法院受理破产申请后,有关债务人的民事诉讼,只能向受理破产申请的人民法院提起。

(三)破产管理人

1. 破产管理人的概念

《企业破产法》第十三条规定:"人民法院裁定受理破产申请的,应当同时指定管理人。"破产管理人是指依照《企业破产法》的规定,在破产重整、破产和解与破产清算程序中负责债务人财产的管理及其他事项的机构或个人。

破产程序开始后,破产事务的管理和破产财产的清算工作繁杂沉重,加上大量的法律事务和非法律事务掺杂其间,法院的人力物力不能胜任,因而有必要成立专门的清算或管理机构。破产管理人就是破产程序中最重要的一个机构,它具体管理破产程序中的各项事务。破产程序能否在公正、公平和高效的基础上顺利进行和终结,与破产管理人有着非常重要的关系。

　　破产管理人的产生、更换、辞任均由受理破产申请的人民法院决定。具而言之，破产管理人由法院指定，债权人会议认为破产管理人不能依法、公正执行职务或有其他不能胜任职务情形的，可以申请人民法院更换。指定破产管理人和确定破产管理人报酬的办法，由最高人民法院规定。破产管理人没有正当理由不得辞去职务；破产管理人辞去职务应当经人民法院许可。

　　破产管理人向人民法院报告工作，接受债权人会议和债权人委员会的监督；同时，破产管理人应当列席债权人会议，向债权人会议报告职务执行情况，并回答询问。

　　2. 破产管理人的任职资格

　　破产管理人可以由有关部门、机构的人员组成的清算组或者依法设立的律师事务所、会计师事务所、破产清算事务所等社会中介机构担任。人民法院根据债务人的实际情况，可以在征询有关社会中介机构的意见后，指定该机构具备相关专业知识并取得执业资格的人员担任破产管理人。有下列情形之一的，不得担任破产管理人：①因故意犯罪受过刑事处罚；②曾被吊销相关专业执业证书；③与本案有利害关系；④人民法院认为不宜担任破产管理人的其他情形。个人担任破产管理人的，应当参加执业责任保险。

　　3. 破产管理人的职责

　　破产管理人依法履行下列职责：①接管债务人的财产、印章和账簿、文书等资料；②调查债务人财产状况，制作财产状况报告；③决定债务人的内部管理事务；④决定债务人的日常开支和其他必要开支；⑤在第一次债权人会议召开之前，决定继续或者停止债务人的营业；⑥管理和处分债务人的财产；⑦代表债务人参加诉讼、仲裁或者其他法律程序；⑧提议召开债权人会议；⑨人民法院认为破产管理人应当履行的其他职责。当然，《企业破产法》对破产管理人的职责另有规定的，应适用特别规定。

四、债权人会议与债权人委员会

（一）债权人会议

1. 债权人会议的概念和作用

　　债权人会议是指由全体债权人组成，以维护债权人共同利益为目的，在法院监督下讨论决定有关破产事宜，表达债权人意志的机构。

　　设计破产程序制度的终极目的是公平分配普通债权。因此，全体债权人的意志和利益如何得到体现，是关系破产程序中的机构构造和程序设计的关键性问题。概括起来，设立债权人会议的理由包括：①统一债权人意志和行动，保证破产程序的有序化；②公平保护全体债权人的利益，给债权人提供参与和过问程序的机会；③实现破产案件处理的程序经济目标。

　　2. 债权人会议的组成

　　《企业破产法》第五十九条规定："依法申报债权的债权人为债权人会议的成员，有权参加债权人会议，享有表决权。债权尚未确定的债权人，除人民法院能够为其行使表决权而临时确定债权额的外，不得行使表决权。对债务人的特定财产享有担保权的债权人，未放弃优先受偿权利的，对于本法第六十一条第一款第七项、第十项规定的事项不享有表决权。债权人可以委托代理人出席债权人会议，行使表决权。代理人出席债权人会议，应当向人民法院或者债权人会议主席提交债权人的授权委托书。债权人会议应当有债务人的职工和工会的代表参加，对有关事项发表意见。"

债权人会议设会议主席一人，由人民法院从有表决权的债权人中指定，债权人会议主席主持债权人会议。

3. 债权人会议的职权

债权人会议行使下列职权：①核查债权；②申请人民法院更换破产管理人，审查破产管理人的费用和报酬；③监督破产管理人；④选任和更换债权人委员会成员；⑤决定继续或者停止债务人的营业；⑥通过重整计划；⑦通过和解协议；⑧通过债务人财产的管理方案；⑨通过破产财产的变价方案；⑩通过破产财产的分配方案；⑪人民法院认为应当由债权人会议行使的其他职权。

4. 债权人会议的议事程序

第一次债权人会议由人民法院召集，自债权申报期限届满之日起十五日内召开。以后的债权人会议，在人民法院认为必要时，或者管理人、债权人委员会、占债权总额四分之一以上的债权人向债权人会议主席提议时召开。

召开债权人会议，管理人应当提前十五日通知已知的债权人。

债权人会议的决议，由出席会议的有表决权的债权人过半数通过，并且其所代表的债权额占无财产担保债权总额的二分之一以上。但是，《企业破产法》另有规定的除外。债权人认为债权人会议的决议违反法律规定，损害其利益的，可以自债权人会议作出决议之日起十五日内，请求人民法院裁定撤销该决议，责令债权人会议依法重新作出决议。

债权人会议应当将所议事项的决议作成会议记录。债权人会议的决议，对于全体债权人均有约束力。

通过债务人财产的管理方案和通过破产财产的变价方案这两个事项，经债权人会议表决未通过的，由人民法院裁定。债权人对该裁定不服的，可以自裁定宣布之日或者收到通知之日起十五日内向该人民法院申请复议。

通过破产财产的分配方案经债权人会议二次表决仍未通过的，由人民法院裁定。债权额占无财产担保债权总额二分之一以上的债权人对该裁定不服的，可以自裁定宣布之日或者收到通知之日起十五日内向该人民法院申请复议。

以上两项裁定，复议期间均不停止裁定的执行。

（二）债权人委员会

1. 债权人委员会的组成

为更加有效地实现债权人对破产程序的参与权，并对破产案件的处理实施有效的监督，

《企业破产法》规定了债权人委员会制度。按照《企业破产法》的规定，债权人会议可以决定设立债权人委员会。债权人委员会由债权人会议选任的债权人代表和一名债务人的职工代表或者工会代表组成。债权人委员会成员不得超过九人。债权人委员会成员应当经人民法院书面决定认可。

2. 债权人委员会的职权

债权人委员会行使下列职权：①监督债务人财产的管理和处分；②监督破产财产分配；③提议召开债权人会议；④债权人会议委托的其他职权。债权人委员会行使职权时，有权要求管理人、债务人的有关人员对其职权范围内的事务作出说明或者提供有关文件。管理人、债务人的有关人员违反企业破产法的规定拒绝接受监督的，债权人委员会有权就监督事项请求人民法院作出决定；人民法院应当在五日内作出决定。

同时，破产管理人实施对债权人利益有重大影响的财产处分行为时，应当及时报告债权人委员会。对债权人利益有重大影响的财产处分行为包括但不限于以下行为：涉及土地、房屋等不动产权益的转让；探矿权、采矿权、知识产权等财产权的转让；全部库存或者营业的转让；借款；设定财产担保；债权和有价证券的转让；履行债务人和对方当事人均未履行完毕的合同；放弃权利；担保物的取回。

五、债务人财产

（一）债务人财产的概念界定

《企业破产法》规定，债务人被宣告破产后，债务人称为破产人，债务人财产称为破产财产，人民法院受理破产申请时对债务人享有的债权称为破产债权。同时，《企业破产法》还在破产财产的概念之外使用了"债务人财产"的概念，如《企业破产法》第三十条规定"破产申请受理时属于债务人的全部财产，以及破产申请受理后至破产程序终结前债务人取得的财产，为债务人财产"。可见，债务人的财产在破产程序的不同阶段有不同的称谓。

债务人在破产和解与重整程序中的财产，通常使用"债务人财产"，其立法称谓避开了"破产"一词的使用。而当债务人经过破产和解与重整程序，依然无法消除破产原因，无法摆脱企业困境时，债务人不可避免地走向破产清算程序，债务人被人民法院依法宣告破产，债务人此时成为破产人，债务人财产也就成为破产财产。当然，"债务人财产"和"破产财产"在时间节点上的不同，导致其财产范围也是不尽相同的，且这种讨论不具区分意义，故这里不再赘述。

（二）债务人财产的范围

债务人财产包括两个方面：①破产申请受理后至破产程序终结前债务人取得的财产，既包括破产程序受理后债务人财产的增值，如孳息、不动产增值、退税款、租金等收入，也包括管理人帮助债务人追回的财产。②破产申请受理时属于债务人的全部财产。其中，破产申请受理时属于债务人的全部财产，包括有形的和无形的财产，已设定担保和未设定担保的财产，按份共同和共同共有的财产等。具体来讲，包括：①除债务人所有的货币、实物外，债务人依法享有的可以用货币估价并可以依法转让的债权、股权、知识产权、用益物权等财产和财产性权益，人民法院均应认定为债务人财产。②债务人已经依法设定担保物权的特定财产，人民法院应当认定为债务人财产。债务人的特定财产在担保物权消灭或实现担保物权后的剩余部分，在破产程序中可用以清偿破产费用、共益债务和其他破产债权。③债务人对按份享有所有权的共有财产的相关份额，或共同享有所有权的共有财产的相应财产，以及依法分割共有财产所得部分，人民法院均应认定为债务人财产。

应当注意的是，以下财产不应认定为债务人财产：①债务人基于仓储、保管、承揽、代销、借用、寄存、租赁等合同或其他法律关系占有、使用的他人财产不应认定为债务人财产；②债务人在所有权保留买卖中尚未取得所有权的财产；③所有权专属于国家且不得转让的财产，以及其他依照法律、行政法规不属于债务人的财产。

（三）破产撤销权

破产管理人为保持债务人财产的充足性，可通过下列行为追回属于债务人的财产，以最大限度地保证全体债权人的共同利益。

1）针对欺诈破产行为可以申请撤销，也可以主张无效。可撤销的欺诈破产行为是指人民法院受理破产申请前一年内，涉及债务人财产的下列行为，破产管理人有权请求人民法院予以撤销：①无偿转让财产的；②以明显不合理的价格进行交易的；③放弃债权的；④对未到期的债务提前清偿的；⑤对没有财产担保的债务提供财产担保的。但是，破产申请受理前一年内债务人提前清偿的未到期债务，在破产申请受理前已到期，管理人请求撤销该项清偿行为的，人民法院不予支持。但是，该清偿行为发生在破产申请受理前六个月内且债务人有破产原因的除外。举例简要说明。人民法院 2016 年 1 月受理某企业（债务人）的破产申请，那么如果债务人在 2015 年 3 月对 2015 年 11 月到期的债权进行提前清偿是有效的，不能请求撤销；破产管理人请求撤销的，人民法院不予支持。如果 2015 年 8 月当企业出现破产原因，债务人仍然对 2015 年 11 月到期的债权进行提前清偿，此时该清偿行为具有欺诈性质，破产管理人可以请求人民法院予以撤销，并入债务人的财产。

为逃避债务而隐匿、转移财产和虚构债务或者承认不真实的债务的，破产管理人可主张该行为无效，产生无效民事行为的法律后果，财产受让人应当返还所得财产给债务人，并入债务人的财产范围。

2）原则上，人民法院受理破产申请前六个月内，债务人有破产原因规定的情形，仍对个别债权人进行清偿的，破产管理人有权请求人民法院予以撤销，即所谓"个别清偿的禁止"；但是，个别清偿行为使债务人财产受益的除外。主要包括：①债务人对以自由财产设定担保物权的债权进行的个别清偿不可撤销，但债务清偿时担保财产的价值低于债权额的除外。②债务人经诉讼、仲裁、执行程序对债权人进行的个别清偿不可撤销，但债务人与债权人恶意串通损害其他债权人利益的除外。③债务人为维系基本生产需要而支付的水费、电费不可撤销。④债务人支付的劳动报酬、人身损害赔偿金不可撤销。⑤使债务人财产受益的其他个别清偿行为。

3）人民法院受理破产申请后，债务人的出资人尚未完全履行出资义务的，应负补缴义务，该出资瑕疵的补缴义务不受诉讼时效的限制，即出资人不得以认缴出资尚未届至公司章程规定的缴纳期限或违法出资义务已超过诉讼时效为由抗辩。

4）债务人的董事、监事和高级管理人员利用职权从企业获取的非正常收入和侵占的企业财产，破产管理人享有特别追回权。例如，公司的董事、监事和高级管理人员在普遍拖欠职工工资情况下获取的工资性收入和绩效奖金。

5）破产管理人因过错，未依法行使撤销权，导致债务人财产不当减损，债权人提起诉讼主张破产管理人对其损失承担相应赔偿责任的，人民法院应予支持。

（四）破产取回权

为全体债权人的利益考虑，法律不禁止破产管理人接管破产申请受理后债务人占有的所有财产。但是，这些财产可能包括由债务人占有但不属于债务人所有的财产，如基于买卖、租赁等合同关系或基于物上担保等其他关系而占有的他人财产。因此，作为补救，《企业破产法》在进行制度设计时就允许被债务人占有的财产的实际物权人享有取回权。破产取回权是指债务人或破产管理人占有不属于破产财产的他人财产，该财产的权利人可以不经破产清算程序，而经破产管理人同意将其直接取回的权利。破产取回权是财产的所有权人针对特定物的一种返还请求权。

根据标的物占有的情形不同，可将破产取回权分为一般取回权和特别取回权。一般取回权发生于标的物被债务人或破产管理人实际占有的情形；而特殊取回权适用于标的物即将被债务人或破产管理人占有但尚未占有的场合，包括出卖人的取回权和行纪人的取回权。

1. 一般取回权

法院受理破产申请后，债务人占有不属于债务人的财产的，该财产的权利人可以通过破产管理人将其取回。《企业破产法》第三十八条对一般取回权作了规定。一般取回权成立的基础可能是所有权，也可能是特定的用益物权或质押、留置等担保物权，还可能是特定的合同关系。因此，一般取回权的适用情形包括但不限于以下所列举的情形：①接受定作物的加工承揽人破产；②接受货物运输的承运人破产；③承租人破产；④保管人破产；⑤质权人破产；⑥遗失物的拾得人破产；⑦商品的代销人破产。

2. 特别取回权

特别取回权的发生以标的物尚未被破产管理人控制为前提，并且发生在双方有买卖关系的场合。《企业破产法》第三十九条规定："人民法院受理破产申请时，出卖人已将买卖标的物向作为买受人的债务人发运，债务人尚未收到且未付清全部价款的，出卖人可以取回在运途中的标的物。但是，管理人可以支付全部价款，请求出卖人交付标的物。"即出卖人的取回权仅限于在途货物。但是例外地，如果破产管理人选择支付全部价款，则破产管理人有权请求出卖人交付标的物。此时，出卖人的取回权就不复存在。但还应当注意的是，在买卖合同项下的标的物已经正常到达破产管理人后，出卖人方才行使取回权的，破产管理人不应准许。

理论上，特别取回权还包括行纪人取回权，德国、日本也有此立法例。但我国的《企业破产法》没有规定，故不再讨论。

3. 破产取回权行使的特殊规则

关于破产取回权的行使，《最高人民法院关于适用〈中华人民共和国企业破产法〉若干问题的规定（二）》还确立了以下规则。

1）鲜活易腐的财产，应当及时变价并提存变价款项，权利人就该变价款行使破产取回权即可。

2）权利人行使破产取回权时，未依法向管理人支付相关的加工费、保管费、托运费、委托费、代销费等费用，破产管理人有权拒绝其取回相关财产。

3）权利人依据人民法院或者仲裁机关的相关生效法律文书向破产管理人主张取回所涉争议财产的，破产管理人以生效法律文书错误为由拒绝其行使破产取回权的，人民法院不予支持。

4）债务人占有的他人财产被违法转让给第三人，依据《物权法》第一百零六条的规定第三人已善意取得财产所有权，原权利人无法取回该财产的，人民法院应当按照以下规定处理：转让行为发生在破产申请受理前的，原权利人因财产损失形成的债权，作为普通破产债权清偿；转让行为发生在破产申请受理后的，因破产管理人或者相关人员执行职务导致原权利人损害产生的债务，作为共益债务清偿。

5）债务人占有的他人财产被违法转让给第三人，第三人已向债务人支付了转让价款，但依据《物权法》第一百零六条的规定未取得财产所有权，原权利人依法追回转让财产的，对因第三人已支付对价而产生的债务，人民法院应当按照以下规定处理：转让行为发生在破产申请受理前的，作为普通破产债权清偿；转让行为发生在破产申请受理后的，作为共益债务清偿。

6）债务人占有的他人财产毁损、灭失，因此获得的保险金、赔偿金、代偿物尚未交付给债务人，或者代偿物虽已交付给债务人但能与债务人财产予以区分的，权利人主张取回就此获得的保险金、赔偿金、代偿物的，人民法院应予支持。保险金、赔偿金已经交付给债务人，或者代偿物已经交付给债务人且不能与债务人财产予以区分的，人民法院应当按照以下规定处理：财产毁损、灭失发生在破产申请受理前的，权利人因财产损失形成的债权，作为普通破产债权清偿；财产毁损、灭失发生在破产申请受理后的，因破产管理人或者相关人员执行职务导致权利人损害产生的债务，作为共益债务清偿。债务人占有的他人财产毁损、灭失，没有获得相应的保险金、赔偿金、代偿物，或者保险金、赔偿物、代偿物不足以弥补其损失的部分，人民法院应当判定作为共益债务清偿。

（五）破产抵销权

1. 破产抵销权的含义和特征

破产案件受理前，破产债权人对债务人同时负有债务的，不论其债权同所负债务的种类是否相同，也不论其债权是否已经到期，破产债权人均有权不依照破产程序而以自己所享有的破产债权与其所负债务抵销。

破产抵销权具有以下特征：①抵销的债权和债务都应在破产案件受理前取得；②破

产抵销权行使的前提是互负债务；③不同种类的、附条件、附期限的债权都可以抵销；④未到期的债权可以抵销，但应当扣除未到期部分的利息；⑤只能由债权人主动提出抵销，而不能由债务人提出；⑥行使破产抵销权后，未抵销的债权列入破产债权，参加破产分配。

2. 不得抵销的情形

不得抵销的情形主要包括：①债务人的债务人在破产申请受理后取得他人对债务人的债权的。②债权人恶意负有债务，债权人已知债务人有不能清偿到期债务或者破产申请的事实，对债务人负有债务的；但是，债权人因为法律规定或者有破产申请一年前所发生的原因而负担债务的除外。③债务人恶意取得债权，债务人的债务人已知债务人有不能清偿到期债务或者破产申请的事实，对债务人取得债权的；但是，债务人的债务人因为法律规定或者有破产申请一年前所发生的原因而取得债权的除外。④债务人的股东不得主张以下债务与债权人对其负有的债务主张抵销，一是债务人股东因欠缴债务人的出资或者抽逃出资对债务人所负的债务；二是债务人股东滥用股东权利或关联关系损害公司利益对债务人所负的债务。

六、破产费用与共益债务

（一）破产费用

破产费用是指人民法院受理破产申请后，为破产程序的进行，以及为全体债权人的共同利益而从债务人财产中优先支付的费用。破产费用是每一件破产案件均会产生的必要的程序性开支。

（二）共益债务

共益债务是指人民法院受理破产申请后，为了全体债权人的共同利益及破产程序顺利进行而发生的债务。并非所有的破产案件都会发生共益债务，就共益债务的本质而言，共益债务是使债务人财产实现"保值增值"的开支。

（三）破产费用和共益债务的构成

人民法院受理破产申请后发生的下列费用，为破产费用：①破产案件的诉讼费用；②管理、变价和分配债务人财产的费用；③管理人执行职务的费用、报酬和聘用工作人员的费用。

人民法院受理破产申请后发生的下列债务，为共益债务：①因破产管理人或者债务人请求对方当事人履行双方均未履行完毕的合同所产生的债务；②债务人财产受无因管理所产生的债务；③因债务人不当得利所产生的债务；④为债务人继续营业而应支付的劳动报酬和社会保险费用，以及由此产生的其他债务；⑤破产管理人或者相关人员执行职务致人损害所产生的债务；⑥债务人财产致人损害所产生的债务。

（四）破产费用与共益债务拨付和清偿规则

破产费用和共益债务应遵循优先、随时和足额拨付与清偿的原则。破产费用和共益债务由债务人财产随时清偿。债务人财产不足以清偿所有破产费用和共益债务的，先行清偿破产费用。债务人财产不足以清偿所有破产费用和共益债务的，按照比例清偿。债务人财产不足以清偿破产费用的，破产管理人应当提请人民法院终结破产程序。人民法院应当自收到请求之日起十五日内裁定终结破产程序，并予以公告。

七、债权申报

债权申报是债务人提交破产申请时对债务人享有债权的不确定多数债权人享有的经依法申报确认，并由破产财产获得清偿的可强制执行的财产请求权。只有通过债权申报，才能够确定有权参加清偿的债权人的范围，确定不同债权人间的清偿顺序和清偿比例，做到对不特定多数债权人的公正、有序清偿。根据《企业破产法》的一般原则，破产申请受理后，债权人只有在依法申报债权并得到确认后，才能行使破产参与、受偿等权利。

（一）债权申报的期限

根据《企业破产法》的规定，人民法院受理破产申请后，应当确定债权人申报债权的期限。债权申报期限自人民法院发布受理破产申请公告之日起计算，最短不得少于三十日，最长不得超过三个月。破产财产最后分配前，债权人仍可补充申报，但只能参加尚未分配财产的分配。对已经分配的破产财产，不得追回重新分配。

（二）可申报债权的特点

债权人可申报的债权具有以下特点：①须为以财产给付为内容的请求权，不能是合同履行请求权。②须为法院受理破产申请前成立的对债务人享有的债权，债权的到期时间在所不问。《企业破产法》第四十六条规定，未到期的债权，在破产申请受理时视为到期。附利息的债权自破产申请受理时起停止计息。③须为平等民事主体之间的请求权。故排除了行政处罚所生的债权不得申报。④须为合法有效的债权，故诉讼时效期间届满及无效的债权不得申报。

（三）可申报债权的范围

综合《企业破产法》《最高人民法院关于适用〈中华人民共和国企业破产法〉若干问题的规定（一）》《最高人民法院关于适用〈中华人民共和国企业破产法〉若干问题的规定（二）》的相关规定，可以申报的债权范围包括以下情形：①附条件、附期限的债权和诉讼、仲裁未决的债权。②连带债权人可以由其中一人代表全体连带债权人申报债权，也可以共同申报债权。③债务人的保证人或者其他连带债务人已经代替债务人清偿债务的，以其对债务人的求偿权申报债权；债务人的保证人或其他连带债务人尚未代替债务人清偿债务的，除非债权人已经向破产管理人申报全部债权，可以其对债务人的将来求偿权申报债权。④破产管理人或债务人依照《企业破产法》的规定解除合同的，对方当事人因合同解除所产生的损害赔偿请求权。⑤债务人是委托合同的委托人，被裁定适用破产程序，受托人不知该事实，继续处理委托事务的，受托人可以由此产生的请求权申报债权。⑥债务人是票据的出票人，被裁定适用破产程序，该票据的付款人继续付款或承兑的，付款人以由此产生的请求权申报债权。

（四）不可申报债权的范围

下列事项排除在可申报的债权范围之外：①破产费用和共益债务不得申报。②职工债权。债务人所欠职工的工资和医疗、伤残补助、抚恤费用，所欠的应当划入职工个人账户的基本养老保险、基本医疗保险费用，以及法律、行政法规规定应当支付给职工的补偿金，不必申报，由破产管理人调查后列出清单予以公示。③罚款、罚金等行政处罚和刑罚措施所生债权不可申报。④债权人参加债权人会议的费用，如差旅费不能申报。⑤诉讼时效届满、无效的债权不得申报。

第三节　重整程序

一、重整制度的概念和立法意义

破产重整是指经由利害关系人申请，在法院的主持和利害关系人的参与下，对具有重整原因和重整能力的债务人进行生产经营上的整顿和债权债务关系上的梳理，以使其摆脱财务困境，重获经营能力的破产预防制度。重整制度具有两个重要意义：一是清理债务，二是拯救企业。它通过调整债权人、股东、其他利害关系人与重整企业的利益关系，并限制担保物权的行使，达到平衡各方当事人利益、避免公司解散的目的。其产生的根本动因在于弥补破产和解与破产清算制度的内在缺陷，加强事前预防，消弭和解与清算给破产企业及其职工带来的消极影响重整制度是一种努力使破产企业起死回生的制度。

二、重整原因及启动

（一）重整原因

重整原因是重整程序开始的必备条件，债务人进行重整必须具备重整原因。《企业破产法》规定，企业法人不能清偿到期债务，并且资产不足以清偿全部债务或者明显缺乏清偿能力的，或者有明显丧失清偿能力可能的，可以依照《企业破产法》的规定进行重整。根据相关法律规定，我们可以看出，重整原因的范围要比破产的原因范围大，即启动重整程序不需要企业法人达到破产清算的界限，而只需要具有明显丧失清偿能力的可能时，利害关系人就可以向人民法院申请重整。

（二）重整程序的启动

1. 重整申请人的范围

债权人和债务人有权依照《企业破产法》的规定直接向人民法院申请对债务人进行

重整。债权人申请对债务人进行破产清算的，在人民法院受理破产申请后、宣告债务人破产前，债务人或者出资额占债务人注册资本十分之一以上的出资人，可以向人民法院申请重整。

2. 重整期间的确定

人民法院经审查认为重整申请符合法律规定的，应当裁定债务人重整，并予以公告。自人民法院裁定债务人重整之日起至重整程序终止，为重整期间。重整程序的开始对于破产程序与和解程序具有优先效力。进入重整程序的不能再进行破产宣告；重整程序开始后，不得再启动和解程序。

三、重整期间的营业保护

（一）债务人自行管理财产和营业事务

在重整期间，经债务人申请，人民法院批准，债务人可以在管理人的监督下自行管理财产和营业事务。已接管债务人财产和营业事务的管理人应当向债务人移交财产和营业事务。管理人负责管理财产和营业事务的，可以聘任债务人的经营管理人员负责营业事务。

（二）对担保物权的限制

在重整期间，对债务人的特定财产享有的担保权暂停行使。但是，担保物有损坏或者价值明显减少的可能，足以危害担保权人权利的，担保权人可以向人民法院请求恢复行使担保权。

（三）对取回权的限制

债务人合法占有的他人财产，该财产的权利人在重整期间要求取回的，应当符合事先约定的条件。

（四）允许借款

在重整期间，债务人或者管理人为继续营业而借款的，可以为该借款设定担保。该借款业务无论重整是否成功均有效。

（五）禁止分红和转股

在重整期间，债务人的出资人不得请求投资收益分配。在重整期间，债务人的董事、监事、高级管理人员不得向第三人转让其持有的债务人的股权。但是，经人民法院同意的除外。

四、重整计划的制订与批准

（一）重整计划的制订

1. 重整计划草案的制定期限

债务人或者管理人应当自人民法院裁定债务人重整之日起六个月内，同时向人民法院和债权人会议提交重整计划草案。六个月期限届满未能提出重整计划草案的，经债务人或者破产管理人请求；有正当理由的，人民法院可以裁定延期三个月。

债务人或者破产管理人未按期提出重整计划草案的，人民法院应当裁定终止重整程序，并宣告债务人破产。

2. 重整计划草案的制定主体

债务人自行管理财产和营业事务的，由债务人制作重整计划草案。破产管理人负责管理财产和营业事务的，由破产管理人制作重整计划草案。

3. 重整计划草案的内容

重整计划草案应当包括下列内容：①债务人的经营方案；②债权分类；③债权调整方案；④债权受偿方案；⑤重整计划的执行期限；⑥重整计划执行的监督期限；⑦有利于债务人重整的其他方案。

（二）重整计划的通过

人民法院应当自收到重整计划草案之日起三十日内召开债权人会议，对重整计划草案进行表决。重整计划草案在债权人会议讨论分类的基础上，实行分组表决制。分组表决制是指依照下列几种债权分类，分组对重整计划草案进行表决的制度：①对债务人的特定财产享有担保权的债权；②债务人所欠职工的工资和医疗、伤残补助、抚恤费用，所欠的应当划入职工个人账户的基本养老保险、基本医疗保险费用，以及法律、行政法规规定应当支付给职工的补偿金；③债务人所欠税款；④普通债权；人民法院在必要时可以决定在普通债权组中设小额债权组对重整计划草案进行表决。

人民法院应当自收到重整计划草案之日起三十日内召开债权人会议，对重整计划草案进行表决。出席会议的同一表决组的债权人过半数同意重整计划草案，并且其所代表的债权额占该组债权总额的三分之二以上的，即为该组通过重整计划草案。债务人或者破产管理人应当向债权人会议就重整计划草案作出说明，并回答询问。各表决组均通过重整计划草案时，重整计划即为通过。

自重整计划通过之日起十日内，债务人或者管理人应当向人民法院提出批准重整计划的申请。人民法院经审查认为符合《企业破产法》规定的，应当自收到申请之日起三十日内裁定批准，终止重整程序，并予以公告。部分表决组未通过重整计划草案的，债务人或者破产管理人可以同未通过重整计划草案的表决组协商。该表决组可以在协商后再表决一次。双方协商的结果不得损害其他表决组的利益。未通过重整计划草案的表决组拒绝再次表决或者再次表决仍未通过重整计划草案，在符合《企业破产法》第八十七条第二款第（一）至（六）项内容的，债务人或者管理人可以申请人民法院批准重整计划草案。人民法院自收到申请之日起三十日内裁定批准，终止重整程序，并予以公告。

五、重整程序的终止

人民法院裁定批准重整计划后，已接管财产和营业事务的管理人应当向债务人移交财产和营业事务。经人民法院裁定批准的重整计划，对债务人和全体债权人均有约束力。重整计划由债务人负责执行。债务人不能执行或者不执行重整计划的，人民法院经管理人或者利害关系人请求，应当裁定终止重整计划的执行，并宣告债务人破产。

第四节　和　解　程　序

一、和解程序的概念

和解程序是债务人同债权人通过谈判、讨价还价，双方同意用优惠条件还债而不消灭企业的程序。区别于重整程序中的利害关系人既可以是债务人，也可以是债权人和一定出资比例的出资人，和解程序只能由债务人提出。

二、和解申请的提出

债务人可以直接提出和解，也可以从破产清算程序中转换为破产和解。

债务人申请和解，应当提出和解协议草案。人民法院经审查认为和解申请符合《企业破产法》规定的，应当裁定和解，予以公告，并召集债权人会议讨论和解协议草案。对债务人的特定财产享有担保权的权利人，自人民法院裁定和解之日起可以行使权利。

三、和解协议草案的表决

债权人会议通过和解协议的决议，由出席会议的有表决权的债权人过半数同意，并且其所代表的债权额占无财产担保债权总额的三分之二以上。债权人会议通过和解协议的，由人民法院裁定认可，终止和解程序，并予以公告。管理人应当向债务人移交财产和营业事务，并向人民法院提交执行职务的报告。

和解协议草案经债权人会议表决未获得通过，或者已经债权人会议通过的和解协议未获得人民法院认可的，人民法院应当裁定终止和解程序，并宣告债务人破产。

和解是一种特殊的双方法律行为，双方法律行为以双方当事人的意思表示一致为条件，而这种法律行为不仅需要债权人会议与债务人意思表示一致，而且要经过人民法院的裁定认可，方能成立。《企业破产法》规定，经人民法院裁定认可的和解协议，对债务人和全体和解债权人均有约束力。

四、和解协议的执行

债务人应当按照和解协议规定的条件清偿债务。因债务人的欺诈或者其他违法行为而成立的和解协议，人民法院应当裁定无效，并宣告债务人破产。和解协议被裁定无效后，和解债权人因执行和解协议所受的清偿，在其他债权人所受清偿同等比例的范围内，不予返还。按照和解协议减免的债务，自和解协议执行完毕时起，债务人不再承担清偿责任。

债务人不能执行或者不执行和解协议的，人民法院经和解债权人请求，应当裁定终止和解协议的执行，并宣告债务人破产。人民法院裁定终止和解协议执行的，和解债权人在和解协议中作出的债权调整的承诺失去效力。但是，和解债权人因执行和解协议所受的清偿仍然有效，和解债权未受清偿的部分作为破产债权。债务人不能执行或者不执行和解协议导致和解协议终止执行的，之前为和解协议的执行提供的担保继续有效。

人民法院受理破产申请后，债务人与全体债权人就债权债务的处理自行达成协议的，可以请求人民法院裁定认可，并终结破产程序。

第五节　破产清算程序

一、破产重整、和解和清算程序之间的关系

人民法院受理债务人的破产申请后，可由利害关系人提出申请，并由人民法院批准进入重整程序或和解程序；在具备《企业破产法》规定的特定事由时，经破产宣告转入破产清算程序。但是，债务人一旦经破产宣告进入破产清算程序，则企业的死亡不可逆转，不能再转入重整或和解程序。也就是说重整、和解和清算之间是单向转换的关系。同时，重整和和解之间亦不能转换，它们是两种基于特定事由而成立的单独的程序。总之，重整可以转为清算，和解可以转为清算，一旦企业被宣告破产进入清算程序则不可以再重整、和解；重整与和解之间亦不能转换。

二、破产宣告

1. 破产宣告的法律意义

人民法院依照《企业破产法》的规定宣告债务人破产的，应当自裁定作出之日起五日内送达债务人和破产管理人，自裁定作出之日起十日内通知已知债权人，并予以公告。债务人被宣告破产后，债务人称为破产人，债务人财产称为破产财产，人民法院受理破产申请时对债务人享有的债权称为破产债权。

破产宣告，意味着破产人不可逆转地进入清算程序，债务人不可挽回地陷入破产倒闭的境地。它是人民法院对债务人具备破产原因的经济事实作出的具有法律效力的认定。破产宣告是一种法律行为，确切地说是一种司法行为，因此，它不仅具有法律意义，而且会产生一系列法律上的效果。

2. 破产宣告的法律效果

（1）对破产案件的效果

企业被宣告破产，即意味着破产案件转入破产清算程序。在债务人提出破产申请，人民法院受理破产案件以后，各方利害关系人还可以通过重整程序或和解程序使濒临破产的企业起死回生，重整旗鼓；而一旦被宣告破产，则债务人不可逆转地进入破产程序。

（2）对债务人的效果

破产宣告对债务人产生身份上、财产上的一系列法律后果，具体表现在：①债务人成

为破产人；②债务人财产成为破产财产；③债务人丧失对财产和事务的管理权，财产和事务的管理权归人民法院指定的破产管理人享有。

（3）对债权人的效果

对债权人而言，破产宣告使他们对债务人的债权享有了法律上的保证。破产宣告之前，禁止个别债权的清偿，所有的债权都处于被冻结的状态，非经法定程序和依法定事由，不得处分。破产申请受理以后，未到期的债权因破产宣告而加速到期，允许进行债权申报，从而在破产宣告以后得以依照破产清算程序接受清偿。《企业破产法》对破产宣告后的债权行使有以下规定：对破产人的特定财产享有担保权的权利人，对该特定财产享有优先受偿的权利。未能完全受偿的，其未受偿的债权作为普通债权；放弃优先受偿权利的，其债权作为普通债权。

三、破产债权的清偿

（一）破产财产的变价和分配

破产管理人应当及时拟订破产财产变价方案，提交债权人会议讨论。破产管理人应当按照债权人会议通过的或者人民法院依法裁定的破产财产变价方案，适时变价出售破产财产。变价出售破产财产应当通过拍卖进行。但是，债权人会议另有决议的除外。破产企业可以全部或者部分变价出售。企业变价出售时，可以将其中的无形资产和其他财产单独变价出售。按照国家规定不能拍卖或者限制转让的财产，应当按照国家规定的方式处理。

破产财产的分配一般应当以货币分配方式进行。债权人会议另有决议的除外。管理人应当及时拟订破产财产分配方案，提交债权人会议讨论。

根据《企业破产法》的规定，破产财产分配方案应当载明下列事项：①参加破产财产分配的债权人名称或者姓名、住所；②参加破产财产分配的债权额；③可供分配的破产财产数额；④破产财产分配的顺序、比例及数额；⑤实施破产财产分配的方法。债权人会议通过破产财产分配方案后，由破产管理人将该方案提请人民法院裁定认可。

（二）破产财产的清偿顺序

破产财产在优先清偿破产费用和共益债务后，依照下列顺序清偿：①破产人所欠职工的工资和医疗、伤残补助、抚恤费用，所欠的应当划入职工个人账户的基本养老保险、基本医疗保险费用，以及法律、行政法规规定应当支付给职工的补偿金；②破产人欠缴的除前项规定以外的社会保险费用和破产人所欠税款；③普通破产债权。破产财产不足以清偿同一顺序的清偿要求的，按照比例分配。破产企业的董事、监事和高级管理人员的工资按照该企业职工的平均工资计算。

四、破产程序的终结及终结后的追加分配

（一）破产程序的终结

破产宣告前，有下列情形之一的，人民法院应当裁定终结破产程序，并予以公告：①第三人为债务人提供足额担保或者为债务人清偿全部到期债务的；②债务人已清偿全部到期

债务的。破产人无财产可供分配的，破产管理人应当请求人民法院裁定终结破产程序。破产管理人在最后分配完结后，应当及时向人民法院提交破产财产分配报告，并提请人民法院裁定终结破产程序。破产管理人应当自破产程序终结之日起十日内，持人民法院终结破产程序的裁定，向破产人的原登记机关办理注销登记。

（二）破产程序终结后的追加分配

依照《企业破产法》的相关规定，自破产程序终结之日起两年内，债权人发现破产人存在诸如无偿转让财产，以明显不合理的价格进行交易，对没有财产担保的债务提供财产担保，对未到期的债务提前清偿，放弃债权，对个别债权人进行清偿，为逃避债务而隐匿、转移财产，虚构债务或者承认不真实的债务，破产人的董事、监事和高级管理人员利用职权从企业获取非正常收入和侵占企业财产等情形的，债权人可以请求人民法院按照破产财产分配方案进行追加分配。但财产数量不足以支付分配费用的，不再进行追加分配，由人民法院将其上交国库。

破产人的保证人和其他连带债务人，在破产程序终结后，对债权人依照破产清算程序未受清偿的债权，依法继续承担清偿责任。

　本章创新创业部分的内容，可通过扫描下方二维码进行相关练习。

法律思考　　　　　实训项目　　　　　案例分析　　　　　相关法规

第九章 证券法律制度

第一节 证券法律制度概述

一、证券、证券市场和证券法

（一）证券的概念及分类

1. 证券的概念

证券是各类财产所有权或债权凭证的通称，是用来证明证券持有人有权依票面所载内容，取得相应权益的凭证。证券必须依法设置，依照法律或行政法规规定的形式、内容、格式与程序制作、签发。广义的证券一般是指财物证券（如货运单、提单等）、货币证券（如支票、汇票、本票等）和资本证券（如股票、公司债券、投资基金份额等）。狭义的证券仅指资本证券。《证券法》规定的证券为股票、公司债券和国务院依法认定的其他证券。

2. 证券的分类

按照不同的标准，证券可以分为不同的种类。目前，我国证券市场上发行和流通的证券主要有以下几类。

1）股票。股票是股份有限公司签发的，证明股东所持股份的凭证。我国证券市场上流通的股票有人民币普通股（A 股）和境内上市外资股（B 股）。另外，中国境内注册的公司还可以发行境外上市外资股，包括 H 股（香港上市）、N 股（纽约上市）、S 股（新加坡上市）等。

2）债券。债券是政府、金融机构、公司企业等单位依照法定程序发行的、约定在一定期限还本付息的有价证券。债券是一种债权凭证，是一种到期还本付息的有价证券，它具有风险性小和流通性强的特点。债券按发行主体不同可分为企业债券、公司债券（含可转换公司债券）、金融债券和政府债券。

3）证券投资基金份额。证券投资基金份额是基金投资人持有基金单位的权利凭证。

4）认股权证。认股权证是股份有限公司给予持证人的无限期或在一定期限内，以确定价格购买一定数量普通股份的权利凭证。认股权证是持证人认购公司股票的一种长期选择权，它本身不是权利证明书，其持有人不具备股东资格，认股权证的收益主要来自其依法转让的收益。

5）期货。期货是一种跨越时间的交易方式。买卖双方通过签订标准化合约，同意按指定的时间、价格与其他交易条件，交收指定数量的现货。按照现货标的物的种类不同，期货可以分为商品期货与金融期货。

（二）证券市场的概念及分类

证券市场是指证券发行与交易的场所。证券市场依据不同的标准，可以有以下不同的分类。

1）发行市场和流通市场。这是依据证券市场的功能来划分的。发行市场又称一级市场或初级市场，是指发行新证券的市场，证券发行人通过证券发行市场将已获准公开发行的证券第一次销售给投资者，以获取资金；流通市场又称二级市场或次级市场，是指对已发行的证券进行买卖、转让交易的市场。投资者在一级市场取得的证券可以在二级市场进行交易。

2）场内交易市场和场外交易市场。这是依据证券市场的组织形式来划分的。场内交易市场又称集中交易市场，一般为证券交易所设立的交易场所，这是上市证券的主要交易场所；场外交易市场是指证券交易所以外的其他证券交易市场，如柜台交易市场等。

3）股票市场、债券市场、基金市场和衍生证券市场。这是依据证券市场发行和交易的证券品种不同来划分的。股票市场又称股市，是指发行和买卖股票的市场；债券市场又称债市，是指发行和买卖债券的市场；基金市场是指发行和买卖基金证券的市场；衍生证券市场是指发行和交易各种衍生证券的市场，包括股指期货市场、权证市场及其他衍生证券市场等。

此外，证券市场还可以分为主板市场、中小板市场、创业板市场、二板市场等。我国股票发行和交易的主板市场在上海证券交易所，中小板市场和创业板市场在深圳证券交易所。同时，证券市场也可以分为国内证券市场和国外证券市场。

证券市场的主体包括证券发行人、投资者、证券中介机构、证券交易场所及证券自律性组织和证券监管机构等。证券发行人是指证券市场上发行证券的单位，一般包括公司、企业、金融机构和政府部门等。投资者是指证券的买卖者，也是证券融资方式的资金供给者。投资者分为机构投资者和个人投资者。证券中介机构是指为证券发行和交易提供服务的各种中介机构，一般包括证券登记结算机构、证券公司、财务顾问机构、资信评级机构、资产评估机构、会计师事务所、律师事务所等。证券交易场所是指为证券发行和交易提供场所和设施的服务机构，如上海证券交易所、深圳证券交易所等。证券自律性组织通常是指证券业行业协会，如证券业协会、交易所协会等。证券监管机构是指代表政府对证券市场进行监督管理的机构，在我国为中国证监会及其派出机构。需要说明的是，《证券法》中所指的"国务院证券监督管理机构"即为中国证监会。证券市场的经营对象包括证券及其衍生产品，如股票期货、股票期权、认股权证、债券期货、债券期权等。

（三）证券法的概念及调整范围

证券法是调整证券募集、发行、交易和证券监管过程中发生经济关系的法律规范总称。证券法的概念有狭义和广义之分。狭义的证券法指《证券法》。广义的证券法除《证券法》外，还包括其他法律中有关证券管理的规定，如国务院颁发的有关证券管理的行政法规、证券管理部门发布的部门规章、地方立法部门颁布的有关证券管理的地方性法规和规章等。证券交易所等有关证券自律性组织依法制定的业务规则和行业活动准则等对我国证券市场的规范运作也起到重要的调整作用。

《证券法》的调整范围，是在中华人民共和国境内股票、公司债券和国务院依法认定的其他证券的发行和交易。《证券法》未规定的，适用《公司法》和其他法律、行政法规的规定。政府债券、证券投资基金份额的上市交易适用《证券法》，其他法律、行政法规有特别规定的，适用其规定。证券衍生品种发行、交易的管理办法，由国务院依照《证券法》的原则规定。

证券法律制度所调整的社会关系，既包括发行人、投资人及证券中介服务机构相互之间所发生的民事关系，又包括国家证券监督管理机构对证券市场主体进行引导、组织、协调和监督过程中所发生的行政管理关系。证券法律制度的核心任务是保护投资者的合法权益，维护证券市场秩序。

二、证券活动和证券管理原则

《证券法》的立法宗旨是规范证券发行和交易行为，保护投资者的合法权益，维护社会经济秩序和社会公共利益，促进社会主义市场经济的发展。根据《证券法》的规定，在证券活动和证券管理中应坚持以下几点原则。

（一）公开、公平、公正原则

公开原则是指市场信息要公开化，即证券信息的初期披露和持续披露要公开，并且必须及时、完整、真实、准确。公平原则是指证券发行和交易活动中的所有市场参与者都具有平等的法律地位，其合法权益应当受到公平的保护。公正原则是指证券监管部门及其工作人员的监管行为必须公正，给一切被监管对象以公正待遇。

（二）自愿、有偿、诚实信用原则

自愿是指当事人有权按照自己的意愿参与证券发行与交易活动，依法行使自己的民事权利，其他人不得干涉，也不得采取欺骗、威吓或胁迫等手段影响当事人决策。在市场交易活动中，任何一方都不得把自己的意志强加给对方。有偿是指在证券发行和交易活动中，一方当事人不得无偿占有其他当事人的财产和劳动。诚实是指要客观真实，不欺人、不骗人；信用是指遵守承诺，并及时、全面地履行承诺。

（三）守法原则

遵守法律、法规是我们在一切社会活动中都必须遵守的原则。《证券法》第五条规定："证券的发行、交易活动，必须遵守法律、行政法规；禁止欺诈、内幕交易和操纵证券市场的行为。"

（四）证券业与其他金融业分业经营管理原则

《证券法》第六条规定："证券业和银行业、信托业、保险业实行分业经营、分业管理，证券公司与银行、信托、保险业务机构分别设立。国家另有规定的除外。"《证券法》在规定此原则的同时，还规定"国家另有规定的除外"，为混业经营留下了一定的法律空间，也为银行资金间接进入证券市场准备了条件。

（五）政府统一监管与行业自律原则

政府为制约和化解市场风险，维护市场正常秩序，必须对证券市场进行监管。我国实行政府统一监管与行业自律相结合的模式。《证券法》规定，国务院证券监督管理机构依法对全国证券市场实行集中统一监督管理，并根据需要可以设立派出机构，按照授权履行监督管理职责。在国家对证券发行、交易活动实行集中统一监管的前提下，依法设立证券业协会，实行自律性管理。

（六）国家审计监督原则

国家审计监督是由国家审计机关对证券交易所、证券公司、证券登记结算机构、证券监督管理机构依法进行的审计监督。国家审计监督有利于促使证券机构依法经营和开展活动，有利于国家对证券市场的监督，有利于保护投资者的利益，有利于促进证券业的健康发展。

第二节　证券发行

一、证券发行的一般规定

证券发行是指证券发行人根据法定程序将证券出售给投资者的行为。《证券法》完善了证券发行的条件与程序，设置了保荐人制度，将证券的发行分为公开发行与非公开发行，并对公开发行作出定义。

1）公开发行证券必须符合法律、行政法规规定的条件，并依法报经国务院证券监督管理机构或者国务院授权的部门核准；未经依法核准，任何单位和个人不得公开发行证券。发行人依法申请公开发行证券所提交的申请文件的格式、报送方式，由依法负责核准或审批的机构或部门规定。

有下列情形之一的，为公开发行：①向不特定对象发行证券；②向特定对象发行证券累计超过二百人的；③法律、行政法规规定的其他发行行为。

2）非公开发行证券，不得采用广告、公开劝诱和变相公开方式。

发行人申请公开发行股票、可转换为股票的公司债券，依法采取承销方式的，或者公开发行法律、行政法规规定实行保荐制度的其他证券的，应当聘请具有保荐资格的机构担任保荐人。保荐人应当遵守业务规则和行业规范，诚实守信，勤勉尽责，对发行人的申请文件和信息披露资料进行审慎核查，督导发行人规范运作。保荐制度的主要内容包括保荐机构和保荐代表人的注册登记制度、保荐责任、保荐期限、监管部门对保荐机构和保荐代表人施行责任追究的监管机制。

二、股票的发行

我国股票发行体制经历了从审批制到核准制的变化。2000年3月以前实行的是审批制，采用"指标分配、行政推荐"的方法，由各省级政府和国务院有关部委进行初审并推荐公司发行上市，中国证监会进行复审。审批制具有浓厚的行政色彩，在市场发展初期虽发挥了一定作用，但其弊端也很突出，市场资源配置功能扭曲，投资者对此反映强烈。

2000年3月，我国股票发行开始实行核准制，从政府选择企业改为由中介机构（证券公司）推荐企业上市，取消了发行额度和指标。发行人必须履行强制信息披露义务，并保证信息披露的真实、准确、完整；中介机构对发行人负有尽职调查的责任。

2004年，我国股票发行开始实行"保荐制"，负责推荐的证券公司还负有保荐责任；由以市场专业人士组成的发行审核委员会对发行人和中介机构的申请文件进行审核，中国证监会进行核准；投资者根据发行人披露的信息，自主作出投资决定，投资风险自担。核准制实施以来，市场约束增强，行政干预逐渐退出。

（一）股票的概念及特征

股票是股份有限公司签发的证明股东所持股份的凭证。

股票具有如下特征。

1）股票是有价证券，代表持有者（即股东）对股份公司的股权。

2）股票是要式证券，其制作和记载事项必须依法进行。随着电子计算机的采用，股票的发行与交易已逐渐实现无纸化模式。

3）股票是无偿还期限的证券。投资者认购股票后，除法律特别规定的情况外，不能要求退还出资。

4）股票是一种高风险金融工具。股票在交易市场上交易时，价格波动较大。这种价格变化除了受股票发行者的经营状况和银行利率等客观因素的影响外，还受供求关系和公众心理等多种因素的影响。这就使股票价格变动的不确定性加大，因而风险较高。

股票按股东权利、义务的不同，可分为普通股和优先股；按投资主体的性质不同，可分为国有股、发起人股、社会公众股；按票面上是否记载股东的姓名或名称，可分为记名股票和无记名股票；按认购和买卖的币种，可分为以人民币认购和买卖的内资股、以外币认购和买卖的外资股。

（二）发行股票的条件及报送文件

只有股份有限公司可以发行股票。《证券法》规定，设立股份有限公司公开发行股票，即首次申请公开发行股票，应当符合《公司法》第七十七条规定的条件和经国务院批准的国务院证券监督管理机构规定的其他条件，并向国务院证券监督管理机构报送募股申请和下列文件：①公司章程；②发起人协议；③发起人姓名或者名称，发起人认购的股份数、出资种类及验资证明；④招股说明书；⑤代收股款银行的名称及地址；⑥承销机构名称及有关的协议。

依照《证券法》的规定聘请保荐人的，应当报送保荐人出具的发行保荐书。法律、行政法规规定设立公司必须报经批准的，还应当提交相应的批准文件。

公司公开发行新股，应当符合下列条件：①具备健全且运行良好的组织机构；②具有持续盈利能力，财务状况良好；③最近三年财务会计文件无虚假记载，无其他重大违法行为；④经国务院批准的国务院证券监督管理机构规定的其他条件。

上市公司非公开发行新股，应当符合经国务院批准的国务院证券监督管理机构规定的条件，并报国务院证券监督管理机构核准。

公司公开发行新股，即增发新股，包括向社会公开募集和向原股东配售，应当向国务院证券监督管理机构报送募股申请和下列文件：①公司营业执照；②公司章程；③股东大会决议；④招股说明书；⑤财务会计报告；⑥代收股款银行的名称及地址；⑦承销机构名称及有关的协议。《证券法》规定应聘请保荐人的，还应当报送保荐人出具的发行保荐书。

公司公开发行股票所募集的资金，必须按照招股说明书所列资金用途使用。改变招股说明书所列资金用途的，必须经股东大会作出决议。擅自改变用途而未作纠正的，或者未经股东大会认可的，不得公开发行新股，上市公司也不得非公开发行新股。

境内企业直接或者间接到境外发行证券或者将其证券在境外上市交易，必须经国务院证券监督管理机构依照国务院的规定批准。境内公司股票以外币认购和交易的，具体办法由国务院另行规定。

三、公司债券的发行

公司债券是公司为了筹集资金，按法定的程序向社会公众发行的借款凭证，是债券发行公司向债权人作出某种承诺，保证在约定的期限还本付息的有价证券。公司债券的特点主要有以下几个：①风险性较大。公司债券的还款来源是公司的经营利润，因此公司债券持有人承担着损失利息甚至本金的风险。②受益率较高。风险与受益成正比的原则，要求较高风险的公司债券需提供给债券持有人较高的投资收益。③对于某些债券而言，发行者与持有者之间可以相互给予一定的选择权。

四、证券的发行程序

（一）证券发行的核准

发行人发行证券，必须符合法律、行政法规规定的条件，并依照法定程序向国务院证券监督管理机构或者国务院授权的部门报送真实、准确、完整的证券发行申请文件。发行人申请核准公开发行股票、公司债券的，应当按照规定缴纳审核费用。发行人依法申请核准发行证券所报送的申请文件的格式、报送方式，由依法负责核准的机构或者部门规定。为证券发行出具有关文件的证券服务机构和人员，必须严格履行法定职责，保证其所出具文件的真实性、准确性和完整性。发行人申请首次公开发行股票的，在提交申请文件后，应当按照国务院证券监督管理机构的规定预先披露有关申请文件。

国务院证券监督管理机构设发行审核委员会，依法审核、核准股票发行申请。核准程序应当公开，依法接受监督。参与审核和核准股票发行申请的人员，不得与发行申请人有利害关系，不得直接或者间接接受发行申请人的馈赠，不得持有所核准的发行申请的股票，不得私下与发行申请人进行接触。国务院授权的部门对公司债券发行申请的核准，参照上述规定执行。

国务院证券监督管理机构或者国务院授权的部门应当自受理证券发行申请文件之日起

三个月内，依照法定条件和法定程序作出予以核准或者不予核准的决定，发行人根据要求补充、修改发行申请文件的时间不计算在内；不予核准的，应当说明理由。

证券发行申请经核准后，发行人应当依照法律、行政法规的规定，在证券公开发行前，公告公开发行募集文件，并将该文件置备于指定场所供公众查阅。发行证券的信息依法公开前，任何知情人不得公开或者泄露该信息。发行人不得在公告公开发行募集文件前发行证券。

国务院证券监督管理机构或者国务院授权的部门对已作出的核准证券发行的决定，发现不符合法定条件或者法定程序，尚未发行证券的，应当予以撤销，停止发行。已经发行尚未上市的，撤销发行核准决定，发行人应当按照发行价并加算银行同期存款利息返还证券持有人；保荐人应当与发行人承担连带责任，但是能够证明自己没有过错的除外；发行人的控股股东、实际控制人有过错的，应当与发行人承担连带责任。

股票发行采取溢价发行的，其发行价格由发行人与承销的证券公司协商确定。股票依法发行后，发行人经营与收益的变化，由发行人自行负责；由此变化引致的投资风险，由投资者自行承担。

（二）证券的承销

证券的承销是指证券公司依照协议包销或者代销发行人向社会公开发行的证券的行为。发行人向不特定对象公开发行的证券，法律、行政法规规定应当由证券公司承销的，发行人应当同证券公司签订承销协议。公开发行证券的发行人有权依法自主选择承销的证券公司。证券公司不得以不正当竞争手段招揽证券承销业务。

证券承销业务采取代销或者包销方式。代销是指证券公司代发行人发售证券，在承销期结束时，将未售出的证券全部退还给发行人的承销方式。包销分两种情况：一是证券公司将发行人的证券按照协议全部购入，再向投资者销售，当卖出价高于购入价时，其差价归证券公司所有；当卖出价低于购入价时，其损失由证券公司承担。二是证券公司在承销期结束后，将售后剩余证券全部自行购入。在这种承销方式下，证券公司要与发行人签订合同，在承销期内，是一种代销行为；在承销期满后，是一种包销行为。

证券公司承销证券，应当同发行人签订代销或者包销协议，载明下列事项：①当事人的名称、住所及法定代表人姓名；②代销、包销证券的种类、数量、金额及发行价格；③代销、包销的期限及起止日期；④代销、包销的付款方式及日期；⑤代销、包销的费用和结算办法；⑥违约责任；⑦国务院证券监督管理机构规定的其他事项。

证券公司承销证券，应当对公开发行募集文件的真实性、准确性、完整性进行核查，发现有虚假记载、误导性陈述或者重大遗漏的，不得进行销售活动；已经销售的，必须立即停止销售活动，并采取纠正措施。向不特定对象公开发行的证券票面总值超过人民币五千万元的，应当由承销团承销。承销团应当由主承销和参与承销的证券公司组成。主承销即牵头组织承销团的证券公司。主承销可以由证券发行人按照公平竞争的原则，通过竞标的方式产生，也可以由证券公司之间协商确定。主承销一般要承担组建承销团、代表承销团与证券发行者签订承销合同和有关文件等事项。作为主承销的证券公司与参与承销的证券公司之间应签订承销团协议，就当事人的情况、承销股票的种类、数量、金额、发行价格、承销的具体方式、各承销成员承销的份额及报酬，以及承销组织工作的分工、承销期及起止日期、承销付款的日期及方式等达成一致意见。

证券的代销、包销期限最长不得超过九十日。证券公司在代销、包销期内，对所代销、包销的证券应当保证先行出售给认购人，证券公司不得为本公司预留所代销的证券和预先购入并留存所包销的证券。股票发行采用代销方式，代销期限届满，向投资者出售的股票数量未达到拟公开发行股票数量百分之七十的，为发行失败。发行人应当按照发行价并加算银行同期存款利息返还股票认购人。公开发行股票，代销、包销期限届满，发行人应当在规定的期限内将股票发行情况报国务院证券监督管理机构备案。

五、证券投资基金的发行

（一）证券投资基金的概念和种类

证券投资基金是一种间接的证券投资方式，它通过发行基金单位，集中投资者的资金，由具有资格的银行基金托管人托管，由基金管理人管理和运用资金，从事股票、债券等金融工具投资，然后共担投资风险、分享收益。证券投资基金主要有以下几个特点：①专家理财，基金管理公司一般配备有投资专家，以科学的方法研究股票、债券等金融产品，组合投资，规避风险；②证券投资基金通过汇集众多中小投资者的资金，形成雄厚的实力，可以同时分散投资于很多种股票，分散了对个股集中投资的风险；③方便投资，流动性强。

证券投资基金的种类较多，主要有开放式基金与封闭式基金、股票基金与债券基金等。开放式基金是指基金份额总额不固定，基金份额可以在基金合同约定的时间和场所申购或者赎回的一种基金。封闭式基金是指基金份额总额是确定的，一旦发行完成，就不能再接受新的投资申购，投资者也不得要求赎回投资。但是，投资者可以在依法设立的证券交易所买卖封闭式基金，其价格完全由买卖双方决定。股票基金是指主要投资于股票的基金。债券基金是指主要投资于债券的基金。根据《中华人民共和国证券投资基金法》（以下简称《证券投资基金法》）的规定，基金运作方式可以采用封闭式、开放式或者其他方式。

（二）设立证券投资基金的条件

证券投资基金由基金管理人依法募集。基金管理人由依法设立的基金管理公司担任，并应当经国务院证券监督管理机构核准。

《证券投资基金法》第十三条规定："设立管理公开募集基金的基金管理公司，应当具备下列条件，并经国务院证券监督管理机构批准：（一）有符合本法和《中华人民共和国公司法》规定的章程；（二）注册资本不低于一亿元人民币，且必须为实缴货币资本；（三）主要股东应当具有经营金融业务或者管理金融机构的良好业绩、良好的财务状况和社会信誉，资产规模达到国务院规定的标准，最近三年没有违法记录；（四）取得基金从业资格的人员达到法定人数；（五）董事、监事、高级管理人员具备相应的任职条件；（六）有符合要求的营业场所、安全防范设施和与基金管理业务有关的其他设施；（七）有良好的内部治理结构、完善的内部稽核监控制度、风险控制制度；（八）法律、行政法规规定的和经国务院批准的国务院证券监督管理机构规定的其他条件。"

（三）基金的募集

基金管理人应依照《证券投资基金法》的规定发售基金份额，募集基金。基金管理人应当向国务院证券监督管理机构提交规定的文件，并经国务院证券监督管理机构核准。

国务院证券监督管理机构应当自受理基金募集申请之日起六个月内依照法律、行政法规及国务院证券监督管理机构的规定和审慎监管原则进行审查，作出予以核准或者不予核准的决定并通知申请人；不予核准的，应当说明理由。基金募集申请经核准后，方可发售基金份额。基金份额的发售，由基金管理人负责办理；基金管理人可以委托经国务院证券监督管理机构认定的其他机构代为办理。基金管理人应当在基金份额发售的三日前公布招募说明书、基金合同及其他有关文件。基金管理人应当自收到核准文件之日起六个月内进行基金募集，超过六个月开始募集，原核准的事项未发生实质性变化的，应当报国务院证券监督管理机构备案；发生实质性变化的，应当向国务院证券监督管理机构重新提交申请。

基金募集不得超过国务院证券监督管理机构核准的基金募集期限。基金募集期限自基金份额发售之日起计算。基金募集期限届满，封闭式基金募集的基金份额总额达到核准规模的百分之八十以上，开放式基金募集的基金份额总额超过核准的最低募集份额总额，并且基金份额持有人人数符合国务院证券监督管理机构规定的，基金管理人应当自募集期限届满之日起十日内聘请法定验资机构验资，自收到验资报告之日起十日内，向国务院证券监督管理机构提交验资报告，办理基金备案手续，并予以公告。

第三节　证　券　交　易

证券交易是依法发行并交付的证券在证券市场上流通的活动，是证券市场运行的核心环节。从 1986 年 9 月起，中国开始有了证券交易。1988 年年初，我国开始进行国库券流通转让的试点。当年 4 月 21 日起，国库券开始在证券交易柜台转让，其交易方式和股票交易类似。那时的证券交易制度是比较简略的，证券交易的价格主要由交易双方根据协商的原则来决定。自上海证券交易所成立开始，我国的证券交易形式和证券定价方式发生了巨大变化，发展十分迅速，证券交易制度不断发展和充实。与此同时，证券的定价也采用了一种国际普遍采用的公开竞价方式。随着金融改革的深化和金融创新活动的开展，资产证券化、融资证券化比例越来越高，证券市场规范发展对经济的促进作用也日益显著。

一、证券交易的一般规则

证券交易是指证券的买卖和转让。根据《证券法》的规定，在证券交易中，应遵守以下一般规则。

（一）证券交易的标的与主体必须合法

首先，证券交易当事人依法买卖的证券必须是依法发行并交付的证券。非依法发行的证券，不得买卖。证券交易当事人买卖的证券可以采用纸面形式或者国务院证券监督管理机构规定的其他形式。其次，依法发行的股票、公司债券及其他证券，法律对其转让期限有限制性规定的，在限定的期限内不得买卖。

为了防止出现内幕交易、操纵市场等证券欺诈行为，维护证券市场的秩序，立法对有关内幕人员持有、买卖股票作出限制。《证券法》第四十三条规定："证券交易所、证券公司和证券登记结算机构的从业人员、证券监督管理机构的工作人员以及法律、行政法规禁止参与股票交易的其他人员，在任期或者法定限期内，不得直接或者以化名、借他人名义持有、买卖股票，也不得收受他人赠送的股票。任何人在成为前款所列人员时，其原已持有的股票，必须依法转让。"

为股票发行出具审计报告、资产评估报告或者法律意见书等文件的证券服务机构和人员，在该股票承销期内和期满后六个月内，不得买卖该种股票。除前款规定外，为上市公司出具审计报告、资产评估报告或者法律意见书等文件的证券服务机构和人员，自接受上市公司委托之日起至上述文件公开后五日内，不得买卖该种股票。

《证券法》第四十七条规定："上市公司董事、监事、高级管理人员、持有上市公司股份百分之五以上的股东，将其持有的该公司的股票在买入后六个月内卖出，或者在卖出后六个月内又买入，由此所得收益归该公司所有，公司董事会应当收回其所得收益。但是，证券公司因包销购入售后剩余股票而持有百分之五以上股份的，卖出该股票不受六个月时间限制。公司董事会不按照前款规定执行的，股东有权要求董事会在三十日内执行。公司董事会未在上述期限内执行的，股东有权为了公司的利益以自己的名义直接向人民法院提起诉讼。公司董事会不按照第一款的规定执行的，负有责任的董事依法承担连带责任。"

（二）在合法的证券交易场所交易

依法公开发行的股票、公司债券及其他证券，应当在依法设立的证券交易所上市交易或者在国务院批准的其他证券交易场所转让。我国的证券交易所有上海证券交易所和深圳证券交易所。发行人可以在证券交易所发行证券，在国务院批准的其他证券交易场所转让证券。

（三）以合法方式交易

证券交易有现货交易和期货交易两种情况。《证券法》规定，证券交易以现货和国务院规定的其他方式进行交易，从而为发展证券期货交易留有法律空间。

《证券法》第四十条规定："证券在证券交易所上市交易，应当采用公开的集中交易方式或者国务院证券监督管理机构批准的其他方式。"这一规定为证券在证券交易所以公开的集中竞价交易以外的其他方式交易留下了发展余地。

（四）规范证券交易服务

1）为客户保密。证券交易所、证券公司、证券登记结算机构必须依法为客户开立的账户保密。除法律和行政法规另有规定者，证券交易所、证券公司、证券登记结算机构不向任何人提供客户开立账户的情况，否则将承担相应的法律责任。

2）证券交易的收费必须合理，公开收费项目、收费标准和收费办法。证券交易的收费项目、收费标准和管理办法由国务院有关主管部门统一规定。

二、证券上市

申请证券上市交易的，应当向证券交易所提出申请，由证券交易所依法审核同意，并由双方签订上市协议。政府债券的上市交易，由证券交易所根据国务院授权部门的决定安排。申请股票、可转换为股票的公司债券，或者法律、行政法规规定实行保荐制度的其他证券上市交易，应当聘请具有保荐资格的机构担任保荐人。

证券交易所可以依法作出对证券不予上市、暂停上市、终止上市的决定，对证券交易所的上述决定不服的，可以向证券交易所设立的复核机构申请复核。

（一）股票上市

国家鼓励符合产业政策并符合上市条件的公司股票上市交易。股份有限公司申请股票上市，应当符合下列条件：①股票经国务院证券监督管理机构核准已公开发行。②公司股本总额不少于人民币三千万元。③公开发行的股份达到公司股份总数的百分之二十五以上；公司股本总额超过人民币四亿元的，公开发行股份的比例为百分之十以上。④公司最近三年无重大违法行为，财务会计报告无虚假记载。

证券交易所可以规定高于上述规定的上市条件，并报国务院证券监督管理机构批准。

申请股票上市交易的，应当向证券交易所报送下列文件：①上市报告书；②申请股票上市的股东大会决议；③公司章程；④公司营业执照；⑤依法经会计师事务所审计的公司最近三年的财务会计报告；⑥法律意见书和上市保荐书；⑦最近一次的招股说明书；⑧证券交易所上市规则规定的其他文件。

股票上市交易申请经证券交易所审核同意后，签订上市协议的公司应当在规定的期限内公告股票上市的有关文件，并将该文件置备于指定场所供公众查阅，同时应当公告下列事项：①股票获准在证券交易所交易的日期；②持有公司股份最多的前十名股东的名单和持股数额；③公司的实际控制人；④董事、监事、高级管理人员的姓名及其持有本公司股票和债券的情况。

上市公司丧失法律规定的上市条件的，其股票应当依法暂停上市或者终止上市。上市公司有下列情形之一的，由证券交易所决定暂停其股票上市交易：①公司股本总额、股权分布等发生变化不再具备上市条件；②公司不按照规定公开其财务状况，或者对财务会计报告作虚假记载，可能误导投资者；③公司有重大违法行为；④公司最近三年连续亏损；⑤证券交易所上市规则规定的其他情形。

上市公司有下列情形之一的，由证券交易所决定终止其股票上市交易：①公司股本总额、股权分布等发生变化不再具备上市条件，在证券交易所规定的期限内仍不能达到上市条件；②公司不按照规定公开其财务状况，或者对财务会计报告作虚假记载且拒绝纠正；③公司最近三年连续亏损，在其后一个年度内未能恢复盈利；④公司解散或者被宣告破产；⑤证券交易所上市规则规定的其他情形。

股票终止上市的公司可以依照有关规定与中国证券业协会批准的证券公司签订协议，委托证券公司办理股份转让。

（二）债券上市

申请公司债券上市交易的，应当符合下列条件：①公司债券的期限为一年以上；②公司债券实际发行额不少于人民币五千万元；③公司申请债券上市时仍符合法定的公司债券发行条件。

申请公司债券上市交易的，应当向证券交易所报送下列文件：①上市报告书；②申请公司债券上市的董事会决议；③公司章程；④公司营业执照；⑤公司债券募集办法；⑥公司债券的实际发行数额；⑦证券交易所上市规则规定的其他文件。

申请可转换为股票的公司债券上市交易的，还应当报送保荐人出具的上市保荐书。

公司债券上市交易申请经证券交易所审核同意后，签订上市协议的公司应当在规定的期限内公告公司债券上市文件及有关文件，并将其申请文件置备于指定场所供公众查阅。

公司债券上市交易后，公司有下列情形之一的，由证券交易所决定暂停其公司债券上市交易：①公司有重大违法行为；②公司情况发生重大变化不符合公司债券上市条件；③发行公司债券所募集的资金不按照核准的用途使用；④未按照公司债券募集办法履行义务；⑤公司最近二年连续亏损。公司有上述第①项、第④项所列情形之一经查实后果严重的，或者有第②项、第③项、第⑤项所列情形之一，在限期内未能消除的，由证券交易所决定终止其公司债券上市交易。

公司解散或者被宣告破产的，由证券交易所终止其公司债券上市交易。

（三）证券投资基金上市

《证券投资基金法》规定，封闭式基金的基金份额，经基金管理人申请，国务院证券监督管理机构核准，可以在证券交易所上市交易。国务院证券监督管理机构可以授权证券交易所依照法定条件和程序核准基金份额上市交易。基金上市交易规则由证券交易所制定，报中国证监会批准。

1. 申请上市的基金必须符合的条件

申请上市的基金必须符合下列条件：①基金的募集符合《证券投资基金法》的规定；②基金合同期限为五年以上；③基金募集金额不低于二亿元人民币；④基金份额持有人不少于一千人；⑤基金份额上市交易规则规定的其他条件。

2. 申请投资基金上市交易程序

申请投资基金上市交易的，应当向证券交易所提交以下文件：①上市申请书；②上市公告书，至少应包括基金概况，基金持有人结构及前十名持有人，基金设立主要发起人、基金管理人、托管人简介，基金投资组合情况，基金契约摘要，基金运作情况，财务状况，重要事项揭示，备查文件；③批准设立和发行基金的文件；④基金契约；⑤基金托管协议；⑥基金募集资金的验资报告；⑦证券交易所一至二名会员署名的上市推荐书；⑧国务院证券监督管理机构和中国人民银行对基金托管人的审查批准文件；⑨国务院证券监督管理机构批准基金管理人的营业执照；⑩基金管理人注册登记的营业执照；⑪基金托管人注册登记的营业执照；⑫基金已全部托管的证明文件；⑬证券交易所要求的其他文件。

证券交易所接到基金上市申请后，应进行审查，认为符合上市条件的，将审查意见及拟订的上市时间连同相关文件一并报国务院证券监督管理机构批准。获得批准后，由证券交易所出具上市通知书。证券交易所还须同基金管理人或基金公司、基金托管人签订基金上市协议，以及有关服务合同。

获准上市的基金，须于上市首日前三个工作日内在国务院证券监督管理机构指定的报刊上刊登上市公告书。基金管理人还应将上市公告书置备于基金管理人所在地、基金托管人所在地、证券交易所、有关证券经营机构及其网点供公众查阅，同时报送国务院证券监督管理机构备案。

3. 基金的暂停上市或终止上市

基金上市期间，出现下列情形之一的，将暂停上市：①发生重大变更而不符合上市条件；②违反国家法律、法规，国务院证券监督管理机构决定暂停上市；③严重违反投资基金上市规则；④国务院证券监督管理机构和证券交易所认为须暂停上市的其他情形。

基金上市期间，出现下列情形之一的，将终止上市：①不再具备《证券投资基金法》规定的上市交易条件；②基金合同期限届满；③基金份额持有人大会决定提前终止上市交易；④基金合同约定的或者基金份额上市交易规则规定的终止上市交易的其他情形。

开放式基金在销售机构的营业场所销售及赎回，不上市交易。开放式基金单位的认购、申购和赎回业务，可以由基金管理人直接办理，也可以由基金管理人委托经国务院证券监督管理机构认定的其他机构代为办理。基金管理人应当在每个工作日办理基金份额的申购、赎回业务；基金合同另有约定的，按照其约定办理。投资人申购基金时，必须全额交付申购款项，款项一经交付申购即为有效。基金管理人应当于收到基金投资人申购、赎回申请之日起三个工作日内，对该交易的有效性进行确认。除不可抗力等特殊情况外，基金管理人不得拒绝接受基金投资人的赎回申请。

三、持续信息公开

公开发行证券的发行人、上市公司负有持续信息公开的义务，应公开的信息包括招股说明书、公司债券募集办法、上市公告书、定期报告和临时报告等。信息公开应当依照中国证监会发布的有关公开发行证券的公司信息披露内容与格式准则进行。发行人、上市公司依法披露的信息，必须真实、准确、完整，不得有虚假记载、误导性陈述或者重大遗漏。

经国务院证券监督管理机构核准依法公开发行股票，或者经国务院授权的部门核准依法公开发行公司债券的，应当公告招股说明书、公司债券募集办法。依法公开发行新股或者公司债券的，还应当公告财务会计报告。

定期报告是上市公司和公司债券上市交易的公司进行持续信息披露的主要形式之一，包括季度报告、半年度报告和年度报告。上市公司和公司债券上市交易的公司，应当在每一会计年度的上半年结束之日起二个月内，向国务院证券监督管理机构和证券交易所报送记载以下内容的中期报告，并予以公告：①公司财务会计报告和经营情况；②涉及公司的重大诉讼事项；③已发行的股票、公司债券变动情况；④提交股东大会审议的重要事项；⑤国务院证券监督管理机构规定的其他事项。

上市公司和公司债券上市交易的公司应当在每一会计年度结束之日起四个月内，向国务院证券监督管理机构和证券交易所报送记载以下内容的年度报告，并予以公告：①公司概况；②公司财务会计报告和经营情况；③董事、监事、高级管理人员简介及其持股情况；④已发行的股票、公司债券情况，包括持有公司股份最多的前十名股东名单和持股数额；⑤公司的实际控制人；⑥国务院证券监督管理机构规定的其他事项。

发生可能对上市公司股票交易价格产生较大影响的重大事件，投资者尚未得知时，上市公司应当立即将有关该重大事件的情况向国务院证券监督管理机构和证券交易所报送临时报告，并予以公告，说明事件的起因、目前的状态和可能产生的法律后果。

下列情况为应当报送临时报告的重大事件：①公司的经营方针和经营范围发生重大变化；②公司的重大投资行为和重大的购置财产的决定；③公司订立重要合同，可能对公司的资产、负债、权益和经营成果产生重要影响；④公司发生重大债务和未能清偿到期重大债务的违约情况；⑤公司发生重大亏损或者重大损失；⑥公司生产经营的外部条件发生重大变化；⑦公司的董事、三分之一以上监事或者经理发生变动；⑧持有公司百分之五以上股份的股东或者实际控制人，其持有股份或者控制公司的情况发生较大变化；⑨公司减资、合并、分立、解散及申请破产的决定；⑩涉及公司的重大诉讼，股东大会、董事会决议被依法撤销或者宣告无效；⑪公司涉嫌犯罪被司法机关立案调查，公司董事、监事、高级管理人员涉嫌犯罪被司法机关采取强制措施；⑫国务院证券监督管理机构规定的其他事项。

上市公司董事、高级管理人员应当对公司定期报告签署书面确认意见。上市公司监事会应当对董事会编制的公司定期报告进行审核并提出书面审核意见。上市公司董事、监事、高级管理人员应当保证上市公司所披露的信息真实、准确、完整。

发行人、上市公司公告的招股说明书、公司债券募集办法、财务会计报告、上市报告文件、年度报告、中期报告、临时报告及其他信息披露资料，有虚假记载、误导性陈述或者重大遗漏，致使投资者在证券交易中遭受损失的，发行人、上市公司应当承担赔偿责任；发行人、上市公司的董事、监事、高级管理人员和其他直接责任人员及保荐人、承销的证券公司，应当与发行人、上市公司承担连带赔偿责任，但是能够证明自己没有过错的除外；发行人、上市公司的控股股东、实际控制人有过错的，应当与发行人、上市公司承担连带赔偿责任。

依法必须披露的信息应当在国务院证券监督管理机构指定的媒体上发布，同时将其置备于公司住所、证券交易所，供社会公众查阅。

国务院证券监督管理机构对上市公司年度报告、中期报告、临时报告及公告的情况进行监督，对上市公司分派或者配售新股的情况进行监督，对上市公司控股股东及其他信息披露义务人的行为进行监督。

国务院证券监督管理机构、证券交易所、保荐人、承销的证券公司及有关人员，对公司依照法律、行政法规规定必须作出的公告，在公告前不得泄露其内容。

证券交易所决定暂停或者终止证券上市交易的，应当及时公告，并报国务院证券监督管理机构备案。

四、限制的交易行为

限制的交易行为包括以下几种。

1）证券交易所、证券公司和证券登记结算机构的从业人员、证券监督管理机构的工作人员，以及法律、行政法规禁止参与股票交易的其他人员，在任期或者法定期限内，不得直接或者以化名、借他人名义持有、买卖股票，也不得收受他人赠送的股票。任何人在成为上述所列人员时，其原已持有的股票，必须依法转让。

2）为股票发行出具审计报告、资产评估报告或者法律意见书等文件的证券服务机构和人员，在该股票承销期内和期满后六个月内，不得买卖该种股票。除上述规定外，为上市公司出具审计报告、资产评估报告或者法律意见书等文件的证券服务机构和人员，自接受上市公司委托之日起至上述文件公开后五日内，不得买卖该种股票。

3）公司董事、监事、高级管理人员应当向公司申报所持有的本公司的股份及其变动情况，在任职期间每年转让的股份不得超过其所持有本公司股份总数的百分之二十五；所持有公司股份自公司股票上市交易之日起一年内不得转让。上述人员离职后半年内，不得转让其所持有的本公司股份。公司章程可以对公司董事、监事、高级管理人员转让其所持有的本公司股份作出其他限制性规定。

4）发起人持有的本公司股份自公司成立之日起一年内不得转让。公司公开发行股份前已发行的股份，自公司股票在证券交易所上市交易之日起一年内不得转让。

5）上市公司董事、监事、高级管理人员及持有上市公司股份百分之五以上的股东，将其持有的该公司的股票在买入后六个月内卖出，或者在卖出后六个月内又买入，由此所得收益归该公司所有，公司董事会应当收回其所得收益。但是，证券公司因包销购入售后剩余股票而持有百分之五以上股份的，卖出该股票不受六个月时间的限制。公司董事会不按照上述规定执行的，股东有权要求董事会在三十日内执行。公司董事会未在上述期限内执行的，股东有权为了公司的利益以自己的名义直接向人民法院提起诉讼。公司董事会不按照上述规定执行的，负有责任的董事依法承担连带责任。

五、禁止的交易行为

《证券法》禁止的交易行为包括内幕交易行为、操纵证券市场行为、制造虚假信息行为、欺诈客户行为及其他禁止行为。

（一）内幕交易行为

内幕交易行为是指知悉证券交易内幕信息的人员，利用内幕信息自己买卖证券，建议他人买卖证券，或者泄露内幕信息使他人利用该信息买卖证券，从中牟利或者避免损失的行为。内幕交易的主体是内幕信息知情人员，也可能是非法获取内幕信息的其他人员，行为特征是利用其掌握的内幕信息买卖证券，或者是建议他人买卖证券。内幕信息知情人员自己未买卖证券，也未建议他人买卖证券，但将内幕信息泄露给他人，接受内幕信息者依此买卖证券的，也属内幕交易行为。内幕交易行为不仅侵犯了广大投资者的利益，违反了证券发行与交易中的"公平、公正、公开"原则，还扰乱了证券市场，所以，各国的证券立法都将其列为禁止的证券交易行为之一。

知情人包括：①发行人的董事、监事、高级管理人员；②持有公司百分之五以上股份的股东及其董事、监事、高级管理人员，公司的实际控制人及其董事、监事、高级管理人员；③发行人控股的公司及其董事、监事、高级管理人员；④因所任公司职务可以获取公司有关内幕信息的人员；⑤证券监督管理机构工作人员及由于法定职责对证券的发行、交易进行管理的其他人员；⑥保荐人、承销的证券公司、证券交易所、证券登记结算机构、证券服务机构的有关人员；⑦国务院证券监督管理机构规定的其他人。

证券交易活动中，涉及公司的经营、财务或者对该公司证券的市场价格有重大影响的尚未公开的信息为内幕信息。

内幕信息主要包括：①《证券法》第六十七条第二款所列应报送临时报告的重大事件；②公司分配股利或者增资的计划；③公司股权结构的重大变化；④公司债务担保的重大变更；⑤公司营业用主要资产的抵押、出售或者报废一次超过该资产的百分之三十；⑥公司的董事、监事、高级管理人员的行为可能依法承担重大损害赔偿责任；⑦上市公司收购的有关方案；⑧国务院证券监督管理机构认定的对证券交易价格有显著影响的其他重要信息。

证券交易内幕信息的知情人和非法获取内幕信息的人，在内幕信息公开前，不得买卖该公司的证券，或者泄露该信息，或者建议他人买卖该证券。

持有或者通过协议、其他安排与他人共同持有公司百分之五以上股份的自然人、法人、其他组织收购上市公司的股份，《证券法》另有规定的，适用其规定。

内幕交易行为给投资者造成损失的，行为人应当依法承担赔偿责任。

（二）操纵证券市场行为

操纵证券市场行为是指操纵人利用掌握的资金、信息等优势，采用不正当手段，人为地制造证券行情，操纵或影响证券市场价格，以诱导证券投资者盲目进行证券买卖，从而为自己谋取利益或者转嫁风险的行为。操纵证券市场行为必然会扭曲证券的供求关系，导致市场机制失灵，并会形成垄断，妨碍竞争，同时会诱发过度投机，损害投资者的利益。

操纵证券市场的手段包括：①单独或者通过合谋，集中资金优势、持股优势或者利用信息优势联合或者连续买卖，操纵证券交易价格或者证券交易量；②与他人串通，以事先约定的时间、价格和方式相互进行证券交易，影响证券交易价格或者证券交易量；③在自己实际控制的账户之间进行证券交易，影响证券交易价格或者证券交易量；④以其他手段操纵证券市场。

操纵证券市场行为给投资者造成损失的，行为人应当依法承担赔偿责任。

（三）制造虚假信息行为

制造虚假信息行为是指证券市场主体及其工作人员，以及其他相关人员作出虚假陈述、信息误导，或者编造并传播虚假信息，以影响证券交易的行为。为了使证券交易能够有序进行，《证券法》规定禁止国家工作人员、新闻传播媒介从业人员和有关人员编造并传播虚假信息；各种传播媒介传播证券交易信息必须真实、客观，禁止误导。

（四）欺诈客户行为

欺诈客户行为是指在证券交易中，证券公司及其工作人员利用受托人的地位，进行损害投资者利益或者诱使投资者进行证券买卖而从中获利的行为。欺诈客户必然造成投资者利益的损害，最终将损害证券市场的健康发展。禁止证券公司及其从业人员从事下列行为：①违背客户的委托为其买卖证券；②不在规定时间内向客户提供交易的书面确认文件；③挪用客户所委托买卖的证券或者客户账户上的资金；④未经客户的委托，擅自为客户买卖证券，或者假借客户的名义买卖证券；⑤为牟取佣金收入，诱使客户进行不必要的证券买卖；⑥利用传播媒介或者通过其他方式提供、传播虚假或者误导投资者的信息；⑦其他违背客户真实意思表示，损害客户利益的行为。

欺诈客户行为给客户造成损失的，行为人应当依法承担赔偿责任。

（五）其他禁止行为

在证券交易中，除了不得有上述行为外，《证券法》还规定了其他禁止从事的行为：①禁止资金违规流入股市；②禁止法人非法利用他人账户从事证券交易；③禁止法人出借自己或他人的证券账户；④禁止任何人挪用公款买卖证券。国有企业和国有资产控股企业买卖上市交易的股票，必须遵守国家有关规定。

证券交易所、证券公司、证券登记结算机构、证券交易服务机构、社会中介机构及其从业人员对证券交易中发现的禁止性的交易，应当及时向证券监督管理机构报告。

第四节　上市公司收购

上市公司收购在本质上即为证券买卖，是一种重要产权交易行为，是在市场经济条件下对资源的重新配置。20 世纪 90 年代，我国才开始重视上市公司收购，因此相关法律规制相对薄弱、有待完善。为规范上市公司的收购及相关股份权益变动活动，中国证监会自 2006 年 7 月 31 日正式发布新修订的《上市公司收购管理办法》，9 月 1 日起施行，后又经 2008 年、2012 年、2014 年 3 次修订，对上市公司收购制度作出重大调整。

一、上市公司收购的概念及方式

（一）上市收购的概念

上市公司收购是指投资者公开收购股份有限公司已经依法上市的股份，以达到对该股份有限公司控制或兼并目的的行为。

（二）上市公司收购的方式

上市公司收购的方式有以下几种。

1. 要约收购

要约收购是指当投资者持有一个上市公司的股份的一定比例时，如果进行收购应当依法向被收购的上市公司的股东发出收购的意思表示而进行收购的一种方式。

通过证券交易所的证券交易，投资者持有或者通过协议、其他安排与他人共同持有一个上市公司已发行的股份达到百分之三十时，继续进行收购的，应当依法向该上市公司所有股东发出收购上市公司全部或者部分股份的要约。收购上市公司部分股份的收购要约应当约定，被收购公司股东承诺出售的股份数额超过预定收购的股份数额的，收购人按比例进行收购。

收购人必须公告上市公司收购报告书。收购要约约定的收购期限不得少于三十日，并不得超过六十日。在收购要约确定的承诺期限内，收购人不得撤销其收购要约。收购人需要变更收购要约的，必须及时公告，载明具体变更事项。

收购要约提出的各项收购条件适用于被收购公司的所有股东。采取要约收购方式的，收购人在收购期限内，不得卖出被收购公司的股票，也不得采取要约规定以外的形式和超出要约的条件买入被收购公司的股票。

2. 协议收购

协议收购是指收购人于证券场所之外与被收购的上市公司的股东达成股份购买协议来进行收购的一种方式。

采取协议收购方式的，收购人可以依照法律、行政法规的规定同被收购公司的股东以协议方式进行股份转让。达成协议后，收购人必须在三日内将该收购协议向国务院证券监督管理机构及证券交易所作出书面报告，并予以公告。在公告前不得履行收购协议。

采取协议收购方式的，收购人收购或者通过协议、其他安排与他人共同收购一个上市公司已发行的股份达到百分之三十时，继续进行收购的，应当向该上市公司所有股东发出收购上市公司全部或者部分股份的要约。但是，经国务院证券监督管理机构免除发出要约的除外。

3. 其他收购方式

收购人也可以其他合法方式收购上市公司。

上市公司收购可以采用现金、依法可以转让的证券，以及法律、行政法规规定的其他支付方式进行。被收购公司不得向收购人提供任何形式的财务资助。

二、上市公司收购的权益披露

投资者收购上市公司，要依法披露其在上市公司中拥有的权益，包括登记在其名下的股份和虽未登记在其名下但该投资者可以实际支配表决权的股份。投资者及其一致行动人在一个上市公司中拥有的权益应当合并计算。

（一）一致行动和一致行动人

一致行动是指投资者通过协议或者其他安排，与其他投资者共同扩大其所能够支配的一个上市公司股份表决权数量的行为或者事实。一致行动人是指在上市公司的收购及相关股份权益变动活动中有一致行动情形的投资者，这些投资者之间互为一致行动人。如果没有相反的证据，投资者有下列情形之一的，为一致行动人：①投资者之间有股权控制关系；②投资者受同一主体控制；③投资者的董事、监事或者高级管理人员中的主要成员，同时在另一个投资者担任董事、监事或者高级管理人员；④投资者参股另一投资者，可以对参股公司的重大决策产生重大影响；⑤银行以外的其他法人、其他组织和自然人为投资者取得相关股份提供融资安排；⑥投资者之间存在合伙、合作、联营等其他经济利益关系；⑦持有投资者百分之三十以上股份的自然人与投资者持有同一上市公司股份；⑧在投资者任职的董事、监事及高级管理人员与投资者持有同一上市公司股份；⑨持有投资者百分之三十以上股份的自然人和在投资者任职的董事、监事及高级管理人员，其父母、配偶、子女及其配偶、配偶的父母、兄弟姐妹及其配偶、配偶的兄弟姐妹及其配偶等亲属，与投资者持有同一上市公司股份；⑩在上市公司任职的董事、监事、高级管理人员及其前项所述亲属同时持有本公司股份的，或者与其自己或者其前项所述亲属直接或者间接控制的企业同时持有本公司股份；⑪上市公司董事、监事、高级管理人员和员工与其所控制或者委托的法人或者其他组织持有本公司股份；⑫投资者之间具有其他关联关系。

（二）进行权益披露的情形

进行权益披露的情形包括以下几个方面。

1）通过证券交易所的证券交易，投资者及其一致行动人拥有权益的股份达到一个上市公司已发行股份的百分之五时，应当在该事实发生之日起三日内编制权益变动报告书，向中国证监会、证券交易所提交书面报告，抄报该上市公司所在地的中国证监会派出机构，通知该上市公司，并予以公告；在上述期限内，不得再买卖该上市公司的股票。

2）通过协议转让方式，投资者及其一致行动人在一个上市公司中拥有权益的股份拟达到或者超过一个上市公司已发行股份的百分之五时，应当在该事实发生之日起三日内编制权益变动报告书，向中国证监会、证券交易所提交书面报告，抄报该上市公司所在地的中国证监会派出机构，通知该上市公司，并予以公告。投资者及其一致行动人拥有权益的股份达到一个上市公司已发行股份的百分之五后，其拥有权益的股份占该上市公司已发行股份的比例每增加或者减少达到或者超过百分之五的，应当依照相应规定履行报告、公告义务。

3）投资者及其一致行动人通过行政划转或者变更、执行法院裁定、继承、赠与等方式拥有权益的股份变动达到一个上市公司已发行股份的百分之五时，同样应当按照相应规定履行报告、公告义务。

（三）权益变动报告书的编制

投资者及其一致行动人不是上市公司的第一大股东或者实际控制人，其拥有权益的股份达到或者超过该公司已发行股份的百分之五，但未达到百分之二十的，应当编制简式权益变动报告书。

投资者及其一致行动人拥有权益的股份达到或者超过一个上市公司已发行股份的百分之二十但未超过百分之三十的，应当编制详式权益变动报告书。

三、上市公司收购后事项的处理

　　收购期限届满，被收购公司股权分布不符合上市条件的，该上市公司的股票应当由证券交易所依法终止上市交易；其余仍持有被收购公司股票的股东，有权向收购人以收购要约的同等条件出售其股票，收购人应当收购。收购行为完成后，被收购公司不再具备股份有限公司条件的，应当依法变更企业形式。

　　在上市公司收购中，收购人持有的被收购的上市公司的股票，在收购行为完成后的十二个月内不得转让。收购行为完成后，收购人与被收购公司合并，并将该公司解散的，被解散公司的原有股票由收购人依法更换。收购人应当在十五日内将收购情况报告国务院证券监督管理机构和证券交易所，并予以公告。

　　本章创新创业部分的内容，可通过扫描下方二维码进行相关练习。

法律思考　　　　　实训项目　　　　　案例分析　　　　　相关法规

第十章 支付结算与票据法律制度

第一节 支付结算概述

一、支付结算的概念与特征

（一）支付结算的概念

支付结算是指单位、个人在社会经济活动中使用票据、信用卡和汇兑、托收承付、委托收款等结算方式进行货币给付及其资金清算的行为。

（二）支付结算的特征

1. 支付结算必须通过中国人民银行批准的金融机构进行

银行是支付结算和资金清算的中介机构。未经中国人民银行批准的非银行机构和其他单位不得作为中介机构经营支付结算业务，但法律、行政法规另有规定的除外。

2. 支付结算的发生取决于委托人的意志

银行以善意、符合规定的正常操作程序进行审查，对伪造、变造的票据和结算凭证上的签章及需要检验个人有效证件，未发现异常而支付金额的，银行对出票人或付款人不再承担受委托付款的责任；对持票人或者收款人不再承担付款的责任。同时，除国家法律、行政法规另有规定外，银行不得为任何单位或者个人查询。除国家法律另有规定外，银行不代任何单位或者个人冻结、扣款，不得停止单位、个人存款的正常支付。

3. 支付结算实行统一领导，分级管理

中国人民银行总行负责制定统一的支付结算制度，组织、管理和监督全国支付结算工作；调解、处理银行间的支付结算纠纷。中国人民银行分行、支行负责组织管理监督本辖区的支付结算工作，协调、处理本辖区银行间的支付结算纠纷。

4. 支付结算是一种要式行为

要式行为是指法律规定必须依照一定形式进行的行为。如果该行为不符合法定的形式要件，即为无效行为。为保证支付结算的准确、安全和及时，使其业务正常进行，中国人民银行除了对票据和结算凭证的格式有统一的要求外，还对正确填写票据和结算凭证作出基本规定。

5. 支付结算必须依法进行

《支付结算办法》第五条规定："银行、城市信用合作社、农村信用合作社以及单位和个人（含个体工商户），办理支付结算必须遵守国家的法律、行政法规和本办法的各项规定，不得损害社会公共利益。"

二、支付结算的基本原则与要求

（一）支付结算的基本原则

支付结算工作的任务是，根据经济往来组织支付结算，准确、及时、安全地办理支付结算，依法管理支付结算，保障支付结算活动的正常进行。

1. 恪守信用、履约付款原则

产生支付结算行为时，结算当事人必须依照双方约定依法承担义务和行使权利，严格遵守信用，履行付款义务，特别是应当按照约定的付款金额和付款日期进行支付。

2. "谁的钱进谁的账、由谁支配"原则

银行作为资金结算的中介机构，在办理结算时必须遵循存款人的委托，按其意志保证将款项支付给指定的收款人；对存款人的资金，除国家法律法规另有规定的外，必须由其自主支配，银行无权在未经存款人授权或者委托的情况下，擅自动用存款人在银行账户里的资金。这一原则主要在于维护存款人对存款资金的所有权，保证其对资金支配的自主权。

3. 银行不垫款原则

银行在办理结算过程中，只负责办理结算当事人之间的款项划拨，不承担垫付任何款项的责任。这一原则主要在于划清银行资金与存款人资金的界限，保护银行资金的所有权和安全，有利于促使单位和个人直接对自己的债权债务负责。

（二）办理支付结算的要求

1. 办理支付结算的基本要求

根据《支付结算办法》的规定，办理支付结算的基本要求主要包括：①办理支付结算必须使用中国人民银行统一规定的票据和结算凭证，未使用中国人民银行统一规定的票据，票据无效；未使用中国人民银行统一规定的结算凭证，银行不予受理。②办理支付结算必须按统一的规定开立和使用账户。单位、个人和银行应当按照《人民币银行结算账户管理办法》的规定开立、使用账户。③填写票据和结算凭证应当全面规范，做到数字正确，要素齐全，不错不漏，字迹清楚，防止涂改。票据和结算凭证金额以中文大写和阿拉伯数码同时记载，二者必须一致，二者不一致的，票据无效；二者不一致的结算凭证，银行不予受理。④票据和结算凭证上的签章和记载事项必须真实，不得伪造、变造。伪造是指无权限人假冒他人或虚构他人名义签章的行为；变造是指无权更改票据内容的人，对票据上签章以外的记载事项加以改变的行为。票据上有伪造、变造签章的，不影响票据上其他当事人真实签章的效力。票据和结算凭证上的签章为签名、盖章或者签名加盖章。单位、银行在票据上的签章和单位在结算凭证上的签章，为该单位、银行的盖章加其法定代表人或者其授权的代理人的签名或者盖章。

2. 支付结算凭证填写的要求

1）票据的出票日期必须使用中文大写。月为壹、贰和壹拾的，日为壹至玖和壹拾、贰拾和叁拾的，应在其前加"零"；日为拾壹至拾玖的，应在其前加"壹"。大写日期未按要求规范填写的，银行可予受理；但由此造成损失的，由出票人自行承担。

2）中文大写金额数字应用正楷或行书填写，不得自造简化字。如果金额数字书写中使用繁体字，也应受理。

3）中文大写金额数字前应标明"人民币"字样，大写金额数字应紧接"人民币"字样填写，不得留有空白。

4）中文大写金额数字到"元"为止的，在"元"之后应写"整"（或"正"）字；到"角"为止的，在"角"之后可以不写"整"（或"正"）字。大写金额数字有"分"的，"分"后面不写"整"（或"正"）字。

5）阿拉伯小写金额数字前面，均应填写人民币符号"￥"。

6）阿拉伯小写金额数字中有"0"的，中文大写应按照汉语语言规律、金额数字构成和防止涂改的要求进行书写。票据和结算凭证的金额、出票或签发日期、收款人名称不得更改，更改的票据无效；更改的结算凭证，银行不予受理。

票据和结算凭证的金额、出票或者签发日期、收款人名称不得更改，更改的票据无效；更改的结算凭证，银行不予受理。对票据和结算凭证上的其他记载事项（如用途），原记载人可以更改，更改时应当由原记载人在更正处签章证明。

三、银行结算账户

根据中国人民银行《人民币银行结算账户管理办法》的规定，银行结算账户是指银行为存款人开立的办理资金收付结算的活期存款账户。其中，银行是指在中国境内经批准经营支付结算业务的银行业金融机构（政策性银行、商业银行、农村信用合作社）；存款人是指在中国境内开立银行结算账户的机关、团体、部队、企业、事业单位、其他组织（以下统称单位），以及个体工商户和自然人。银行结算账户是社会资金运动的起点和终点，是支付结算工作开展的基础。

（一）银行结算账户的分类

银行结算账户可分为单位银行结算账户、个人银行结算账户和异地银行结算账户。

1. 单位银行结算账户

（1）基本存款账户

基本存款账户是存款人因办理日常转账结算和现金收付需要开立的银行结算账户。基本存款账户是存款人主办账户。存款人的日常经营活动的资金收付及其工资、奖金和现金的支取，应当通过该账户来办理。基本存款账户是存款人的主办账户，一个单位只能开立一个基本存款账户。相关法律规定下列存款人，可以申请开立基本存款账户：企业法人；非法人企业；机关、事业单位；团级（含）以上军队、武警部队及分散执勤的支（分）队；社会团体；民办非企业组织；异地常设机构；外国驻华机构；个体工商户；居民委员会、村民委员会、社区委员会；单位设立的独立核算的附属机构，包括食堂、招待所、幼儿园；其他组织，即按照现行的法律、行政法规规定可以成立的组织，如业主委员会、村民小组等组织。同时，存款人申请开立基本存款账户应当向银行出具相关证明文件。

（2）一般存款账户

一般存款账户是存款人因借款或其他结算需要，在基本存款账户开户银行以外的银行营业机构开立的银行结算账户。一般存款账户用于办理存款人借款转存、借款归还和其他结算的资金收付。一般存款账户可以办理现金缴存，但不得办理现金支取。存款人申请开立一般存款账户的，应向银行出具其开立基本存款账户规定的证明文件、基本存款账户开户许可证和下列证明文件：①存款人因向银行借款需要，应出具借款合同；②存款人因其他结算需要，应出具有关证明。也就是说开立一般存款账户以开立基本存款账户为前提。开立基本存款账户的存款人都可以开立一般存款账户。开立一般存款账户，实行备案制，无须中国人民银行核准。

（3）专用存款账户

专用存款账户是存款人按照法律、行政法规和规章，对其特定用途资金进行专项管理和使用而开立的银行结算账户。专用存款账户适用于对下列资金的管理和使用：①基本建设资金；②更新改造资金、财政预算外资金；③粮、棉、油收购资金；④证券交易结算资金；⑤期货交易保证金；⑥信托基金；⑦金融机构存放同业资金；⑧政策性房地产开发资金；⑨单位银行卡备用金；⑩住房基金；⑪社会保障基金；⑫收入汇缴资金和业务支出资金；⑬党、团、工会设在单位的组织机构经费；⑭其他需要专项管理和使用的资金。对于合格境外机构投资者（qualified foreign institutional investors，QFII）在境内从事证券投资开立的人民币特殊账户和人民币结算资金账户（以下简称 QFII 专用存款账户），均纳入专用存款账户管理。存款人申请开立专用存款账户，应向银行出具其开立基本存款账户规定的证明文件、基本存款账户开户许可证和其他证明文件。

（4）临时存款账户

临时存款账户是指存款人因临时需要并在规定期限内使用而开立的银行结算账户。存款人有下列情形可以申请开立临时存款账户：设立临时机构；异地临时经营活动；注册验资、增资。临时存款账户用于办理临时机构及存款人临时经营活动发生的资金收付。临时存款账户应根据有关开户证明文件确定的期限或存款人的需要确定其有效期限，最长不得超过两年。

2. 个人银行结算账户

个人银行结算账户是指存款人因投资、消费、结算等需要而凭个人身份证件以自然人名称开立的银行结算账户。个人银行结算账户用于办理个人转账收付和现金存取。储蓄账户仅限于办理现金存取，不得办理转账收付。个人银行结算账户的使用范围主要包括：使用支票、信用卡等信用支付工具的；办理汇兑、定期借记、定期贷记、借记卡等结算业务的。存款人在银行开立个人银行结算账户时应该出具相应的有效证件。同时，单位从其银行结算账户支付给个人银行结算账户的款项，每笔超过五万元（不包含五万元）的，应向其开户银行提供相应的付款依据。

3. 异地银行结算账户

异地银行结算账户是存款人在其注册地或住所地行政区域之外（跨省、市、县）开立的银行结算账户。根据相关法律规定，符合下列情形的可开立异地银行结算账户：营业执照注册地与经营地不在同一行政区域（跨省、市、县）需要开立基本存款账户的；办理异地借款和其他结算需要开立一般存款账户的；存款人因附属的非独立核算单位或派出机构发生的收入汇缴或业务支出需要开立专用存款账户的；异地临时经营活动需要开立临时存款账户的；自然人根据需要在异地开立个人银行结算账户的。

（二）银行结算账户的开立、变更、撤销及管理

1. 银行结算账户的开立

存款人应在注册地或住所地开立银行结算账户。符合异地（跨省、市、县）开户条件的，也可以在异地开立银行结算账户。开立银行结算账户应遵循存款人自主原则，除国家法律、行政法规和国务院规定的外，任何单位和个人不得强令存款人到指定银行开立银行结算账户。需要中国人民银行核准的账户包括基本存款账户、临时存款账户（因注册验资和增资验资开立的除外）、预算单位专用存款账户和 QFII 专用存款账户。符合开立一般存款账户、其他专用存款账户和个人银行结算账户条件的，银行应办理开户手续，并于开户之日起五个工作日内向中国人民银行当地分支行备案。存款人开立单位银行结算账户，自正式开立之日起三个工作日后，方可使用该账户办理付款业务。但注册验资的临时存款账户转为基本存款账户和因借款转存开立的一般存款账户除外。

2. 银行结算账户的变更

银行结算账户的变更是指存款人的账户信息资料发生变化或改变而需办理变更手续的活动。根据账户管理的要求，存款人变更账户名称、单位的法定代表人或主要负责人、地址等其他开户资料后，应及时向开户银行办理变更手续，填写变更银行结算账户申请书。存款人更改名称，但不改变开户银行及账号的，应于五个工作日内向开户银行提出银行结算账户的变更申请，并出具有关部门的证明文件。单位的法定代表人或主要负责人、住址及其他开户资料发生变更时，应于五个工作日内书面通知开户银行并提供有关证明。属于变更开户许可证记载事项的，存款人办理变更手续时，应交回开户许可证，由中国人民银行当地分支行换发新的开户许可证。

3. 银行结算账户的撤销

存款人撤销银行结算账户时，必须与开户银行核对银行结算账户存款余额，交回各种重要空白票据及结算凭证和开户许可证，银行核对无误后方可办理销户手续。存款人尚未清偿其开户银行债务的，不得申请撤销该银行结算账户。有下列情形之一的，存款人应向

开户银行提出撤销银行结算账户的申请：①被撤并、解散、宣告破产或关闭的；②注销、被吊销营业执照的；③因迁址需要变更开户银行的；④其他原因需要撤销银行结算账户的。存款人有以上第①项、第②项情形的，应于五个工作日内向开户银行提出撤销银行结算账户的申请。存款人超过规定期限未主动办理撤销银行结算账户手续的，银行有权停止其银行结算账户的对外支付。对于按照账户管理规定应撤销而未办理销户手续的单位银行结算账户，银行通知该单位银行结算账户的存款人自发出通知之日起三十日内办理销户手续，逾期视同自愿销户，未划转款项列入久悬未取专户管理。存款人撤销核准此类银行结算账户时，应交回开户许可证。

4. 银行结算账户的管理

中国人民银行负责监督、检查银行结算账户的开立和使用，对存款人、银行违反银行结算账户管理规定的行为予以处罚。中国人民银行对银行结算账户的开立和使用实施监控和管理。中国人民银行负责基本存款账户、临时存款账户和预算单位专用存款账户开户登记证的管理。任何单位及个人不得伪造、变造及私自印制开户登记证。银行负责所属营业机构银行结算账户开立和使用的管理，监督和检查其执行的情况，纠正违规开立和使用银行结算账户的行为。银行应明确专人负责银行结算账户的开立、使用和撤销的审查和管理，负责对存款人开户申请资料的审查，并按照规定及时报送存款人开销户信息资料，建立健全开销户登记制度，建立银行结算账户管理档案，按会计档案进行管理。银行结算账户管理档案的保管期限为银行结算账户撤销后十年。

银行应对已开立的单位银行结算账户实行年检制度，检查开立的银行结算账户的合规性，核实开户资料的真实性；对不符合规定开立的单位银行结算账户，应予以撤销。对经核实的各类银行结算账户的资料变动情况，应及时报告中国人民银行当地分支行。银行应对存款人使用银行结算账户的情况进行监督，对存款人的可疑支付应按照中国人民银行规定的程序及时报告。

存款人应加强对预留银行签章的管理。单位遗失预留公章或财务专用章的，应向开户银行出具书面申请、开户登记证、营业执照等相关证明文件；更换预留公章或财务专用章时，应向开户银行出具书面申请、原预留签章的式样等相关证明文件。个人遗失或更换预留个人印章或更换签字人时，应向开户银行出具经签名确认的书面申请，以及原预留印章或签字人的个人身份证件。银行应留存相应的复印件，并凭以办理预留银行签章的变更。

（三）违反银行结算账户的法律责任

1. 存款人相关法律责任

存款人开立、撤销银行结算账户，不得有下列行为：①违反规定开立银行结算账户；②伪造、变造证明文件欺骗银行开立银行结算账户；③违反规定不及时撤销银行结算账户。非经营性的存款人，有上述所列行为之一的，给予警告并处以一千元的罚款；经营性的存款人有上述所列行为之一的，给予警告并处以一万元以上三万元以下的罚款；构成犯罪的，移交司法机关依法追究刑事责任。

存款人使用银行结算账户，不得有下列行为：①违反规定将单位款项转入个人银行结算账户；②违反规定支取现金；③利用开立银行结算账户逃废银行债务；④出租、出借银行结算账户；⑤从基本存款账户之外的银行结算账户转账存入、将销货收入存入或现金存入单位信用卡账户；⑥法定代表人或主要负责人、存款人地址及其他开户资料的变更事项未在规定期限内通知银行，非经营性的存款人有上述所列第①～⑤项行为的，给予警告并处以一千元罚款；经营性的存款人有上述所列第①～⑤项行为的，给予警告并处以五千元以上三万元以下的罚款；存款人有上述所列第⑥项行为的，给予警告并处以一千元的罚款。

违反规定，伪造、变造、私自印制开户登记证的存款人，属非经营性的处以一千元罚款；属经营性的处以一万元以上三万元以下的罚款；构成犯罪的，移交司法机关依法追究刑事责任。

2. 银行相关法律责任

银行在银行结算账户的开立中，不得有下列行为：①违反规定为存款人多头开立银行结算账户；②明知或应知是单位资金，而允许以自然人名称开立账户存储。银行有上述所列行为之一的，给予警告，并处以五万元以上三十万元以下的罚款；对该银行直接负责的高级管理人员、其他直接负责的主管人员、直接责任人员按规定给予纪律处分；情节严重的，中国人民银行有权停止对其开立基本存款账户的核准，责令该银行停业整顿或者吊销经营金融业务许可证；构成犯罪的，移交司法机关依法追究刑事责任。

银行在银行结算账户的使用中，不得有下列行为：①提供虚假开户申请资料欺骗中国人民银行许可开立基本存款账户、临时存款账户、预算单位专用存款账户；②开立或撤销单位银行结算账户，未按规定在其基本存款账户开户登记证上予以登记、签章或通知相关开户银行；③违反规定办理个人银行结算账户转账结算；④为储蓄账户办理转账结算；⑤违反规定为存款人支付现金或办理现金存入；⑥超过期限或未向中国人民银行报送账户开立、变更、撤销等资料。银行有上述所列行为之一的，给予警告，并处以五千元以上三万元以下的罚款；对该银行直接负责的高级管理人员、其他直接负责的主管人员、直接责任人员按规定给予纪律处分；情节严重的，中国人民银行有权停止对其开立基本存款账户的核准；构成犯罪的，移交司法机关依法追究其刑事责任。

第二节　票据法律制度

一、票据与票据法

（一）票据与票据法的概念与特征

1. 票据的概念与特征

票据的概念有广义和狭义之分。广义的票据包括各种有价证券和凭证，如股票、企业债券、发票、提单等；狭义的票据，即《中华人民共和国票据法》（以下简称《票据法》）

中规定的票据，包括汇票、银行本票和支票，是指由出票人签发的、约定自己或委托付款人在见票时或指定的日期向收款人或持票人无条件支付一定金额的有价证券。

票据作为依票据法发行的，以无条件支付一定金额为目的的一种有价证券，具有自己独特的性质，具体如下：①票据是完全有价证券，即票据权利完全证券化，票据权利与票据本身融为一体，不可分离，票据权利的产生、行使、转让和消灭都离不开票据。②票据是文义证券，票据上的一切票据权利和义务，必须严格依照票据记载的文义而定，文义之外的任何理由、事项均不得作为根据。例如，金额为十万元，则只能主张十万元。③票据是无因证券，票据权利的行使以持有票据为必要条件，持票人无须证明其取得票据的原因。只要票据形式要件合法，票据权利人取得票据的基础关系是否有效，不影响票据权利人行使票据权利。④票据是金钱债权证券，票据上体现的权利性质是财产权而不是其他权利，财产权的内容是请求支付一定的金钱而不是物品。⑤票据是要式证券，票据的制作、转让、文义等都有规定的格式和要求，必须符合《票据法》的规定。⑥票据是流通证券，在票据到期前，票据可以流通转让，其转让方式灵活简便，无须通知债务人，通过背书行为可直接转让。

2. 票据法的概念与特征

票据法是指规定票据的种类、形式、内容及各当事人之间权利义务关系的法律规范的总称。票据法有广义、狭义之分。广义的票据法是指各种法律中有关票据规定的总称，包括狭义的票据法、民法、银行法等法律、法规中有关票据的规定。狭义的票据法则仅指 1995 年 5 月 10 日全国人大常务委员会通过的《票据法》，2004 年进行了修订。票据法具有较强的技术性、强行性和统一性的特征。

（二）票据法律关系

1. 票据当事人

票据当事人是指在票据法律关系中，享有票据权利、承担票据义务的主体。票据当事人分为基本当事人和非基本当事人。

基本当事人是指在票据作成和交付时就已经存在的当事人，包括出票人、收款人和付款人。具体内容如下：①出票人。其是指依法定方式签发票据并将票据交付给收款人的人。银行汇票的出票人为银行；商业汇票的出票人为银行以外的企业和其他组织；银行本票的出票人为出票银行；支票的出票人为在银行开立支票存款账户的企业、其他组织和个人。②收款人。其是指票据正面记载的到期后有权收取票据所载金额的人。③付款人。其是指由出票人委托付款或自行承担付款责任的人。商业承兑汇票的付款人是合同中应给付款项的一方当事人，也是该汇票的承兑人；银行承兑汇票的付款人是承兑银行；支票的付款人是出票人的开户银行；本票的付款人是出票人。

非基本当事人是指在票据作成并交付后，通过一定的票据行为加入票据关系而享有一定权利、承担一定义务的当事人，包括承兑人、背书人与被背书人、保证人等。具体内容如下：①承兑人。其是指接受汇票出票人的付款委托，同意承担支付票款义务的人，是汇票主债务人。②背书人与被背书人。背书人是指在转让票据时，在票据背面或粘单上签字或盖章，并将该票据交付给受让人的票据收款人或持有人。被背书人是指被记名受让票据或接受票据转让的人。背书后，被背书人成为票据新的持有人，享有票据的所有权利。③保证人。其是指为票据债务提供担保的人，由票据债务人以外的第三人担当。保证人在被保证人不能履行票据付款责任时，以自己的金钱履行票据付款义务，然后取得持票人的权利，向票据债务人追索。

2. 票据行为

票据行为是指形成票据关系的当事人之间以发生、变更或终止票据关系为目的而进行的法律行为。《票据法》规定的票据行为包括出票、背书、承兑、保证。

（1）出票

出票是指出票人签发票据并将其交付给收款人的行为。出票行为包括：一是做成票据；二是交付票据。

票据记载事项一般分为绝对记载事项、相对记载事项、任意记载事项、不得记载事项等。绝对记载事项是指《票据法》明文规定必须记载的，如无记载，票据即为无效的事项，如出票日期、票据收款人等。相对记载事项是指除了绝对记载事项外，《票据法》规定的其他应记载的事项。相对记载事项可以记载，也可以不记载。记载的，按照记载的具体事项履行权利和义务；未记载的，适用法律的统一认定。任意记载事项是指《票据法》规定由当事人任意记载的事项，行为人不记载，对票据效力不产生影响，一旦作了记载，就发生《票据法》规定的效力，如出票人在票据上记载了"不得转让"字样，则该票据不能再转让。不得记载事项是指《票据法》禁止行为人在票据上记载的事项，包括记载无效的事项和使票据无效的事项，如约定产品质量不合格，则本票据无效等。票据的金额、出票或签发日期、收款人名称不得更改，更改的票据无效。

（2）背书

背书是指持票人在票据的背面或粘单上记载有关事项并签章将汇票权利让与他人的一种票据行为。票据转让必须做成记名背书。票据凭证不能满足背书人记载事项的需要，可以加附粘单，粘附于票据凭证上。粘单上的第一记载人，应当在汇票和粘单的粘接处签章。

背书应记载的事项包括背书人签章、被背书人名称和背书日期。其中前两项属于绝对记载事项；背书日期如未记载，则视为在汇票到期日前背书。背书不得附有条件，附有条件的，所附条件不具有汇票上的效力，但背书转让仍然有效。此外，将汇票金额的一部分转让或将汇票金额分别转让给两人以上的背书无效。

禁止背书是任意记载事项，如果背书人不愿意对其后手以后的当事人承担票据责任，即可在背书时记载禁止背书。《票据法》规定，背书人在汇票上记载"不得转让"字样，其后手再背书转让的，该转让不产生《票据法》上的效力，而只具有普通债权让与的效力，原背书人对后手的被背书人不承担保证责任。

背书连续是指在票据转让中，转让汇票的背书人与受让汇票的被背书人在汇票上的签章依次前后衔接。例如，第一次背书的被背书人是第二次背书的背书人，第二次背书的被背书人是第三次背书的背书人，依次类推。若背书形式上不连续，票据并非无效，仅背书间断后的持票人不得主张票据上的权利，持票人非经背书转让而以其他合法方式取得汇票的（如质押、委托收款取得等），必须依法举证，证明其汇票权利。汇票被拒绝承兑、被拒绝付款或者超过付款提示期限的，不得背书转让；背书转让的，背书人应当承担汇票责任。

（3）承兑

承兑是指汇票付款人承诺在汇票到期日支付汇票金额的票据行为。承兑是汇票特有的制度。汇票是一种出票人委托他人付款的委付票据，只有在付款人表示愿意向收款人或持票人支付汇票金额后，持票人才可于汇票到期日向付款人行使付款请求权。

提示承兑是指持票人向付款人出示汇票，并要求付款人承诺付款的行为。提示期限因汇票种类不同而有所区别。见票即付的汇票，因请求承兑的同时就意味着请求付款，因此，无须提示承兑；定日付款或者出票后定期付款的汇票，持票人应当在汇票到期日前向付款人提示承兑；见票后定期付款的汇票，持票人应当自出票日起一个月内向付款人提示承兑。持票人未在提示期限内请求承兑的，丧失对其前手的追索权。

承兑的记载事项包括三项，即承兑文句、承兑日期、承兑人签章。其中承兑文句和承兑人签章是绝对记载事项，承兑日期属于相对记载事项，但见票后定期付款的汇票，则必须记载日期。付款人承兑汇票，不得附有条件；承兑附有条件的，视为拒绝承兑。付款人应当自收到提示承兑的汇票之日起三日内承兑或者拒绝承兑。如果付款人在三日内不作承兑与否表示，则视为拒绝承兑，持票人可以请求其作出拒绝承兑证明，向其前手行使追索权。

承兑的效力在于确定汇票付款人的付款责任。一经承兑，承兑人于票据到期日必须向持票人无条件地支付汇票上的金额。承兑人的票据责任不因持票人未在法定期限提示付款而解除，承兑人仍要对持票人承担票据责任。

（4）保证

保证是指汇票债务人以外的第三人，以担保特定汇票债务人履行票据债务为目的，而在票据上所为的一种附属票据行为。

保证人必须在汇票或粘单上记载下列事项：①表明"保证"的字样；②保证人名称和住所；③被保证人的名称；④保证日期；⑤保证人签章。绝对应记载事项包括保证文句和保证人签章；相对应记载事项包括被保证人的名称、保证日期和保证人住所。未记载被保证人名称的，已承兑的汇票，承兑人为被保证人；未承兑的汇票，出票人为被保证人。未记载保证日期的，出票日期为保证日期。

汇票的保证应当记载在汇票或者粘单上，在票据之外签订的保证合同，不属于票据的保证。如果保证人是为出票人、承兑人保证的，则应记载于汇票的正面；如果保证人是为背书人保证的，则应记载于汇票的背面或者粘单上。

保证人与被保证人对持票人承担连带责任。被保证的汇票到期后得不到付款的，持票人有权向保证人请求付款，保证人应当足额付款。保证人的票据责任从属于被保证人的债务，与被保证人负有同一责任。同时又不随被保证人的债务因实质原因无效而无效，只有当被保证人的债务因欠缺票据形式要件而无效时，如绝对记载事项欠缺等，保证才无效。保证人为两人以上的，保证人之间承担连带责任。保证人向持票人清偿债务后，取得票据而成为持票人，享有票据上的权利，有权对被保证人及其前手行使追索权。

3. 票据权利与责任

票据权利是指票据持票人向票据债务人请求支付票据金额的权利。票据权利包括付款请求权和追索权。付款请求权是指持票人向汇票的承兑人、本票的出票人、支票的付款人出示票据要求付款的权利，是第一顺序权利。行使付款请求权的持票人可以是票据记载的收款人或最后的被背书人；担负付款请求权付款义务的主要是主债务人。追索权是指票据当事人行使付款请求权遭到拒绝或其他法定原因存在时，向其前手请求偿还票据金额及其他法定费用的权利，是第二顺序权利。行使追索权的当事人除票据记载的收款人和最后被背书人外，还可能是代为清偿票据债务的保证人、背书人。

票据权利是以持有票据为依据的，行为人合法取得票据，即取得了票据权利。当事人取得票据享有票据权利的情形主要有以下几种：①依法接受出票人签发的票据；②依法接受背书转让的票据；③因税收、继承、赠与可以依法无偿取得票据。票据的取得必须给付对价，无对价或无相当对价取得票据的，如属于善意取得，仍然享有票据权利，但该票据权利不能优于其前手。以欺诈、偷盗、胁迫、恶意或重大过失取得票据的人，不得享有票据权利。

票据权利的消灭是指因发生一定的法律事实而使票据权利不复存在。票据权利可因履行、免除、抵销等事由的发生而消灭，也可因票据时效期间届满而消灭。《票据法》第十七条规定："票据权利在下列期限内不行使而消灭：（一）持票人对票据的出票人和承兑人的权利，自票据到期日起二年。见票即付的汇票、本票，自出票日起二年。（二）持票人对支票出票人的权利，自出票日起六个月。（三）持票人对前手的追索权，自被拒绝承兑或者被拒绝付款之日起六个月。（四）持票人对前手的再追索权，自清偿日或者被提起诉讼之日起三个月。票据的出票日、到期日由票据当事人依法确定。"

票据权利与票据是紧密相连的。票据一旦丧失，票据权利的实现就会受到影响。票据丧失后可采取挂失止付、公示催告、普通诉讼三种方式进行补救。挂失止付是指失票人将丧失票据的事实通知付款人或代理付款人，并要求付款人或代理付款人暂停支付票据款项的一种方法。未记载付款人或者无法确定付款人及其代理付款人的票据，不得申请挂失止付。如未填明"现金"字样的银行汇票、本票等。失票人通知票据的付款人或者代理付款人挂失止付时，应当填写挂失止付通知书并签章。挂失止付通知书应当记载下列事项：①票据丧失的时间和事由；②票据种类、号码、金额、出票日期、付款日期、付款人名称、收款人名称；③挂失止付人的名称、营业场所或者住所及联系方法。付款人或者代理付款人收到挂失止付通知书，应当立即暂停支付。付款人或者代理付款人自收到挂失止付通知书之日起十二日内没有收到人民法院的止付通知书的，自第十三日起，挂失止付通知书失效。付款人或者代理付款人在收到挂失止付通知书前，已经依法向持票人付款的，不再接受挂失止付。挂失止付并非票据丧失后采取的必经措施，而只是一种暂时的预防措施，最终要通过申请公示催告或提起普通诉讼的方式进行补救。公示催告是指人民法院根据失票人的申请，以公告方法，告知并催促不确定的利害关系人在限期内向人民法院申报权利，逾期未申报者，人民法院通过除权判决宣告所丧失的票据无效的一种制度。公示催告申请书应当载明下列内容：①票面金额；②出票人、持票人、背书人；③申请的理由、事实；④通知票据付款人或者代理付款人挂失止付的时间；⑤付款人或者代理付款人的名称、通信地址、电话号码等。失票人应当在通知挂失止付后三日内，也可以在票据丧失后，依法向票据支付地人民法院申请公示催告。普通诉讼是指丧失票据的人为原告，以承兑人或出票人为被告，请求法院判决其向失票人付款的诉讼活动。如果与票据上的权利有利害关系的人是明确的，无须公示催告，可按一般的票据纠纷向法院提起诉讼。失票人向人民法院提起诉讼的，除向人民法院说明曾经持有票据及丧失票据的情形外，还应当提供担保。担保的数额相当于票据载明的金额。对于伪报票据丧失的当事人，人民法院在查明事实，裁定终结公示催告或者诉讼程序后，可以参照《民事诉讼法》的相关规定，追究伪报人的法律责任。

票据责任是指票据债务人向持票人支付票据金额的责任。票据债务人承担票据义务一般有以下情况：①汇票承兑人因承兑而应承担付款义务；②本票出票人因出票而承担自己付款的义务；③支票付款人在与出票人有资金关系时承担付款义务；④汇票、本票、支票的背书人，汇票、支票的出票人、保证人，在票据不获承兑或不获付款时的付款清偿义务。

（三）票据抗辩

票据抗辩是指票据的债务人依照《票据法》的规定，对票据债权人拒绝履行义务的行为。根据抗辩原因及抗辩效力的不同，票据抗辩可分为对物抗辩和对人抗辩。

对物抗辩是指基于票据本身的内容而发生的事由所进行的抗辩。这一抗辩可以对任何持票人提出。其主要包括以下情形：①票据行为不成立而为的抗辩，如票据应记载的内容有欠缺；因欺诈、偷盗、胁迫、恶意、重大过失取得票据等。②依票据记载不能提出请求而为的抗辩，如票据未到期等。③票据载明的权利已消灭或已失效而为的抗辩，如票据债权因付款、抵销、除权判决、时效届满而消灭等。④票据权利的保全手续欠缺而为的抗辩，如行使追索权时未出具付款请求被拒绝的证明等。⑤票据上有伪造、变造情形而为的抗辩。

对人抗辩是指基于人的事由发生的抗辩，这一抗辩多与票据的基础关系有关。票据债务人只能对基础关系中的直接相对人不履行约定义务的行为进行抗辩，如果该票据已经被依法转让给了第三人，票据债务人则不能对第三人抗辩。例如，甲因购买商品而给乙签发了一张票据，若乙的货物有质量问题，则甲可以向乙主张抗辩，拒绝付款。若乙将该票据依法转让给了丙，则甲不能拒绝向丙付款。票据债务人与出票人或持票人前手之间存在的抗辩事由，不得用于对抗持票人。

根据《最高人民法院关于审理票据纠纷案件若干问题的规定》，票据债务人以《票据法》规定为由，对业经背书转让票据的持票人进行抗辩的，人民法院不予支持。票据债务人依照《票据法》的规定，对持票人提出下列抗辩的，人民法院应予支持：与票据债务人有直接债权债务关系并且不履行约定义务的；以欺诈、偷盗或者胁迫等非法手段取得票据，或者明知有前列情形，出于恶意取得票据的；明知票据债务人与出票人或者与持票人的前手之间存在抗辩事由而取得票据的；因重大过失取得票据的；其他依法不得享有票据权利的。票据债务人依照《票据法》的规定，对持票人提出下列抗辩的，人民法院应予支持：欠缺法定必要记载事项或者不符合法定格式的；超过票据权利时效的；人民法院作出的除权判决已经发生法律效力的；以背书方式取得但背书不连续的；其他依法不得享有票据权利的。

（四）票据的追索

追索权是指持票人在票据到期不获付款或期前不获承兑或有其他法定原因，并在实施行使或保全票据上权利的行为后，可以向其前手请求偿还票据金额、利息及其他法定款项的一种票据权利。追索权是在票据权利人的付款请求权得不到满足之后，法律赋予持票人对票据债务人进行追偿的权利。

1. 追索权的当事人

追索权的当事人包括追索权人和偿还义务人。追索权人包括最后的持票人和因清偿而取得票据的人，即向自己的后手已做清偿的持票人。偿还义务人包括出票人、背书人、承兑人、保证人。追索权与付款请求权在权利行使对象上有一定的区别，付款请求权的行使对象是票据上的付款人；追索权的行使对象可以是票据上的主债务人，但主要还是票据上的次债务人，如票据上的出票人、背书人、保证人等。

2. 追索权的行使

发生下列情形之一的，持票人可以行使追索权：①汇票到期被拒绝付款；②汇票在到期日前被拒绝承兑；③在汇票到期日前，承兑人或付款人死亡、逃匿；④在汇票到期日前，承兑人或付款人被依法宣告破产或因违法被责令终止业务活动。

追索权行使程序主要包括：①发出追索通知。持票人应当自收到被拒绝承兑或者被拒绝付款的有关证明之日起三日内，将被拒绝事由书面通知其前手，其前手应当自收到通知之日起三日内书面通知其再前手。持票人也可以同时向各汇票债务人发出书面通知。未按照上述规定期限通知的，持票人仍可以行使追索权。因延期通知给其前手或者出票人造成损失的，由没有按照规定期限通知的汇票当事人承担对该损失的赔偿责任，但是所赔偿的金额以汇票金额为限。②确定追索对象。持票人可以不按照汇票债务人的先后顺序，对其中任何一人、数人或者全体行使追索权。持票人对票据债务人中的一人或者数人已经进行追索的，对其他票据债务人仍可以行使追索权。但是，持票人为出票人的，对其前手无追索权，持票人为背书人的，对其后手无追索权。汇票的出票人、背书人、承兑人和保证人对持票人承担连带责任。被追索人清偿债务后，与持票人享有同一权利。③追偿金额。持票人行使追索权，可以请求被追索人支付以下金额与费用：被拒绝付款的汇票金额；汇票金额自到期日或者提示付款日起至清偿日止，按照中国人民银行规定的同档次流动资金贷款利率计算的利息；取得有关拒绝证明和发出通知书的费用。

二、银行汇票

（一）银行汇票的概念与适用范围

银行汇票是出票银行签发的，由其在见票时按照实际结算金额无条件支付给收款人或者持票人的票据。银行汇票的出票银行为银行汇票的付款人。单位和个人各种款项结算，均可使用银行汇票。银行汇票可以用于转账，填明"现金"字样的银行汇票也可以用于支取现金。

（二）银行汇票的出票

1. 申请

申请人使用银行汇票，应向出票银行填写银行汇票申请书，填明收款人名称、汇票金额、申请人名称、申请日期等事项并签章，签章为其预留银行的签章。申请人和收款人均为个人，需要使用银行汇票向代理付款人支取现金的，申请人须在银行汇票申请书上填明代理付款人名称，在"汇票金额"栏先填写"现金"字样，后填写汇票金额。申请人或者收款人为单位的，不得在银行汇票申请书上填明"现金"字样。

2. 签发并交付

出票银行受理银行汇票申请书，收妥款项后签发银行汇票，并将银行汇票和解讫通知一并交给申请人。签发银行汇票必须记载下列事项：①表明"银行汇票"的字样；②无条件支付的承诺；③出票金额；④付款人名称；⑤收款人名称；⑥出票日期；⑦出票人签章。欠缺记载上列事项之一的，银行汇票无效。签发现金银行汇票，申请人和收款人必须均为个人，收妥申请人交存的现金后，在银行汇票"出票金额"栏先填写"现金"字样，后填写出票金额，并填写代理付款人名称。申请人或者收款人为单位的，银行不得为其签发现金银行汇票。

申请人应将银行汇票和解讫通知一并交付给汇票上记明的收款人。收款人受理银行汇票时，应审查下列事项：①银行汇票和解讫通知是否齐全、汇票号码和记载的内容是否一致；②收款人是否确为本单位或本人；③银行汇票是否在提示付款期限内；④必须记载的事项是否齐全；⑤出票人签章是否符合规定，大小写出票金额是否一致；⑥出票金额、出票日期、收款人名称是否更改，更改的其他记载事项是否由原记载人签章证明。

收款人受理申请人交付的银行汇票时，应在出票金额以内，根据实际需要的款项办理结算，并将实际结算金额和多余金额准确、清晰地填入银行汇票和解讫通知的有关栏内。银行汇票的实际结算金额低于出票金额的，其多余金额由出票银行退交申请人。未填明实际结算金额和多余金额或实际结算金额超过出票金额的，银行不予受理。银行汇票的实际结算金额一经填写不得更改，更改实际结算金额的银行汇票无效。

（三）银行汇票的背书

收款人可以将银行汇票背书转让给被背书人。银行汇票的背书转让以不超过出票金额的实际结算金额为准。未填写实际结算金额或实际结算金额超过出票金额的银行汇票不得背书转让。被背书人受理银行汇票时，除按照《票据法》相关规定审查外，还应审查下列事项：①银行汇票是否记载实际结算金额，有无更改，其金额是否超过出票金额；②背书是否连续，背书人签章是否符合规定，背书使用粘单的是否按规定签章；③背书人为个人的身份证件。银行汇票的背书转让以不超过出票金额的实际结算金额为准。未填写实际结算金额或实际结算金额超过出票金额的银行汇票不得背书转让。

（四）银行汇票的付款

持票人向银行提示付款时，必须同时提交银行汇票和解讫通知，缺少任何一联，银行不予受理。在银行开立存款账户的持票人向开户银行提示付款时，应在汇票背面"持票人向银行提示付款签章"处签章，签章须与预留银行签章相同，并将银行汇票和解讫通知、进账单送交开户银行。银行审查无误后办理转账。

未在银行开立存款账户的个人持票人，可以向选择的任何一家银行机构提示付款。提示付款时，应在汇票背面"持票人向银行提示付款签章"处签章，并填明本人身份证件名称、号码及发证机关，由其本人向银行提交身份证件及其复印件。银行审核无误后，将其身份证件复印件留存备查，并以持票人的姓名开立应解汇款及临时存款账户，该账户只付不收，付完清户，不计付利息。转账支付的，应由原持票人向银行填制支款凭证，并由本人交验其身份证件办理支付款项。该账户的款项只能转入单位或个体工商户的存款账户，严禁转入储蓄和信用卡账户。支取现金的，银行汇票上必须有出票银行按规定填明的"现金"字样，才能办理。未填明"现金"字样，需要支取现金的，由银行按照国家现金管理规定审查支付。

持票人对填明"现金"字样的银行汇票，需要委托他人向银行提示付款的，应在银行汇票背面"背书人"栏签章，记载"委托收款"字样、被委托人姓名和背书日期，以及委托人身份证件名称、号码、发证机关。被委托人向银行提示付款时，也应在银行汇票背面"持票人向银行提示付款签章"处签章，记载证件名称、号码及发证机关，并同时向银行交验委托人和被委托人的身份证件及其复印件。

（五）银行汇票的退款与丧失

银行汇票的实际结算金额低于出票金额的，其多余金额由出票银行退交申请人。持票人超过期限向代理付款银行提示付款不获付款的，须在票据权利时效内向出票银行作出说明，并提供本人身份证件或单位证明，持银行汇票和解讫通知向出票银行请求付款。

申请人因银行汇票超过付款提示期限或其他原因要求退款时，应将银行汇票和解讫通知同时提交到出票银行。申请人为单位的，应出具该单位的证明；申请人为个人的，应出具该本人的身份证件。对于代理付款银行查询的该张银行汇票，应在汇票提示付款期满后方能办理退款。出票银行对于转账银行汇票的退款，只能转入原申请人账户；对于符合规定填明"现金"字样银行汇票的退款，才能退付现金。

申请人缺少解讫通知要求退款的，出票银行应于银行汇票提示付款期满一个月后办理。

银行汇票丧失，失票人可以凭人民法院出具的其享有票据权利的证明，向出票银行请求付款或退款。

三、商业汇票

（一）商业汇票的相关规定

商业汇票是出票人签发的，委托付款人在指定日期无条件支付确定的金额给收款人或者持票人的票据。商业汇票按照承兑人的不同分为商业承兑汇票和银行承兑汇票。商业承兑汇票由银行以外的付款人承兑，银行承兑汇票由银行承兑。在银行开立存款账户的法人及其他组织之间，必须具有真实的交易关系或债权债务关系，才能使用商业汇票。

同时，随着我国互联网的不断发展，电子支付的普及，商业汇票的范围也从纸质的版本发展为电子的版本。电子商业汇票是指出票人依托电子商业汇票系统，以数据电文形式制作的，委托付款人在指定日期无条件支付确定金额给收款人或者持票人的票据。电子商业汇票分为电子银行承兑汇票和电子商业承兑汇票。电子银行承兑汇票由银行业金融机构、财务公司（以下统称金融机构）承兑；电子商业承兑汇票由金融机构以外的法人或其他组织承兑。电子商业汇票的付款人为承兑人。电子商业汇票系统是经中国人民银行批准建立，依托网络和计算机技术，接收、存储、发送电子商业汇票数据电文，提供与电子商业汇票货币给付、资金清算行为相关服务的业务处理平台。

（二）商业汇票的出票

1. 出票人的确定

商业承兑汇票的出票人，为在银行开立存款账户的法人及其他组织，与付款人具有真实的委托付款关系，具有支付汇票金额的可靠资金来源。银行承兑汇票的出票人必须具备下列条件：①在承兑银行开立存款账户的法人及其他组织；②与承兑银行具有真实的委托付款关系；③资信状况良好，具有支付汇票金额的可靠资金来源。出票人办理电子商业汇票业务，还应同时具备签约开办对公业务的企业网银等电子服务渠道、与银行签订《电子商业汇票业务服务协议》。办理电子商业汇票业务的银行机构应开办对公业务、拥有大额支付系统行号、具有组织机构代码及中国人民银行等规定的其他条件。其中，电子商业承兑汇票的出票人必须为银行业金融机构以外的法人或其他组织。电子银行承兑汇票的出票人应在承兑金融机构开立账户。

2. 商业汇票的签发

签发商业汇票必须记载下列事项：①表明"商业承兑汇票"或"银行承兑汇票"的字样；②无条件支付的委托；③确定的金额；④付款人名称；⑤收款人名称；⑥出票日期；⑦出票人签章。欠缺记载上列事项之一的，商业汇票无效。电子商业汇票出票必须记载下列事项：①表明"电子银行承兑汇票"或"电子商业承兑汇票"的字样；②无条件支付的委托；③确定的金额；④出票人名称；⑤付款人名称；⑥收款人名称；⑦出票日期；⑧票据到期日；⑨出票人签章。其中，出票人可在电子商业汇票上记载自身的评级信息，并对记载信息的真实性负责，但该记载事项不具有票据上的效力。评级信息包括评级机构、信用等级和评级到期日。

（三）商业汇票的承兑

商业承兑汇票可以由付款人签发并承兑，也可以由收款人签发交由付款人承兑。

银行承兑汇票应由在承兑银行开立存款账户的存款人签发。商业汇票可以在出票时向付款人提示承兑后使用，也可以在出票后先使用再向付款人提示承兑。定日付款或者出票后定期付款的商业汇票，持票人应当在汇票到期日前向付款人提示承兑。见票后定期付款的汇票，持票人应当自出票日起一个月内向付款人提示承兑。汇票未按照规定期限提示承兑的，持票人丧失对其前手的追索权。商业汇票的付款人接到出票人或持票人向其提示承兑的汇票时，应当向出票人或持票人签发收到汇票的回单，记明汇票提示承兑日期并签章。付款人应当在自收到提示承兑的汇票之日起三日内承兑或者拒绝承兑。付款人拒绝承兑的，必须出具拒绝承兑的证明。商业汇票的承兑银行，必须具备下列条件：①与出票人具有真实的委托付款关系；②具有支付汇票金额的可靠资金；③内部管理完善，经其法人授权的银行审定。

银行承兑汇票的出票人或持票人向银行提示承兑时，银行的信贷部门负责按照有关规定和审批程序，对出票人的资格、资信、购销合同和汇票记载的内容进行认真审查，必要时可由出票人提供担保。符合规定和承兑条件的，与出票人签订承兑协议。

付款人承兑商业汇票，应当在汇票正面记载"承兑"字样和承兑日期并签章。付款人承兑商业汇票，不得附有条件；承兑附有条件的，视为拒绝承兑。银行承兑汇票的承兑银行，应按票面金额向出票人收取万分之五的手续费。

电子商业承兑汇票的承兑有以下几种方式：①真实交易关系或债权债务关系中的债务人签发并承兑；②真实交易关系或债权债务关系中的债务人签发，交由第三人承兑；③第三人签发，交由真实交易关系或债权债务关系中的债务人承兑；④收款人签发，交由真实交易关系或债权债务关系中的债务人承兑。电子银行承兑汇票的出票人应向承兑金融机构提交真实、有效、用以证实真实交易关系或债权债务关系的交易合同或其他证明材料，并在电子商业汇票上作相应记录，承兑金融机构应负责审核。

（四）商业汇票的付款

商业汇票的付款期限，最长不得超过六个月。定日付款的汇票付款期限自出票日起计算，并在汇票上记载具体的到期日。出票后定期付款的汇票付款期限自出票日起按月计算，并在汇票上记载。见票后定期付款的汇票付款期限自承兑或拒绝承兑日起按月计算，并在汇票上记载。

1. 提示付款

商业汇票的提示付款期限，自汇票到期日起十日。持票人应在提示付款期限内通过开户银行委托收款或直接向付款人提示付款。对异地委托收款的，持票人可匡算邮程，提前通过开户银行委托收款。持票人超过提示付款期限提示付款的，持票人开户银行不予受理。

2. 办理付款或拒绝付款

商业承兑汇票的付款人开户银行收到通过委托收款寄来的商业承兑汇票，将商业承兑汇票留存，并及时通知付款人。付款人收到开户银行的付款通知，应在当日通知银行付款。付款人在接到通知日的次日起三日内（遇法定休假日顺延，下同）未通知银行付款的，视同付款人承诺付款。付款人提前收到由其承兑的商业汇票，应通知银行于汇票到期日付款。银行应于汇票到期日将票款划给持票人。电子商业汇票的拒绝付款日是指驳回提示付款申请的指令进入人民银行电子商业汇票系统的日期。电子商业汇票的追索行为的发生日是指追索通知的指令进入人民银行电子商业汇票系统的日期。电子商业汇票的承兑、背书、保证、质押解除、付款和追索清偿行为的发生日是指相应的签收指令进入人民银行电子商业汇票系统的日期。付款人存在合法抗辩事由拒绝支付的，应自接到通知的次日起三日内，作成拒绝付款证明送交开户银行，银行将拒绝付款证明和商业承兑汇票邮寄持票人开户银行转交持票人。

银行承兑汇票的出票人应于汇票到期前将票款足额交存其开户银行。承兑银行应在汇票到期日或到期日后的见票当日支付票款。承兑银行存在合法抗辩事由拒绝支付的，应自接到商业汇票的次日起三日内，作成拒绝付款证明，连同商业银行承兑汇票邮寄持票人开户银行转交持票人。银行承兑汇票的出票人于汇票到期日未能足额交存票款时，承兑银行除凭票向持票人无条件付款外，对出票人尚未支付的汇票金额按照每天万分之五计收利息。

（五）商业汇票的贴现、转贴现和再贴现

贴现是指持票人在票据到期日前，将票据权利背书转让给金融机构，由其扣除一定利息后，将约定金额支付给持票人的票据行为。转贴现是指持有票据的金融机构在票据到期日前，将票据权利背书转让给其他金融机构，由其扣除一定利息后，将约定金额支付给持票人的票据行为。再贴现是指持有票据的金融机构在票据到期日前，将票据权利背书转让给中国人民银行，由其扣除一定利息后，将约定金额支付给持票人的票据行为。

贴现、转贴现和再贴现按照交易方式，分为买断式和回购式。买断式是指贴出人将票据权利转让给贴入人，不约定日后赎回的交易方式。回购式是指贴出人将票据权利转让给贴入人，约定日后赎回的交易方式。电子商业汇票贴现、转贴现和再贴现业务中转让票据权利的票据当事人为贴出人，受让票据权利的票据当事人为贴入人。电子商业汇票当事人在办理回购式贴现、回购式转贴现和回购式再贴现业务时，应明确赎回开放日、赎回截止日。赎回开放日是指办理回购式贴现赎回、回购式转贴现赎回和回购式再贴现赎回业务的起始日期。赎回截止日是指办理回购式贴现赎回、回购式转贴现赎回和回购式再贴现赎回业务的截止日期，该日期应早于票据到期日。自赎回开放日起至赎回截止日止，为赎回开放期。

在赎回开放日前，原贴出人、原贴入人不得作出除追索行为外的其他票据行为。回购式贴现、回购式转贴现和回购式再贴现业务的原贴出人、原贴入人应按照协议约定，在赎回开放期赎回票据。在赎回开放期未赎回票据的，原贴入人在赎回截止日后只可将票据背书给他人或行使票据权利，除票据关系以外的其他权利义务关系由双方协议约定。持票人申请贴现时，应向贴入人提供用以证明其与直接前手间真实交易关系或债权债务关系的合同、发票等其他材料，并在电子商业汇票上作相应记录，贴入人应负责审查。

电子商业汇票贴现、转贴现和再贴现必须记载下列事项：①贴出人名称；②贴入人名称；③贴现、转贴现或再贴现日期；④贴现、转贴现或再贴现类型；⑤贴现、转贴现或再贴现利率；⑥实付金额；⑦贴出人签章。实付金额为贴入人实际支付给贴出人的金额。回购式贴现、回购式转贴现和回购式再贴现还应记载赎回开放日和赎回截止日。贴现还应记载贴出人贴现资金入账信息。

电子商业汇票回购式贴现、回购式转贴现和回购式再贴现赎回应作成背书，并记载下列事项：①原贴出人名称；②原贴入人名称；③赎回日期；④赎回利率；⑤赎回金额；⑥原贴入人签章。

贴现和转贴现利率、期限等由贴出人与贴入人协商确定。再贴现利率由中国人民银行规定。电子商业汇票贴现、转贴现和再贴现可选择票款兑付方式或其他方式清算资金。

四、银行本票

（一）本票的概念与种类

本票是出票人签发的，承诺自己在见票时无条件支付确定金额给收款人或者持票人的票据。本票分为商业本票和银行本票。商业本票是由工商企业或个人签发的本票，又称为普通本票。银行本票是银行签发的，承诺自己在见票时无条件支付确定金额给收款人或者持票人的票据。《票据法》规定的本票是指银行本票。同时，根据我国现行票据法律制度承认出票人兼付付款人的商业承兑汇票，其功能相当于商业本票。本书所指本票为银行本票。

单位和个人在同一票据交换区域需要支付的各种款项，均可以使用银行本票。银行本票可以用于转账，注明"现金"字样的银行本票可以用于支取现金。银行本票分为不定额本票和定额本票两种。

（二）银行本票的出票

银行本票的出票人必须具有支付本票金额的可靠资金来源，并保证支付。银行本票的出票人为经中国人民银行当地分支行批准办理银行本票业务的银行机构。

1. 银行本票的申请

申请人使用银行本票，应向银行填写银行本票申请书，填明收款人名称、申请人名称、支付金额、申请日期等事项并签章。申请人和收款人均为个人需要支取现金的，应在"金额"栏先填写"现金"字样，后填写支付金额。申请人或收款人为单位的，不得申请签发现金银行本票。

2. 银行本票的受理

出票银行受理银行本票申请书，收妥款项，签发银行本票。签发银行本票必须记载下列事项：①表明"银行本票"的字样；②无条件支付的承诺；③确定的金额；④收款人名称；⑤出票日期；⑥出票人签章。欠缺记载上列事项之一的，银行本票无效。用于转账的，在银行本票上划去"现金"字样；申请人和收款人均为个人需要支取现金的，在银行本票上划去"转账"字样。出票银行在银行本票上签章后交给申请人。申请人或收款人为单位的，银行不得为其签发现金银行本票。出票银行必须具有支付本票金额的可靠资金来源，并保证支付。

3. 银行汇票的交付

申请人应将银行本票交付给本票上记明的收款人。收款人受理银行本票时，应审查下列事项：①收款人是否确为本单位或本人；②银行本票是否在提示付款期限内；③必须记载的事项是否齐全；④出票人签章是否符合规定，大小写出票金额是否一致；⑤出票金额、出票日期、收款人名称是否更改，更改的其他记载事项是否由原记载人签章证明。收款人可以将银行本票背书转让给被背书人。被背书人受理银行本票时，除进行上述审查外，还应审查下列事项：①背书是否连续，背书人签章是否符合规定，背书使用粘单的是否按规定签章；②背书人个人的身份证件。

（三）银行本票的付款

银行本票见票即付。银行本票的提示付款期限自出票日起最长不得超过二个月。本票的出票人在持票人提示见票时，必须承担付款的责任。持票人超过提示付款期限不获付款的，在票据权利时效内向出票银行作出说明，并提供本人身份证件或单位证明，可持银行本票向出票银行请求付款。在银行开立存款账户的持票人向开户银行提示付款时，应在银行本票背面"持票人向银行提示付款签章"处签章，签章须与预留银行签章相同，并将银行本票、进账单送交开户银行。银行审查无误后办理转账。未在银行开立存款账户的个人持票人，凭注明"现金"字样的银行本票向出票银行支取现金的，应在银行本票背面签章，记载本人身份证件名称、号码及发证机关，并交验本人身份证件及其复印件。

（四）银行本票的退款和丧失

申请人因银行本票超过提示付款期限或其他原因要求退款时，应将银行本票提交到出票银行。申请人为单位的，应出具该单位的证明；申请人为个人的，应出具该本人的身份证件。出票银行对于在本行开立存款账户的申请人，只能将款项转入原申请人账户；对于现金银行本票和未在本行开立存款账户的申请人，才能退付现金。银行本票丧失，失票人可以凭人民法院出具的其享有票据权利的证明，向出票银行请求付款或退款。

五、支票

1. 支票的概念与种类

支票是指出票人签发的、委托办理支票存款业务的银行在见票时无条件支付确定的金额给收款人或者持票人的票据。支票的基本当事人包括出票人、付款人和收款人。出票人即存款人，是在批准办理支票业务的银行机构开立可以使用支票的存款账户的单位和个人；付款人是出票人的开户银行；持票人是票面上填明的收款人，也可以是经背书转让的被背书人。

支票分为现金支票、转账支票和普通支票三种。支票上印有"现金"字样的为现金支票，现金支票只能用于支取现金。支票上印有"转账"字样的为转账支票，转账支票只能用于转账。支票上未印有"现金"或"转账"字样的为普通支票，普通支票可以用于支取现金，也可以用于转账。在普通支票左上角划两条平行线的，为划线支票，划线支票只能用于转账，不得支取现金。单位和个人在同一票据交换区域的各种款项结算，均可以使用支票。全国支票影像系统全国通用。

2. 支票的出票

支票的出票人为在经中国人民银行当地分支行批准办理支票业务的银行机构开立可以使用支票的存款账户的单位和个人。

签发支票必须记载下列事项：①表明"支票"的字样；②无条件支付的委托；③确定的金额；④付款人名称；⑤出票日期；⑥出票人签章。欠缺记载上列事项之一的，支票无效。支票的付款人为支票上记载的出票人开户银行。支票的金额、收款人名称，可以由出票人授权补记。未补记前不得背书转让和提示付款。

签发支票应使用碳素墨水或墨汁填写，中国人民银行另有规定的除外。签发现金支票和用于支取现金的普通支票，必须符合国家现金管理的规定。支票的出票人签发支票的金额不得超过付款时在付款人处实有的存款金额。禁止签发空头支票。支票的出票人预留银行签章是银行审核支票付款的依据。银行也可以与出票人约定使用支付密码，作为银行审核支付支票金额的条件。出票人不得签发与其预留银行签章不符的支票；使用支付密码的，出票人不得签发支付密码错误的支票。出票人签发空头支票、签章与预留银行签章不符的支票、使用支付密码地区，支付密码错误的支票，银行应予以退票，并按票面金额处以百分之五但不低于一千元的罚款；持票人有权要求出票人赔偿支票金额百分之二的赔偿金。对屡次签发的，银行应停止其签发支票。

3. 支票的付款

支票的提示付款期限为自出票日起十日，但中国人民银行另有规定的除外。超过提示付款期限提示付款的，持票人开户银行不予受理，付款人不予付款。持票人可以委托开户银行收款或直接向付款人提示付款。用于支取现金的支票仅限于收款人向付款人提示付款。持票人委托开户银行收款的支票，银行应通过票据交换系统收妥后入账。

持票人委托开户银行收款时，应作委托收款背书，在支票背面背书人签章栏签章、记载"委托收款"字样、背书日期，在"被背书人"栏记载开户银行名称，并将支票和填制的进账单送交开户银行。持票人持用于转账的支票向付款人提示付款时，应在支票背面背书人签章栏签章，并将支票和填制的进账单交送出票人开户银行。收款人持用于支取现金的支票向付款人提示付款时，应在支票背面"收款人签章"处签章，持票人为个人的，还需交验本人身份证件，并在支票背面注明证件名称、号码及发证机关。

出票人在付款人处的存款足以支付支票金额时，付款人应当在见票当日足额付款。

存款人领购支票，必须填写票据和结算凭证领用单并签章，签章应与预留银行的签章相符。存款账户结清时，必须将全部剩余空白支票交回银行注销。

六、法律责任

（一）签发空头支票、印章与预留印鉴不符支票，未构成犯罪的行为的法律责任

单位或个人签发空头支票或者签发与其预留的签章不符、使用支付密码但支付密码错

误的支票，不以骗取财物为目的的，由中国人民银行处以票面金额百分之五但不低于一千元的罚款；持票人有权要求出票人赔偿支票金额百分之二的赔偿金。屡次签发空头支票的，银行有权停止为其办理支票或全部支付结算业务。根据《中华人民共和国行政处罚法》和《票据管理实施办法》的规定，中国人民银行是空头支票的处罚主体，银行机构发现签发空头支票行为的，应积极向中国人民银行分支机构举报，并协助送达相应的行政处罚法律文书。

（二）无理拒付，占用他人资金的行为的法律责任

商业承兑汇票的付款人对见票即付或者到期的票据，故意压票、退票、拖延支付的，按照规定处以压票、拖延支付期间内每日票据金额万分之七的罚款。银行机构违反票据承兑等结算业务规定，不予兑现，不予收付入账，压单、压票或者违反规定退票的，由国务院银行业监督管理机构责令其改正，有违法所得的，没收违法所得，违法所得在五万元以上的，并处违法所得一倍以上五倍以下罚款；没有违法所得或者违法所得不足五万元的，处五万元以上五十万元以下罚款。

（三）票据欺诈行为的法律责任

有下列情形之一，进行金融票据诈骗活动，数额较大的，处五年以下有期徒刑或者拘役，并处两万元以上二十万元以下罚金；数额巨大或者有其他严重情节的，处五年以上十年以下有期徒刑，并处五万元以上五十万元以下罚金；数额特别巨大或者有其他特别严重情节的，处十年以上有期徒刑或者无期徒刑，并处五万元以上五十万元以下罚金或者没收财产：①明知是伪造、变造的汇票、本票、支票而使用的；②明知是作废的汇票、本票、支票而使用的；③冒用他人的汇票、本票、支票的；④签发空头支票或者与其预留印鉴不符的支票，骗取财物的；⑤汇票、本票的出票人签发无资金保证的汇票、本票或者在出票时作虚假记载，骗取财物的。

第三节　非票据结算方式

一、汇兑

（一）汇兑的概念和种类

汇兑是汇款人委托银行将其款项支付给收款人的结算方式。单位和个人的各种款项的结算，均可使用汇兑结算方式。汇兑分为信汇、电汇两种，由汇款人选择使用。信汇是汇款人向银行提出申请，同时交存一定金额及手续费，汇出行将信汇委托书以邮寄方式寄给汇入行，授权汇入行向收款人解付一定金额的一种汇兑结算方式。电汇是汇款人将一定款项交存汇款银行，汇款银行通过电报或电传传给目的地的分行或代理行，指示汇入行向收款人支付一定金额的一种汇款方式。电汇与信汇相比，信汇费用较低，但是速度相对较慢；电汇速度较快，但是费用较高。汇兑适用于各种经济内容的异地提现与结算，可以广泛适用于企业向外地的单位、个体经济户和个人支付的各种款项。

（二）办理汇兑的程序

1. 汇兑的签发

签发汇兑凭证必须记载下列事项：①标明"信汇"或"电汇"的字样；②无条件支付的委托；③确定的金额；④收款人名称；⑤汇款人名称；⑥汇入地点、汇入行名称；⑦汇出地点、汇出行名称；⑧委托日期；⑨汇款人签章。汇兑凭证上欠缺上列记载事项之一的，银行不予受理。汇兑凭证记载的汇款人名称、收款人名称，其在银行开立存款账户的，必须记载其账号。欠缺记载的，银行不予受理。委托日期是指汇款人向汇出银行提交汇兑凭证的当日。

2. 银行受理

汇出银行受理汇款人签发的汇兑凭证，经审查无误后，应及时向汇入银行办理汇款，并向汇款人签发汇款回单。汇款回单只能作为汇出银行受理汇款的依据，不能作为该笔汇款已转入收款人账户的证明。

3. 汇入处理

汇入银行对开立存款账户的收款人，应将汇给其的款项直接转入收款人账户，并向其发出收账通知。收账通知是银行将款项确已收入收款人账户的凭据。

（三）汇兑的撤销与退汇

汇款人对汇出银行尚未汇出的款项可以申请撤销。申请撤销时，应出具正式函件或本人身份证件及原信、电汇回单。汇出银行查明确未汇出款项的，收回原信、电汇回单，方可办理撤销。

汇款人对汇出银行已经汇出的款项可以申请退汇。对在汇入银行开立存款账户的收款人，由汇款人与收款人自行联系退汇；对未在汇入银行开立存款账户的收款人，汇款人应出具正式函件或本人身份证件及原信、电汇回单，由汇出银行通知汇入银行，经汇入银行核实汇款确未支付，并将款项汇回汇出银行，方可办理退汇。转汇银行不得受理汇款人或汇出银行对汇款的撤销或退汇。汇入银行对于收款人拒绝接受的汇款，应即办理退汇。汇入银行对于向收款人发出取款通知，经过两个月无法交付的汇款，应主动办理退汇。

二、托收承付

（一）托收承付的概念

托收承付是根据购销合同由收款人发货后委托银行向异地付款人收取款项，由付款人向银行承认付款的结算方式。使用托收承付结算方式的收款单位和付款单位，必须是国有企业、供销合作社，以及经营管理较好并经开户银行审查同意的城乡集体所有制工业企业。

（二）托收承付的结算规定

办理托收承付结算的款项，必须是商品交易，以及因商品交易而产生的劳务供应的款项。代销、寄销、赊销商品的款项，不得办理托收承付结算。收付双方使用托收承付结算必须签有购销合同，并在合同上订明使用托收承付结算方式。

托收承付结算每笔的金额起点为一万元。新华书店系统每笔的金额起点为一千元。

签发托收承付凭证必须记载下列事项：①标明"托收承付"的字样；②确定的金额；③付款人名称及账号；④收款人名称及账号；⑤付款人开户银行名称；⑥收款人开户银行名称；⑦托收附寄单证张数或册数；⑧合同名称、号码；⑨委托日期；⑩收款人签章。托收承付凭证上欠缺记载上列事项之一的，银行不予受理。

（三）托收承付的办理方法

1. 托收

收款人按照签订的购销合同发货后，委托银行办理托收。收款人应将托收凭证并附发运证件或其他符合托收承付结算的有关证明和交易单证送交银行。收款人开户银行接到托收凭证及其附件后，应当按照托收的范围、条件和托收凭证记载的要求认真进行审查，必要时，还应查验收付款人签订的购销合同。凡不符合要求或违反购销合同发货的，不能办理。审查时间最长不得超过次日。

2. 承付

付款人开户银行收到托收凭证及其附件后，应当及时通知付款人。通知的方法可以根据具体情况与付款人签订协议，如付款人来行自取、派人送达、对距离较远的付款人邮寄等。付款人应在承付期内审查核对，安排资金。承付货款分为验单付款和验货付款两种，由收付双方商量选用，并在合同中明确规定。

1）验单付款。验单付款的承付期为三日，从付款人开户银行发出承付通知的次日算起（承付期内遇法定休假日顺延）。付款人在承付期内，未向银行表示拒绝付款，银行即视作承付，并在承付期满的次日（法定休假日顺延）上午银行开始营业时，将款项主动从付款人的账户内付出，按照收款人指定的划款方式，划给收款人。

2）验货付款。验货付款的承付期为十日，从运输部门向付款人发出提货通知的次日算起。对收付双方在合同中明确规定，并在托收凭证上注明验货付款期限的，银行从其规定。付款人收到提货通知后，应即向银行交验提货通知。付款人在银行发出承付通知的次日起十日内，未收到提货通知的，应在第十日将货物尚未到达的情况通知银行。在第十日付款人没有通知银行的，银行即视作已经验货，于十日期满的次日上午银行开始营业时，将款项划给收款人；在第十日付款人通知银行货物未到，而以后收到提货通知没有及时送交银行，银行仍按十日期满的次日作为划款日期，并按超过的天数，计扣逾期付款赔偿金。采用验货付款的，收款人必须在托收凭证上加盖明显的"验货付款"字样戳记。托收凭证未注明验货付款，经付款人提出合同证明是验货付款的，银行可按验货付款处理。

不论验单付款还是验货付款，付款人都可以在承付期内提前向银行表示承付，并通知银行提前付款，银行应立即办理划款；因商品的价格、数量或金额变动，付款人应多承付款项的，须在承付期内向银行提出书面通知，银行据以随同当次托收款项划给收款人。付款人不得在承付货款中，扣抵其他款项或以前托收的货款。

3. 逾期付款

付款人在承付期满日银行营业终了时，如无足够资金支付，其不足部分，即为逾期未付款项，按逾期付款处理。

4. 拒绝付款

对下列情况，付款人在承付期内，可向银行提出全部或部分拒绝付款：①没有签订购销合同或购销合同未订明托收承付结算方式的款项；②未经双方事先达成协议，收款人提前交货或因逾期交货付款人不再需要该项货物的款项；③未按合同规定的到货地址发货的款项；④代销、寄销、赊销商品的款项；⑤验单付款，发现所列货物的品种、规格、数量、价格与合同规定不符，或货物已到，经查验货物与合同规定或发货清单不符的款项；⑥验货付款，经查验货物与合同规定或与发货清单不符的款项；⑦货款已经支付或计算有错误的款项。不属于上述情况的，付款人不得向银行提出拒绝付款。

5. 重办托收

收款人对被无理拒绝付款的托收款项，在收到退回的结算凭证及其所附单证后，需要委托银行重办托收，应当填写四联重办托收理由书，将其中三联连同购销合同、有关证据和退回的原托收凭证及交易单证，一并送交银行。经开户银行审查，确属无理拒绝付款的，可以重办托收。

三、委托收款

（一）委托收款的概念和适用范围

委托收款是收款人委托银行向付款人收取款项的结算方式。单位和个人凭已承兑商业汇票、债券、存单等付款人债务证明办理款项的结算，均可以使用委托收款结算方式。委托收款在同城、异地均可以使用。委托收款结算款项的划回方式，分邮寄和电报两种，由收款人选用。

（二）办理委托收款的程序

1. 签发

签发委托收款凭证必须记载下列事项：①标明"委托收款"的字样；②确定的金额；③付款人名称；④收款人名称；⑤委托收款凭据名称及附寄单证张数；⑥委托日期；⑦收款人签章。欠缺记载上列事项之一的，银行不予受理。

委托收款以银行以外的单位为付款人的，委托收款凭证必须记载付款人开户银行名称；以银行以外的单位或在银行开立存款账户的个人为收款人的，委托收款凭证必须记载收款人开户银行名称；未在银行开立存款账户的个人为收款人的，委托收款凭证必须记载被委托银行名称。欠缺记载的，银行不予受理。

2. 委托

收款人办理委托收款应向银行提交委托收款凭证和有关的债务证明。

3. 付款

银行接到寄来的委托收款凭证及债务证明，审查无误后办理付款：①以银行为付款人的，银行应在当日将款项主动支付给收款人。②以单位为付款人的，银行应及时通知付款人，按照有关办法规定，需要将有关债务证明交给付款人的应交给付款人，并签收。

付款人应于接到通知的当日书面通知银行付款。按照有关办法规定，付款人未在接到通知日的次日起三日内通知银行付款的，视同付款人同意付款，银行应于付款人接到通知日的次日起第四日上午开始营业时，将款项划给收款人。付款人提前收到由其付款的债务证明，应通知银行于债务证明的到期日付款。付款人未于接到通知日的次日起三日内通知银行付款，付款人接到通知日的次日起第四日在债务证明到期日之前的，银行应于债务证明到期日将款项划给收款人。

银行在办理划款时，付款人存款账户余额不足支付的，应通过被委托银行向收款人发出未付款项通知书。按照有关办法规定，债务证明留存付款人开户银行的，应将其债务证明连同未付款项通知书邮寄被委托银行转交收款人。

付款人审查有关债务证明后，对收款人委托收取的款项需要拒绝付款的，可以办理拒绝付款：①以银行为付款人的，应自收到委托收款及债务证明的次日起三日内出具拒绝证明连同有关债务证明、凭证寄给被委托银行，转交收款人。②以单位为付款人的，应在付款人接到通知日的次日起三日内出具拒绝证明，持有债务证明的，应将其送交开户银行。银行将拒绝证明、债务证明和有关凭证一并寄给被委托银行，转交收款人。

四、国内信用证

（一）国内信用证概述

国内信用证（以下简称信用证），是指银行（包括政策性银行、商业银行、农村合作银行、村镇银行和农村信用社）依照申请人的申请开立的、对相符交单予以付款的承诺。信用证是以人民币计价、不可撤销的跟单信用证。

信用证适用于银行为国内企事业单位之间货物和服务贸易提供的信用证服务。信用证的开立和转让，应当具有真实的贸易背景。信用证只限于转账结算，不得支取现金。信用证与作为其依据的贸易合同相互独立，即使信用证含有对此类合同的任何援引，银行也与该合同无关，且不受其约束。银行对信用证作出的付款、确认到期付款、议付或履行信用证项下其他义务的承诺，不受申请人与开证行、申请人与受益人之间关系而产生的任何请求或抗辩的制约。受益人在任何情况下，不得利用银行之间或申请人与开证行之间的契约关系。在信用证业务中，银行处理的是单据，而不是单据所涉及的货物或服务。

（二）信用证业务当事人

信用证业务当事人主要包括：①申请人，是指申请开立信用证的当事人，一般为货物购买方或服务接受方；②受益人，是指接受信用证并享有信用证权益的当事人，一般为货物销售方或服务提供方；③开证行，是指应申请人申请开立信用证的银行；④通知行，是指应开证行的要求向受益人通知信用证的银行；⑤交单行，是指向信用证有效地点提交信用证项下单据的银行；⑥转让行，是指开证行指定的办理信用证转让的银行；⑦保兑行，是指根据开证行的授权或要求对信用证加具保兑的银行；⑧议付行，是指开证行指定的为受益人办理议付的银行，开证行应指定一家或任意银行作为议付信用证的议付行。

（三）信用证业务办理程序

1. 开证

开证行与申请人在开证前应签订明确双方权利义务的协议。开证行可要求申请人交存一定数额的保证金，并可根据申请人资信情况要求其提供抵押、质押、保证等合法有效的担保。开证申请人申请开立信用证，须提交其与受益人签订的贸易合同。开证行应根据贸易合同及开证申请书等文件，合理、审慎设置信用证付款期限、有效期、交单期、有效地点。

信用证应使用中文开立，记载基本条款包括：①表明"国内信用证"的字样。②开证申请人名称及地址。③开证行名称及地址。④受益人名称及地址。⑤通知行名称。⑥开证日期。开证日期格式应按年、月、日依次书写。⑦信用证编号。⑧不可撤销信用证。⑨信用证有效期及有效地点。⑩是否可转让。可转让信用证须记载"可转让"字样并指定一家转让行。⑪是否可保兑。保兑信用证须记载"可保兑"字样并指定一家保兑行。⑫是否可议付。议付信用证须记载"议付"字样并指定一家或任意银行作为议付行。⑬信用证金额。金额须以大小写同时记载。⑭付款期限。⑮货物或服务描述。⑯溢短装条款（如有）。⑰货物贸易项下的运输交货或服务贸易项下的服务提供条款。⑱单据条款，须注明据以付款或议付的单据，至少包括发票，表明货物运输或交付、服务提供的单据，如运输单据或货物收据、服务接受方的证明或服务提供方或第三方的服务履约证明。⑲交单期。⑳信用证项下相关费用承担方。未约定费用承担方时，由业务委托人或申请人承担相应费用。㉑表明"本信用证依据《国内信用证结算办法》开立"的开证行保证文句。㉒其他条款。

开立信用证可以采用信开和电开方式。信开信用证，由开证行加盖业务用章（信用证专用章或业务专用章，下同），寄送通知行，同时应视情况需要以双方认可的方式证实信用证的真实有效性；电开信用证，由开证行以数据电文发送通知行。

开证行自开立信用证之时起，即受信用证内容的约束。

2. 保兑

保兑是指保兑行根据开证行的授权或要求，在开证行承诺之外作出的对相符交单付款、确认到期付款或议付的确定承诺。

3. 修改

开证申请人需对已开立的信用证内容修改的，应向开证行提出修改申请，明确修改的内容。信用证受益人同意或拒绝接受修改的，应提供接受或拒绝修改的通知。

4. 通知

通知行可由开证申请人指定，如开证申请人没有指定，开证行有权指定通知行。通知行可自行决定是否通知。通知行同意通知的，应于收到信用证次日起三个营业日内通知受益人；拒绝通知的，应于收到信用证次日起三个营业日内告知开证行。

5. 转让

转让是指由转让行应第一受益人的要求，将可转让信用证的部分或者全部转为可由第二受益人兑用。可转让信用证只能转让一次。

6. 议付

议付是指可议付信用证项下单证相符或在开证行或保兑行已确认到期付款的情况下，议付行在收到开证行或保兑行付款前购买单据、取得信用证项下索款权利，向受益人预付或同意预付资金的行为。议付行审核并转递单据而没有预付或没有同意预付资金不构成议付。信用证未明示可议付，任何银行不得办理议付；信用证明示可议付，如开证行仅指定一家议付行，未被指定为议付行的银行不得办理议付，被指定的议付行可自行决定是否办理议付。受益人可对议付信用证在信用证交单期和有效期内向议付行提示单据、信用证正本、信用证通知书、信用证修改书正本及信用证修改通知书（如有），并填制交单委托书和议付申请书，请求议付。议付行在受理议付申请的次日起五个营业日内审核信用证规定的单据并决定议付的，办理议付。议付行拒绝议付的，应及时告知受益人。

7. 索偿

议付行将注明付款提示的交单面函（寄单通知书）及单据寄开证行或保兑行索偿资金。议付行议付时，必须与受益人书面约定是否有追索权。若约定有追索权，到期不获付款时议付行可向受益人追索。若约定无追索权，到期不获付款时议付行不得向受益人追索，议付行与受益人约定的例外情况或受益人存在信用证欺诈的情形除外。

8. 寄单索款

受益人委托交单行交单，应在信用证交单期和有效期内填制信用证交单委托书，并提交单据和信用证正本及信用证通知书、信用证修改书正本及信用证修改通知书（如有）。交单行应在自收单次日起五个营业日内对其审核相符的单据寄单并附寄一份交单面函（寄单通知书）。受益人直接交单时，应提交信用证正本及信用证通知书、信用证修改书正本及信用证修改通知书（如有）、开证行（保兑行、转让行、议付行）认可的身份证明文件。

9. 付款

开证行或保兑行在收到交单行寄交的单据及交单面函（寄单通知书）或受益人直接递交的单据的次日起五个营业日内，及时核对是否为相符交单。单证相符或单证不符但开证行或保兑行接受不符点的，对即期信用证，应于收到单据次日起五个营业日内支付相应款项给交单行或受益人（受益人直接交单时，本节下同）；对远期信用证，应于收到单据次日起五个营业日内发出到期付款确认书，并于到期日支付款项给交单行或受益人。

若受益人提交了相符单据或开证行已发出付款承诺，即使申请人交存的保证金及其存款账户余额不足支付，开证行仍应在规定的时间内付款。开证行或保兑行审核单据发现不符并决定拒付的，应在收到单据的次日起五个营业日内一次性将全部不符点以电子方式或其他快捷方式通知交单行或受益人。

（四）信用证的注销

信用证注销是指开证行对信用证未支用的金额解除付款责任的行为。开证行、保兑行、议付行未在信用证有效期内收到单据的，开证行可在信用证逾有效期一个月后予以注销。具体处理办法由各银行自定。其他情况下，须经开证行、已办理过保兑的保兑行、已办理过议付的议付行、已办理过转让的转让行与受益人协商同意，或受益人、上述保兑行（议付行、转让行）声明同意注销信用证，并与开证行就全套正本信用证收回达成一致后，信用证方可注销。

五、网上支付

（一）网上支付的概念及分类

网上支付是电子支付的一种形式。它是指电子交易的当事人，包括消费者、商业金融机构，使用电子支付手段通过网络进行的货币或资金流转。网上支付的主要方式有网上银行和第三方支付。

1. 网上银行

网上银行，包含两个层次的含义：一个是机构概念，是指通过信息网络开办业务的银行；另一个是业务概念，是指银行通过信息网络提供的金融服务，包括传统银行业务和因信息技术应用带来的新兴业务。按照不同的标准，网上银行可以分为不同的类型：按主要服务对象分为企业网上银行和个人网上银行；按经营组织分为分支型网上银行和纯网上银行；按业务种类分为零售银行和批发银行。

网上银行不仅可以为客户提供综合、统一、安全、实时的银行服务，包括提供对私、对公的全方位银行业务，还可以为客户提供跨国的支付与清算等其他贸易和非贸易的银行业务服务。企业网上银行子系统主要业务功能包括：①账户信息查询；②支付指令；③B2B（business to business，企业对企业）网上支付；④批量支付。个人网上银行子系统具体业务功能包括：①账户信息查询；②人民币转账；③银证转账业务；④外汇买卖业务；⑤账户管理业务；⑥B2C（business to customer，商业机构对消费者）网上支付。

网上银行的具体交易流程如下：①网上银行客户使用浏览器通过互联网连接到网银中心，并发出网上交易请求；②网银中心接收、审核客户的交易请求，经过通信格式转换，然后将交易请求转发给相应成员行的业务主机；③成员行业务主机完成交易处理，并返回处理结果给网银中心；④网银中心对交易结果进行再处理后，返回相应信息给客户。

2. 第三方支付

第三方支付是指具备一定实力和信誉保障的非银行机构，借助通信、计算机和信息安全技术，采用与各大银行签约的方式，在用户与银行支付结算系统间建立连接的电子支付模式。在手机端进行的互联网支付又称为移动支付。第三方支付的支付方式包括：①线上支付方式，是指通过互联网实现的用户和商户、商户和商户之间在线货币支付、资金清算、查询统计等行为；②线下支付方式，是指通过非互联网线上的方式对购买商品或服务所产生的费用进行的资金支付行为。

第三方支付交易流程包括：在第三方支付模式下，支付者必须在第三方支付机构平台上开立账户，向第三方支付机构平台提供信用卡信息或账户信息，在账户中"充值"，通过支付平台将该账户中的虚拟资金划转到收款人的账户，完成支付行为。收款人可以在需要时将账户中的资金兑成实体的银行存款。第三方平台结算支付模式的资金划拨是在平台内部进行的，此时划拨的是虚拟的资金。真正的实体资金还需要通过实际支付层来完成。

（二）网上支付的安全控制

银行应确保网上支付业务处理系统的安全性，保证重要交易数据的不可抵赖性、数据存储的完整性、客户身份的真实性，并妥善管理在网上支付业务处理系统中使用的密码、密钥等认证数据。银行使用客户资料、交易记录等，不得超出法律法规许可和客户授权的范围。银行应依法对客户的资料信息、交易记录等保密。除国家法律、行政法规另有规定外，银行应当拒绝除客户本人以外的任何单位或个人的查询。银行应与客户约定，及时或定期向客户提供交易记录、资金余额和账户状态等信息。

银行应采取必要措施保护网上支付交易数据的完整性和可靠性：①制定相应的风险控制策略，防止网上支付业务处理系统发生有意或无意的危害数据完整性和可靠性的变化，并具备有效的业务容量、业务连续性计划和应急计划；②保证网上支付交易与数据记录程序的设计发生擅自变更时能被有效侦测；③有效防止网上支付交易数据在传送、处理、存储、使用和修改过程中被篡改，任何对网上支付交易数据的篡改能通过交易处理、监测和数据记录功能被侦测；④按照会计档案管理的要求，对网上支付交易数据，以纸介质或磁性介质的方式进行妥善保存，保存期限为五年，并方便调阅。

银行应采取必要措施为网上支付交易数据保密：①对网上支付交易数据的访问须经合理授权和确认；②网上支付交易数据须以安全方式保存，并防止其在公共、私人或内部网络上传输时被擅自查看或非法截取；③第三方获取网上支付交易数据必须符合有关法律法规的规定，以及银行关于数据使用和保护的标准与控制制度；④对网上支付交易数据的访问均须登记，并确保该登记不被篡改。

银行应确保对网上支付业务处理系统的操作人员、管理人员及系统服务商有合理的授权控制：①确保进入网上支付业务账户或敏感系统所需的认证数据免遭篡改和破坏。对此类篡改都应是可侦测的，而且审计监督应能恰当地反映出这些篡改的企图。②对认证数据进行的任何查询、添加、删除或更改都应得到必要授权，并具有不可篡改的日志记录。

银行应采取有效措施保证网上支付业务处理系统中的职责分离：①对网上支付业务处

理系统进行测试，确保职责分离；②开发和管理经营网上支付业务处理系统的人员维持分离状态；③交易程序和内控制度的设计确保任何单个的雇员和外部服务供应商都无法独立完成一项交易。

本章创新创业部分的内容，可通过扫描下方二维码进行相关练习。

法律思考   实训项目   案例分析   相关法规

第四编

经济法律制度

第十一章　消费者权益保护法律制度

第一节　消费者权益保护法概述

一、消费者与消费者权益保护法

（一）消费者的定义与特征

消费者是指为满足个人生活消费需要而购买、使用商品或接受服务的人。根据相关规定：①消费者是购买、使用商品或接受服务的自然人，既包括购买商品或服务的人，也包括使用商品或接受服务的人。②消费者购买、使用的商品或接受的服务是由经营者提供的。不支付任何代价而接受经营者赠与的商品或提供的服务的人，不属于消费者的范围。因使用、接受无偿赠与的商品或服务而受损害的，不适用消费者权益保护法。③消费者是为生活需要而进行消费活动的人。④消费者进行的消费活动的目的只是满足个人和家庭需要，而不是生产和经营的需要。

消费者的法律特征主要包括：①消费者的消费在性质上属于生活消费。生活消费是人们为了生存和发展而最终消耗物质产品和精神产品的行为过程，它与人们的日常生活密切相关。②消费者消费的客体是商品和服务。法律禁止购买、使用的商品和禁止接受的服务，不属于消费者权益保护法规定的商品和服务。③消费者的消费方式包括购买、使用商品和接受服务。④消费者作为消费主体，主要是指个人，但也包括购买生活消费品以满足个人消费需要的组织。⑤消费者的消费活动必须合法。

（二）消费者权益保护法的概念

消费者权益保护法，是保障消费者合法权益，规制经营者经营活动，调整生活消费关系的法律规范的总称。它是经济法的重要部门法，在经济法的市场规制法中占有十分重要的地位。消费者权益保护法有广义和狭义之分。广义的消费者权益保护法是指调整生活消费关系的所有法律、法规的整体，如《民法总则》、《中华人民共和国产品质量法》（以下简称《产品质量法》）、《中华人民共和国反不正当竞争法》（以下简称《反不正当竞争法》）、《商标法》、《中华人民共和国广告法》、《中华人民共和国食品卫生法》、《中华人民共和国价格法》），以及其他法律、法规中有关消费者权益保护的规范。狭义的消费者权益保护法仅指消费者权益保护的基本法，在我国就是指《中华人民共和国消费者权益保护法》（以下简称《消费者权益保护法》），《消费者权益保护法》由第八届全国人民代表大会常务委员会第四次会议于 1993 年 10 月 31 日通过，同日公布，于 1994 年 1 月 1 日起正式实施。2013 年 10 月 25 日第十二届全国人民代表大会常务委员会第五次会议表决通过《全国人民代表大会常务委员会关于修改〈中华人民共和国消费者权益保护法〉的决定》。这是全国人民代表大会常务委员会对实施近 20 年的《消费者权益保护法》的首次修改，修改后的《消费者权益保护法》将个人信息列入保护范围，同时赋予消费者七日"后悔权"，还规定网络平台先行赔付责任、经营者霸王条款无效等内容。该法自 2014 年 3 月 15 日正式施行，是我国保护消费者权益的基本法律。

二、消费者权益保护法的基本原则

《消费者权益保护法》规定了消费者权益保护法的基本原则：①经营者应当依法提供商品或者服务的原则；②经营者与消费者进行交易应当遵循自愿、平等、公平、诚实守信的原则；③国家保护消费者的合法权益不受侵犯的原则；④一切组织和个人对损害消费者合法权益的行为进行社会监督的原则。

《消费者权益保护法》通常还应当包含的另外两项原则，即"尊重和保障人权原则""保障社会经济秩序原则"，是更高层次的原则。为了具体体现和落实这两项原则的精神，《消费者权益保护法》规定了上述的第 3 项原则，即"国家保护原则"，以及第 4 项原则，即"社会监督原则"。这些原则突出了国家和社会在保护消费者合法权益方面的责任，不仅在具体的消费者权益保护法领域具有重要意义，而且在宪法领域也具有重要价值。

消费者的保护需要站在经济、社会的总体立场上，是调整消费者与经营者之间的个体关系，国家要从人权、经济与社会秩序等高度，切实使消费者的权益得到应有的保护。

第二节　消费者的权利与经营者的义务及其合法权益的保护

一、消费者的权利

消费者的权利是指消费者为了满足生活消费需要，依法可以为或者不为一定行为，以及要求经营者或者其他相关主体为或者不为一定行为的资格。

（一）保障安全权

保障安全权是消费者一项基本的权利，它是消费者在购买、使用商品和接受服务时所享有的保障其人身、财产安全不受损害的权利。由于消费者取得商品和服务是用于生活消费，因此，商品和服务必须绝对安全可靠，必须绝对保证商品和服务的质量不会损害消费者的生命案例与具体健康。消费者依法有权要求经营者提供的商品和服务必须符合保障人身、财产安全的要求。安全权包括：①人身安全权，是指消费者在购买、使用商品或者接受服务时，享有保持身体各器官及其机能完整，以及生命不受危害的权利。②财产安全权，是指消费者在购买、使用商品或者接受服务时享有的财产安全，以及除此之外的其他财产安全的权利。

（二）知悉真情权

知悉真情权又称知情权、了解权，是指消费者享有的知悉其购买、使用的商品或接受的服务的真实情况的权利。知情权是消费者正确选择商品或接受服务，以及正确加以使用的前提。消费者有权根据商品或者服务的不同情况，要求经营者提供商品的价格、产地、生产者、用途、性能、规格、等级、主要成分、生产日期、有效期限、检验合格证明、使用方法说明书、售后服务，或者服务的内容、规格、费用等有关情况，只有这样，才能保障消费者在与经营者签约时做到知己知彼，并表达其真实的意思。知情权要求经营者按照法律规定的方式标明商品和服务的真实情况，如实回答消费者的咨询，不得做虚假表示，也不得做令人误解的宣传，否则消费者有权主张交易无效，并要求获得赔偿。

（三）自主选择权

自主选择权是指消费者可以根据自己的经验、爱好、需求，自主判断、自主决策、自主选择商品或服务，在购买商品或接受服务时，不受任何人的强制。这是消费者的一项基本的权利。在自主选择商品或者服务时，享有进行比较、鉴别和挑选的权利。在市场经济发展的初期，可能会存在一些强买强卖、欺行霸市等破坏市场经济秩序的行为，同时，也存在大量的假冒伪劣产品充斥市场、各类欺诈行为层出不穷等市场秩序失衡的问题。在这种情况下，尤其应当确立和保护消费者的自主选择权。

（四）公平交易权

公平交易权是指消费者在购买商品或者接受服务时，享有获得质量保障、价格合理、计量正确等公平交易条件的权利。消费者凭借该权利，可以拒绝经营者的强制交易行为。根据《消费者权益保护法》的规定，消费者享有的公平交易权主要体现在以下两个方面：①消费者在购买商品或者接受服务时，有权获得质量保障、价格合理、计量正确等公平交易条件；②消费者有权拒绝经营者的强制交易行为。

（五）依法求偿权

依法求偿权即损害赔偿权，是指消费者在因购买、使用商品或者接受服务受到人身、财产损害时，依法享有的要求获得赔偿的权利。它是弥补消费者所受伤害的必不可少的救济性权利。确立和保护这一权利，对于解决实践中大量存在的侵害消费者权益的问题，对于有效惩戒不法经营者、维护市场秩序、保障基本人权，都是非常重要的。这一权利是对消费者的安全权的救济保障，也是市场规则的惯例。

（六）依法结社权

依法结社权是指消费者享有的依法成立或参加维护自身合法权益的社会团体的权利。消费者与经营者相比，处于弱者的地位，消费者团结起来，依法建立自己的社团，行使结社权，有助于从弱小、分散走向强大和集中，从而加强与拥有雄厚实力的经营者相抗衡的力量。目前，我国的消费者社会团体主要是中国消费者协会和地方各级消费者协会。实践证明，各级消费者协会在维护消费者权益、解决消费争议等各个方面都起到了积极的作用。

（七）知识获取权

知识获取权亦称受教育权或求教获知权，是指消费者享有的获得有关消费和消费者权益保护方面的知识的权利。消费者获得有关知识的权利，其功能主要在于确保消费者掌握所需商品或者服务的知识和使用技能，以及获取所需的法律知识，以便正确使用商品和接受服务，提高自我保护能力。具体包括：①获得有关消费方面的知识，如有关消费观的知识、有关商品和服务的基本知识、有关市场的知识。②获得有关消费者保护方面的知识，主要是指消费者权益保护的法律、法规和政策，以及保护机构和争议解决途径等方面的知识。

（八）维护尊严权

维护尊严权又称受尊重权，是指消费者在购买、使用商品和接受服务时，享有其人格尊严、民族风俗习惯得到尊重，不受侵犯的权利。尊重消费者的人格尊严和民族风俗习惯是尊重和保障人权的重要内容，也是社会文明的标志。消费者的消费活动以获取商品或接受服务为目的，不能以丧失人格尊严为代价。因为人格尊严对于一个独立的主体是至关重要的，丧失了人格尊严，实质上也就丧失了主体资格。为此，法律规定经营者不得对消费者进行侮辱、诽谤，不得搜查消费者的身体及其携带的物品，不得侵害消费者的人身自由。

（九）监督批评权

监督批评权是指消费者享有的对商品和服务及保护消费者权益工作进行监督批评的权利。其主要内容包括：消费者有权对商品和服务质量、价格、计量等进行监督；有权对保护消费者权益工作进行监督，提出批评、建议；有权对保护消费者权益工作中的违法失职行为进行检举、控告。

二、经营者的义务

（一）依法或依约提供商品或者服务的义务

经营者向消费者提供商品或服务，应当依照《中华人民共和国产品质量法》和其他有关法律、法规的规定履行义务，即经营者必须依法履行其法定义务。此外，经营者和消费者有约定的，应当依照约定履行义务，但双方的约定不得违背法律、法规的规定。这一表述明确了经营者两项重要义务：①经营者必须履行法律、法规规定的义务；②经营者必须履行与消费者约定的义务。

（二）听取意见和接受消费者监督的义务

经营者应当听取消费者对其提供的商品或者服务的意见，接受消费者的监督。经营者听取意见和接受监督的义务与消费者享有的监督权是一个问题的两个方面，经营者听取意见和接受监督的义务，实质上是实现消费者监督权的保障。

（三）保障人身和财产安全的义务

保障人身和财产安全是与消费者的保障安全权相对应的经营者的义务。经营者应当保证其提供的商品或者服务符合保障人身、财产安全的要求，对可能危及人身、财产安全的商品和服务，应当向消费者作出真实的说明和明确的警示，并说明和标明正确使用商品或者接受服务的方法，以及防止危害发生的方法。经营者发现其提供的商品或者服务存在严

（三）消费者组织对消费者合法权益的保护

消费者组织是指依法成立的对商品和服务进行社会监督的保护消费者合法权益的社会团体，包括消费者协会和其他消费者组织。其特征主要有四点：①消费者组织是依法成立的社会团体；②消费者组织的任务是对商品和服务进行社会监督；③消费者组织的直接目的是保护消费者的合法权益；④消费者组织不得从事经营活动和营利性服务，不得以牟利为目的向社会推荐商品和服务。

消费者协会是指对商品和服务进行社会监督的保护消费者合法权益的社会团体，是经各级人民政府批准、挂靠在同级工商行政管理机关的一种"官意民办"的消费者组织，在我国有中国消费者协会和地方各级消费者协会。其职能包括：①向消费者提供消费信息和咨询服务；②参与有关行政部门对商品和服务的监督、检查；③就有关消费者合法权益问题，向有关行政部门反映、查询，提出建议；④受理消费者投诉，并对投诉事项进行调查、调解；⑤投诉事项涉及商品和服务质量问题，可提请鉴定部门鉴定，鉴定部门应告知鉴定结论；⑥就损害消费者合法权益的行为，支持受损害的消费者提起诉讼；⑦对损害消费者合法权益的行为，通过大众传播媒介予以揭露、批评。

第三节　消费权权益争议的解决及违反消费者权益保护法的法律责任

一、消费者权益争议的解决

消费者权益争议又称消费纠纷，是指在消费领域中，消费者与经营者之间因消费者的权利与经营者的义务而发生的争执。当消费者和经营者发生消费权益争议时，《消费者权益保护法》规定了以下五种解决途径：①消费者与经营者协商解决；②请求消费者协会或者依法成立的其他调解组织调解；③向有关行政部门申诉；④提请仲裁机构仲裁；⑤向人民法院提起诉讼。

二、违反消费者权益保护应承担的法律责任

（一）民事责任

1. 关于承担民事责任的概括性规定

经营者提供的商品或者服务有下列情形之一的，除《消费者权益保护法》另有规定外，应当依照其他有关法律、法规的规定，承担民事责任：①商品或者服务存在缺陷的；②不具备商品应当具备的使用性能而出售且未作说明的；③不符合在商品或者其包装上注明采用的商品标准的；④不符合商品说明、实物样品等方式表明的质量状况的；⑤生产国家明令淘汰的商品或者销售失效、变质的商品的；⑥销售的商品数量不足的；⑦服务的内容和费用违反约定的；⑧对消费者提出的修理、重作、更换、退货、补足商品数量、退还货款

和服务费用或者赔偿损失的要求，故意拖延或者无理拒绝的；⑨法律、法规规定的其他损害消费者权益的情形。

2. 关于承担民事责任的具体性规定

（1）致人伤残的民事责任

经营者提供商品或者服务，造成消费者或者其他受害人人身伤害的，应当赔偿医疗费、护理费、交通费等为治疗和康复支出的合理费用，以及因误工减少的收入。造成残疾的，还应当支付残疾者生活自助器具费、残疾赔偿金。

（2）致人死亡的民事责任

经营者提供商品或者服务，造成消费者或者其他受害人死亡的，应当支付丧葬费、死亡赔偿金。

（3）侵犯其他人身权的民事责任

经营者侵害消费者的人格尊严、侵犯消费者人身自由或者侵害消费者个人信息依法得到保护的权利的，应当停止侵害、恢复名誉、消除影响、赔礼道歉，并赔偿损失。

（4）造成财产损害的民事责任

经营者提供商品或者服务，造成消费者财产损害的，应当依照法律规定或者当事人约定承担修理、重作、更换、退货、补足商品数量、退还货款和服务费用或者赔偿损失等民事责任。消费者与经营者另有约定的，按照约定履行。

（5）违反约定的民事责任

对国家规定或者经营者与消费者约定"三包"的商品，经营者应当负责修理、更换或者退货。在保修期内两次修理仍不能正常使用的，经营者应当负责更换或者退货。对包修、包换、包退的大件商品，消费者要求经营者修理、更换、退货的，经营者应当承担运输等合理费用。经营者以邮购方式提供商品的，应当按照约定提供，未按照约定提供的，应当按照消费者的要求履行约定或者退回货款，并应当承担消费者必须支付的合理费用。经营者以预收款方式提供商品或者服务的，应当按照约定提供，未按照约定提供的，应当按照消费者的要求履行约定或者退回付款，并应当承担预付款的利息及消费者必须支付的合理费用。

（6）行政部门认定为不合格商品的民事责任

依法经有关行政部门认定为不合格的商品，消费者要求退货的，经营者应当负责退货。

（7）欺诈行为的民事责任

经营者提供商品或者服务有欺诈行为的，应当按照消费者的要求增加赔偿其受到的损失，增加赔偿的金额为消费者购买商品的价款或者接受服务的费用的三倍，增加赔偿的金额不足五百元的，为五百元。法律另有规定的，依照其规定。

（8）其他行为的民事责任

经营者对消费者未尽到安全保障义务，造成消费者损害的，应当承担侵权责任；经营者有侮辱诽谤、搜查身体、侵犯人身自由等侵害消费者或者其他受害人人身权益的行为，造成严重精神损害的，受害人可以要求精神损害赔偿；经营者明知商品或者服务存在缺陷，仍然向消费者提供，造成消费者或者其他受害人死亡或者健康严重损害的，受害人有权要求经营者赔偿损失，并有权要求所受损失二倍以下的惩罚性赔偿。

（二）行政责任

根据《消费者权益保护法》的规定，经营者有下列情形之一，除承担相应的民事责任外，其他有关法律、法规对处罚机关和处罚方式有规定的，依照法律、法规的规定执行；法律、法规未作规定的，由工商行政管理部门或者其他有关行政部门责令改正，可以根据情节轻重单处或者并处警告、没收违法所得、处以违法所得一倍以上十倍以下的罚款，没有违法所得的，处以五十万元以下的罚款；情节严重的，责令停业整顿、吊销营业执照等。

具体包括：①提供的商品或者服务不符合保障人身、财产安全要求的；②在商品中掺杂、掺假，以假充真，以次充好，或者以不合格商品冒充合格商品的；③生产国家明令淘汰的商品或者销售失效、变质的商品的；④伪造商品的产地，伪造或者冒用他人的厂名、厂址，篡改生产日期，伪造或者冒用认证标志等质量标志的；⑤销售的商品应当检验、检疫而未检验、检疫或者伪造检验、检疫结果的；⑥对商品或者服务作虚假或者引人误解的宣传的；⑦拒绝或者拖延有关行政部门责令对缺陷商品或者服务采取停止销售、警示、召回、无害化处理、销毁、停止生产或者服务等措施的；⑧对消费者提出的修理、重作、更换、退货、补足商品数量、退还货款和服务费用或者赔偿损失的要求，故意拖延或者无理拒绝的；⑨侵害消费者人格尊严、侵犯消费者人身自由或者侵害消费者个人信息依法得到保护的权利的；⑩法律、法规规定的对损害消费者权益应当予以处罚的其他情形。

经营者有前款规定情形的，除依照法律、法规规定予以处罚外，处罚机关应当记入信用档案，向社会公布。经营者对上述行政处罚决定不服的，可依法申请行政复议或者提起行政诉讼。

（三）刑事责任

根据《消费者权益保护法》的有关规定，追究刑事责任的情况主要包括以下几种：①经营者提供商品或者服务，造成消费者或其他受害人人身伤残，构成犯罪的，依法追究刑事责任；经营者提供商品或者服务，造成消费者或其他受害人死亡，构成犯罪的，依法追究刑事责任。②以暴力、威胁等方法阻碍有关行政部门工作人员依法执行职务的，依法追究刑事责任；未使用暴力、威胁方法，拒绝、阻碍有关行政部门工作人员依法执行职务，由公安机关依照《中华人民共和国治安管理处罚法》的规定处罚。③国家机关工作人员玩忽职守或者包庇经营者侵害消费者合法权益的行为的，由其所在单位或者上级机关给予行政处分；情节严重，构成犯罪的，依法追究刑事责任。

本章创新创业部分的内容，可通过扫描下方二维码进行相关练习。

法律思考　　　　　实训项目　　　　　案例分析　　　　　相关法规

第十二章　竞争法律制度

第一节　竞争法概述

市场经济是竞争经济，为了促进社会主义市场经济的健康发展，维护正常的竞争秩序，鼓励和保护公平竞争，政府需要对市场进行规制。市场规制法就是调整市场规制关系的法律规范的总称。在我国，市场规制法主要包括《中华人民共和国反垄断法》（以下简称《反垄断法》）、《反不正当竞争法》、《消费者权益保护法》和《产品质量法》。

一、竞争及其作用

（一）竞争的含义

竞争是指商品生产者、经营者相互之间为占据市场有利地位，获取更多的经济利益而展开的较量。经济学上的竞争是指经济主体在市场上为实现自身的经济利益和既定目标而不断进行的角逐过程。竞争法中的竞争是指市场经济活动主体为了自己的最大利益而以其他竞争者为竞争对手的争取交易机会和市场的行为。竞争法中的经营者是指从事商品生产、经营或者提供服务（以下所称商品包括服务）的自然人、法人和其他组织。

竞争是市场经济必然存在的客观现象，也是商品经济最重要的运行机制。不管商品生产者或经营者有没有竞争意识和参与竞争的愿望，竞争都客观存在。竞争的结果是优胜劣汰，而且这种竞争不会因为某一个竞争者的退出而结束，会随着市场经济的存在一直延续下去。

（二）竞争的作用

竞争产生的作用有两个方面：一方面，积极的作用能使人振奋精神、奋发进取，提高商品生产者或经营者的劳动生产率，改善商品生产关系，推动社会经济的发展；另一方面，消极的作用可能挫伤双方积极性，使有限的资源难以发挥最佳效用，造成个体间或群体间的不团结，不利于人际关系的建立与发展；竞争也可能阻碍社会生产力的发展和技术的进步，破坏社会经济秩序。产生这两种结果的关键在于竞争者在参与市场竞争时采用的竞争手段和方法。

二、竞争法

（一）竞争法的概念

竞争法的概念有广义和狭义之分。广义的竞争法包括《反垄断法》《反不正当竞争法》两部分；而狭义的竞争法则仅指《反垄断法》，不包括《反不正当竞争法》。本章讨论的是广义的竞争法。不正当竞争和垄断都是市场竞争过程中出现的违反公平竞争规则的行为，都会给市场竞争秩序带来危害。竞争法就是要通过查处这些行为，来规制市场主体的竞争活动，创造一个自由、公平的竞争环境，规制市场主体的竞争行为。维护正常的竞争秩序，是竞争法最本质的特征和最基本的任务。因此，竞争法是指为维护正常的竞争秩序而对市场主体的竞争行为进行规制的法律规范的总称。

（二）竞争法的特征

1. 适用对象的多样性

竞争是一种市场行为，是经营者之间所发生的以实现利益最大化为目的而进行的行为，竞争关系是作为平等的市场主体的经营者之间基于竞争而形成的权利义务关系，因此，竞争法的适用对象，主要是经营者。但同时，竞争法也适用于部分管理机关，因为经营者之间的竞争行为是一种自发的行为，需要通过"有形的手"来加以制约，以避免无序的竞争所带来的社会资源的浪费。规定竞争管理机关的权利和义务是竞争法的一项重要内容，其适用对象具有多样性。

2. 调整方法的复杂性

竞争法调整的对象包括了竞争关系和竞争管理关系两个方面。它既用平等自愿的方法调整着横向的竞争关系，又用命令和服从的方法调整着纵向的竞争管理关系。其调整方法具有复杂性。

3. 法律责任的综合性

建立有效的竞争机制，为竞争主体创造一个公平竞争的环境，是竞争得以发挥其积极作用的前提条件，而通过制定相应的法律，追究违法竞争行为人的法律责任，是保护合法的竞争行为，维护正常的竞争秩序的有效保证。违反竞争法应承担的法律责任是一种综合性的责任，包括民事责任、行政责任和刑事责任。

（三）竞争法的作用

1. 鼓励与保护公平竞争

鼓励与保护公平竞争是竞争法的宗旨和基本任务，它主要通过以下竞争法途径来实现这一作用：①创制、完善公平竞争的社会条件。立法者通过竞争立法，扬长避短，不断创新，完善市场竞争条件，以此促进和保护公平竞争。②确立公平竞争的原则和制度。竞争法建立包括主体地位平等、自愿竞争、公平竞争奖励等原则和制度，为具体竞争行为提供模式，以规范、引导竞争者公平竞争，在制度方面为公平竞争提供保障。③保护竞争者的竞争权。一方面，由竞争法明确规定竞争者的正当竞争权，界定竞争权的内容和范围，即予以授权；另一方面，具体规定当竞争者的公平竞争权受到侵犯时的救济措施与制度。

2. 制裁反竞争行为

竞争法在正面鼓励和保护竞争的同时，还从反面对包括非法垄断、限制竞争行为、不正当竞争行为在内的各种反竞争行为予以制裁和打击，净化公平竞争的外部环境，以充分实现其促进竞争的价值与功能。

3. 保护经营者的合法权益

反竞争行为的客观存在直接增加了正当经营者的竞争风险和成本。尤其是一些具体的不正当竞争行为，如侵犯商业秘密、商业诽谤、假冒注册商标等，多对竞争对手的合法利益造成严重伤害。因此，政府应通过竞争法制裁、打击各种反竞争行为，保护经营者的合法利益。

4. 保护消费者的合法利益

许多反竞争行为在损害其他经营者合法利益的同时，还对消费者的利益造成严重危害。因此，竞争法通过对竞争的调控，为消费者提供最大可能、最优质量、最廉价格的消费实惠，以实现对消费者利益的保护。

5. 维护公平的竞争秩序、保护国家和社会公共利益

反竞争行为在损害经营者、消费者个体利益的同时，还严重破坏市场竞争秩序、弱化竞争功能，抑制生产活力和生产效率，损害国家和社会的整体利益。竞争法正是通过对竞争的有效保护，维护公平的竞争秩序、构建合理的市场结构，促进技术进步和国民经济的稳定增长，以实现对国家和社会整体利益的保护。

（四）竞争法的调整对象

1. 竞争关系

竞争关系是指经营相同或类似商品或服务的经营者，在竞争过程中形成的社会关系。竞争的目的就是争夺市场和顾客，追求自身利益的最大化。竞争关系是竞争法调整的最基本关系，也是竞争法调整的核心内容。没有竞争关系的存在，也就不可能有竞争管理关系的存在。

2. 竞争管理关系

竞争管理关系是指竞争执法机关依照法律赋予的职权在监督、管理市场竞争过程中所形成的社会关系，或者是指国家对与社会整体利益相悖的竞争行为进行干预的过程中所产生的社会关系。竞争管理的目的是维护有效的竞争机制和合理的竞争结构，限制或者制裁已经发生的不正当竞争行为，而且，政府对竞争的规制行为本身也受到法律的制约。另外，如果政府及其所属部门滥用职权，竞争法也会对其进行调整。竞争法的一个重要特征就是以公法的方法对传统的私法领域进行调整。

（五）竞争法的基本原则

1. 自由竞争原则

自由竞争原则是市场经济的精髓，其基本要求是竞争者在同一市场条件下，按同一市

场规则，自主地决定参加或退出而不受外在因素的干预。

2. 公平竞争原则

公平竞争原则是指各个竞争者在同一市场条件下共同接受价值规则和优胜劣汰的作用与评判，并各自独立承担竞争的结果。公平竞争既是竞争群体的要求，也是国家规制竞争活动的指导思想。

3. 社会公益原则

社会公益原则是指国家规制市场经济生活要以社会公益为基本的出发点和最终归宿。也就是说，在国家干预市场，调整市场结构，规范市场行为，维护市场秩序，保护和促进公平竞争的过程中要始终以社会公益为基本尺度。社会公益至上，保证社会整体效益的不断提高，始终都是竞争法追求的最终价值目标。

4. 国家干预适度原则

国家干预适度原则是要求国家干预经济生活要从社会公益的角度出发，把握适度、得当。在国家干预适度原则中，"适度"是一个高度抽象的、弹性的标准。国家干预是不可避免的事实，而国家干预适度则是经济长盛不衰的秘诀。

第二节 反垄断法律制度

一、反垄断法律制度概述

（一）垄断的基本含义、特征和分类

1. 垄断的基本含义

垄断的基本含义可以包括经济学和法学两个方面。经济学上的垄断指的是少数大企业或经济组织之间为赚取高额利润，利用正当或不正当竞争手段，彼此达成协议独占某种商品的生产和销售的行为。法学中的垄断是指市场主体、政府机构或者国家凭借经济优势或国家权力，以独占或者有组织联合等形式实施的、妨碍或者排斥市场竞争的行为。其概念比经济学上的概念要宽泛得多，不仅指独占垄断，还包括寡占、行政垄断及限制竞争等妨碍市场竞争机制的行为。法律意义上的垄断概念强调了垄断的违法性和危害性。

2. 垄断的特征

垄断的特征主要包括：①垄断的主体是经营者或其利益代表者；②垄断的主观方面是牟取超额利益；③垄断的客观方面是垄断行为而非垄断结构；④垄断的后果是排除或限制竞争。

3. 垄断的分类

合法垄断是指国家为了保护整个国民经济的健康发展，在反垄断法中明确规定的不适

用垄断禁止法律的垄断行为。合法垄断的范围和种类有特定的经济部门的垄断、知识产权领域的垄断、对外贸易领域的垄断、协同组合行为的垄断。

非法垄断即反垄断法所禁止的垄断，它是指违反法律、法规和社会公益，通过合谋性协议、安排和协同行动，或者通过滥用经济优势地位，排斥或控制其他经营者正当的活动，在某一生产领域或流通领域实质上限制竞争的行为。非法垄断的主要形式有独占、兼并、股份保有、董事的交叉任职及联合行为。

（二）反垄断法的概念和制定

反垄断法与反限制竞争法、反不正当竞争法同属于市场秩序规制法。反垄断法是调整在国家规制垄断过程中所发生的社会关系的法律规范的总称，是现代经济法的重要组成部分，是市场发展到近代以后出现的旨在规制独占市场、限制和破坏市场竞争机制等情形的法律规范。反垄断法的精神在于维护公平竞争，保证市场发生最优化的作用。它保障企业具有公正竞争能力和竞争机会的获得与行使，保障企业具有平等进入市场的自由权利；它谴责、打击所有分裂、取消、扭曲市场的企业行为。正因如此，反垄断法才被喻为"自由企业的大宪章"。

反垄断法是我国经济法体系中的基本法律之一。社会主义市场经济的大力发展，也不可避免地导致垄断和竞争矛盾的加剧。市场经济本身并不具备维护公平竞争的机制。在我国现阶段市场经济不很成熟和市场机制尚不完善的条件下，为了处理好垄断与竞争之间的矛盾，应从保护社会主义市场竞争和国家利益出发，从维护广大竞争者和消费者利益出发，促进竞争机制功能的充分发挥，打破地区封锁和条块垄断、行政性垄断，必须把国家管理市场经济活动、制止垄断现象的经济政策规范化、规律化。反垄断法则是保障这种经济管理手段和政策措施的法律工具。制定具有中国特色的反垄断法是完善我国经济法体系的重要任务。

我国于 1994 年由商务部负责反垄断法起草和调研工作，被列入第八届全国人民代表大会常务委员会立法规划，经过多年努力，2007 年 8 月 30 日第十届全国人民代表大会常务委员会第二十九次会议经表决通过《反垄断法》，2008 年 8 月 1 日起施行。

（三）反垄断法的作用

反垄断法的主旨在于维护公平竞争，保护市场主体参与市场竞争的权利；保障企业平等地进入市场的自由权利；保护消费者的合法权益。对于市场经济来讲，反垄断法的积极作用是巨大的。

1. 保障企业自由

保障企业自由是指企业可以自主经营，为了追求利润，企业可以依法进入或退出某一产业部门，自由从事商事活动，不受非法干扰和障碍。

2. 打击行政性垄断

行政性垄断的实质，是行政权力超出其权限范围而运用于市场关系中，从而实现行为主体利益的最大化。它是一种追求利益的行为，因此，行政性垄断的本质同样是经济垄断，行政权的介入是垄断力的来源。目前存在于我国的行政性垄断主要有以下几个方面。

（1）行业壁垒

行业壁垒是由国家通过政策手段设置于一些特殊行业的进入壁垒，阻碍企业自由开业参与竞争。在我国存在着行业壁垒的典型行业是金融业和通信业，通信业在国内由于缺乏外部竞争，其服务质量和服务费用长期得不到改善，但它们的经营者和职员却比其他行业能获得更大、更稳定的收益。行业壁垒属于典型的国家垄断政策的体现，受歧视的只是市场众多主体中的一部分，主要是私营和集体企业。

（2）地区壁垒

地区壁垒实质为地方保护主义，是一道由地方政府设置的、用以保护本地区产品质量低劣的落后企业免遭外来企业冲击的屏障。它如同经济地方割据，严重影响统一市场的形成。

3. 消灭企业差别待遇制

因政府因素而妨碍企业自由的方式并非只有行政性垄断这一种，给企业进入市场附加不同的权利义务是妨碍企业自由的另一种方式。行政性垄断直接阻碍企业进入市场，又给企业进入市场附加不同的权利义务，并实质性导致企业间竞争能力的差别，它是排斥企业进入市场的间接手段，我们称其为企业差别待遇制。

企业差别待遇制的制度形式可以是行政措施，也可以是法律法规，实施者只能是政府。在现代，企业差别待遇制主要存在于计划经济占统治地位或计划经济的因素还在发挥作用的国家。

二、反垄断法规制的对象

（一）反垄断法的法律适用

反垄断法平等地适用于各类企业。按照《反垄断法》的规定，作为反垄断法规制对象的经营者，是指从事商品生产经营或者提供服务的自然人、法人和其他组织。任何经营者，无论是公有制企业还是非公有制企业，无论是内资企业还是外资企业，在经济活动中都要遵守反垄断法的规定，对违反规定实施垄断行为的，都要依法追究法律责任。反垄断法既适用于中国境内发生的垄断行为，也适用于在中国境外发生的对中国国内市场竞争产生排除、限制影响的垄断行为，这就是反垄断法所具有的域外效力。在我国境外发生的经营者达成垄断协议、滥用市场支配地位、实施并购等行为，都可能对我国境内的市场竞争产生不利影响。反垄断法将这种行为纳入适用范围是适当的，也是国际上的通行做法。

（二）反垄断法的适用除外制度

1. 适用除外制度的概念

适用除外制度又称例外制度，是指国家为了保护整个国民经济的健康发展，在反垄断法等有关法规中规定的对某些行业或企业垄断行为不适用垄断禁止政策的法律制度。各国反垄断法中都有适用除外制度的规定。

2. 适用除外制度的价值目标及确认原则

反垄断法作为经济法的核心，其价值取向也必然体现经济法的社会本位的价值取向，具体表现在追求社会公共利益，体现效率与公平价值。这里的效率是指经济效率，且主要指的是社会总体经济效率。

一般而言，反垄断法有两个基本的确认原则：一是本身违法原则；二是合理原则。这两个原则都是在美国反托拉斯法实践中形成的。本身违法原则是指只要企业的市场占有率超过一定的比例或其行为属法律禁止的范畴就属非法，而无须综合考虑它们对市场的影响；合理原则是指对市场上某些反竞争行为不是必然视为违法，其违法性需要依具体情况而定。如果它们虽然有着限制竞争的后果或目的，但同时还有推动竞争的作用，或者能显著改善企业的经济效益，从而更好地满足消费者的需求，则可被视为合法。

三、反垄断法的实施

（一）反垄断法的基本内容

反垄断法的任务就是防止市场上出现垄断，以及对合法产生的垄断企业进行监督，防止它们滥用市场优势地位。尽管各国反垄断法及其具体执法体制不尽相同，但其基本内容和法律框架具有高度的一致性。反垄断法的基本内容由下列三个方面构成，这些内容常被说成反垄断法的三根支柱或者三块基石。

1. 禁止垄断协议

反垄断法所称垄断协议也称"卡特尔"，是指经营者之间达成或者采取的旨在排除或者限制竞争的协议、决定或者其他协同行为。其主要表现是，经营者采取共同行动，通过联合限价、提价等方式操控市场价格，联合限制生产或销售数量，或者相互分割市场，以达到排除、限制竞争的目的。经营者之间达成垄断协议，限制甚至排除市场竞争，必然窒息竞争带来的经济活力，阻碍经济发展，损害消费者利益，各国的反垄断法对此都是明确禁止的。

2. 控制企业集中

反垄断法所称经营者集中，包括经营者之间吸收合并、新设合并的情形，也包括经营者通过取得其他经营者的股权、资产或者通过合同等方式，取得对其他经营者的控制权或者能够对其他经营者施加决定性影响的情形。由于经营者集中可能产生或者加强其市场支配地位，对市场竞争产生不利影响，并且一旦完成集中，纠正成本较大，国际上的反垄断法通常采用事前申报的办法对集中行为进行控制，规定达到一定标准的经营者集中，要在实施前向反垄断执行机构申报。

我国对经营者集中同样规定了事前申报制度。我国现阶段经济发展中的一个突出问题是产业集中度不高，许多企业达不到规模经济的要求，竞争力不强。因此，制定反垄断法，既要防止经营者过度集中形成垄断，又要有利于国内企业通过合并、兼并、重组等优化产业结构，形成规模经济。所以，在控制经营者集中方面作出适度的规定，对应该禁止的经营者集中，经营者能够证明该集中对竞争产生的有利影响明显大于不利影响，或者符合社会公益的，反垄断机构可以作出不予禁止的决定。

3. 禁止滥用市场支配地位

反垄断法所称市场支配地位，是指经营者在相关市场内能够控制商品价格、数量或者其他交易条件，或者能够阻碍、影响其他经营者进入相关市场的能力。反垄断法并不禁止经营者通过合法途径取得市场支配地位，只是禁止具有市场支配地位的经营者滥用其支配地位，实施垄断价格、掠夺性定价、拒绝交易、搭售、歧视性交易等排除或者限制竞争、损害消费者合法权益的行为。

（二）反垄断执法体制

反垄断从维护全国统一市场出发，借鉴国外通常做法，执法权应主要集中于中央，这一点不同于维护市场秩序，各级政府主管部门都有执法权。国务院规定的承担反垄断执法职责的机构负责反垄断执法工作，国务院反垄断执法机构根据工作需要，可以授权省、自治区、直辖市人民政府相应的机构负责有关反垄断执法工作。在这一体制下，国务院设立反垄断委员会，负责组织、协调、指导反垄断工作，促进社会经济发展、维护社会公益和国家利益。

第三节　反不正当竞争法律制度

一、反不正当竞争法律制度概述

《反不正当竞争法》已由中华人民共和国第十二届全国人民代表大会常务委员会第三十次会议于 2017 年 11 月 4 日修订通过，自 2018 年 1 月 1 日起施行。

（一）不正当竞争行为的概念及其特征

1. 不正当竞争行为的概念

新施行的《反不正当竞争法》明确规定："经营者在生产经营活动中，应当遵循自愿、平等、公平、诚信的原则，遵守法律和商业道德。本法所称的不正当竞争行为，是指经营者在生产经营活动中，违反本法规定，扰乱市场竞争秩序，损害其他经营者或者消费者的合法权益的行为。"

2. 不正当竞争行为的特征

（1）不正当竞争行为的主体具有经营性

不正当竞争行为是经营者的行为。所谓经营者，是指从事商品生产、经营或者提供服务（以下所称商品包括服务）的自然人、法人和非法人组织。非经营者不是竞争行为的主体。

（2）不正当竞争行为具有违法性

不正当竞争行为违反法律规定，主要是违反《反不正当竞争法》的规定，既包括《反不正当竞争法》列举的七类行为，还包括对市场交易基本原则的违反，即只要违反了自愿、平等、公平、诚信的原则或者违背了公认的商业道德，也应认定为不正当竞争行为。

（3）不正当竞争行为侵害的客体是其他经营者的合法权益和正常的社会经济秩序

不正当竞争行为至少有以下几个方面的危害性：①破坏公平竞争的市场秩序；②阻碍技术进步和社会生产力的发展；③损害其他经营者的正常经营和合法权益，使守法经营者蒙受物质和精神上的双重损害；④有些不正当竞争行为，如虚假广告和欺骗性有奖销售，还可能损害广大消费者的合法权益，给我国对外开放政策带来消极影响，严重损害国家利益。

（二）反不正当竞争法

1. 反不正当竞争法的概念

市场经济条件下，要保持市场秩序良好，保证公平竞争，就要实施反不正当竞争。反不正当竞争法是调整国家在对经营者违反商业道德的竞争行为进行规制的过程中所产生的社会关系法律规范的总称，属于市场秩序规制法律范畴。广义的反不正当竞争法相当于"竞争法"，规范三类行为：①垄断行为，主要是指经营者自己或者通过企业兼并等方式，形成对一定市场的独占或控制；②限制竞争行为，主要是指经营者滥用经济优势或几个经营者通过协议等联合方式损害竞争对手的行为；③不正当竞争行为，主要是指经营者采用欺骗、胁迫、利诱及其他违背诚实信用和公平竞争商业惯例的手段从事市场交易。狭义的反不正当竞争法仅指规范第三类"不正当竞争行为"的法律。

2. 反不正当竞争法的基本原则

1）自愿原则，是指公民、法人等任何民事主体在生产经营活动中都应遵守的原则。任何以欺诈、胁迫、威胁等违背真实交易主体意志的不正当竞争行为，都要受到法律的制裁。

2）平等与公平原则，是指当事人之间在从事生产经营等民事活动中享有法律地位平等，以及不享有任何特权的原则。

3）诚信原则，是指经营者在生产经营活动中应当遵守，任何人不得弄虚作假，违背以诚待人、恪守信用的原则。

4）遵守法律和商业道德原则，是反不正当竞争法规定的一项特定基本原则，即要求经营者在生产经营活动中遵守市场经济中约定俗成的商业习惯和准则，不得违反行业规则与国际惯例的原则。

二、不正当竞争行为的种类

世界各国、各地区对不正当竞争行为的规定各有不同，我国从市场经济发展的实际出发，规定了七种不正当竞争行为。

（一）混淆行为

混淆行为，是指经营者采用假冒、仿冒或者其他虚假标志从事生产经营活动，引人误认为是他人商品或者与他人存在特定联系，误导消费者，损害竞争对手，牟取非法利益的行为，主要包括：①擅自使用与他人有一定影响的商品名称、包装、装潢等相同或者近似的标识，造成和他人的知名商品相混淆，使购买者误认为是该知名商品；②擅自使用他人有一定影响的企业名称（包括简称、字号等），社会组织名称（包括简称等），姓名（包括笔名、艺名、译名等），引人误认为是他人的商品；③擅自使用他人有一定影响的域名主体部分、网站名称、网页等；④其他足以引人误认为是他人商品或者与他人存在特定联系的混淆行为。

（二）商业贿赂行为

商业贿赂行为，是指经营者为了谋取交易机会或者竞争优势，向能够影响交易的人秘密给付财物或者其他经济利益的行为。商业贿赂具有以下特征：①商业贿赂的主体是从事市场交易的经营者，既可以是卖方，也可以是买方；②商业贿赂是经营者在主观上出于故意和自愿进行的行为，其目的是排挤竞争对手，以占取竞争优势；③商业贿赂在客观方面表现为违反国家有关财务、会计及廉政等方面的法律、法规和规定，秘密给付财物或其他报酬，具有很大的隐蔽性；④商业贿赂的形式除了金钱回扣之外，还有提供免费度假、旅游、高档宴席、色情服务、赠送昂贵物品、房屋装修，以及解决子女、亲属入学、就业等多种方式。

根据法律规定，在账外暗中给予对方单位或者个人回扣的，以行贿论处；对方单位或者个人在账外暗中收受回扣的，以受贿论处。但是经营者在交易活动中，可以以明示方式向交易对方支付折扣，或者向中间人支付佣金。经营者向交易对方支付折扣、向中间人支付佣金的，应当如实入账。接受折扣、佣金的经营者也应当如实入账。

经营者的工作人员进行贿赂的，应当认定为经营者的行为；但是，经营者有证据证明该工作人员的行为与为经营者谋取交易机会或者竞争优势无关的除外。

（三）虚假宣传行为

经营者不得对其商品的性能、功能、质量、销售状况、用户评价、曾获荣誉等作虚假或者引人误解的商业宣传，欺骗、误导消费者。引人误解的虚假宣传，既包括虚假宣传，也包括引人误解的宣传两种类型。虚假宣传，是指商品宣传的内容与商品的实际情况不相符合。引人误解的宣传，是指就一般的社会公众的合理判断而言，宣传的内容会使接受宣传的人或受宣传影响的人，对被宣传的商品产生错误的认识，从而影响其购买决策的商品宣传。虚假宣传本质上是欺骗性的交易行为，导致其他竞争者利益受损，严重侵害了消费者的知悉真情权。同时还规定，经营者不得通过组织虚假交易等方式，帮助其他经营者进行虚假或者引人误解的商业宣传。

（四）侵犯商业秘密行为

商业秘密，是指不为公众所知悉、具有商业价值并经权利人采取相应保密措施的技术信息和经营信息。商业秘密对企业的发展至关重要，不仅关乎企业的竞争力，有的还影响到企业的生存，商业秘密一经公开，其价值就不复存在，这不仅给商业秘密的权利人带来巨大的经济损失，也扰乱了正常的经济秩序。侵犯商业秘密的行为表现在以下几个方面：①以盗窃、贿赂、欺诈、胁迫或者其他不正当手段获取权利人的商业秘密；②披露、使用或者允许他人使用以前项手段获取的权利人的商业秘密；③违反约定或者违反权利人有关保守商业秘密的要求，披露、使用或者允许他人使用其所掌握的商业秘密。第三人明知或者应知商业秘密权利人的员工、前员工或者其他单位、个人实施前款所列违法行为，仍获取、披露、使用或者允许他人使用该商业秘密的，视为侵犯商业秘密。

（五）违反规定的有奖销售行为

有奖销售，是指经营者以提供奖品或奖金为手段的推销行为。符合公认的商业道德的有奖销售，可以起到活跃市场、促进公平竞争的积极作用；违背公认的商业道德、采取不正当竞争手段的有奖销售，不仅会损害其他经营者的合法权益、损害消费者的利益，而且会扰乱社会经济秩序。《反不正当竞争法》并没有简单地肯定或否定有奖销售，而是通过禁止以下三种形式的有奖销售，对这一促销手段进行调整：①所设奖的种类、兑奖条件、奖金金额或者奖品等有奖销售信息不明确，影响兑奖；②采用谎称有奖或者故意让内定人员中奖的欺骗方式进行有奖销售；③抽奖式的有奖销售，最高奖的金额超过五万元。

（六）商业诽谤行为

经营者不得编造、传播虚假信息或者误导性信息，损害竞争对手的商业信誉、商品声誉。经营者编造、传播虚假信息或者误导性信息，损害竞争对手的商业信誉、商品声誉，即商业诽谤，是侵害公民或法人名誉权和荣誉权行为的一种商业化表现形式。商业诽谤是一种典型的不正当竞争行为。商业信誉和商品声誉是经营者在市场竞争中赢得优势地位的资本和支柱。损害竞争对手的商业信誉、商品声誉，会给竞争对手正常经营活动造成不利影响，损害其应有的市场竞争优势地位，甚至导致严重的经济损失。

（七）经营者利用网络从事生产经营活动的行为

经营者不得利用技术手段，通过影响用户选择或者其他方式，实施下列妨碍、破坏其他经营者合法提供的网络产品或者服务正常运行的行为：①未经其他经营者同意，在其合法提供的网络产品或者服务中，插入链接、强制进行目标跳转；②误导、欺骗、强迫用户修改、关闭、卸载其他经营者合法提供的网络产品或者服务；③恶意对其他经营者合法提供的网络产品或者服务实施不兼容；④其他妨碍、破坏其他经营者合法提供的网络产品或者服务正常运行的行为。

三、对不正当竞争行为的法律规制

（一）监督检查部门

监督检查是保证法律实施的必不可少的重要手段，对不正当竞争行为的监督检查是《反不正当竞争法》的重要组成部分。《反不正当竞争法》规定，县级以上人民政府履行工商行政管理职责的部门对不正当竞争行为进行查处；法律、行政法规规定由其他部门查处的，依照其规定。由此可知，反不正当竞争行为的监督部门有两类：一类是县级以上人民政府履行工商行政管理职责的部门；另一类是县级以上人民政府的其他部门，具体有技术质量监督管理部门、食品卫生管理部门、知识产权局和出版总署、监察部门、住建部门、文化部门等。同时，国家鼓励、支持和保护一切组织和个人对不正当竞争行为进行社会监督。

（二）监督检查部门调查时采取的措施

监督检查部门调查时采取的措施包括：①进入涉嫌不正当竞争行为的经营场所进行检查；②询问被调查的经营者、利害关系人及其他有关单位、个人，要求其说明有关情况或者提供与被调查行为有关的其他资料；③查询、复制与涉嫌不正当竞争行为有关的协议、账簿、单据、文件、记录、业务函电和其他资料；④查封、扣押与涉嫌不正当竞争行为有关的财物；⑤查询涉嫌不正当竞争行为的经营者的银行账户。

采取以上措施时，应当向监督检查部门主要负责人书面报告，并经批准。同时，采取第④、⑤项措施时，应当向设区的市级以上人民政府监督检查部门主要负责人书面报告，并经批准。

监督检查部门调查涉嫌不正当竞争行为，应当遵守《中华人民共和国行政强制法》和其他有关法律、行政法规的规定，并应当将查处结果及时向社会公开。

《反不正当竞争法》为了确保得到贯彻和实施，还规定了负责监督检查部门及其工作人员在违反法律规定时应当承担的法律责任。监督检查不正当竞争行为的国家机关工作人员滥用职权、玩忽职守、徇私舞弊或者泄露调查过程中知悉的商业秘密的，依法给予处分。

 本章创新创业部分的内容，可通过扫描下方二维码进行相关练习。

法律思考　　　　实训项目　　　　案例分析　　　　相关法规

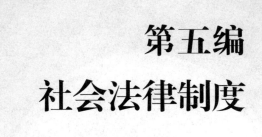

第五编
社会法律制度

第十三章　劳动合同与社会保险法律制度

第一节　劳动合同法律制度

一、劳动合同与劳动关系

（一）劳动合同

劳动合同又称劳动协议，是指劳动者与用人单位之间为确定劳动关系，依法协商就双方权利义务达成的协议。劳动合同是劳动法上关于双方当事人的协议，有其自己的特征。

1）劳动合同的主体具有特定性。劳动合同的主体双方都是法定的，且一方是劳动力的使用方，即用人单位；另一方是劳动力的提供方，即劳动者。

2）劳动合同内容具有权利义务的统一性和对应性。权利和义务是紧密联系不可分离的一组概念，在劳动合同中体现得更为贴切。不论是用人单位还是劳动者，其权利和义务都是统一的，而且是一一对应的，没有无义务的权利，也没有无权利的义务，在享有权利的同时必须履行相应的义务，履行了义务也会享有对应的权利。

3）劳动合同具有双务、有偿、诺成合同的特性。劳动合同必须同时具备双方当事人，不存在单务行为，且获得劳动报酬是劳动者的基本权利。

（二）劳动关系

劳动关系是劳动法的调整对象，是指在运用劳动能力、实现劳动过程中，劳动者与用人单位之间的社会劳动关系。劳动关系的特征主要包括：①劳动关系是在现实劳动过程中所发生的关系，劳动是这种关系的主要内容；②劳动关系的双方当事人，一方是劳动者，另一方是用人单位，且二者之间是平等的关系；③劳动关系的一方劳动者，要成为另一方所在单位的成员，就必须服从用人单位的管理，遵守其规章、制度，双方存在管理与被管理、制约与被制约的关系。

劳动关系是劳动法主要的调整对象，除此之外，整个社会中与劳动关系有密切联系的其他关系也属于劳动法的调整范畴。这些关系伴随着劳动关系而产生、发展和结束，与劳动关系有着密切的联系，所以在我国法律体系中它们被列入劳动法的调整范畴。这些关系主要包括以下几种。

1）处理劳动争议而发生的关系。劳动行政部门、人民法院和工会组织由于调解、仲裁和审理劳动争议而产生的关系。

2）执行社会保险方面的关系。社会保险机构与企业、事业单位及职工之间因执行社会保险而发生的关系。

3）监督劳动法律、法规的执行方面的关系。有关国家机关工会组织与企业、机关、事业单位之间，因监督、检查劳动法的执行而产生的关系。

4）工会组织与企业、事业单位、国家机关之间的关系。

5）劳动管理方面发生的关系。劳动行政部门同企业、事业单位、机关、团体单位因管理劳动工作而发生的关系。

这些关系和劳动关系共同构成了我国劳动法的调整对象。

二、劳动合同的订立

（一）劳动合同订立的定义及原则

劳动合同的订立是指劳动者和用人单位经过平等协商，就劳动合同的各项内容协商一致，并以书面的形式规定双方的权利、义务及责任等相关内容，从而确立双方劳动关系的法律行为。因为劳动合同仍然具有一般合同的特性，所以，劳动合同的订立也要遵循合同订立的一般要求。《中华人民共和国劳动合同法》（以下简称《劳动合同法》）规定，订立劳动合同，应当遵循合法、公平、平等、自愿、协商一致、诚实信用的原则。

（二）劳动合同订立的主体

1. 劳动合同订立的主体资格

（1）用人单位的要求

根据《劳动合同法》，适用的用人单位包括四种类型：①中国境内的企业；②个体经济组织；③民办非企业单位；④与劳动者建立劳动关系的国家机关、事业单位、社会团体。用人单位分支机构依法取得营业执照或者登记证书的，可以作为用人单位与劳动者订立劳动合同；未依法取得营业执照或者登记证书的，受用人单位委托可以与劳动者订立劳动合同。用人单位劳动权利能力和行为能力的产生是在用人单位成立后，确定其招工范围与规模时产生的，才有资格参与劳动法律关系。

（2）劳动者的要求

劳动者需年满十六周岁，具有劳动权利能力和行为能力，但文艺、体育、特种工艺单位录用人员例外。国家法定的企业职工退休年龄，是指国家法律规定的正常退休年龄。因此，劳动者年龄下限为十六周岁，用人单位招用未满十六周岁的未成年人，必须遵守国家有关规定。劳动者的劳动权利能力和劳动行为能力同时产生，是统一不可分割的。根据我国劳动法规定，公民的劳动权利能力和劳动行为能力，只能由本人依法行使，不允许其他人代理公民行使劳动权利能力和劳动行为能力，如果其他人代理公民行使劳动权利能力和劳动行为能力，不仅是无效的，而且是非法的。

2. 劳动合同订立主体的权利与义务

（1）劳动者的权利

1）平等就业权和择业自主权。平等就业权是指劳动者在就业方面一律平等，不因民族、种族、性别、宗教信仰不同而受歧视。择业自主权是指劳动者在选择职业时，有权根据自己的兴趣和意愿进行选择，不受外在压力的强迫。

2）获得劳动报酬的权利。劳动者付出劳动理应获得相应的劳动报酬，这是劳动者的权利。《劳动法》第五章第四十六条规定："工资分配应当遵循按劳分配原则，实行同工同酬。工资水平在经济发展的基础上逐步提高。国家对工资总量实行宏观调控。"同时规定，工资应当以货币形式按月支付给劳动者本人，不得克扣或者无故拖欠劳动者的工资。对于劳动者的劳动报酬权，国家不仅通过劳动立法对用人单位支付劳动报酬进行了规范，而且采取了一系列的经济和社会措施给予保护。

3）享有休息休假的权利。《宪法》不仅规定劳动者享有劳动的权利和义务，而且规定劳动者享有休息的权利。《劳动法》第三十八条规定："用人单位应当保证劳动者每周至少休息一日。"用人单位在法定节假日期间应当安排劳动者休假。劳动者的法定休息休假时间还包括工作日内的间歇时间、两个工作日之间的休息时间、探亲假和年休假。

4）获得劳动安全卫生保护的权利。这是劳动者在劳动过程中依法要求用人单位提供安全卫生的劳动条件，保护其生命安全和身体健康的一项基本劳动权利。《劳动法》第五十四条规定："用人单位必须为劳动者提供符合国家规定的劳动安全卫生条件和必要的劳动防护用品，对从事有职业危害作业的劳动者应当定期进行健康检查。"同时，劳动者对用人单位管理人员违章指挥、强令冒险作业，有权拒绝执行；对危害生命安全和身体健康的行为，有权提出批评、检举和控告。

5）接受职业技能培训的权利。《劳动法》第六十六条规定："国家通过各种途径，采取各种措施，发展职业培训事业，开发劳动者的职业技能，提高劳动者素质，增强劳动者的就业能力和工作能力。"用人单位应当建立职业培训制度，按照国家规定提取和使用职业培训经费，根据本单位实际有计划地对劳动者进行职业培训。我国已建立了包括就业岗前培训、就业后培训和转业培训在内的多种形式的职业培训制度。

6）享有社会保险和社会福利的权利。社会保险是国家为保障劳动者在丧失劳动能力或劳动机会时的基本生活而依法强制实行的一项物质帮助制度。社会福利是国家和社会为方便劳动者工作和生活，适应其物质文化需求而举办的各项事业。《宪法》和《劳动法》在劳动者享受社会保险和社会福利方面都作出了规定。

7）享有提请劳动争议处理的权利。《劳动法》规定，劳动者享有提请劳动争议处理的权利，明确了劳动者在争议处理中的主动地位及与用人单位之间的平等地位。这些有利于劳动争议的尽快解决，有利于保护劳动者的合法权益，有利于培养和提高劳动者的法律意识。

8）享有法律规定的其他劳动权利。根据相关法律规定，其他劳动权利主要包括：①民主参与企业管理的权利；②与用人单位进行平等协商的权利；③与企业签订集体合同的权利；④享有依法参加工会和组建工会的权利；⑤享有依法应当获得的其他权利。

（2）劳动者的义务

1）积极完成劳动任务的义务。劳动者承担完成劳动任务的义务，必须亲自、全面地履行，劳动者只有完成规定的劳动任务，才能得到相应的劳动报酬。

2）不断提高劳动技能的义务。劳动者一方面享有接受职业技能培训的权利，另一方面要承担提高职业技能的义务。《劳动法》规定，劳动者应当提高职业技能。从事技术工种的劳动者，上岗前必须经过培训。

3）认真执行劳动安全卫生规程的义务。《劳动法》规定，劳动者应当执行劳动安全卫生规程；在劳动过程中必须严格遵守安全操作规程。执行安全卫生规程既是劳动者应享有的权利又是劳动者应当履行的义务，两者的目的都在于保护劳动者在劳动过程中的生命安全和身体健康。

4）严格遵守劳动纪律和职业道德的义务。劳动纪律是社会劳动的基础，遵守劳动纪律是劳动者应尽的义务，它既是保证劳动权实现的重要措施，又是劳动者权利对应的义务，对于提高生产效率、提高生产质量具有积极作用。职业道德要求从事该职业的劳动者必须遵守一定的规范和原则，每种职业都有特殊的职业道德，只有劳动者遵守本职业的职业道德，才能保证该职业的劳动者为社会所接受和承认，从而实现自己劳动的社会价值。

（3）用人单位的权利和义务

劳动者和用人单位作为劳动关系的双方当事人，其劳动权利和义务是相对应的。一方的劳动权利即为对方的劳动义务，一方的劳动义务即为对方的劳动权利。《劳动法》规定的劳动者享有的劳动权利和承担的劳动义务，也就是用人单位应当承担的义务和享有的权利。

（三）劳动合同的订立形式

1. 书面劳动合同

劳动合同应当采用书面形式。对于已经建立劳动关系未订立书面劳动合同的，应当自用工之日起一个月内订立书面劳动合同。非全日制用工双方当事人可以订立口头协议。

《劳动合同法》相关规定中关于未订立书面劳动合同的处理方法包括以下几种。

1）自用工之日起一个月内，经用人单位书面通知后，劳动者不与用人单位订立书面劳动合同的，用人单位应当书面通知劳动者终止劳动关系，无须向劳动者支付经济补偿金，但是应当依法向劳动者支付其实际工作时间的劳动报酬。

2）用人单位自用工之日起超过一个月不满一年未与劳动者订立书面劳动合同的，应当向劳动者支付双倍工资，并与劳动者补订书面劳动合同；劳动者不与用人单位订立书面劳动合同的，用人单位应当书面通知劳动者终止劳动关系，并依法支付经济补偿。

3）用人单位自用工之日起满一年未与劳动者订立书面劳动合同的，视为自用工之日起满一年的当日已经与劳动者订立劳动无固定期限劳动合同。

2. 事实劳动关系的认定

实践中存在大量的事实劳动关系，针对这一情况，2005年5月25日劳动部发布的《关于确立劳动关系有关事项的通知》明确规定，未订立书面劳动合同，但同时具备下列情形的，劳动关系成立：双方主体资格合法；劳动者接受单位的管理和各项规章制度，从事有报酬的劳动；劳动是单位业务的组成部分。

（四）劳动合同的类型

1. 固定期限劳动合同

固定期限劳动合同是指用人单位与劳动者事先约定合同终止时间的劳动合同。用人单位与劳动者协商一致，可以订立固定期限劳动合同。固定期限劳动合同的优点在于合同双方当事人可以在约定的时间段内工作相对稳定；缺点是限制了劳动力的流动性，不利于双方主动性和灵活性的发挥。

2. 无固定期限劳动合同

无固定期限劳动合同是指用人单位与劳动者约定无确定终止时间的劳动合同。用人单位与劳动者协商一致，可以订立无固定期限劳动合同。有下列情形之一，劳动者提出或者同意续订劳动合同的，应当订立无固定期限劳动合同：①劳动者已在该用人单位连续工作满十年的；②用人单位初次实行劳动合同制度或者国有企业改制重新订立劳动合同时，劳动者在该用人单位连续工作满十年且距法定退休年龄不足十年的；③连续订立两次固定期限劳动合同且劳动者没有续订劳动合同的；④用人单位自用工之日起满一年不与劳动者订立书面劳动合同的，视为用人单位与劳动者已订立无固定期限劳动合同。

3. 以完成一定工作任务为期限的劳动合同

以完成一定工作任务为期限的劳动合同是指用人单位与劳动者约定以某项工作的完成为合同期限的劳动合同。这类合同是特殊类型的定期劳动合同，但特定工作的完成日期是不确定的。用人单位与劳动者协商一致，可以订立以完成一定工作任务为期限的劳动合同。

（五）劳动合同的效力

1. 劳动合同的生效

劳动合同的生效是指已经成立的劳动合同在用人单位和劳动者之间产生一定的法律约束力。劳动合同依法由用人单位与劳动者协商一致签字或者盖章即生效，具有法律约束力。劳动合同文本由用人单位和劳动者各执一份。劳动合同依法订立即生效，具有法律约束力。

对于劳动合同的生效，法学理论上要求符合下面三个条件：①订立劳动合同的双方必须是具有相应的劳动能力。②订立劳动合同的双方必须意思表示真实。任何一方采用欺诈、胁迫等手段与另一方签订的劳动合同都是无效的。③订立的合同不得违反法律的强制性规定或者社会公共利益。

2. 劳动合同无效及部分无效的情形

劳动合同无效是指劳动合同虽然订立，但是由于订立的主体和内容不符合法律法规的要求而被认为不具有法律约束力。无效的劳动合同分为全部无效和部分无效两种情形。全部无效的劳动合同是指劳动合同从订立时起自始无效，对当事人不具有约束力，不应当履行。部分无效的劳动合同是指劳动合同内容中违反法律法规的部分不具有法律效力，该部分不影响其他有效部分的履行，这时其他合法部分仍然有效，当事人应当具体继续履行。

《劳动合同法》规定的劳动合同无效或者部分无效的情形有以下几种。

1）以欺诈、胁迫的手段或者乘人之危，使对方在违背真实意思表示的情况下订立或者变更劳动合同的。

2）用人单位免除自己的法定责任、排除劳动者权利的。

3）违反法律、行政法规强制性规定的。

3. 无效劳动合同的法律后果

劳动合同被确认无效时，劳动者已提供劳动的，用人单位应当支付劳动报酬。关于用人单位支付劳动报酬的标准，如果劳动合同明确约定了劳动报酬数额的，虽然劳动合同被确认无效，但用人单位应当按照劳动合同约定的劳动报酬数额支付给劳动者。劳动合同没有约定劳动报酬，但用人单位在履行劳动合同过程中实际支付的劳动报酬不符合法律法规和国家规定的，或者用人单位未支付劳动报酬，劳动报酬的数额参考用人单位相同或者相近岗位劳动者的报酬确定。

三、劳动合同的内容

劳动合同的内容是指劳动合同所包含的所有条款，即通过劳动合同条款反映出劳动者和用人单位双方的权利与义务。

（一）劳动合同的必备条款

劳动合同的必备条款是指劳动法律规范要求劳动合同必须包括的条款。法律要求劳动合同必须包括某些内容，因为缺少这些条款，劳动合同双方当事人的主要权利和义务很难明确，这种做法有利于引导劳动合同双方当事人正确全面的订立劳动合同，对于减少劳动纠纷和劳动争议大有益处。

《劳动合同法》规定，劳动合同应当具备以下条款。

1）用人单位名称、住所和法定代表人或者主要负责人。

2）劳动者姓名、住址和居民身份证或者其他有效身份证件号码。

3）劳动合同期限。

4）工作内容和工作地点。

5）工作时间和休息休假。我国实行的工作日的种类主要由标准工作日、缩短工作日、不定时工作日综合计算工作日、计件工作时间和非全日制工作时间等。其中，标准工作日是计算其他工作日种类的依据。我国的标准工作为每日工作八小时，每周工作四十小时。用人单位延长工作时间每日不得超过一小时，特殊原因需要延长工作时间的，每日不超过三小时，但每月不得超过三十六小时。

休息休假是劳动者的基本权利之一，指在国家规定的法定工作时间以外自行可以支配的时间，包括劳动者每天休息的时数、每周休息的天数、节假日、年休假、探亲假等。用人单位应当保证劳动者每周至少休息一日。用人单位在法定节假日期间应当安排劳动者休假。劳动者连续工作一年以上的，享受带薪年休假。职工累计工作已满一年不满十年的，年休假五天；已满十年不满二十年的，年休假十天；已满二十年的，年休假十五天。国家法定休假日、休息日不计入年休假的假期。职工有下列情形之一的，不享受当年的年休假：①职工依法享受寒暑假，其休假天数多于年休假天数的；②职工请事假累计二十天以上且单位按照规定不扣工资的；③累计工作满一年不满十年的职工，请病假累计两个月以上的；④累计工作满十年不满二十年的职工，请病假累计三个月以上的；⑤累计工作满二十年以上的职工，请病假累计四个月以上的。

6）劳动报酬。属于劳动法调整范畴的劳动报酬包括工资、奖金、津贴、补贴、延长工作时间的劳动报酬等，其中工资是劳动者劳动报酬的基本形式。国家实行最低工资保障制度，用人单位支付给劳动者的工资不得低于当地最低工资标准。用人单位应当按照劳动合同约定和国家规定，向劳动者及时足额支付劳动报酬。用人单位拖欠或者未足额支付劳动报酬的，劳动者可以依法向当地人民法院申请支付令。

7）社会保险。目前我国的社会保险包括养老保险、医疗保险、失业保险、工伤保险和生育保险五种。

8）劳动保护、劳动条件和职业危害防护。

9）法律、法规规定应当纳入劳动合同的其他事项。

（二）劳动合同的约定条款

1. 试用期

试用期是劳动合同双方当事人相互考察的一个期间，在此期间劳动关系具有相对的不稳定性。《劳动法》规定：劳动合同可以约定试用期。试用期最长不超过六个月。同一用人单位与同一劳动者只能约定一次试用期。以完成一定工作任务为期限的劳动合同或者劳动合同期限不满三个月的，不得约定试用期；劳动合同期限三个月以上不满一年的，试用期不得超过一个月；劳动合同期限一年以上不满三年的，试用期不得超过六个月。试用期包含在劳动合同期限内。劳动合同仅约定试用期的，试用期不成立，该期限为劳动合同期限。劳动者在试用期的工资不得低于本单位相同岗位最低档工资或者劳动合同约定工资的百分之八十，并不得低于用人单位所在地的最低工资标准。同时用人单位在试用期解除劳动合同的，应当向劳动者说明理由。

2. 服务期

《劳动合同法》第一次对服务期做了规定。用人单位为劳动者提供专项培训费用，对其进行专业技术培训的，可以与该劳动者订立协议，约定服务期。服务期是由于用人单位提供专项培训费用，对劳动者进行专业技术培训，而由用人单位与劳动者双方在劳动合同中或者在服务期协议里约定的劳动者必须为该用人单位提供劳动的期间。

劳动者违反服务期约定的，应当按照约定向用人单位支付违约金。违约金数额不得超过用人单位提供的培训费用。用人单位要求劳动者支付的违约金不得超过服务期尚未履行部分所应分摊的培训费。

服务期与劳动合同期限未必一致，可能短于劳动合同期限，也可能长于劳动合同期限。当服务期长于劳动合同期限时，应当优先适用服务期的约定。劳动合同双方当事人可以变更劳动合同中的期限条款或者续订劳动合同，或者重新订立劳动合同，以与服务期的约定相一致。需要注意的是，用人单位与劳动者约定服务期的，不影响按照正常的工资调整机制提高劳动者在服务期的劳动报酬。

3. 保守商业秘密和竞业限制

用人单位与劳动者可以在劳动合同中约定保守用人单位的商业秘密和与知识产权相关

的保密事项。对负有保密义务的劳动者，用人单位可以在劳动合同或者保密协议中与劳动者约定竞业限制条款，并约定在解除或终止劳动合同后，在竞业限制期限内按月给予劳动者经济补偿。

竞业限制是指由于用人单位与本单位的高级管理人员、高级技术人员和其他知悉其商业秘密的劳动者，在劳动合同或者专项协议中约定，在劳动合同终止或者解除后的一定期限内，劳动者不得到生产与本单位同类产品或者经营同类业务有竞争关系的其他用人单位工作，也不得自己开业生产或者经营与用人单位有竞争关系的同类产品或者业务的限制。

劳动者违反竞业限制约定的，应当按照约定向用人单位支付违约金。竞业限制的人员限于用人单位的高级管理人员、高级技术人员和其他负有保密义务的人员。竞业限制的范围、地域、期限由用人单位与劳动者约定，竞业限制的约定不得违反法律、法规的规定。在解除或者终止劳动合同后，前款规定的人员到与本单位生产或者经营同类产品、从事同类业务的有竞争关系的其他用人单位，或者自己开业生产或者经营同类产品、从事同类业务的竞业限制期限，不得超过两年。也就是说，劳动合同解除或终止最长两年后，劳动者不再受竞业限制的约束。

四、劳动合同的履行和变更

（一）劳动合同的履行

用人单位与劳动者应当按照劳动合同的约定，全面履行各自义务。劳动合同全面履行原则是指劳动合同当事人应当按照合同规定的时间、地点和要求履行全部义务，以保证劳动合同产生的权利得以实现。全面履行劳动合同义务是劳动合同法规定的双方当事人的义务。劳动合同是一个整体，合同中订立的条款相互之间有内在联系，不能任意割裂。只有当事人双方认真全面履行了劳动合同规定的全部义务，双方的权利才能充分实现。

（二）劳动合同变更

劳动合同变更有广义和狭义两种解释。广义的劳动合同变更是指凡与劳动有关的情况发生改变，都可以称为劳动合同变更，其中包括劳动合同的当事人的变更和劳动合同内容的变更。

通常所称的劳动合同变更是狭义的劳动合同变更，是指劳动合同双方当事人就已经生效的劳动合同条款达成修改或者补充协议的法律行为。劳动合同依法变更后仍然有效，双方当事人应当继续履行。

变更劳动合同应当采用书面形式。变更后的劳动合同文本由用人单位和劳动者各执一份。依法变更的劳动合同对双方当事人均具有法律约束力。

五、劳动合同的解除和终止

（一）劳动合同解除

根据《关于贯彻执行〈中华人民共和国劳动法〉若干问题的意见》的规定，劳动合同的解除是指劳动合同订立后，尚未全部履行完毕以前，由于某种原因导致劳动合同一方或双方当事人提前消灭劳动关系的法律行为。劳动合同的解除只对未履行的部分发生效力，不涉及已履行的部分。

1. 劳动合同解除的情形

（1）协商解除劳动合同的情形

用人单位与劳动者协商一致，可以解除劳动合同。用人单位主动与劳动者提出解除劳动合同，并与劳动者协商一致的，用人单位应当向劳动者支付经济补偿金。

（2）劳动者单方解除劳动合同的情形

1）劳动者正常辞职。劳动者提前三十日以书面形式通知用人单位，可以解除劳动合同。劳动者在试用期内提前三日通知用人单位，可以解除劳动合同。

2）随时解除劳动合同。用人单位有下列情形之一的，劳动者可以解除劳动合同：①未按照劳动合同约定提供劳动保护或者劳动条件的；②未及时足额支付劳动报酬的；③未依法为劳动者缴纳社会保险费的；④用人单位的规章制度违反法律、法规的规定，损害劳动者权益的；⑤致使劳动合同无效情形的出现；⑥法律行政法规规定劳动者可以解除劳动合同的其他情形。

3）立即解除劳动合同。用人单位以暴力、威胁或者非法限制人身自由的手段强迫劳动者劳动的，或者用人单位违章指挥、强令冒险作业危及劳动者人身安全的，劳动者可以立即解除劳动合同，不需事先告知用人单位。

（3）用人单位单方解除劳动合同的情形

1）劳动者有过失时用人单位的单方解除。劳动者有下列情形之一的，用人单位可以解除劳动合同：①在试用期间被证明不符合录用条件的；②严重违反用人单位的规章制度的；③严重失职、营私舞弊给用人单位造成重大损害的；④劳动者同时与其他用人单位建立劳动关系，对完成本单位的工作任务造成严重影响，或者经用人单位提出拒不改正的；⑤致使劳动合同无效情形的出现；⑥被依法追究刑事责任的。

2）劳动者无过错时用人单位的单方解除。有下列情形之一的，用人单位提前三十日以书面形式通知劳动者本人或额外支付劳动者一个月工资后，可以解除劳动合同：①劳动者患病或者非因工负伤，在规定的医疗期满后不能从事原工作，也不能从事由用人单位另行安排的工作的；②劳动者不能胜任，经过培训或者调整岗位后，仍不能胜任工作的；③劳动合同订立时所依据的客观情况发生重大变化，致使劳动合同无法履行，经用人单位与劳动者协商，未能就变更劳动合同内容达成一致的。

3）经济性裁员。有下列情形之一，需要裁减人员二十人以上或裁减不足二十人但占企业职工总数百分之一以上的，用人单位提前三十日向工会或全体职工说明情况，听取工会意见后，裁减人员方案经向劳动行政部门报告后，可以裁减人员：①依照企业破产规定进行重整的；②生产经营发生严重困难的；③企业转产、重大技术革新或者经营方式调整，经变更劳动合同后，仍需裁减人员的；④其他劳动合同订立时所依据的客观经济情况发生重大变化，致使劳动合同无法履行的。企业裁员时，应当优先留用下列人员：①与本单位订立较长期限的固定期限劳动合同的；②与本单位订立无固定期限劳动合同的；③家庭无其他就业人员，有需要抚养的老人或未成年人的。

2. 用人单位不得解除劳动合同的情形

劳动者有下列情形之一的，用人单位不得解除劳动合同：①从事接触职业病危害作业的劳动者，未进行离岗前职业健康检查，或者疑似职业病病人在诊断或者医学观察期间的；②在本单位患职业病或者因工负伤并被确认丧失或者部分丧失劳动能力的；③患病或者非因工负伤在规定的医疗期内的；④女职工在孕期、产期、哺乳期的；⑤在本单位连续工作满十五年，且距法定退休年龄不足五年的；⑥法律行政法规规定的其他情形。

3. 违法解除劳动合同的情形

违法解除劳动合同的情形主要包括：①未与劳动者协商一致而解除劳动合同；②未出现可以解除劳动合同的情形而解除劳动合同；③劳动者具有用人单位不得解除劳动合同的条件时解除劳动合同。

用人单位违反《劳动合同法》规定解除或终止劳动合同的，用人单位应当继续履行，劳动者不要求继续履行或者劳动合同已经不能继续履行的，用人单位应当依照法律规定支付赔偿金。用人单位支付赔偿金的标准是《劳动合同法》规定的经济补偿标准的二倍。

4. 劳动合同解除的经济补偿

（1）经济补偿金的概念

经济补偿金是指在劳动者无过失的情况下，用人单位解除或终止劳动合同，依照法律规定给予劳动者的经济补偿。

（2）支付经济补偿金的情形

支付经济补偿金的情形主要包括：①劳动者单方要求随时、立即解除劳动合同的；②用人单位主动与劳动者协商解除劳动合同的；③用人单位依法预告解除劳动合同的；④用人单位经济性裁员的；⑤固定期限劳动合同期满不再续订，用人单位维持或提高劳动合同约定条件续订劳动合同，劳动者不同意续订的情形除外；⑥用人单位被吊销营业执照、责令关闭、撤销或决定提前解散的；⑦其他情形。

（3）经济补偿金的标准

根据《劳动合同法》的规定，经济补偿金按照劳动者在用人单位的工作年限，每满一年支付一个月工资的标准向劳动者支付；六个月以上不满一年的，按一年计算；不满六个月的，向劳动者支付半个月工资的经济补偿金。劳动者月平均工资高于用人单位所在直辖市、设区的市级人民政府公布的本地区上年度职工月平均工资三倍的，向其支付的经济补偿标准按职工平均工资的三倍支付，但年限不得超过十二年。

（二）劳动合同终止

劳动合同终止指劳动合同双方当事人约定的期限已到或终止的条件已出现，立即终止合同的法律效力。有下列情形之一的，劳动合同终止：①劳动合同期满的；②劳动者开始依法享受基本养老保险待遇的；③劳动者死亡，或者被人民法院宣告死亡或者宣告失踪的；

④用人单位被依法宣告破产的；⑤用人单位被吊销营业执照、责令关闭、撤销或者用人单位决定提前解散的；⑥法律、行政法规规定的其他情形。

用人单位应当在解除或终止劳动合同时出具解除或终止劳动合同的证明，并在十五日内为劳动者办理档案和社保关系转移手续。劳动者应当按照双方约定，办理工作交接。用人单位对已经解除或终止的劳动合同文本，至少保存二年备查。

六、集体合同

（一）集体合同的定义

集体合同是指企业职工一方与企业可以就劳动报酬、工作时间、休息休假、劳动安全卫生、保险福利等事项，通过平等协商达成的书面协议。集体合同与普通劳动合同相比较，具有自身的特性，集体合同是特定当事人之间订立的协议，其生效要经过特定的程序。

（二）集体合同订立的流程

1. 草拟集体合同的草案

企业与工会的代表在进行充分酝酿、交换意见的基础上共同草拟集体合同的草案。各个企业应当由行政和工会组成集体合同草案的起草小组，起草小组应当深入进行调查研究，广泛了解各方面对集体合同的要求，就集体合同所应包括的内容，逐项提出初步方案。

2. 提交职工代表大会或者全体职工讨论通过

集体合同草案应当提交职工代表大会或者全体职工讨论通过。集体合同由工会代表企业职工一方与用人单位建立；尚未建立工会的用人单位，由上级工会指导劳动者推举的代表与用人单位订立。企业职工一方与用人单位可以订立劳动安全卫生、女职工权益保护、工资调整机制等专项集体合同。在县级以下区域内，建筑业、采矿业、餐饮服务业等行业可以由工会与企业方面代表订立行业性集体合同，或者订立区域性集体合同。

3. 报送劳动行政部门

集体合同订立后，应当报送劳动行政部门；劳动行政部门自收到集体合同文本之日起十五日内未提出异议的，集体合同即生效。依法订立的集体合同对用人单位和劳动者具有约束力。行业性、区域性集体合同对当地本行业、本区域的用人单位和劳动者具有约束力。

（三）集体合同的其他规定

1. 劳动报酬与劳动标准的规定

集体合同中劳动报酬和劳动条件等标准不得低于当地人民政府规定的最低标准；用人单位与劳动者订立的劳动合同中劳动报酬和劳动条件等标准不得低于集体合同规定标准。

2. 集体合同的法律救济

用人单位违反集体合同，侵犯职工劳动权益的，工会可以依法要求用人单位承担责任；因履行集体合同发生争议，经协商解决不成的，工会可以依法申请仲裁、提起诉讼。

七、劳务派遣

（一）劳务派遣的定义

劳务派遣是指劳务派遣单位根据用工单位的实际用工需求，向社会招聘合格人员，并将所招聘人员派遣到用工单位工作的一种用工方式。此处劳动合同关系存在于劳务派遣单位与被派遣劳动者之间，但劳动力给付的事实则发生于被派遣劳动者与实际用工单位之间。根据《劳动合同法》第六十六条的规定，劳动合同用工是我国企业的基本用工形式，劳务派遣用工是补充形式，一般在临时性、辅助性或者替代性的工作岗位上实施。

（二）劳务派遣主体

与传统劳动关系只有劳动者和用人单位两方主体不同，劳务派遣涉及派遣单位、实际用工单位和被派遣劳动者三方主体。这三者之间的关系由两个合同连接：一个是派遣单位和被派遣劳动者订立的劳动合同，就是我们传统意义上的劳动合同，从法律意义上来说，派遣单位就是劳动者的用人单位；另一个是派遣单位与实际用工单位之间订立的劳务派遣协议，该合同的性质可以认定为民事合同。

1. 劳务派遣单位

劳务派遣单位应当尽告知义务，按月向被派遣劳动者支付劳动报酬；不得克扣用工单位按照劳务派遣协议支付给被派遣劳动者的劳动报酬。劳务派遣单位和用工单位不得向被派遣劳动者收取费用。被派遣劳动者在无工作期间，劳务派遣单位应当按照所在地人民政府规定的最低工资标准，向劳动者支付报酬。劳务派遣单位与劳动者之间的劳动合同期限最低为二年。

2. 用工单位

用工单位应当履行下列义务：①执行国家劳动标准，提供相应的劳动条件和劳动保护；②告知被派遣劳动者的工作要求和劳动报酬；③支付加班费、绩效奖金，提供与工作岗位相关的福利待遇；④对在岗被派遣劳动者进行工作岗位所必需的培训；⑤连续用工的，实行正常的工资调整机制。同时，用工单位不得将被派遣劳动者再派遣到其他用人单位。

3. 被派遣劳动者

被派遣劳动者享有与用工单位的劳动者同工同酬的权利。被派遣劳动者有权在劳务派遣单位或者用工单位依法参加或者组织工会，维护自身的合法权益。被派遣劳动者可以依照相关规定与劳务派遣单位解除劳动合同。

（三）劳务派遣协议

劳务派遣单位应当与用工单位订立劳务派遣协议。劳务派遣协议应当约定派遣岗位和人员数量、派遣期限、劳动报酬和社会保险费的数额与支付方式，以及违反协议的责任。用工单位应当根据工作岗位的实际需要与劳务派遣单位确定派遣期限，不得将连续用工期限分割订立数个短期劳务派遣协议。

八、劳动合同的监督

（一）行政部门

国务院劳动行政部门负责全国劳动合同制度实施的监督管理。县级以上地方人民政府劳动行政部门负责本行政区域内劳动合同制度实施的监督管理。县级以上人民政府建设、卫生、安全生产监督管理等有关主管部门在各自职责范围内，对用人单位执行劳动合同制度的情况进行监督管理。

（二）工会组织

工会依法维护劳动者的合法权益，对用人单位履行劳动合同、集体合同的情况进行监督。用人单位违反劳动法律、法规和劳动合同、集体合同的，工会有权提出意见或者要求纠正；劳动者申请仲裁、提起诉讼的，工会依法给予支持和帮助。

九、劳动争议的解决

（一）劳动争议的概念

劳动争议即劳动纠纷，是指劳动关系中当事人因为劳动问题所引起的纠纷。劳动者与用人单位之间、劳动者之间、用人单位之间因为劳动问题所引起的争议都可以称为劳动争议。

（二）劳动争议的处理范围

劳动争议的处理范围主要包括：①因确认劳动关系而发生的争议；②因订立、履行、变更、解除和终止劳动合同发生的争议；③因除名、辞退和辞职、离职发生的争议；④因工作时间、休息休假、社会保险、福利、培训及劳动保护发生的争议；⑤因劳动报酬、工伤医疗费、经济补偿或者赔偿金等发生的争议；⑥法律、法规规定的其他劳动争议。

（三）劳动争议的解决途径

用人单位与劳动者发生劳动争议，当事人可以通过调解、仲裁及诉讼等解决方式。劳动争议发生后，当事人可以向本单位劳动争议调解委员会申请调解；调解不成，当事人一方要求仲裁的，可以向劳动争议仲裁委员会申请仲裁。当事人一方也可以直接向劳动争议仲裁委员会申请仲裁。对仲裁裁决不服的，可以向人民法院提起诉讼。

1. 劳动争议调解

劳动争议调解是指劳动争议调解组织对企业单位与劳动者发生的劳动争议，以国家劳动法律、法规为准绳，以民主协商的方式，使双方当事人达成协议、消除纠纷。在用人单位内可以设立劳动争议调解委员会。劳动争议调解委员会由职工代表、用人单位代表和工会代表组成。劳动争议调解委员会主任由工会代表担任。劳动争议经调解达成协议的，当事人应当履行。

2. 劳动争议仲裁

劳动争议仲裁是指劳动争议仲裁委员会对用人单位和劳动者之间发生的争议，在查明事实、明确是非、分清责任的基础上，依法作出裁决的活动。当事人申请仲裁应具备以下条件：①申诉人必须是与申请仲裁的劳动争议有直接利害关系的劳动者或用人单位；②申请仲裁的争议必须是劳动争议，如果不是劳动争议，而是民事、经济纠纷，或者是劳动行政纠纷，仲裁委员会将不予受理；③申请仲裁的劳动争议必须属于仲裁委员会的受案范围；④必须向有管辖权的仲裁委员会申请仲裁；⑤有明确的被诉人和具体的仲裁请求及事实依据；⑥除非遇到不可抗力或者有其他正当理由，申请仲裁必须在规定的时效内；⑦申请书及相关材料齐备并符合要求。

劳动争议仲裁委员会由劳动行政部门代表、同级工会代表、用人单位方面的代表组成。劳动争议仲裁委员会主任由劳动行政部门代表担任。

劳动争议申请仲裁的时效期间为一年。仲裁时效期间，从当事人知道或者应当知道其权利被侵害之日起计算；因当事人一方向对方当事人主张权利或者向有关部门请求权利救济，或者对方当事人同意履行义务而中断，从中断时起，仲裁时效期间重新计算。劳动关系存续期间因拖欠劳动报酬发生争议的，劳动者申请仲裁不受仲裁时效期间的限制。但是劳动关系终止的，应当自劳动关系终止之日起一年内提出。

仲裁庭裁决劳动争议案件应当自劳动争议仲裁委员会受理仲裁申请之日起四十五日内结束，案情复杂需要延长的，延长期限不得超过十五日。仲裁裁决实行"少数服从多数"的一般原则，在不能形成多数意见时，裁决按照首席仲裁员的意见作出。

3. 劳动争议诉讼

劳动争议诉讼是指劳动争议当事人不服劳动争议仲裁委员会的裁决，在规定的期限内向人民法院起诉，人民法院依法受理后，对劳动争议案件进行审理的活动。劳动争议当事人对非一裁终局的仲裁裁决不服的，可以自收到仲裁裁决书之日起十五日内向人民法院提起诉讼。一方当事人在法定期限内不起诉又不履行仲裁裁决的，另一方当事人可以申请人民法院强制执行。

十、违反劳动合同法的法律责任

（一）用人单位违反劳动合同法的法律责任

1. 用人单位规章制度违法的法律责任

用人单位应当按照法律要求建立内部规章制度。用人单位直接涉及劳动者切身利益的规章制度违反法律、法规规定的，由劳动行政部门责令改正，给予警告；限期不改的，应当通报批评；给劳动者造成损害的，应当承担赔偿责任。

2. 用人单位订立劳动合同违法的法律责任

1）用人单位提供的劳动合同文本未载明《劳动合同法》规定的劳动合同必备条款或者用人单位未将劳动合同文本交付劳动者的，由劳动行政部门责令改正；给劳动者造成损害的，应当承担赔偿责任。

2）用人单位自用工之日起超过一个月不满一年未与劳动者订立书面劳动合同的，应当向劳动者每月支付二倍的工资。

3）用人单位违反《劳动合同法》的规定不与劳动者订立无固定期限劳动合同的，自应当订立无固定期限劳动合同之日起向劳动者每月支付二倍的工资。

4）用人单位违反《劳动合同法》的规定，与劳动者约定试用期的，由劳动行政部门责令改正；违法约定的试用期已经履行的，由用人单位以劳动者试用期满月工资为标准，按已经履行的超过法定试用期的期间向劳动者支付赔偿金。

5）用人单位违反法律规定，扣押劳动者居民身份证等证件的，由劳动行政部门责令期限退还劳动者本人，并依照有关法律规定给予处罚。

6）用人单位违反法律规定，以担保和其他名义向劳动者收取财物的，由劳动行政部门责令期限退还劳动者本人，并以每人五百元以上二千元以下的标准处以罚款，给劳动者造成损害的，应当承担赔偿责任。

3. 用人单位履行劳动合同违法的法律责任

1）用人单位有下列情形之一的，由劳动行政部门责令期限支付劳动报酬、加班费或者经济补偿；劳动报酬低于当地最低工资标准的，应当支付其差额部分；逾期不支付的，责令用人单位按应付金额百分之五十以上百分之一百以下的标准向劳动者加付赔偿金：未按照劳动合同的约定或者国家规定及时足额支付劳动者劳动报酬的；低于当地最低工资标准支付劳动者工资的；安排加班不支付加班费的；解除或者终止劳动合同，未依照《劳动合同法》规定向劳动者支付经济补偿的。

2）用人单位有下列情形之一的，依法给予行政处罚；构成犯罪的，依法追究刑事责任；给劳动者造成损害的，应当承担赔偿责任：①以暴力、威胁或者非法限制人身自由的手段强迫劳动的；②违章指挥或者强令冒险作业危及劳动者人身安全的；③侮辱、体罚、殴打、非法搜查或者拘禁劳动者的；④劳动条件恶劣、环境污染严重，给劳动者身心健康造成严重损害的。

4. 用人单位违法解除和终止劳动合同的法律责任

1）用人单位违反《劳动合同法》规定解除或者终止劳动合同的，应当依照《劳动合同法》规定的经济补偿标准的二倍向劳动者支付赔偿金。

2）用人单位违反《劳动合同法》规定未向劳动者出具解除或者终止劳动合同的书面证明，由劳动行政部门责令改正；给劳动者造成损害的，应当承担赔偿责任。

3）用人单位违反《劳动合同法》有关建立职工名册规定的，由劳动行政部门责令期限改正；逾期不改正的，由劳动行政部门处以二千元以上二万元以下的罚款。

（二）劳动者违反劳动合同法的法律责任

1）劳动合同被确认无效，给用人单位造成损失，有过错的劳动者应该承担赔偿责任。

2）劳动者违反劳动合同中约定的保密义务和竞业限制，劳动者应当按照劳动合同的约定，向用人单位支付违约金；给用人单位造成损失的，应当承担赔偿责任。

3）劳动者违反《劳动合同法》相关规定解除劳动合同，给用人单位造成损失的，应当承担赔偿责任。

4）劳动者违反培训协议，未满服务期解除或者终止劳动合同的，或因劳动者严重违纪，用人单位与劳动者解除约定服务期的劳动合同的，劳动者应当按照劳动合同的约定向用人单位支付违约金。

第二节　社会保险法律制度

一、社会保险的概念特点与基本原则

（一）社会保险的概念

社会保险一般是指由国家通过颁布法律强制实施的，对全体社会公民或一定范围内劳动者的生、老、病、死、伤残、失业，以及在生活中出现的其他困难依法给予一定的物质帮助，保证公民和劳动者的基本生活需要的一种社会制度。

社会保险在概念上有广义和狭义的两种。广义的社会保险对象涉及全体社会成员，是国家在其患病、伤残、失业、年老等情况下给予物质帮助的各种制度的总称。狭义的社会保险仅对企业、事业单位职工和国家机关工作人员等用人单位的职工及其抚养、赡养的亲属予以经济保障。广义的社会保险在内容上除了包括职工的各项社会保险项目外，还涉及职工生活困难补助及其他社会救助项目，在管理上也涉及民政、劳动、人事等多个部门。狭义的社会保险主要包括养老保险、医疗保险、失业保险、工伤保险及生育保险。

（二）社会保险的特点

1. 社会性

社会保险的对象范围广泛，包括社会上不同层次、不同行业、不同所有制形式和不同身份的各种劳动者，这是社会保险的核心特点之一。社会保险主要是一种政府保险制度，它由国家通过立法确认和规定，并在保险资金的筹集、发放、调剂、管理等方面由政府组织实施。建立并实施社会保险制度既反映了社会的政治进步，也促进了社会的经济发展。

2. 互济性

社会保险的互济性，一方面表现在保险基金实行社会统筹，并依据调剂的原则集中和使用资金，解决不同情况下的劳动者的特定生活和基本生活需要；另一方面表现在劳动者享受社会保险不以人们的意志为转移，并且不可能完全等同。而社会保险的目的则是相同的，即保障劳动者的基本生活需要。

3．补偿性

劳动者在向社会提供劳动，并因此获取劳动报酬的期间，按照国家规定标准将报酬的一定比例，作为劳动保险基金缴纳，待年老、患病、负伤、失业、生育和丧失劳动能力时，又依照国家标准领回，是社会保险补偿性的具体体现；在因工伤残或者患职业病的情况下，劳动者所享有的社会保险待遇，直接反映了社会保险的补偿性。

（三）社会保险的基本原则

1．社会保险水平与社会生产力发展水平相适应原则

在组织实施社会保险中需要从实际情况出发，根据国家与用人单位发展生产的需要按照实际及社会承受能力，有计划、有步骤地发展社会保险事业。《中华人民共和国社会保险法》（以下简称《社会保险法》）规定社会保险水平应当与社会经济发展水平相适应。在确定社会保险水平时，必须体现社会保险水平与社会生产力发展水平相适应原则，社会保险水平直接与社会生产力的发展水平和国民经济的增长水平相联系。同时，社会生产力的发展水平还制约着社会保险的水平。因此，政府要根据生产力发展水平和各方面的承受能力，恰当地确定社会保险的范围、项目和水平。

2．调节分配原则

政府组织的社会保险必须承担起调节分配不公的责任，努力实现社会收入分配公平性的目标。社会保险贯彻机会均等、公平合理原则，就可以发挥社会调节和稳定社会秩序的机制作用。

3．社会保险一体化和社会化相统一原则

社会保险制度应当实行一体化和社会化相统一原则，即统一社会保险的项目，统一社会保险或基本社会保险的标准，统一社会保险的管理与实施机制。这样无论劳动者如何流动，均有同样的社会保险制度解除其后顾之忧，从而为实现劳动者自由流动和劳动力资源的最佳配置提供保障条件。

4．保障功能与激励机制相结合原则

我国的社会保险应处理好公平与效率、保障与激励的关系，既要坚持公平原则，又不能忽视效率；既要保障劳动者职工的基本生活，又要与个人缴费多少、贡献大小挂钩。

5．统筹兼顾与分步实施原则

统筹兼顾就是指在建立与实施社会保险制度时，要坚持全局观点，既要根据需要与可能保障劳动者的基本生活，促进生产发展，又要有利于整个社会经济发展，有利于全局经

济改革和市场经济秩序的建立与完善。

二、社会保险的具体内容

由于社会制度不同，社会政策目标不同，世界各国之间的社会保险的内容有所差异。社会保险一般包括养老、疾病、残疾、死亡、工伤、失业、生育和遗属津贴等项目。近年来，德国、日本等国还设立了以解决老年人的照顾、服务为内容的"护理保险"。

在我国现阶段，社会保险主要包括养老保险、医疗保险、失业保险、工伤保险、生育保险方面的五大险种。

（一）养老保险

养老保险又称老年社会保险或年金保险，是指在劳动者达到法定老年年龄，并从事某种劳动达到法定年限后，由国家和社会依法给予一定物质帮助，以维持其老年生活的一种社会保险法律制度。劳动者只要达到法定年龄，并从事某种劳动达到法定年限，被依法解除法定劳动义务后，就可享受养老保险待遇。养老保险作为社会保险制度的重要内容，是人类社会发展到社会化大生产阶段和市场经济发展的产物。其具有如下特征：①劳动者需达到法定老年年龄，并从事某种劳动达到法定年限；②劳动者被依法解除法定劳动义务；③以维持其老年生活为宗旨；④适用范围广泛。它在保障劳动者老年生活、调节收入分配、提高劳动积极性、安定社会方面有重要作用。

基本养老保险（有些国家称为法定养老保险）包含三层含义：①基本养老保险是为达到法定退休年龄的劳动者提供基本生活保障的制度安排；②基本养老保险是以社会保险的强制性为手段，强制缴费，强制参保，达到保障老年劳动者基本生活的目的；③基本养老保险的"基本"定义十分重要，是保障退休养老后的基本生活，但不是全部生活保障。

目前，我国养老保险制度的基本框架已经确立，养老保险制度的发展目标是实现包括城乡劳动者和居民的全覆盖。我国基本养老保险制度由企业职工基本养老保险、机关事业单位养老保险、新型农村社会养老保险和城镇居民养老保险等项目构成。

1. 企业职工基本养老保险

企业职工应当参加基本养老保险，由用人单位和职工共同缴纳基本养老保险费。无雇工的个体工商户、未在用人单位参加基本养老保险的非全日制从业人员及其他灵活就业人员可以参加基本养老保险，由个人缴纳基本养老保险费。基本养老保险实行社会统筹与个人账户相结合的制度。基本养老保险基金由用人单位和个人缴费及政府补贴等组成。

参加基本养老保险的个人达到法定退休年龄时累计缴费满十五年的，按月领取基本养老金；不足十五年的，可以缴费至满十五年后，按月领取基本养老金；也可以转入新型农村社会养老保险或者城镇居民养老保险，按照国务院规定享受相应的养老保险待遇。

2. 机关事业单位养老保险

公务员和参照《中华人民共和国公务员法》管理的工作人员养老保险的办法由国务院规定。

3. 新型农村社会养老保险

国家建立和完善新型农村社会养老保险制度。新型农村社会养老保险实行个人缴费、集体补助和政府补贴相结合，保险待遇由基础养老金和个人账户养老金组成。参加新型农村社会养老保险的农村居民，符合国家规定条件的，按月领取新型农村社会养老保险待遇。

4. 城镇居民养老保险

国家建立和完善城镇居民社会养老保险制度。省、自治区、直辖市人民政府根据实际情况，可以将城镇居民养老保险和新型农村社会养老保险合并实施。

（二）医疗保险

1. 医疗保险的基本规定

医疗保险是在一定投资方式下，专门针对疾病引起的损失风险进行补偿的一种业务。根据补偿的范围，医疗保险有狭义和广义之分。狭义的医疗保险仅对疾病诊治所发生的医疗费用进行补偿；而广义的医疗保险的补偿不仅包括补偿疾病给人们带来的直接经济损失，还包括补偿疾病带来的间接经济损失，如误工工资、生活照顾等。通常所说的医疗保险是指狭义的医疗保险。

按照法定的性质，医疗保险又可以分为法定医疗保险和商业医疗保险。法定医疗保险属于社会保障的范畴，是国家通过立法和行政措施设立的、旨在保证社会成员基本医疗服务需要的保险制度。商业医疗保险则是根据市场原则建立起来的医疗保险机制。法定医疗保险与商业医疗保险相比，具有如下特点：①对象的普遍性；②实施的强制性；③更强的互济性；④保障水平的基本性；⑤政府的保证性。

不纳入基本医疗保险基金支付的范围：①应当从工伤保险基金中支付的；②应当由第三人负担的；③应当由公共卫生负担的；④在境外就医的。

2. 医疗期

（1）医疗期的规定

医疗期是指企业职工因患病或非因工负伤停止工作治病休息不得解除劳动合同的时限。企业职工因患病或非因工负伤需要停止工作医疗时，根据本人实际参加工作年限和在本单位工作年限，给予三个月到二十四个月的医疗期。

（2）医疗期的计算

医疗期为三个月的，按六个月内累计病休时间计算；医疗期为六个月的，按十二个月内累计病休时间计算；医疗期为九个月的，按十五个月内累计病休时间计算；医疗期为十二个月的，按十八个月内累计病休时间计算；医疗期为十八个月的，按二十四个月内累计病休时间计算；医疗期为二十四个月的，按三十个月内累计病休时间计算。医疗期计算应从病休第一天开始，累计计算。对某些患特殊疾病（如癌症、精神病、瘫痪等）的职工，在二十四个月内尚不能痊愈的，经企业和当地劳动部门批准，可以适当延长医疗期。

（3）医疗期的待遇

企业职工在医疗期内的病假工资、疾病救济费和医疗待遇按照有关规定执行。职工患病或非因工负伤治疗期间，在规定的医疗期内由企业按有关规定支付其病假工资或疾病救济费。病假工资或疾病救济费可以低于当地最低工资标准支付，但不能低于最低工资标准的百分之八十。同时在医疗期内不得解除劳动合同。对于医疗期满尚未痊愈者，或医疗期满后，仍不能从事原工作也不能从事用人单位另行安排的工作，被解除劳动合同时，用人单位须按经济补偿规定给予其经济补偿。

（三）失业保险

失业保险制度是指依据国家法规，通过国家企事业单位和个人等渠道筹资建立失业保险基金，在劳动者失业时，给予失业救济，以保障其最基本生活需要的社会保险制度。

失业保险制度与其他社会保险项目比较，具有一些自身的特点：①针对的劳动风险不同。失业保险针对的劳动风险是劳动者因各种原因失去工作而失业，劳动者的劳动能力并未丧失，这与养老保险、医疗保险、工伤保险等所针对的劳动者暂时或者永久丧失劳动能力而面临的劳动风险有所不同。②间接目的不同。失业保险同其他社会保险项目一样，其直接目的都是保障劳动者的基本生活，而失业保险兼有的间接目的是提高劳动者就业能力和提高工作机会，促进劳动者再就业。③享受条件不同。失业保险的享受条件不仅同劳动者的工龄、保险费缴纳情况有关，还取决于劳动者的就业意愿。④失业保险属于短期保险项目，超过一定期限，如果还没有找到新的工作就将纳入社会救助体系，按社会救助制度给予生活补助，不再属于失业保险的享受范围。

职工应当参加失业保险，由用人单位和职工按照国家规定共同缴纳失业保险费。失业人员失业前用人单位和本人累计缴费满一年不足五年的，领取失业保险金的期限最长为十二个月；累计缴费满五年不足十年的，领取失业保险金的期限最长为十八个月；累计缴费十年以上的，领取失业保险金的期限最长为二十四个月。重新就业后，再次失业的，缴费时间重新计算，领取失业保险金的期限与前次失业应当领取而尚未领取的失业保险金的期限合并计算，最长不超过二十四个月。

失业人员在领取失业保险金期间有下列情形之一的，停止领取失业保险金，并同时停止享受其他失业保险待遇：①重新就业的；②应征服兵役的；③移居境外的；④享受基本养老保险待遇的；⑤无正当理由，拒不接受当地人民政府指定部门或者机构介绍的适当工作或者提供的培训的。

（四）工伤保险

工伤保险指国家和社会为保证劳动者的职业安全健康，避免遭受职业伤害所采取的一切合法、有效的事故预防措施，以及在劳动者因遭受职业伤害造成暂时或永久丧失劳动能力时，给予物质经济帮助的制度。

工伤保险是社会保障制度体系的重要组成部分，是以职业劳动者为对象的职业伤害保障制度。工伤保险制度的建立有利于减少工伤当事人的经济损失，有利于维护职业劳动者的基本权益，有利于缓解因工伤害造成的社会矛盾和劳资对立，有利于维护经济社会的稳定发展，是社会文明进步的标志之一。

工伤保险制度建立的目的是避免、减轻或弥补职业伤害给劳动者造成的影响和损失。制度建立之初，给予遭受职业伤害的劳动者以经济补偿是唯一的目的。随着社会经济的发展及工伤保险制度的不断完善，工伤保险的目标发生了变化，由事故后的经济补偿转变为全面保护劳动者的职业安全健康。现代工伤保险制度由工伤预防、待遇补偿、工伤康复三大内容组成，在工伤待遇补偿的基础上，开展工伤预防活动和提供工伤康复服务。职工应当参加工伤保险，由用人单位缴纳工伤保险费，职工不缴纳工伤保险费。

（五）生育保险

生育保险是在妇女劳动者因妊娠、分娩，导致不能工作，收入暂时中断时，由有国家或社会给予医疗保健服务和物质帮助的一项社会保障制度。生育保险作为社会保障体系的组成部分，是随着妇女参与社会化生产而产生和发展起来的。生育保险通过对生育女职工生育过程的保护和经济保障，目的是保证生育女职工的正常生活和医疗保健需要，解除其后顾之忧。生育保险制度的建立对促进妇女平等就业，维护劳动力再生产，促进经济发展和社会进步有着十分积极的意义。

生育保险制度具有如下特点：①享受待遇人群的特定性；②待遇保障的可预见性；③待遇支付的时间性；④医疗服务范围的确定性。

职工应当参加生育保险，由用人单位按照国家规定缴纳生育保险费，职工不缴纳生育保险费。用人单位已经缴纳生育保险费的，其职工享受生育保险待遇；职工未就业配偶按照国家规定享受生育医疗费用待遇。所需资金从生育保险基金中支付。生育保险待遇包括生育医疗费用和生育津贴。

三、社会保险费用征缴

《社会保险法》进一步完善了社会保险费征缴制度，增强征缴的强制性，为加强征缴工作提供了更有力的法律保障。

（一）用人单位

1. 用人单位社会保险费的缴纳

用人单位应当自成立之日起三十日内凭营业执照、登记证书或者单位印章，向当地社会保险经办机构申请办理社会保险登记。社会保险经办机构应当自收到申请之日起十五日内予以审核，发给社会保险登记证件。

用人单位的社会保险登记事项发生变更或者用人单位依法终止的，应当自变更或者终止之日起三十日内，到社会保险经办机构办理变更或者注销社会保险登记。

用人单位应当自用工之日起三十日内为其职工向社会保险经办机构申请办理社会保险登记。未办理社会保险登记的，由社会保险经办机构核定其应当缴纳的社会保险费。

用人单位应当自行申报、按时足额缴纳社会保险费，非因不可抗力等法定事由不得缓缴、减免。职工应当缴纳的社会保险费由用人单位代扣代缴，用人单位应当按月将缴纳社会保险费的明细情况告知本人。

2. 用人单位关于缴纳社会保险费的法律责任

1）用人单位未按规定申报应当缴纳的社会保险费数额的，按照该单位上月缴费额的百分之一百一十确定应当缴纳数额；缴费单位补办申报手续后，由社会保险费征收机构按照规定结算。

2）用人单位未按时足额缴纳社会保险费的，由社会保险费征收机构责令其限期缴纳或者补足。

3）用人单位逾期仍未缴纳或者补足社会保险费的，社会保险费征收机构可以向银行和其他金融机构查询其存款账户；可以申请县级以上有关行政部门作出划拨社会保险费的决定，书面通知其开户银行或者其他金融机构划拨社会保险费；用人单位账户余额少于应当缴纳的社会保险费的，社会保险费征收机构可以要求该用人单位提供担保，签订延期缴费协议。

4）用人单位未足额缴纳社会保险费且未提供担保的，社会保险费征收机构可以申请人民法院扣押、查封、拍卖其价值相当于应当缴纳社会保险费的财产，以拍卖所得抵缴社会保险费。

（二）自愿参加社会保险人员

自愿参加社会保险的无雇工的个体工商户、未在用人单位参加社会保险的非全日制从业人员及其他灵活就业人员，应当向社会保险经办机构申请办理社会保险登记。无雇工的个体工商户、未在用人单位参加社会保险的非全日制从业人员及其他灵活就业人员，可以直接向社会保险费征收机构缴纳社会保险费。

（三）社会保险征收机构

社会保险费征收机构应当依法按时足额征收社会保险费，并将缴费情况定期告知用人单位和个人。

（四）其他相关行政机构

市场监督管理部门、民政部门和机构编制管理机关应当及时向社会保险经办机构通报用人单位的成立、终止情况，公安机关应当及时向社会保险经办机构通报个人的出生、死亡，以及户口登记、迁移、注销等情况。

四、社会保险基金及其管理运营与监督

（一）社会保险基金

社会保险基金包括基本养老保险基金、基本医疗保险基金、工伤保险基金、失业保险基金和生育保险基金。

目前，基本养老保险基金逐步实行全国统筹，其他社会保险基金逐步实行省级统筹，具体时间、步骤由国务院规定。县级以上人民政府在社会保险基金出现支付不足时，给予补贴。

（二）社会保险基金的管理运营

社会保险基金管理是为实现社会保障的基本目标和制度的稳定运行，对社会保险基金筹集、支付、投资运营和监督等进行全面规划和系统管理的总称。社会保险基金的运营是指将暂时闲置的部分社会保险基金直接或间接投入经济活动或金融活动并取得收益，使基金的实际价值量增加的过程。为了加强社会保险基金管理，《社会保险法》作出了以下规定。

1. 规范了社会保险基金的管理原则

社会保险基金管理，应当遵守以下原则。

1）除基本医疗保险基金与生育保险基金合并建账及核算外，其他各项社会保险基金按照社会保险险种分别建账，分账核算。社会保险基金执行国家统一的会计制度。

2）社会保险基金通过预算实现收支平衡。社会保险基金按照统筹层次设立预算。除基本医疗保险基金与生育保险基金预算合并编制外，其他社会保险基金预算按照社会保险项目分别编制。社会保险基金预算、决算草案的编制审核和批准，依照法律和国务院规定执行。

3）社会保险基金专款专用，任何组织和个人不得侵占或者挪用。社会保险基金不得违规投资运营，不得用于平衡其他政府预算，不得用于兴建、改建办公场所和支付人员经费、运行费用、管理费用，或者违反法律、行政法规规定挪作其他用途。

4）社会保险基金在保证安全的前提下，按照国务院规定投资运营实现保值增值，从而为社会保险基金投资运营奠定了法律基础。目前，我国社会保险基金的闲置部分按国家规定在基金运作方面只有两种方式：一是购买国债；二是存入国有商业银行。这种规定主要是为了保证基金的安全。

2. 明确了提高社会保险基金统筹层次的方向

基本养老保险基金逐步实行全国统筹，其他社会保险基金逐步实行省级统筹。考虑到社会保险基金的统筹层次取决于多方面的因素，《社会保险法》授权国务院规定提高统筹层次的具体时间和步骤。

（三）社会保险基金的监督

社会保险基金监督是指负有监督职责的组织，对社会保障经办、管理、服务、运营等机构，征收、支付、管理、运营社会保险基金的安全性、合规性、效益性、流动性，以及内部控制体系、机制建设等实时监控、审核、分析和评价的活动。

加强社会保险基金监督，维护社会保险基金安全，是各方面的共识。《社会保险法》从人大监督、行政监督、社会监督三个方面建立了比较完善的社会保险监督体系。

1. 人大监督

各级人民代表大会常务委员会听取和审议本级人民政府对社会保险基金的收支、管理、投资运营及监督检查情况的专项工作报告，组织对《社会保险法》实施情况的执法检查等，依法行使监督职权。

2. 行政监督

国家对社会保险基金实行严格监管并明确了各级人民政府及其社会保险行政部门、财政部门、审计机关在社会保险监督方面的职责。

3. 社会监督

县级以上人民政府采取措施，鼓励和支持社会各方面参与社会保险基金的监督。

五、违反社会保险的法律责任

《社会保险法》强化了违反本法行为所应承担的法律责任，主要表现为以下几点。

（一）用人单位违反《社会保险法》的法律责任

用人单位不办理社会保险登记且在社会保险行政部门责令改正期限内不改正的，对用人单位处应缴社会保险费数额一倍以上三倍以下的罚款，对其直接负责的主管人员和其他直接责任人员处五百元以上三千元以下的罚款；用人单位未按时足额缴纳社会保险费的，由社会保险费征收机构责令限期缴纳或者补足，并自欠缴之日起，按日加收万分之五的滞纳金；逾期仍不缴纳的，由有关行政部门处欠缴数额一倍以上三倍以下的罚款。

（二）骗取社会保险基金支出或者骗取社会保险待遇的法律责任

有关单位及其工作人员或者个人以欺诈、伪造证明材料或者其他手段骗取社会保险基金支出或者骗取社会保险待遇的，应当退回骗取的金额，并处骗取金额二倍以上五倍以下的罚款。社会保险经办机构及医疗机构、药品经营单位等社会保险服务机构，以欺诈、伪造证明材料或者其他手段骗取社会保险基金支出的，由社会保险行政部门责令退回骗取的社会保险金，处骗取金额二倍以上五倍以下的罚款；属于社会保险服务机构的，解除服务协议；直接负责的主管人员和其他直接责任人员有执业资格的，依法吊销其执业资格。

（三）违反社会保险基金管理的法律责任

隐匿、转移、侵占、挪用社会保险基金或者违规投资运营的，由社会保险行政部门、财政部门、审计机关责令追回；有违法所得的，没收其违法所得；对直接负责的主管人员和其他直接责任人员依法给予处分。

（四）有关行政部门和单位及其工作人员违反《社会保险法》的法律责任

社会保险经办机构及其工作人员有下列行为之一的，由社会保险行政部门责令改正；给社会保险基金、用人单位或者个人造成损失的，依法承担赔偿责任；对直接负责的主管人员和其他直接责任人员依法给予处分：①未履行社会保险法定职责的；②未将社会保险基金存入财政专户的；③克扣或者拒不按时支付社会保险待遇的；④丢失或者篡改缴费记录、享受社会保险待遇记录等社会保险数据、个人权益记录的；⑤有违反社会保险法律、法规的其他行为的。

社会保险费征收机构擅自更改社会保险费缴费基数、费率，导致少收或者多收社会保险费的，由有关行政部门责令其追缴应当缴纳的社会保险费或者退还不应当缴纳的社会保险费；对直接负责的主管人员和其他直接责任人员依法给予处分。

有关行政部门、社会保险经办机构、社会保险费征收机构及其工作人员泄露用人单位和个人信息的，对直接负责的主管人员和其他直接责任人员依法给予处分；给用人单位或者个人造成损失的，应当承担赔偿责任。国家工作人员在社会保险管理、监督工作中滥用职权，玩忽职守，徇私舞弊的，依法给予处分。违反《社会保险法》规定构成犯罪的，依法追究其刑事责任。

 本章创新创业部分的内容，可通过扫描下方二维码进行相关练习。

　　法律思考　　　　　　实训项目　　　　　　案例分析　　　　　　相关法规

第六编
诉讼法律制度

第十四章　仲裁与民事诉讼法律制度

第一节　仲裁法律制度

一、仲裁的概念与基本原则

（一）仲裁的概念

仲裁，也称公断，是指仲裁机构根据纠纷当事人之间自愿达成的协议，以第三者的身份对所发生的纠纷进行审理，并作出对争议各方均有约束力的裁决的解决纠纷的活动。

（二）仲裁的基本原则

仲裁原则是指在仲裁过程中，仲裁机构和当事人应当遵循的活动准则。根据《仲裁法》的规定，仲裁应遵循下列基本原则。

1. 自愿仲裁原则

当事人采用仲裁方式解决纠纷，应当双方自愿，达成仲裁协议。没有仲裁协议，一方申请仲裁的，仲裁委员会不予受理。纠纷发生后，当事人是否将其纠纷提交仲裁、提交哪个仲裁机构、仲裁庭如何组成、仲裁规则，以及仲裁所适用的法律、是否达成和解或调解协议等，都由当事人自愿协商选择确定。这样有利于稳定当事人双方现存的法律关系，一旦发生纠纷可迅速解决。

2. 仲裁独立原则

仲裁的独立原则指的是从仲裁机构的设置到仲裁纠纷的整个过程，都具有依法的独立性。《仲裁法》确立仲裁独立原则是我国仲裁制度发展完善的一个里程碑。仲裁机构是一个民间机构，仲裁委员会独立于行政机关，与行政机关没有隶属关系，其仲裁活动依法独立进行，不受行政机关、社会团体和个人的干涉。仲裁委员会之间也没有隶属关系。这是实现独立仲裁的组织保证。

3. 以事实为依据，以法律为准绳，公平合理地解决纠纷的原则

此项原则是公正处理民事经济纠纷的根本保障，是解决当事人之间的纠纷所应当依据的基本准则。仲裁机构应以客观事实为依据，以民事实体法和程序法作为作出仲裁裁决的标准。为了准确地认定事实，仲裁庭必须充分听取双方当事人的陈述、证人证言和鉴定人的鉴定意见，防止偏听偏信和主观臆断。仲裁庭认为，有必要收集的证据，可以自行收集。在适用法律时，法律有明文规定的，按照法律的规定执行；无明文规定的，按照法律的基

本精神和公平合理原则处理；不偏袒任何一方，也不对任何一方施加压力。

4. 一裁终局原则

仲裁实行一裁终局的制度，即仲裁庭的裁决为终局裁决。裁决作出后，当事人就同一纠纷再申请仲裁或者向人民法院起诉的，仲裁委员会或者人民法院不予受理。

二、仲裁法及其适用范围

仲裁法是指调整在仲裁过程中发生的各种关系的法律规范的总称。我国为适应经济的快速发展并于世界通行经济制度接轨，于 1994 年 8 月 31 日，第八届全国人民代表大会常务委员会第九次会议通过了《仲裁法》，该法共八章八十条，自 1995 年 9 月 1 日起施行。根据 2009 年 8 月 27 日第十一届全国人民代表大会常务委员会第十次会议《关于修改部分法律的决定》第一次修正，根据 2017 年 9 月 1 日第十二届全国人民代表大会常务委员会第二十九次会议《关于修改〈中华人民共和国法官法〉等八部法律的决定》第二次修正。《仲裁法》的颁布与施行，对于公正、迅速地解决经济纠纷，保护当事人的合法权益，节约纠纷解决成本，保障经济健康发展具有重要意义。

《仲裁法》明确规定了仲裁的适用范围：平等主体的公民、法人和其他组织之间发生的合同纠纷和其他财产纠纷，可以仲裁。下列纠纷不能仲裁：①婚姻、收养、监护、扶养、继承纠纷；②依法应当由行政机关处理的行政争议。

三、仲裁机构

仲裁机构包括仲裁委员会和仲裁协会。

（一）仲裁委员会

根据《仲裁法》，仲裁机构是组织进行仲裁工作，解决经济纠纷的事业单位法人。仲裁委员会可以在直辖市和省、自治区人民政府所在地的市设立，也可以根据需要在其他设区的市设立，不按行政区划层层设立。仲裁委员会由可以设立仲裁委员会的市的人民政府组织有关部门和商会统一组建，并应当经省、自治区、直辖市的司法行政部门登记。

仲裁委员会应当具备下列条件：①有自己的名称、住所和章程；②有必要的财产；③有该委员会的组成人员；④有聘任的仲裁员。仲裁委员会由主任一人、副主任二至四人和委员七至十一人组成。仲裁委员会的主任、副主任和委员由法律、经济贸易专家和有实际工作经验的人员担任。仲裁委员会的组成人员中，法律、经济贸易专家不得少于总人数的三分之二。

仲裁委员会应当从公道正派的人员中聘任仲裁员。仲裁员应当符合下列条件之一：①从事仲裁工作八年的；②从事律师工作满八年的；③曾任审判员满八年的；④从事法律研究、教学工作并具有高级职称的；⑤具有法律知识、从事经济贸易等专业工作并具有高级职称或者具有同等专业水平的。仲裁委员会按照不同专业设仲裁员名册。

仲裁委员会独立于行政机关，与行政机关没有隶属关系。仲裁委员会之间也没有隶属关系。仲裁委员会应当由当事人协议选定。仲裁不实行级别管辖和地域管辖。

（二）仲裁协会

中国仲裁协会是社会团体法人。中国仲裁协会实行会员制，各仲裁委员会是中国仲裁协会的法定会员。中国仲裁协会的章程由全国会员大会制定。中国仲裁协会是仲裁委员会的自律性组织，根据章程对仲裁委员会及其组成人员、仲裁员的违纪行为进行监督。中国仲裁协会依照《仲裁法》《民事诉讼法》的有关规定制定仲裁规则。

四、仲裁协议

（一）仲裁协议的概念

仲裁协议是指双方当事人愿意将他们之间可能发生或已经发生的争议提交仲裁机构进行仲裁的协议。当事人通过仲裁协议的形式授予了仲裁机构进行仲裁的权力。仲裁协议是双方授予仲裁机构仲裁权的合意。《仲裁法》规定，当事人采用仲裁方式解决纠纷，应当双方自愿，达成仲裁协议。没有仲裁协议，一方申请仲裁的，仲裁委员会不予受理。当事人达成仲裁协议，一方向人民法院起诉的，人民法院不予受理，但仲裁协议无效的除外。

（二）仲裁协议的形式和内容

1. 仲裁协议的形式

仲裁协议包括合同中订立的仲裁条款和以其他书面方式在纠纷发生前或纠纷发生后达成的请求仲裁的协议。在仲裁实践中，采用书面形式是对仲裁协议的基本要求。

2. 仲裁协议的内容

根据《仲裁法》的规定，仲裁协议必须具备三个方面的内容才是合法有效的：①请求仲裁的意思表示，即当事人双方同意将争议提交仲裁解决的共同愿望。②仲裁事项，即当事人双方提交仲裁的争议范围。③选定的仲裁委员会，即明确约定仲裁事项由哪一个仲裁委员会进行仲裁。仲裁协议对仲裁事项或者仲裁委员会没有约定或者约定不明确的，当事人可以补充协议；达不成补充协议的，仲裁协议无效。

（三）仲裁协议的效力和无效情形

1. 仲裁协议的效力

仲裁协议独立存在，合同的变更、解除、终止或者无效，不影响仲裁协议的效力。当事人对仲裁协议的效力有异议的，应当在仲裁庭首次开庭前请求仲裁委员会作出决定或者请求人民法院作出裁定。一方请求仲裁委员会作出决定，另一方请求人民法院作出裁定的，由人民法院裁定。当事人达成仲裁协议，一方向人民法院起诉未声明有仲裁协议，人民法院受理后，另一方在首次开庭前提交仲裁协议的，人民法院应当驳回起诉，但仲裁协议无效的除外；另一方在首次开庭前未对人民法院受理该案提出异议的，视为放弃仲裁协议，人民法院应当继续审理。

2. 仲裁协议的无效情形

有下列情形之一的，仲裁协议无效：①约定的仲裁事项超过法律规定的仲裁范围的；②无民事行为能力人或限制民事行为能力人订立的仲裁协议；③一方采取胁迫手段，迫使对方订立仲裁协议的。此外，仲裁协议对仲裁事项或仲裁委员会没有约定或约定不明确的，当事人可以补充协议，达不成补充协议的，仲裁协议无效。

五、仲裁程序

（一）仲裁的申请和受理

仲裁的申请，是指合同纠纷或财产权益纠纷的一方当事人根据仲裁协议，将所发生的争议依法请求仲裁机构进行仲裁的意思表示。仲裁受理是指接受仲裁申请的仲裁机构对当事人的申请进行审查，对符合法定条件和要求的申请同意立案，进行仲裁的行为。当事人向仲裁机构提出仲裁申请后，并不意味着仲裁程序的开始，只有当事人的仲裁申请经过仲裁机构审查，并由仲裁机构作出立案受理的决定后，仲裁程序才能开始。因此，当事人申请仲裁的行为与仲裁机构立案受理的行为相结合才能引起仲裁程序的发生。在这一过程中，当事人提出仲裁申请的行为是仲裁受理的前提。

1. 仲裁当事人提出申请

仲裁当事人是指根据仲裁协议，以自己的名义提起或参加仲裁，并接受仲裁裁决约束的自然人、法人或其他组织。

当事人申请仲裁应当符合下列条件：①有仲裁协议；②有具体的仲裁请求和事实、理由；③属于仲裁委员会的受理范围。当事人申请仲裁，应当向仲裁委员会递交仲裁协议、仲裁申请书及副本。

仲裁申请书应当载明下列事项：①当事人的姓名、性别、年龄、职业、工作单位和住所，法人或者其他组织的名称、住所和法定代表人或者主要负责人的姓名、职务；②仲裁请求和所根据的事实、理由；③证据和证据来源、证人的姓名和住所。

2. 仲裁委员会的审查与受理

仲裁委员会收到仲裁申请书之日起五日内，认为符合受理条件的，应当受理，并通知当事人；认为不符合受理条件的，应当书面通知当事人不予受理，并说明理由。

仲裁委员会受理仲裁申请后，应当在仲裁规则规定的期限内将仲裁规则和仲裁员名册送达申请人，并将仲裁申请书副本和仲裁规则、仲裁员名册送达被申请人。被申请人收到仲裁申请书副本后，应当在仲裁规则规定的期限内向仲裁委员会提交答辩书。仲裁委员会收到答辩书后，应当在仲裁规则规定的期限内将答辩书副本送达申请人。被申请人未提交答辩书的，不影响仲裁程序的进行。申请人可以放弃或者变更仲裁请求。被申请人可以承认或者反驳仲裁请求，有权提出反请求。

（二）仲裁庭

仲裁庭是指由当事人选定或者仲裁委员会主任制定的仲裁员组成的，对当事人申请仲裁的案件依仲裁程序进行审理并作出裁决的组织形式。

1. 仲裁庭的组成

仲裁庭可以由三名仲裁员或者一名仲裁员组成。由三名仲裁员组成的，设首席仲裁员。当事人约定由三名仲裁员组成仲裁庭的，应当各自选定或者各自委托仲裁委员会主任指定一名仲裁员，第三名仲裁员由当事人共同选定或者共同委托仲裁委员会主任指定。第三名仲裁员是首席仲裁员。当事人约定由一名仲裁员成立仲裁庭的，应当由当事人共同选定或者共同委托仲裁委员会主任指定仲裁员。当事人没有在仲裁规则规定的限期内约定仲裁庭的组成的方式或者选定仲裁员的，由仲裁委员会主任指定。仲裁庭组成后，仲裁委员会应当将仲裁庭的组成情况书面通知当事人。

2. 仲裁员的回避

仲裁员的回避是指符合法定回避情形的仲裁员退出仲裁案件审理的一项制度。

（1）仲裁员回避的法定情形

仲裁员有下列情形之一的，必须回避，当事人也有权提出回避申请：①是本案当事人或者当事人、代理人的近亲属；②与本案有利害关系；③与本案当事人、代理人有其他关系，可能影响公正仲裁的；④私自会见当事人、代理人，或者接受当事人、代理人的请客送礼的。

（2）仲裁员回避的形式

根据法律的规定，仲裁员回避的形式包括自行回避和申请回避。

1）自行回避即仲裁员认为自己具有法定的回避事由，从而主动提出回避的请求。仲裁员的自行回避应当向仲裁委员会提出。该仲裁员是否回避由仲裁委员会主任决定；仲裁委员会主任担任仲裁员时的自行回避由仲裁委员会集体决定。

2）申请回避即当事人认为仲裁员具有应当回避的事由，有权提出要求该仲裁员回避的申请。当事人提出回避申请，应当说明理由，并在首次开庭前提出。回避事由在首次开庭后知道的，可以在最后一次开庭终结前提出。当事人的回避申请既可以用书面形式提出，也可以用口头形式提出。当事人申请仲裁员回避的，应当向仲裁委员会提出，由仲裁委员会主任决定该仲裁员是否回避。仲裁委员会主任担任仲裁员时，其是否回避，由仲裁委员会集体决定。

（3）仲裁员回避的法律后果

仲裁员因回避不能履行职责的，应当依照仲裁法的规定重新选定或者指定仲裁员。重新选定或者指定仲裁员后，当事人可以请求已进行的仲裁程序重新进行，但是否准许，由仲裁庭决定。仲裁庭也可以自行决定已进行的仲裁程序是否重新进行。

（三）仲裁审理和裁决

仲裁审理是指仲裁庭依法组成后，按照仲裁法及仲裁规则规定的程序和方式，对当事人之间发生争议并交付仲裁的争议案件进行审理并作出仲裁裁决的活动。

1. 仲裁审理的方式

仲裁审理的方式可以分为开庭审理和书面审理两种。

（1）开庭审理

仲裁应当开庭进行。开庭审理是仲裁审理的主要方式。开庭审理是指在仲裁庭的主持下，在双方当事人和其他仲裁参与人的参加下，按照法定程序，对案件进行审理并作出裁决的方式。《仲裁法》在规定仲裁的开庭审理原则的同时，又规定仲裁不公开进行。当事人协议公开的，可以公开进行，但涉及国家秘密的除外。这一规定进一步肯定了开庭审理的仲裁方式以不公开审理为原则，以公开审理为例外。不公开审理是指仲裁庭在审理案件时不对社会公开，不允许群众旁听，也不允许新闻记者采访和报道。不公开审理的目的在于保守当事人的商业秘密，维护当事人的商业信誉。因为仲裁最大的特点在于尊重当事人的意愿，所以仲裁法规定当事人协议公开审理的，除非涉及国家秘密，可以公开审理，即当事人协议公开审理时将允许仲裁审理对社会公开，允许群众旁听，允许新闻记者采访和报道。

（2）书面审理

《仲裁法》在规定仲裁应当开庭进行的同时，也规定如果当事人协议不开庭的，仲裁庭可以根据仲裁申请书、答辩书及其他材料作出裁决，即进行书面审理。书面审理是指在双方当事人及其他仲裁参与人不到庭参加审理的情况下，仲裁庭根据当事人提供的仲裁申请书、答辩书及其他书面材料作出裁决的过程，它是开庭审理的必要补充。

2. 仲裁审理的程序

（1）开庭通知

仲裁委员会应当在仲裁规则规定的期限内将开庭日期通知双方当事人。当事人有正当理由的，可以在仲裁规则规定的期限内请求延期开庭。是否延期，由仲裁庭决定。申请人经书面通知，无正当理由不到庭或者未经仲裁庭许可中途退庭的，可以视为撤回仲裁申请。被申请人经书面通知，无正当理由不到庭或者未经仲裁庭许可中途退庭的，可以缺席裁决。

（2）开庭审理

当事人应当对自己的主张提供证据，并有权申请证据保全。仲裁庭认为有必要收集的证据，可以自行收集。证据应当在开庭时出示，当事人可以质证。当事人在仲裁过程中有权进行辩论。辩论终结时，首席仲裁员或者独任仲裁员应当征询当事人的最后意见。

（3）调解

仲裁庭在作出裁决前，可以先行调解。当事人自愿调解的，仲裁庭应当调解。调解不成的，应当及时作出裁决。调解达成协议的，仲裁庭应当制作调解书或者根据协议的结果制作裁决书。调解书与裁决书具有同等法律效力。调解书应当写明仲裁请求和当事人协议的结果。调解书由仲裁员签名，加盖仲裁委员会印章，送达双方当事人。调解书经双方当事人签收后，即发生法律效力。在调解书签收前当事人反悔的，仲裁庭应当及时作出裁决。

3. 仲裁裁决

裁决应当按照多数仲裁员的意见作出，少数仲裁员的不同意见可以记入笔录。仲裁庭不能形成多数意见时，裁决应当按照首席仲裁员的意见作出。

裁决书应当写明仲裁请求、争议事实、裁决理由、裁决结果、仲裁费用的负担和裁决日期。当事人协议不愿写明争议事实和裁决理由的，可以不写。裁决书由仲裁员签名，加盖仲裁委员会印章。对裁决持不同意见的仲裁员，可以签名，也可以不签名。仲裁庭仲裁纠纷时，其中一部分事实已经清楚，可以就该部分先行裁决。对裁决书中的文字、计算错误或者仲裁庭已经裁决但在裁决书中遗漏的事项，仲裁庭应当补正；当事人自收到裁决书之日起三十日内，可以请求仲裁补正。裁决书自作出之日起发生法律效力。

（四）申请撤销仲裁裁决

1. 申请撤销仲裁裁决的概念和意义

仲裁庭作出仲裁裁决后，任何一方当事人均可以依据特定的事由，向法院提出仲裁裁决撤销的申请。申请撤销仲裁裁决是指对符合法定应予撤销情形的仲裁裁决，经由当事人提出申请，人民法院组成合议庭审查核实，裁定撤销仲裁裁决的行为。由于仲裁采取的是一裁终局制，裁决书自作出之日起即发生法律效力。但仲裁也难免会有不公正、不合法的裁决，这个时候能采取的救济方式就是申请撤销仲裁裁决。

2. 申请撤销仲裁裁决的理由

当事人提出证据证明裁决有下列情形之一的，可以向仲裁委员会所在地的中级人民法院申请撤销仲裁裁决：①没有仲裁协议的；②裁决的事项不属于仲裁协议的范围或者仲裁委员会无权仲裁的；③仲裁庭的组成或者仲裁的程序违反法定程序的；④裁决所根据的证据是伪造的；⑤对方当事人隐瞒了足以影响公正裁决的证据的；⑥仲裁员在仲裁该案时有索贿受贿，徇私舞弊，枉法裁决行为的。

人民法院经组成合议庭审查核实裁决有上述规定情形之一的，应当裁定撤销。人民法院认定该裁决违背社会公共利益的，应当裁定撤销。

当事人申请撤销仲裁裁决的，应当自收到裁决书之日起六个月内提出。人民法院应当在受理撤销仲裁裁决申请之日起两个月内作出撤销仲裁裁决或者驳回申请的裁定。人民法院受理撤销仲裁裁决的申请后，认为可以由仲裁庭重新仲裁的，通知仲裁庭在一定期限内重新仲裁，并裁定中止撤销程序。仲裁庭拒绝重新仲裁的，人民法院应当裁定恢复撤销程序。

（五）仲裁裁决的执行

1. 仲裁裁决的效力

裁决书一经作出，当事人应当履行裁决。一方当事人不履行的，另一方当事人可以依照《民事诉讼法》的有关规定向人民法院申请执行。接受申请的人民法院应当执行。一方当事人申请执行裁决，另一方当事人申请撤销仲裁裁决的，人民法院应当裁定中止执行。人民法院裁定撤销仲裁裁决的，应当裁定终结执行。撤销仲裁裁决的申请被裁定驳回的，人民法院应当裁定恢复执行。

2. 仲裁裁决的不予执行

被申请人提出证据证明裁决有依法应撤销情形之一的，经人民法院组成合议庭审查核实，裁定不予执行。具体包括：①当事人在合同中没有订立仲裁条款或者事后没有达成书面仲裁协议的；②裁决的事项不属于仲裁协议的范围或者仲裁机构无权仲裁的；③仲裁庭的组成或者仲裁的程序违反法定程序的；④裁决所根据的证据是伪造的；⑤对方当事人向仲裁机构隐瞒了足以影响公正裁决的证据的；⑥仲裁员在仲裁该案时有贪污受贿、徇私舞弊、枉法裁决行为的。

（六）涉外仲裁的特别规定

涉外经济贸易、运输和海事中发生的纠纷的仲裁，适用《仲裁法》。

1. 涉外仲裁机构

我国现有两个专门处理涉外及商事纠纷的仲裁机构：中国国际经济贸易仲裁委员会和中国海事仲裁委员会。涉外仲裁委员会可以由中国国际商会组织设立。涉外仲裁委员会由主任一人、副主任若干人和委员会若干人组成。涉外仲裁委员会的主任、副主任和委员可以由中国国际商会聘任。涉外仲裁委员会可以从具有法律、经济贸易、科学技术等专门知识的外籍人士中聘任仲裁员。

2. 涉外仲裁机构裁决的撤销和执行

当事人提出证据证明涉外仲裁裁决有《民事诉讼法》第二百七十四条第一款规定的情形之一的，经人民法院组成合议庭审查核实，裁定撤销。被申请人提出证据证明涉外仲裁裁决有《民事诉讼法》第二百七十四条第一款规定的情形之一的，经人民法院组成合议庭审查核实，裁定不予执行。具体包括：①当事人在合同中没有订有仲裁条款或者事后没有达成书面仲裁协议的；②被申请人没有得到指定仲裁员或者进行仲裁程序的通知，或者由于其他不属于被申请人负责的原因未能陈述意见的；③仲裁庭的组成或者仲裁的程序与仲裁规则不符的；④裁决的事项不属于仲裁协议的范围或者仲裁机构无权仲裁的。

人民法院认定执行该裁决违背社会公共利益的，裁定不予执行。

涉外仲裁委员会作出的发生法律效力的仲裁裁决，当事人请求执行的，如果被执行人或者其财产不在中华人民共和国领域内，应当由当事人直接向有管辖权的外国法院申请承认和执行。

涉外仲裁规则可以由中国国际商会依照《仲裁法》《民事诉讼法》的有关规定制定。

第二节　民事诉讼法律制度

一、民事诉讼与民事诉讼法

（一）民事诉讼

民事诉讼是指人民法院在双方当事人和其他诉讼参与人参加下，审理和解决民事案件的活动。根据《民事诉讼法》的规定，当事人提起诉讼必须符合下列条件：①原告是与本案有直接利害关系的公民、法人和其他组织；②有明确的被告；③有具体的诉讼请求和事实、理由；④属于人民法院受理民事诉讼的范围和受诉人民法院管辖。

当事人起诉除了须具备《民事诉讼法》规定的有关条件外，还须具备以下条件：①当事人没有事先或事后约定由仲裁机构裁决的协议；②当事人没有就同一事实、同一诉讼标的再行向人民法院提起诉讼。

（二）民事诉讼法

民事诉讼法是指规定人民法院和诉讼参加人在审理民事案件过程中进行各种诉讼活动所应遵循的程序制度的法律规范的总称。我国于 1991 年 4 月 9 日第七届全国人民代表大会第四次会议通过《民事诉讼法》。根据 2007 年 10 月 28 日第十届全国人民代表大会常务委员会第三十次会议《关于修改〈中华人民共和国民事诉讼法〉的决定》第一次修正。根据 2012 年 8 月 31 日第十一届全国人民代表大会常务委员会第二十八次会议《关于修改〈中华人民共和国民事诉讼法〉的决定》第二次修正。根据 2017 年 6 月 27 日第十二届全国人民代表大会常务委员会第二十八次会议《关于修改〈中华人民共和国民事诉讼法〉和〈中华人民共和国行政诉讼法〉的决定》第三次修正。

二、民事诉讼管辖

民事诉讼管辖是指在人民法院系统中，各级人民法院之间及同级人民法院之间受理第一审案件的分工和权限。民事诉讼管辖按照不同标准可以分为级别管辖、地域管辖、裁定管辖。

（一）级别管辖

级别管辖是根据案件的性质、影响范围来划分上下级人民法院受理第一审经济案件的分工和权限。级别管辖是人民法院组织系统内部从纵向划分各级人民法院的管辖权限，它是划分人民法院管辖范围的基础。根据《中华人民共和国法院组织法》（以下简称《人民法院组织法》）的规定，我国人民法院设四级，即基层人民法院、中级人民法院、高级人民法院、最高人民法院。另外，还有专门法院，如军事法院、海事法院、铁路运输法院。

1）基层人民法院管辖除民事诉讼法规定以外的第一审民事案件。

2）中级人民法院管辖下列第一审民事案件：①重大涉外案件；②在本辖区有重大影响的案件；③最高人民法院确定由中级人民法院管辖的案件。

3）高级人民法院管辖在本辖区有重大影响的第一审民事案件。

4）最高人民法院管辖下列第一审民事案件：①在全国有重大影响的案件；②认为应当由本院审理的案件。

（二）地域管辖

地域管辖是指确定同级人民法院在各自的辖区内管辖第一审民事案件的分工和权限。它是在人民法院组织系统内部，从横向确认人民法院管辖范围的，是在级别管辖的基础上确认的。地域管辖分为一般地域管辖、特殊地域管辖、专属管辖、协议管辖、共同管辖。

特殊地域管辖是相对于一般地域管辖而言，针对案件的特殊情况，由法律所确定的有两个以上的法院对特殊案件有管辖权的特殊地域管辖方式。专属管辖、协议管辖、共同管辖属于特殊情况下的管辖方式，与一般地域管辖和特殊地域管辖相排斥。

1. 一般地域管辖

一般地域管辖以当事人住所地与法院辖区的关系来确定管辖法院。通常实行"原告就被告"的原则，即民事诉讼由被告住所地人民法院管辖；被告住所地与经常居住地不一致的，由经常居住地人民法院管辖。对法人或者其他组织提起的民事诉讼，由被告住所地人民法院管辖；同一诉讼的几个被告住所地、经常居住地在两个以上人民法院辖区的，各该人民法院都有管辖权。

下列民事诉讼，由原告住所地人民法院管辖，原告住所地与经常居住地不一致的，由原告经常居住地人民法院管辖：①对不在中华人民共和国领域内居住的人提起的有关身份关系的诉讼；②对下落不明或者宣告失踪的人提起的有关身份关系的诉讼；③对被采取强制性教育措施的人提起的诉讼；④对被监禁的人提起的诉讼。

2. 特殊地域管辖

特殊地域管辖是指以诉讼标的所在地或者引起民事法律关系发生、变更、消灭的法律事实所在地为标准确定的管辖。《民事诉讼法》规定了特殊地域管辖的十种情形：①因合同纠纷提起的诉讼，由被告住所地或者合同履行地人民法院管辖。②因保险合同纠纷提起的诉讼，由被告住所地或者保险标的物所在地人民法院管辖。③因票据纠纷提起的诉讼，由票据支付地或者被告住所地人民法院管辖。④因公司设立、确认股东资格、分配利润、解散等纠纷提起的诉讼，由公司住所地人民法院管辖。⑤因铁路、公路、水上、航空运输和联合运输合同纠纷提起的诉讼，由运输始发地、目的地或者被告住所地人民法院管辖。⑥因侵权行为提起的诉讼，由侵权行为地或者被告住所地人民法院管辖。⑦因铁路、公路、水上和航空事故请求损害赔偿提起的诉讼，由事故发生地或者车辆、船舶最先到达地、航空器最先降落地或者被告住所地人民法院管辖。⑧因船舶碰撞或者其他海事损害事故请求损害赔偿提起的诉讼，由碰撞发生地、碰撞船舶最先到达地、加害船舶被扣留地或者被告住所地人民法院管辖。⑨因海难救助费用提起的诉讼，由救助地或者被救助船舶最先到达地人民法院管辖。⑩因共同海损提起的诉讼，由船舶最先到达地、共同海损理算地或者航程终止地的人民法院管辖。

3. 专属管辖

专属管辖是指某一类案件根据法律规定必须由一定的法院管辖。下列案件由人民法院专属管辖：①因不动产纠纷提起的诉讼，由不动产所在地人民法院管辖；②因港口作业中发生纠纷提起的诉讼，由港口所在地人民法院管辖；③因继承遗产纠纷提起的诉讼，由被继承人死亡时住所地或者主要遗产所在地人民法院管辖。

4. 协议管辖

协议管辖是指当事人在纠纷发生前或后，以协议方式确定第一审民事案件的管辖法院。

《民事诉讼法》规定，合同或者其他财产权益纠纷的当事人可以书面协议选择被告住所地、合同履行地、合同签订地、原告住所地、标的物所在地等与争议有实际联系的地点的人民法院管辖，但不得违反本法对级别管辖和专属管辖的规定。

5. 共同管辖

共同管辖是指法律规定两个或两个以上的人民法院对同一诉讼案件都有管辖权。两个或两个以上人民法院都有管辖权的诉讼，原告可以向其中一个人民法院起诉；原告向两个或两个以上有管辖权的人民法院起诉的，由最先立案的人民法院管辖。

（三）裁定管辖

1. 移送管辖

人民法院发现受理的案件不属于本院管辖的，应当移送有管辖权的人民法院，受移送的人民法院应当受理。受移送的人民法院认为受移送的案件依照规定不属于本院管辖的，应当报请上级人民法院指定管辖，不得再自行移送。

2. 指定管辖

有管辖权的人民法院由于特殊原因，不能行使管辖权的，由上级人民法院指定管辖。人民法院之间因管辖权发生争议，由争议双方协商解决；协商解决不了的，报请它们的共同上级人民法院指定管辖。

3. 管辖权的转移

上级人民法院有权审理下级人民法院管辖的第一审民事案件；确有必要将本院管辖的第一审民事案件交下级人民法院审理的，应当报请其上级人民法院批准。下级人民法院对它所管辖的第一审民事案件，认为需要由上级人民法院审理的，可以报请上级人民法院审理。

三、诉讼时效

（一）诉讼时效的概念及不适用情形

1. 诉讼时效的概念

诉讼时效是指民事权利受到侵害的权利人在法定的时效期间内不行使权利，当时效期间届满时，权利人将失去胜诉权利，即胜诉权利归于消灭。在法律规定的诉讼时效期间，权利人提出请求的，人民法院就强制义务人履行所承担的义务。而在法定的诉讼时效期间届满之后，权利人行使请求权的，人民法院就不再予以保护。值得注意的是，诉讼时效届满后，义务人虽可拒绝履行其义务，权利人请求权的行使仅发生障碍，权利本身及请求权并不消灭。当事人超过诉讼时效后起诉的，人民法院应当受理。受理后，如另一方当事人提出诉讼时效抗辩且查明无中止、中断、延长事由的，判决驳回其诉讼请求。如果另一方当事人未提出诉讼时效抗辩，则视为其自动放弃该权利，法院不得依照职权主动适用诉讼时效，应当受理支持其诉讼请求。

2. 诉讼时效的不适用情形

下列请求权不适用诉讼时效的规定：①请求停止侵害、排除妨碍、消除危险；②不动产物权和登记的动产物权的权利人请求返还财产；③请求支付抚养费、赡养费或者扶养费；④依法不适用诉讼时效的其他请求权。

（二）诉讼时效期间的概念和种类与起算

1. 诉讼时效期间的概念

诉讼时效期间是指权利人请求人民法院保护其民事权利的法定期间。法律另有规定的，依照其规定。诉讼时效期间自权利人知道或者应当知道权利受到损害及义务人之日起计算。

2. 诉讼时效期间的种类与起算

（1）诉讼时效期间的种类

1）一般诉讼时效期间，又称普通诉讼时效，是指在一般情况下普遍适用的时效。《民法总则》第一百八十八条规定，向人民法院请求保护民事权利的诉讼时效期间为三年。法律另有规定的，依照其规定。

2）最长诉讼时效期间。诉讼时效期间自权利人知道或者应当知道权利受到损害及义务人之日起计算。法律另有规定的，依照其规定。但是自权利受到损害之日起超过二十年的，人民法院不予保护；有特殊情况的，人民法院可以根据权利人的申请决定延长。

（2）诉讼时效期间的起算

《民法总则》规定，诉讼时效期间自权利人知道或者应当知道权利受到损害及义务人之日起计算。法律另有规定的，依照其规定。

在不同的民事法律关系中，诉讼时效的起算时间不同：当事人约定同一债务分期履行的，诉讼时效期间自最后一期履行期限届满之日起计算；无民事行为能力人或者限制民事行为能力人对其法定代理人的请求权的诉讼时效期间，自该法定代理终止之日起计算；未成年人遭受性侵害的损害赔偿请求权的诉讼时效期间，自受害人年满十八周岁之日起计算。

（三）诉讼时效的中止、中断与延长

1. 诉讼时效的中止

诉讼时效的中止是指诉讼时效进行中，因发生一定的法定事由而使权利人不能行使请求权，暂时停止计算诉讼时效期间，以前经过的诉讼时效期间仍然有效，待阻碍诉讼时效进行的事由消失后，继续计算诉讼时效期间。在诉讼时效期间的最后六个月内，因下列障碍，不能行使请求权的，诉讼时效中止：①不可抗力；②无民事行为能力人或者限制民事行为能力人没有法定代理人，或者法定代理人死亡、丧失民事行为能力、丧失代理权；③继承开始后未确定继承人或者遗产管理人；④权利人被义务人或者其他人控制；⑤其他导致权利人不能行使请求权的障碍。自中止时效的原因消除之日起满六个月，诉讼时效期间届满。

2. 诉讼时效的中断

诉讼时效的中断是指在诉讼时效进行中，因发生一定的法定事由，致使已经经过的诉讼时效期间统归无效，待诉讼时效中断的法定事由消除后，诉讼时效期间重新计算。有下列情形之一的，诉讼时效中断，从中断、有关程序终结时起，诉讼时效期间重新计算：①权利人向义务人提出履行请求；②义务人同意履行义务；③权利人提起诉讼或者申请仲裁；④与提起诉讼或者申请仲裁具有同等效力的其他情形。

3. 诉讼时效的延长

诉讼时效的延长是指人民法院对已经完成的诉讼时效，根据特殊情况而予以延长。特殊情况是指权利人由于客观的障碍在法定诉讼时效期间不能行使请求权的情形。诉讼时效延长发生在诉讼时效届满之后，而不是在诉讼时效期间。能够引起诉讼时效延长的事由，具体由人民法院判定；延长的期间，也是由人民法院认定的，这是法律赋予司法机关的一种自由裁量权。

（四）诉讼时效的其他规定

诉讼时效的期间、计算方法，以及中止、中断的事由由法律规定，当事人约定无效。当事人对诉讼时效利益的预先放弃无效。法律对仲裁时效有规定的，依照其规定；没有规定的，适用诉讼时效的规定。法律规定或者当事人约定的撤销权、解除权等权利的存续期间，除法律另有规定外，自权利人知道或者应当知道权利产生之日起计算，不适用有关诉讼时效中止、中断和延长的规定。存续期间届满，撤销权、解除权等权利消灭。

四、审判程序

审理程序是人民法院审理案件适用的程序，可以分为第一审程序、第二审程序和审判监督程序。

（一）第一审程序

第一审程序是指各级人民法院审理第一审经济案件适用的程序。它包括普通程序和简易程序。

1. 普通程序

普通程序是经济案件审判中最基本的程序，主要包括以下内容。

（1）起诉和受理

起诉是指公民、法人或者其他组织认为其民事权益受到侵害或者与他人发生民事争议时，请求人民法院通过审判方式予以司法保护的诉讼行为。

起诉应当向人民法院递交起诉状，并按照被告人数提出副本。书写起诉状确有困难的，可以口头起诉，由人民法院记入笔录，并告知对方当事人。起诉状应当记明下列事项：①原告的姓名、性别、年龄、民族、职业、工作单位、住所、联系方式，法人或者其他组织的名称、住所和法定代表人或者主要负责人的姓名、职务、联系方式；②被告的姓名、性别、工作单位、住所等信息，法人或者其他组织的名称、住所等信息；③诉讼请求和所根据的事实与理由；④证据和证据来源，证人姓名和住所。

受理是指人民法院通过对当事人的起诉进行审查，对符合法定条件的决定立案审理的行为。人民法院在接到起诉状或口头起诉后，经审查，对符合起诉条件的，必须受理。符合起诉条件的，应当在七日内立案，并通知当事人；不符合起诉条件的，应当在七日内作出裁定书，不予受理；原告对裁定不服的，可以提起上诉。

（2）开庭审理

人民法院审理民事案件，除涉及国家秘密、个人隐私或者法律另有规定的以外，应当公开进行。离婚案件，涉及商业秘密的案件，当事人申请不公开审理的，可以不公开审理。开庭审理分为以下阶段：庭审准备、法庭调查、法庭辩论和法庭判决。

1）庭审准备。庭审准备是指人民法院在正式对案件进行实体审理之前，为保证案件审理的顺利进行而进行的各项准备工作。

人民法院应当在立案之日起五日内将起诉状副本发送被告，被告应当在收到之日起十五日内提出答辩状。答辩是被告对原告提出的诉讼请求及理由进行回答、辩解和反驳，是被告的一项重要的诉讼权利。人民法院应当在收到答辩状之日起五日内将答辩状副本发送原告。被告不提出答辩状的，不影响人民法院审理。人民法院应当在开庭三日前用传票传唤当事人。对诉讼代理人、证人、鉴定人、勘验人、翻译人员应当用通知书通知其到庭。当事人或者其他诉讼参与人在外地的，应当留有必要的在途时间。

2）法庭调查。法庭调查是指审判人员在诉讼参与人的参加下，在法庭上依照法定程序调查、核实案件事实和证据的诉讼活动，是法庭审理案件的中心环节。

法庭调查按照下列顺序进行：当事人陈述；告知证人的权利义务，证人作证，宣读未到庭的证人证言；出示书证、物证、视听资料和电子数据；宣读鉴定意见；宣读勘验笔录。

3）法庭辩论。法庭辩论是当事人及其诉讼代理人在合议庭的主持下，根据法庭调查阶段查明的事实和证据，阐明自己的观点和意见，相互进行言辞辩驳的诉讼活动。

法庭辩论按照下列顺序进行：①原告及其诉讼代理人发言；②被告及其诉讼代理人答辩；③第三人及其诉讼代理人发言或者答辩；④互相辩论。法庭辩论终结，由审判长按照原告、被告、第三人的先后顺序征询各方最后意见。法庭辩论终结，应当依法作出判决。判决前能够调解的，还可以进行调解，调解不成的，应当及时判决。

4）法庭判决。法院根据判决写成文书，即判决书。判决书应当写明判决结果和作出该判决的理由。判决书内容包括：①案由、诉讼请求、争议的事实和理由；②判决认定的事实和理由、适用的法律和理由；③判决结果和诉讼费用的负担；④上诉期间和上诉的法院。

判决书由审判人员、书记员署名，加盖人民法院印章。

人民法院审理案件，其中一部分事实已经清楚，可以就该部分先行判决。裁定书应当写明裁定结果和作出该裁定的理由。裁定书由审判人员、书记员署名，加盖人民法院印章。口头裁定的，记入笔录。

2. 简易程序

简易程序是相对于普通程序而言的，是基层人民法院和它的派出法庭审理简单的民事案件所适用的一种独立的第一审诉讼程序。简易程序只适用于事实清楚、权利义务关系明确、争议不大的简单民事案件。

基层人民法院和它派出的法庭审理简单的民事案件，可以用简便方式传唤当事人和证人、送达诉讼文书、审理案件，但应当保障当事人陈述意见的权利。简单的民事案件由审判员一人独任审理。人民法院适用简易程序审理案件，应当在立案之日起三个月内审结。

（二）第二审程序

第二审程序又称上诉审程序，是指由于民事诉讼的当事人不服第一审人民法院未生效的第一审裁判而在法定期间内向上一级人民法院提起上诉而引起的诉讼程序，是第二审的人民法院审理上诉案件所适用的程序。我国实行两审终审制，当事人不服第一审人民法院判决、裁定的，有权向上一级人民法院提起上诉。

1. 上诉

当事人不服地方人民法院第一审判决的，有权在判决书送达之日起十五日内向上一级人民法院提起上诉。当事人不服地方人民法院第一审裁定的，有权在裁定书送达之日起十日内向上一级人民法院提起上诉。上诉应当递交上诉状。上诉状应当通过原审人民法院提出，并按照对方当事人或者代表人的人数提出副本。当事人直接向第二审人民法院上诉的，第二审人民法院应当在五日内将上诉状移交原审人民法院。

2. 审查

第二审人民法院应当对上诉请求的有关事实和适用法律进行审查，并组成合议庭，开庭审理。第二审人民法院对上诉案件经过审理，按照下列情形分别处理：①原判决、裁定认定事实清楚，适用法律正确的，以判决、裁定方式驳回上诉，维持原判决、裁定；②原判决、裁定认定事实错误或者适用法律错误的，以判决、裁定方式依法改判、撤销或者变更；③原判决认定基本事实不清的，裁定撤销原判决，发回原审人民法院重审，或者查清事实后改判；④原判决遗漏当事人或者违法缺席判决等严重违反法定程序的，裁定撤销原判决，发回原审人民法院重审。第二审人民法院的判决、裁定是终审的判决、裁定。

（三）审判监督程序

审判监督程序是指人民法院对已经发生法律效力的判决、裁定，依照法律规定由法定机关提起，对案件进行再审的程序。它又称为再审程序。

1. 审判监督程序的启动形式

1）各级人民法院院长对本院已经发生法律效力的判决、裁定、调解书，发现确有错误，认为需要再审的，应当提交审判委员会讨论决定。

2）最高人民法院对地方各级人民法院已经发生法律效力的判决、裁定、调解书，上级人民法院对下级人民法院已经发生法律效力的判决、裁定、调解书，发现确有错误的，有权提审或者指令下级人民法院再审。

3）当事人对已经发生法律效力的判决、裁定，认为有错误的，可以向上一级人民法院申请再审；当事人一方人数众多或者当事人双方为公民的案件，也可以向原审人民法院申请再审。当事人申请再审的，不停止判决、裁定的执行。

2. 审判监督程序的启动条件

当事人的申请符合下列情形之一的，人民法院应当再审：①有新的证据，足以推翻原判决、裁定的；②原判决、裁定认定的基本事实缺乏证据证明的；③原判决、裁定认定事实的主要证据是伪造的；④原判决、裁定认定事实的主要证据未经质证的；⑤对审理案件需要的主要证据，当事人因客观原因不能自行收集，书面申请人民法院调查收集，人民法院未调查收集的；⑥原判决、裁定适用法律确有错误的；⑦审判组织的组成不合法或者依法应当回避的审判人员没有回避的；⑧无诉讼行为能力人未经法定代理人代为诉讼或者应当参加诉讼的当事人，因不能归责于本人或者其诉讼代理人的事由，未参加诉讼的；⑨违反法律规定，剥夺当事人辩论权利的；⑩未经传票传唤，缺席判决的；⑪原判决、裁定遗漏或者超出诉讼请求的；⑫据以作出原判决、裁定的法律文书被撤销或者变更的；⑬审判人员审理该案件时有贪污受贿、徇私舞弊、枉法裁判行为的。

五、执行程序

执行程序是指人民法院依法对已经发生法律效力的判决、裁定、调解书和其他应当履行的法律文书的规定，强制义务人履行义务的程序。

对发生法律效力的判决、裁定、调解书和其他应由人民法院执行的法律文书，当事人必须履行。一方拒绝履行的，对方当事人可以向人民法院申请执行。申请执行的期限从法律文书规定履行期间的最后一日起计算，双方或者一方当事人是公民的为一年，双方是法人或者其他组织的为六个月。

执行过程中，案外人对执行标的提出书面异议的，人民法院应当自收到书面异议之日起十五日内审查，理由成立的，裁定中止对该标的的执行；理由不成立的，裁定驳回。案外人、当事人对裁定不服，认为原判决、裁定错误的，依照审判监督程序办理；与原判决、裁定无关的，可以自裁定送达之日起十五日内向人民法院提起诉讼。执行工作由执行员进行。

本章创新创业部分的内容，可通过扫描下方二维码进行相关练习。

法律思考　　　　　实训项目　　　　　案例分析　　　　　相关法规

第十五章　行政复议与行政诉讼法律制度

第一节　行政复议法律制度

一、行政复议概述

（一）行政复议的概念

行政复议是指公民、法人或者其他组织不服行政主体作出的具体行政行为，认为行政主体的具体行政行为侵犯了其合法权益，依法向法定的行政复议机关提出复议申请，行政复议机关依法对该具体行政行为进行合法性、适当性审查，并作出行政复议决定的行政行为。行政复议是公民、法人或其他组织通过行政救济途径解决行政争议的一种方法。

（二）行政复议的特征

我国的行政复议有以下特征：①提出行政复议的人，必须是认为行政机关行使职权的行为侵犯其合法权益的公民、法人和其他组织。②当事人提出行政复议，必须是在行政机关已经作出行政决定之后，如果行政机关尚没作出决定，则不存在复议问题。复议的任务是解决行政争议，而不是解决民事或其他争议。③当事人对行政机关的行政决定不服，只能按法律规定，向有行政复议权的行政机关申请复议。④行政复议，主要是书面审查，行政复议决定书一经送达，即具有法律效力。只要法律未规定复议决定为终局裁决，当事人对复议决定不服的，就可以按行政诉讼法的规定，向人民法院提请诉讼。

（三）行政复议的基本原则

行政复议的基本原则是指通过行政复议法所确立和反映的，贯穿于行政复议全过程，具体规范和指导行政复议的法律原则。《中华人民共和国行政复议法》（以下简称《行政复议法》）规定，行政复议遵守如下原则。

（1）独立复议原则

独立复议原则是通过《行政复议法》所确立的原则，是指复议机关依法行使职权，不受其他机关、社会团体和个人的非法干涉。

（2）合法、公正、公开、及时、便民的原则

合法原则是指要求复议机关必须严格按照《宪法》和法律规定的职责权限，以事实为依据，以法律为准绳，对申请复议的具体行政行为，按法定程序进行审查，并根据审查的不同情况，依法作出不同的复议决定。坚持有错必纠，保障法律、法规的正确实施。公正原则是指行政复议要符合公平、正义的要求。公开原则是要求行政复议的依据、程序及其结果都要公开，复议参加人有获得相关情报资料的权利。及时原则是要求行政复议机关对复议申请的受理、复议的审查、复议决定的作出都应在法律、法规规定的时限内及时作出，

不得拖延。便民原则是要求行政复议机关在具体的复议工作中，要尽可能为复议申请人提供便利条件，让复议申请人少耗费时间、财力和精力来解决问题。

（3）一级复议原则

一级复议原则是指除法律、法规另有规定的以外，行政复议实行一级终结复议制。

（4）复议不停止执行原则

复议不停止执行原则是指除出现以下情形之外，行政复议中，当事人争议的具体行政行为不因复议而停止执行。

（5）书面审理为主原则

行政复议原则上采取书面审查的办法，但是申请人提出要求或者行政复议机关负责法制工作的机构认为有必要时，可以向有关组织和人员调查情况，听取申请人、被申请人和第三人的意见。

（6）合法与适当双重审查原则

合法与适当双重审查原则要求行政机关在行政复议过程中，不仅要审查具体行政行为是否合法，还要审查具体行政行为是否适当，以保障行政相对人的合法权益。

二、行政复议法

为了防止和纠正违法的或者不当的具体行政行为，保护公民、法人和其他组织的合法权益，保障和监督行政机关依法行使职权，根据《宪法》，制定《行政复议法》，该法于1999年4月29日第九届全国人民代表大会常务委员会第九次会议通过，自1999年10月1日起施行。2009年8月27日第十一届全国人民代表大会常务委员会第十次会议《关于修改部分法律的决定》第一次修正。2017年9月1日第十二届全国人民代表大会常务委员会第二十九次会议《关于修改〈中华人民共和国法官法〉等八部法律的决定》第二次修正。

三、行政复议的范围

（一）可以申请行政复议的事项

《行政复议法》规定，有下列情形之一的，公民、法人或者其他组织可以申请行政复议。

1）对行政机关作出的警告、罚款、没收违法所得、没收非法财物、责令停产停业、暂扣或者吊销许可证、暂扣或者吊销执照、行政拘留等行政处罚决定不服的；行政处罚直接导致被处罚者人身自由的受限制或一定财产权的丧失，为保障行政处罚的合法、适当，因此《行政复议法》将各种行政处罚均列入了可以复议的范围。

2）对行政机关作出的限制人身自由或者查封、扣押、冻结财产等行政强制措施决定不服的，可申请复议。行政强制措施包括两个方面的内容：一是限制人身自由；二是对财产的强制措施。两者都直接和相对人的权益相关联，处理不好就会侵犯相对人的合法权益，所以《行政复议法》也将其列入了行政复议的受理范围。

3）对行政机关作出的有关许可证、执照、资质证、资格证等证书变更、中止、撤销决定不服的，可申请复议。行政机关对证、照的监督管理活动是行政机关行使行政权对相对人已经许可确认的权利作出处理，相对人应有权申请复议。

4）对行政机关作出的关于确认土地、矿藏、水流、森林、山岭、草原、荒地、滩涂、海域等自然资源的所有权或者使用权的决定不服的，可申请复议。

　　5）认为行政机关侵犯合法经营自主权的可以申请复议。经营自主权是经济活动主体应该享有的权利，政府对国有企业、集体企业、合资合作企业、股份制企业等市场主体合法经营自主权的干预，不仅会直接影响这些企业的合法权益，而且会影响国家由计划经济向社会主义市场经济转型的进程，所以必须将其列入复议范围。

　　6）认为行政机关变更或废止承包合同，侵犯其合法权的，相对人也可申请复议。农业承包合同是由家庭联产承包责任制发展来的，除土地承包外，还包括对集体所有的荒地、水面、滩涂、草原、山岭等资源和财产的承包经营，对农村在坚持社会主义公有制的同时，实现所有权和经营使用权的分离，调动农民积极性有重要意义，农业承包合同关系着农民的切身利益，行政机关若违法对承包合同加以变更、废止，不仅直接影响承包人的合法权益，也会影响农村改革的顺利进行。

　　7）认为行政机关违法集资、征收财物、摊派费用或者违法要求履行其他义务的，可申请复议。这是针对滥用行政权、损害相对人权益的现象所作的规定，相对人可以对乱集资、乱收费、乱摊派的行政违法侵权行为申请复议求得救济。

　　8）认为符合法定条件，申请行政机关颁发许可证、执照、资质证、资格证等证书，或者申请行政机关审批、登记有关事项，行政机关没有依法办理的，可以申请行政复议。这就是说，行政许可、行政确认行为，大部分可以申请复议。许可权对行政机关来说是行使行政权力，但同时也是一种行政职责，应颁发许可证的拒不颁证，或者拖延不办，都是对相对人合法权益的损害，所以相对人有权申请复议。

　　9）申请行政机关履行保护人身权利、财产权利、受教育权利的法定职责，行政机关没有依法履行的，可申请复议。行政机关的不作为违法使相对人的权益遭到损害的，也应属于复议受案范围。

　　10）申请行政机关依法发放抚恤金、社会保险金或者最低生活保障费，行政机关没有依法发放的可以申请复议。抚恤金、社会保险金和最低生活保障费的领取者是个社会上最基层、最需帮助的特殊群体，相关行政机关有责任依法给予帮助，不依法作出帮助行为，就是一种不作为违法，理应通过复议加以纠正。

　　11）认为行政机关的其他具体行政行为侵犯其合法权益的，也可申请复议。行政复议法的这项规定是用概括的方式表明，复议范围不限于前面所列人身权和财产权等遭到具体行政行为侵害的情形。只要相对人认为具体行政行为违法侵权，相对人都可以申请复议，求得救济。这就使申请复议的范围大大拓宽了。

　　在对具体行政行为申请复议时，相对人如果认为该具体行政行为所依据的规定不合法，可以一并向复议机关提出对规定的审查。这些规定是抽象行为，可见行政复议法将部分抽象行政行为也纳入了复议的范围。这些规定包括：国务院部门的规定；县级以上各级人民政府及其工作部分的规定；乡镇人民政府的规定。

　　不过上面所列的"规定"不包括国务院部、委员会和地方人民政府制定的规章。规章是依法有规章制定权的机关依法定程序制定的，属于法的渊源。而这里所说的"规定"不属于法的渊源，而是规章以外的各级政府及其部门的一般规范性的和非规范性的规定、决定、命令、指示、决议、通知、办法、告示等文件。对这些规定的审查，也不能单独申请复议，只能在请求审查具体行政行为的同时，对作为具体行政行为依据的规定一并提出来请求审查。

（二）行政复议机关不受理复议的事项

1）不服行政机关作出的行政处分或者其他人事处理决定的不能申请行政复议。因为这些事项属于机关内部人事管理的事项，应依照相关组织法、监察法、公务员条例等法律法规的规定，向相应的机关提出申诉。

2）不服行政机关对民事纠纷作出的调解或者其他处理的也不能提出行政复议。行政机关对民事纠纷的调解对当事人没有强制的效力，当事人不服可申请仲裁或者向人民法院提起民事诉讼。行政机关对民事案件的其他处理一般也不能提请复议，但行政机关依其职权作出的关于土地、森林、矿藏等资源的所有权或者使用权归属作出的处理决定不服，依《行政复议法》的规定，则是可以复议的。

四、行政复议申请和受理

（一）行政复议申请

行政复议是依申请的行政行为。它以行政相对人主动提起为前提，即相对人不提出申请，行政复议机关不能主动管辖。根据《行政复议法》的规定，申请复议应当符合下列条件：①申请人是认为具体行政行为直接侵犯其合法权益的公民、法人或者其他组织；②有明确的被申请人；③有具体的复议请求和事实根据；④属于申请复议范围；⑤属于受理复议机关管辖；⑥法律、法规规定的其他条件。

同时根据《行政复议法》的规定，申请复议还须符合下列程序条件：①在法定期限内申请复议。②申请人向人民法院起诉，人民法院已经依法受理的，不得申请复议。

公民、法人或者其他组织认为具体行政行为侵犯其合法权益的，可以自知道该具体行政行为之日起六十日内提出行政复议申请；但是法律规定的申请期限超过六十日的除外。因不可抗力或者其他正当理由耽误法定申请期限的，申请期限自障碍消除之日起继续计算。申请人申请行政复议，可以书面申请，也可以口头申请；口头申请的，行政复议机关应当当场记录申请人的基本情况、行政复议请求，以及申请行政复议的主要事实、理由和时间。

（二）行政复议受理

1. 复议申请审查

申请人提出复议申请后，行政复议机关对复议申请进行审查。审查的内容主要有以下四项：①申请是否符合法律、法规规定的条件；②申请是否属于重复申请；③案件是否已由人民法院受理；④申请手续是否完备。

行政复议机关收到行政复议申请后，应当在五日内进行审查，对不符合法律规定的行政复议申请，决定不予受理，并书面告知申请人；对符合法律规定，但是不属于本机关受理的行政复议申请，应当告知申请人向有关行政复议机关提出。行政复议申请自行政复议机关负责法制工作的机构收到之日起即为受理。

2. 复议申请处理

行政复议机关对复议申请进行审查后，应当在收到申请书之日起五日内，对复议申请分别作以下处理：①复议申请符合法定条件的，应予受理；②复议申请符合其他法定条件，但不属于本行政机关受理的，应告知申请人向有关行政机关提出；③复议申请不符合法定条件的，决定不予受理，并告知理由和相应的处理方式。

五、行政复议参加人和行政复议机关

（一）行政复议参加人

行政复议参加人是行政复议活动的主体，是与申请行政复议的行政行为存在着利害关系的当事人，其范围包括行政复议申请人、行政复议被申请人。行政复议申请人是指认为行政主体的行政行为侵害其合法权益，以自己的名义向行政复议机关提出申请，要求对该行政行为复查并依法作出裁决的人。主要包括行政相对人和行政相关人。行政复议被申请人是指公民、法人或者其他组织对行政机关的具体行政行为不服申请行政复议的，作出具体行政行为的行政机关和法律法规与规章授权的组织。申请人、第三人可以委托代理人代为参加行政复议。

（二）行政复议机关

行政复议机关是指依照法律、法规的规定，有权受理行政复议的申请，依法对被申请的行政行为进行合法性、适当性审查并作出决定的行政机关。

行政复议机关是履行行政复议职责的行政机关。行政复议机关负责法制工作的机构具体办理行政复议事项，履行下列职责：①受理行政复议申请；②向有关组织和人员调查取证，查阅文件和资料；③审查申请行政复议的具体行政行为是否合法与适当，拟订行政复议决定；④处理或者转送对《行政复议法》第七条所列有关规定的审查申请；⑤对行政机关违反本法规定的行为依照规定的权限和程序提出处理建议；⑥办理因不服行政复议决定提起行政诉讼的应诉事项；⑦法律、法规规定的其他职责。

六、行政复议的审理和决定

（一）复议审理

1. 审理前的准备

1）行政复议机关向被申请人送达申请书副本。

2）行政复议机关调查收集证据。复议机关调查收集证据有两种方式：一是要求当事人提供或者补充证据；二是向有关行政机关及其他组织和公民调取证据。

3）更换或者追加当事人。复议机关如果发现复议申请人或者被申请人不符合条件的，应当及时更换；如果发现必要的共同复议参加人还未参加复议的，应及时通知其参加复议；如果发现与本案有利害关系的人未参加复议，可通知他人作为第三人参加行政复议。

2. 审理的内容

复议机关既有权审查具体行政行为是否合法，也有权审查具体行政行为是否适当。

3. 审理的方式

《行政复议法》第二十二条规定："行政复议原则上采取书面审查的办法，但是申请人提出要求或者行政复议机关负责法制工作的机构认为有必要时，可以向有关组织和人员调查情况，听取申请人、被申请人和第三人的意见。"由此可见，书面审理是复议机关审理复议案件的基本形式。

4. 审理的依据

复议机关审理复议案件只能依据法律、行政法规、地方性法规、行政规章、自治条例、单行条例及上级行政机关依法制定的具有普遍约束力的非立法性的规范性文件。

5. 审理中具体行政行为的效力

《行政复议法》第二十一条规定："行政复议期间具体行政行为不停止执行；但是，有下列情形之一的，可以停止执行：（一）被申请人认为需要停止执行的；（二）行政复议机关认为需要停止执行的；（三）申请人申请停止执行，行政复议机关认为其要求合理，决定停止执行的；（四）法律规定停止执行的。"

6. 审理的期限

《行政复议法》第三十一条第一款规定："行政复议机关应当自受理申请之日起六十日内作出行政复议决定；但是法律规定的行政复议期限少于六十日的除外。情况复杂，不能在规定期限内作出行政复议决定的，经行政复议机关的负责人批准，可以适当延长，并告知申请人和被申请人；但是延长期限最多不超过三十日。"

（二）复议决定

行政复议机关通过对复议案件的审理最后要作出决定。根据《行政复议法》的规定，复议决定有以下四种：①维持决定。②履行决定。履行决定是指行政复议机关责令被申请人履行某种法定职责的决定。③撤销、变更或确认违法决定。撤销、变更或确认具体行政行为违法决定是指复议机关作出的撤销或者变更具体行政行为，或者确认具体行政行为违法的决定。具体行政行为有下列情形之一的，复议机关可以决定撤销、变更或确认具体行政行为违法：主要事实不清，证据不足的；适用依据错误的；违反法定程序的；超越或滥用职权的；具体行政行为明显不当的。④赔偿决定。被申请人作出的具体行政行为如果侵犯了申请人的合法权益造成损害，申请人请求赔偿，复议机关应当依照《国家赔偿法》的有关规定，在作出撤销、变更或确认具体行政行为违法决定的同时，作出被申请人依法赔偿的决定。

七、执行

行政复议决定生效后，双方当事人应该自觉履行。但当事人由于对复议决定不满意而不予履行时，强制执行就成为必要，否则，行政复议的国家权威性就无从树立。

1）被申请人不履行复议决定的。被申请人不执行或者无正当理由拖延执行行政复议决定的，作出复议决定的机关或者有关上级行政机关应当责令其限期履行，并对被申请方直接负责的主管人员和其他直接责任人员依法给予警告、记过、记大过的行政处分；经责令履行仍拒不履行的，依法给予降级、撤职、开除的行政处分。

2）申请人不履行复议决定的。申请人不履行终局的复议决定，或者逾期不起诉又不履行复议决定的，则根据复议决定内容的不同而采用不同的措施：①如果行政复议机关作出的是维持具体行政行为的复议决定，则由原作出具体行政行为的行政机关依法强制执行，或者申请人民法院强制执行。②如果行政复议机关作出的是变更具体行政行为的复议决定，则由复议机关依法强制执行，或者申请人民法院强制执行。

第二节　行政诉讼法律制度

一、行政诉讼概述

（一）行政诉讼的概念

行政诉讼是公民、法人或者其他组织认为行政机关或被授权组织及其工作人员的行政行为侵犯其合法权益，向人民法院提起诉讼，由法院依法行使行政审判权，解决行政争议的活动。

（二）行政诉讼的特征

1. 行政诉讼是通过审查行政行为合法性的方式解决行政争议的活动

法院对行政行为进行司法审查的一般标准即合法性审查原则。合法性审查是指法院受理行政案件，对被诉行政行为是否合法进行审理并作出裁判的诉讼行为。合法性审查是对法院行使司法审查权的限制，即法院在行政审判中享有不完全的司法审查权，原则上只能对行政行为的合法性进行审查，并作出判决驳回原告诉讼请求或撤销行政行为的决定。

2. 行政诉讼当事人的地位具有特殊性

行政诉讼的原告恒定为作为行政管理相对一方的公民、法人或者其他组织；行政诉讼的被告恒定为作为行政主体的行政机关和被授权组织。

3. 行政诉讼是法院通过审判方式进行的一种司法活动

法院依法对行政案件独立行使审判权，是行政诉讼的主管机构。

（三）行政诉讼的基本原则

1. 人民法院依法独立审判原则

人民法院依法对行政案件独立行使审判权，不受行政机关、社会团体和个人的干涉。

行政诉讼法的上述规定，确立了人民法院对行政案件的依法独立行使审判权的原则。这一规定，也是《宪法》第一百二十六条、《人民法院组织法》第四条有关规定在行政诉讼中的具体化，行政诉讼活动必须遵循。

2. 以事实为根据，以法律为准绳

人民法院审理行政案件，以事实为根据，以法律为准绳。这一原则要求人民法院在审理行政案件过程中，要查明案件事实真相，以法律为尺度，作出公正的裁判。

3. 对具体行政行为合法性审查原则

人民法院审理行政案件，对具体行政行为是否合法进行审查。由此确立人民法院通过行政审判对具体行政行为进行合法性审查的特有原则，简称合法性审查原则或司法审查原则。合法性审查包括程序意义上的审查和实体意义上的审查两层含义。程序意义上的合法性审查，是指人民法院依法受理行政案件，有权对被诉具体行政行为是否合法进行审理并作出裁判。实体意义上的审查，是指人民法院只对具体行政行为是否合法进行审查，不审查抽象行政行为，一般也不对具体行政行为是否合理进行审查。就是说，这是一种有限的审查。

4. 当事人法律地位平等原则

当事人在行政诉讼中的法律地位平等。这一规定是法律面前人人平等的社会主义法制原则在行政诉讼中的具体体现。在行政诉讼的双方当事人中，一方是行政主体，它在行政管理活动中代表国家行使行政权力，处于管理者的主导地位；另一方是公民、法人或者其他组织，其在行政管理活动中处于被管理者的地位。两者之间的关系是管理者与被管理者之间从属性行政管理关系。但是，双方发生行政争议依法进入行政诉讼程序后，双方就由原来的从属性行政管理关系，转变为平等性的行政诉讼关系，成为行政诉讼的双方当事人，在整个诉讼过程中，原告与被告的诉讼法律地位是平等的。

5. 使用民族语文文字进行诉讼的原则

各民族公民都有用本民族语言、行政诉讼文字进行行政诉讼的权利。在少数民族聚居或者多民族共同居住的地区，人民法院应当用当地民族通用的语言、文字进行审理和发布法律文书。人民法院应对不通晓当地民族通用语言、文字的诉讼参与人提供翻译。中国的三大诉讼法（《刑事诉讼法》《民事诉讼法》《行政诉讼法》）都把使用本民族语言文字进行诉讼作为基本原则予以规定。

6. 辩论原则

当事人在行政诉讼中有权进行辩论。辩论是指当事人在法院主持下，就案件的事实和争议的问题，充分陈述各自的主张和意见，互相进行反驳的答辩，以维护自己的合法权益。辩论原则具体体现了行政诉讼当事人在诉讼中平等的法律地位，是现代民主诉讼制度的象征。

7. 合议、回避、公开审判和两审终审的原则

人民法院审理行政案件，依法实行合议、回避、公开审判和两审终审制度。

8. 人民检察院实行法律监督的原则

人民检察院有权对行政诉讼实行法律监督。人民检察院在行政诉讼中的法律监督，主要体现在对人民法院作出的错误的生效裁判可以依法提起抗诉。

二、行政诉讼法

行政诉讼法是为了规范和保障人民法院能够公正、及时地审理行政案件，是个人、法人或其他组织认为国家机关作出的行政行为侵犯其合法权益而向法院提起的诉讼。行政诉讼法是法院审理行政案件和行政诉讼参加人（原告、被告、代理人等）进行诉讼活动必须遵守的准则。它是规定法院审理行政案件程序方面的法律规范和行政诉讼参加人行使权利、承担义务的各种法律规范，是现代国家据以建立行政诉讼制度的法律依据。维护和监督行政机关依法行使行政职权，从而根据《宪法》的规定制定了一部程序性法律，并于 2014 年 11 月 1 日十二届全国人民代表大会常务委员会第十一次会议表决通过了修改《行政诉讼法》的决定。这是《行政诉讼法》自 1989 年制定后作出的第一次修改。2017 年 6 月 27 日第十二届全国人民代表大会常务委员会第二十八次会议《关于修改〈中华人民共和国民事诉讼法〉和〈中华人民共和国行政诉讼法〉的决定》为第二次修正。

三、行政诉讼的受案范围

（一）行政诉讼受案范围的定义

行政诉讼的受案范围是指人民法院受理行政诉讼案件的范围，这一范围同时决定着司法机关对行政主体行为的监督范围，决定着受到行政主体侵害的公民、法人和其他组织诉讼的范围，也决定着行政终局裁决权的范围。行政诉讼的受案范围问题是行政诉讼中一个很重要的问题，也是行政诉讼区别于其他诉讼的一个重要标志：它存在着一个受案范围，即并不是对于所有行政争议，行政相对人都可以向法院提起行政诉讼，只有当行政争议在法律规定的受案范围之内时，行政相对人才可以提起行政诉讼。

（二）行政诉讼的具体受案范围

人民法院受理公民、法人或者其他组织对下列具体行为不服提起的行政诉讼：①对行政拘留、暂扣或者吊销许可证和执照、责令停产停业、没收违法所得、没收非法财物、罚款、警告等行政处罚不服的；②对限制人身自由或者对财产的查封、扣押、冻结等行政强制措施和行政强制执行不服的；③申请行政许可，行政机关拒绝或者在法定期限内不予答复，或者对行政机关作出的有关行政许可的其他决定不服的；④对行政机关作出的关于确认土地、矿藏、水流、森林、山岭、草原、荒地、滩涂、海域等自然资源的所有权或者使用权的决定不服的；⑤对征收、征用决定及其补偿决定不服的；⑥申请行政机关履行保护人身权、财产权等合法权益的法定职责，行政机关拒绝履行或者不予答复的；⑦认为行政

机关侵犯其经营自主权或者农村土地承包经营权、农村土地经营权的；⑧认为行政机关滥用行政权力排除或者限制竞争的；⑨认为行政机关违法集资、摊派费用或者违法要求履行其他义务的；⑩认为行政机关没有依法支付抚恤金、最低生活保障待遇或者社会保险待遇的；⑪认为行政机关不依法履行、未按照约定履行或者违法变更、解除政府特许经营协议、土地房屋征收补偿协议等协议的；⑫认为行政机关侵犯其他人身权、财产权等合法权益的。除法律规定外，人民法院受理法律、法规规定可以提起诉讼的其他行政案件。

人民法院不受理公民、法人或者其他组织对下列事项提起的诉讼：①国防、外交等国家行为；②行政法规、规章或者行政机关制定、发布的具有普遍约束力的决定、命令；③行政机关对行政机关工作人员的奖惩、任免等决定；④法律规定由行政机关最终裁决的行政行为。

四、行政诉讼的管辖

行政诉讼的管辖是指法院之间受理第一审行政案件的职权分工。依据法院对行政案件的纵横管辖关系不同，可以分为级别管辖和地域管辖。

（一）级别管辖

级别管辖是指上下级法院之间受理第一审行政案件的分工和权限，是在法院系统内部从纵向上解决第一审行政案件应当由哪一级法院审理的问题。

《行政诉讼法》规定，基层人民法院管辖第一审行政案件。中级人民法院管辖下列第一审行政案件：①对国务院部门或者县级以上地方人民政府所作的行政行为提起诉讼的案件；②海关处理的案件；③本辖区内重大、复杂的案件；④其他法律规定由中级人民法院管辖的案件。高级人民法院管辖本辖区内重大、复杂的第一审行政案件。最高人民法院管辖全国范围内重大、复杂的第一审行政案件。

（二）地域管辖

行政案件由最初作出行政行为的行政机关所在地人民法院管辖。经复议的案件，也可以由行政复议机关所在地人民法院管辖。

对限制人身自由的行政强制措施不服提起的诉讼，由被告所在地或者原告所在地人民法院管辖。因不动产提起的行政诉讼，由不动产所在地人民法院管辖。

两个以上人民法院都有管辖权的案件，原告可以选择其中一个人民法院提起诉讼。原告向两个以上有管辖权的人民法院提起诉讼的，由最先立案的人民法院管辖。

人民法院发现受理的案件不属于本院管辖的，应当移送有管辖权的人民法院，受移送的人民法院应当受理。受移送的人民法院认为受移送的案件按照规定不属于本院管辖的，应当报请上级人民法院指定管辖，不得再自行移送。

有管辖权的人民法院由于特殊原因不能行使管辖权的，由上级人民法院指定管辖。人民法院对管辖权发生争议，由争议双方协商解决。协商不成的，报它们的共同上级人民法院指定管辖。

上级人民法院有权审理下级人民法院管辖的第一审行政案件。下级人民法院对其管辖的第一审行政案件，认为需要由上级人民法院审理或者指定管辖的，可以报请上级人民法院决定。

五、起诉与受理

（一）起诉

行政诉讼的起诉是指公民、法人或者其他组织认为行政机关的行政行为侵犯其合法权益，依法请求法院行使国家审判权给予司法救济的诉讼行为。它是原告单方面请求法院启动行政诉讼程序的意思表示，是其行使法律赋予的诉权的具体表现。

提起诉讼应当符合下列条件：①原告是行政行为的相对人，以及其他与行政行为有利害关系的公民、法人或者其他组织；②有明确的被告；③有具体的诉讼请求和事实根据；④属于人民法院受案范围和受诉人民法院管辖。

行政诉讼起诉的方式以书面方式为原则，以口头方式为补充。起诉应当向人民法院递交起诉状，并按照被告人数提出副本。书写起诉状确有困难的，可以口头起诉，由人民法院记入笔录，出具注明日期的书面凭证，并告知对方当事人。

（二）受理

行政诉讼的受理是指法院对公民、法人或者其他组织的起诉进行登记和审查，对符合法定条件的起诉决定立案审理，从而引起诉讼程序开始的职权行为。

人民法院在接到起诉状时对符合法律规定的起诉条件的，应当登记立案。对当场不能判定是否符合本法规定的起诉条件的，应当接收起诉状，出具注明收到日期的书面凭证，并在七日内决定是否立案。不符合起诉条件的，作出不予立案的裁定。裁定书应当载明不予立案的理由。原告对裁定不服的，可以提起上诉。

起诉状内容欠缺或者有其他错误的，人民法院应当给予指导和释明，并一次性告知当事人需要补正的内容，不得未经指导和释明即以起诉不符合条件为由不接收起诉状。对于不接收起诉状、接收起诉状后不出具书面凭证，以及不一次性告知当事人需要补正的起诉状内容的，当事人可以向上级人民法院投诉，上级人民法院应当责令改正，并对直接负责的主管人员和其他直接责任人员依法给予处分。

人民法院既不立案，又不作出不予立案裁定的，当事人可以向上一级人民法院起诉。上一级人民法院认为符合起诉条件的，应当立案、审理，也可以指定其他下级人民法院立案、审理。

六、审理与判决

人民法院公开审理行政案件，但涉及国家秘密、个人隐私和法律另有规定的除外。涉及商业秘密的案件，当事人申请不公开审理的，可以不公开审理。

当事人认为审判人员与本案有利害关系或者有其他关系可能影响公正审判，有权申请审判人员回避。审判人员认为自己与本案有利害关系或者有其他关系应当申请回避。回避原则同样适用于书记员、翻译人员、鉴定人、勘验人。院长担任审判长时的回避，由审判委员会决定；审判人员的回避，由院长决定；其他人员的回避，由审判长决定。当事人对决定不服的，可以申请复议一次。

人民法院应当在立案之日起六个月内作出第一审判决。有特殊情况需要延长的，由高级人民法院批准，高级人民法院审理第一审案件需要延长的，由最高人民法院批准。

当事人不服人民法院第一审判决的，有权在判决书送达之日起十五日内向上一级人民法院提起上诉。当事人不服人民法院第一审裁定的，有权在裁定书送达之日起十日内向上一级人民法院提起上诉。逾期不提起上诉的，人民法院的第一审判决或者裁定发生法律效力。

人民法院审理上诉案件，应当在收到上诉状之日起三个月内作出终审判决。有特殊情况需要延长的，由高级人民法院批准，高级人民法院审理上诉案件需要延长的，由最高人民法院批准。

人民法院对公开审理和不公开审理的案件，一律公开宣告判决。当庭宣判的，应当在十日内发送判决书；定期宣判的，宣判后立即发给判决书。宣告判决时，人民法院必须告知当事人上诉权利、上诉期限和上诉的人民法院。

七、行政诉讼与行政复议的区别

对属于法院受案范围的行政案件，公民、法人或者其他组织可以直接向法院提起诉讼，也可以先向上一级行政机关或者法律、法规规定的行政机关申请复议；对复议不服的，再向法院提起诉讼，但是法律规定行政复议决定为最终裁决的除外。行政诉讼与行政复议有以下不同。

（一）性质不同

行政复议由上一级行政机关对下一级行政机关所作的具体行政行为进行的审查，属于行政行为的范畴，所有过程都在行政系统内部进行；而行政诉讼是人民法院对行政机关所作的具体行政行为实施的司法监督，是一种司法行为。

（二）受理机关不同

行政复议的受理机关是作出具体行政行为的行政机关所属的人民政府或其上一级行政主管部门。例如，对某县烟草局的处罚决定不服，可向该县烟草专卖局的上一级行政主管部门即市（或者地区）烟草专卖局申请行政复议。而行政诉讼的受理机关是人民法院。

（三）受案范围不同

人民法院所受理的行政案件，只是公民、法人或其他组织认为行政机关的具体行政行为侵犯其合法权益的案件，而行政复议机关所受理的既有行政违法的案件，也有行政不当的案件。也就是说，凡是能够提起行政诉讼的行政争议，公民、法人或者其他组织都可以向行政机关申请复议，而可以申请行政复议的未必能够提起行政诉讼。另外，法律规定行政复议裁决为终局决定的，当事人申请行政复议以后，不得再提起行政诉讼，从而使某行政争议只能通过行政复议而不能通过行政诉讼得以解决。

（四）审查的力度不同

受理复议申请的行政复议机关不仅审查具体行政行为是否合法，还要审查其是否适当；而在行政诉讼中，人民法院只审查行政行为的合法性，一般不审查其是否适当。因此，行政复议的审查力度要大于行政诉讼。

（五）审查依据不同

行政复议机关审理复议案件，以法律、行政法规、地方性法规、自治条例和单行条例、行政规章，以及上级行政机关依法制定和发布的具有普遍约束力的决定、命令为依据；而行政诉讼中，人民法院审查行政案件，以法律、行政法规和地方性法规，以及民族区域自治地方的自治条例和单行条例为依据，行政和规章只作参照。

（六）审理程序不同

行政复议基本上实行一级复议，以书面复议为原则；而行政诉讼案件实行的是两审终审、公开开庭审理的制度。相对而言，行政复议程序比较简便、灵活。

（七）审查范围不同

行政诉讼是"不告不理"，审查的范围限于原告请求范围；行政复议则是"有错必纠"，这意味着复议的范围不局限于申请人的申请。因此，行政复议的审查范围要大于行政诉讼。

本章创新创业部分的内容，可通过扫描下方二维码进行相关练习。

法律思考　　　　　实训项目　　　　　案例分析　　　　　相关法规

参 考 文 献

财政部会计资格评价中心，2017. 经济法基础[M]. 北京：经济科学出版社.

财政部会计资格评价中心，2018. 经济法[M]. 北京：经济科学出版社.

陈共，2017. 财政学[M]. 9 版. 北京：中国人民大学出版社.

陈新玲，2016. 经济法概论[M]. 3 版. 北京：科学出版社.

崔建远，2016. 合同法[M]. 3 版. 北京：北京大学出版社.

范建，2011. 商法[M]. 4 版. 北京：北京大学出版社.

江伟，2016. 民事诉讼法[M]. 5 版. 北京：高等教育出版社.

李昌麒，2016. 经济法学[M]. 3 版. 北京：法律出版社.

梁慧星，2016. 物权法[M]. 6 版. 北京：法律出版社.

林嘉，2014. 劳动法和社会保障法[M]. 3 版. 北京：中国人民大学出版社.

刘文华，2017. 经济法[M]. 5 版. 北京：中国人民大学出版社.

全国税务师职业资格考试教材编写组，2017. 涉税服务相关法律[M]. 北京：中国税务出版社.

王作全，2015. 公司法学[M]. 北京：北京大学出版社.

吴汉东，2014. 知识产权法[M]. 5 版. 北京：法律出版社.

杨紫烜，2014. 经济法[M]. 北京：北京大学出版社.

证券业从业人员一般从业资格考试辅导教材编写组，2017. 证券市场基本法律法规[M]. 北京：经济科学出版社.

中国注册会计师协会，2018. 经济法[M]. 北京：中国财政经济出版社.

中国资产评估协会编写组，2018. 经济法[M]. 北京：经济科学出版社.